The Hungry Empire

For Partha Mitter
and in menorg of
Chris Bayly

献给帕萨·米特

纪念克里斯·巴利

本书获誉

这是一部令人耳目一新的关于英国历史的著作，很难想出一个比本书更巧妙的处理帝国历史的方法。这本书由一丝不苟的历史研究作为支撑，以食物为主线巧妙地叙述了英国所处的复杂甚至混乱的国际关系，为这一古老的话题注入活力。

——《卫报》

在克林汉姆极具原创性和魅力的著作中，大英帝国的食物远渡重洋、远离故乡，在不同的家庭里和船舶上被食用了长达四个半世纪之久，她巧妙地再现了大概二十种食物的精致细节。从英国的角度来看，她是亨利·梅休和大众观察组织的化身，是一名从日常生活出发来研究历史的杰出的社会历史学家。

——《纽约时报》

有许多因素推动了英国长达几个世纪之久的对世界霸权的追求，但你一定想不到食物可能是其中最重要的一个。

——《时代周刊》

莉齐·克林汉姆的新书《饥饿帝国》所展示的一杯茶绝不仅仅是一杯茶那么简单——书里所展示的是一段贸易、交流、土地掠夺、农业创新和经济变革的历史，我们无时无刻不在与历史有着惊人的联系。

——《金融时报》

食物和大英帝国交织在一起的历史，在过去几十年的研究里一直都被奇怪地忽略了。在本书中，作者用食物与帝国千丝万缕的联系，展现了食物如何成为大英帝国至关重要的驱动力。它向我们展示了食物的强大的经济力量与政治力量。

——《华尔街日报》

对于《饥饿帝国》的阅读让人着迷，它的中心非常明晰：英国对于食物的需求，使得它以一种几乎不可能的方式让世界变得更小。有时，了解历史的最好的方式是通过胃。

——美国全国公共广播电台

这是一本完美的、恰到好处的书，它融合了历史的事实和现代的奇闻轶事。

——《星期日邮报》

这是一项有趣而细致的研究，用令人垂涎欲滴的晚餐餐桌上的闲言碎语揭示了掩盖着的历史事实。

——《泰晤士报》

The Hungry Empire

How Britain's Quest for Food
Shaped the Modern World

饥饿帝国

食物塑造现代世界

LIZZIE COLLINGHAM

[英] 莉齐·克林汉姆◎著　　李燕◎译

北京联合出版公司
Beijing United Publishing Co.,Ltd.

目　录

序 言

"上菜！"那个假扮成白人区长官的小男孩嚷道。

在罗得西亚＊东北部的一个村庄里，一群本巴男孩正在假扮欧洲人——他们最喜欢玩的游戏之一。主角躺在一个用树枝和树皮卷堆成的椅子上。在整个游戏过程中，他不断呼唤食物，只要他的同伴——演仆人的那个——不反对，他就不结束。

"你别再要求上菜了，"他惊讶地小声耳语，"我们才给你上过菜。"

"你不懂欧洲人！"他的"主人"立刻反驳。"他们成天就干这个——坐着叫'伙计！给我上菜'。"[1]

本巴人只有到晚上才吃上一顿饭，而欧洲人总是在办事间隙跑去喝茶或吃点心，本巴人认为这种习惯很幼稚。20世纪30年代早期，人类学家奥德丽·理查兹在本巴生活了好几年，她认为这个场景隐喻了不列颠与整个帝国间的关系。"给我上

＊ 南部非洲的英国殖民地1965年11月11日单方面宣布独立后取的新名。布什战争后，改国名为津巴布韦，沿用至今。——本书所有脚注均为编者注。

菜"成了持续的需求。

这本书讲述了大不列颠对食品的渴求是如何促进大英帝国崛起的。每章的开篇都会列出一道特色菜，然后挖掘使之成为可能的历史。在1689年的西非，为什么法国人可以和迷人的非裔葡萄牙女郎共同享用一个菠萝？ 1901年，不列颠哥伦比亚的一队铜矿勘探员如何养成了澳大利亚人的饮食习惯？ 1993年，在什么情况下，一群非属圭亚那的钻石开采员做起了咖喱鬣蜥？每章都单独讲了一个故事，但是在叙事上，它们是紧密相连的，它们都揭示了一点：食品是大英帝国发展的驱动力。

自16世纪以来，大英帝国开始越洋冒险，寻找食物。16 _{XVI}世纪70年代，西方国家的渔民开始从纽芬兰带回一船又一船的腌鳕鱼。到了17世纪，东印度公司的西班牙大帆船装载了上百万磅*的胡椒和香料，直达伦敦的东印度码头。在此之前，进口食品都只供应给富人，他们喝着勃艮第葡萄酒，搭配着撒满了香料的食品，在沙拉上倒上意大利橄榄油。16世纪，英国商人在安特卫普用木材换来无花果干和醋栗干、柑橘类水果、杏仁以及香料，这些只占了整个英格兰进口量的十分之一。但是在接下来的几个世纪里，以前微不足道的食品逐渐占据了英国贸易的核心地位。到了1775年，大不列颠所有进口商品的一半（按价值算）是食品，而西印度的糖取代了亚麻跃居第一，成为英国所有进口商品中最值钱的。实际上，西印度的糖

---

* 英制质量单位。历史上经过多年的演变，现一磅等于453.59237克。

价值超过二十三万英镑，比抵达英国港口的所有制造品价值都要高。[2]

但是如今，食品不再只为富人进口。实际上，殖民地的食品已经完全融入了所有大不列颠人的日常饮食里。加勒比朗姆酒是爱尔兰人最喜欢的酒；从清道夫到窈窕淑女，没有人不喜欢在下午茶时喝上一杯加了西印度糖的中国茶。英国处于巨大的贸易帝国的中心，而食品促进了商业的转向。大西洋的黑奴贸易有赖于长在西非的玉米和木薯；黑奴们在南卡罗来纳州的种植园里种植水稻，英国人用它来换取北欧的木材和沥青，这些都是造船业必需的材料。贸易力量和海上力量相互依赖。[3]在战争年代，商船提供了宝贵的资源，许多老练的水手就来自于此，同时英国皇家海军也保护了贸易航线。反过来，对从全球进口的货物征收的关税又为制造军舰提供了经济支持。

因这场贸易而生的大英帝国通常被认为是大英第一帝国。它包括许多不同类型的殖民据点——从纽芬兰海边的渔场和西印度群岛的农庄、工厂、蔗糖种植园，到爱尔兰南部整齐的英国农庄和西非海岸线上密密麻麻的有士兵把守的堡垒。虽然东印度公司在印度和中国都有工厂，其势力越来越大，重要性也日益增强，但是大西洋贸易仍然占据着主导地位。之所以把这些毫不相干的个体放在大英帝国这一共同框架下，不是因为它们都受大英帝国统治，而是因为它们之间的贸易往来都要接受大英帝国的调

整。《航海法案》明确规定，只有英国船只可以装运他们的商品。　XVII
因为在 18 世纪的大部分时期，"帝国"这个词的意思不是占有
殖民地，而是具有统治贸易的力量。大英第一帝国是"海洋的
帝国"。[4]

　　大英第二帝国产生于 19 世纪，即 1783 年失去美洲大陆的
十三个殖民地之后。这给了大英帝国重重一击。但是 1815 年，
英国在大革命和拿破仑战争中取得了胜利，成为世界上杰出的
海洋强国。[5]在实行自由贸易的坚定信念下，传统而封闭的重
商主义体系被瓦解。[6]大英的殖民地扩展到了印度、非洲，甚
至是荒无人烟的澳大拉西亚 *。就连美国也被重组到这个非正式
的帝国版图里，直到 19 世纪 70 年代，美国本土的工业化进程
才使得它自己有能力从英国的势力范围里挣脱出来。无休止的
扩张让英国控制了全球的资源。

　　蒸汽船和铁路让不计其数的人和货物得以跨越千山万水。
食品是众多商品——纺织品、染料、锡、橡胶和木材——中唯
一流入英国的。商业帝国的食品进口起着至关重要的作用，因
为这些进口食品对工业革命所依赖的那些工人阶级的日常饮食
十分重要。到了 20 世纪 30 年代，工人每天吃的小麦来自加拿
大，星期天吃的羊腿来自在新西兰的草场上养肥的羔羊。

　　在热带地区，探险家们建起了种植园，并从西非进口黑
奴，还与来自印度的劳工签订契约，输入劳动力。英国殖民者

———————

* 一般指大洋洲的一个地区，如澳大利亚、新西兰和邻近的太平洋岛屿。

在温和地带定居，他们从原住民那里夺来土地，在上面种植欧洲作物。在这个过程中，英国人杀光了所有土著；他们经常破坏其他人获取食物的必经之路，由此改变了当地的景观和农业系统；他们促进了旧世界和新世界之间的食品交换，在这个过程中重塑了他们自己和其他人的口味。[7]上述变化编织出一张食品网，创造了一个真正的全球系统，把有人类居住的五大洲全部联系起来，甚至把地球上最孤立最偏远的角落都拉了进来。《饥饿帝国》揭示了大英帝国与塑造现代世界饮食习惯之间复杂的共生关系。

PART

1

第一部分

In which it is fish day on the Mary Rose, anchored in Portsmouth harbour (Saturday 18 July 1545)

How the trade in Newfoundland salt cod laid the foundations of the Empire

第一章

一条改变帝国的鱼

纽芬兰的腌鳕鱼贸易如何奠定了大英帝国的基础

那天是"玛丽玫瑰"号*的"吃鱼日"，
船停靠在朴次茅斯港（1545 年 7 月 18 日，星期六）

1545 年 7 月 18 日，星期六，这一大是"玛丽玫瑰"号 ³
的"吃鱼日"。船员们集中在狭窄的炮甲板上，找到空地就
坐下来吃饭。"吃鱼日"不太受人欢迎，水手们把腌鳕鱼叫
作"约翰的糙食"。但在这个星期六，这顿饭是为船上所有的
一百八十五名战士、三十名炮手和二百名水手准备的欢迎餐，
他们从紧锣密鼓的战舰备战活动中抽空休息。那个早上，尼古

---

* 英国都铎王朝亨利八世在 1510 年建造的卡拉克帆船。1545 年 7 月 19 日，
法国舰队入侵英格兰时在怀特岛北方的索伦海峡被击沉，结束了三十五年
的辉煌经历。

拉斯·库珀和几个厨师登上了艉楼，船员们来来往往，忙着给甲板安上防护网。他们取来了已经在装满清水的大缸中泡了二十四小时的腌鳕鱼。[1] 船员分成六到八人不等的小组，聚在一起吃饭。轮到为小组准备餐食的那天，他们便在甲板上集合，去取他们要分的鱼。一条长二十四英寸[*]的腌鳕鱼，每人可以得到四分之一。[2] 他们把鱼装在袋子里，用夹子标记自己的小组，这样即使鱼在烹饪的时候成了碎渣，袋子也能确保每个小组都能公平分享。船员们把装了鳕鱼的袋子堆进木桶里，厨师们扛着它们，经过陡峭的舱梯，到达厨房，给潮湿阴冷的舱底带来了"一袋"光明和温暖。[3]

当这些袋子在厨房的两口大锅里慢慢炖着的时候，整艘船上上下下很快就弥漫着鱼的香味。鱼熟之后被运回炮甲板，给 4 饥肠辘辘的船员们食用。每个小组的鱼都平均地分发到船员的木碗里，他们便开始用木勺或羊角勺吃起来。[4] "吃鱼日"那天，每人可以分到四盎司奶酪和两盎司黄油，当军舰停泊在港口内时，每个人还可以分到一条面包。之前在海上的时候，他们不得不吃自己分到的是又硬又遭了虫蛀的饼干，因此这一变化十分受欢迎。[5] 他们就着一口口啤酒咽下腌鱼。厨房的一个伙计在炮甲板上来回走动，往木酒杯里倒满每人每天应得的一加仑[†]啤酒。

就在船员们吃饭的时候，长官们正在讨论他们的命运。在朴次茅斯港，上帝的恩宠"亨利"号停靠在"玛丽玫瑰"号旁

---

[*]　英制长度单位。1 英寸 =2.54 厘米。

[†]　容量单位。1 英制加仑 =4.54609 升。

边。国王亨利八世正在和该舰队司令莱尔子爵以及"玛丽玫瑰"号的指挥官乔治·卡鲁中将秘密商议。十二天前，一艘法国战舰已经驶向英国，明天即将和英国开战。当这三人正在拟定计划时，莱尔在一份桌面文件的背面画了一幅作战计划图。在计划图上，"玛丽玫瑰"号这艘舰队最大的战舰，被放在了即将到来的交战中心。[6]

第二天傍晚，"玛丽玫瑰"号上的船员几乎全部丧生，交战开始几分钟后，他们便因战舰沉没而死。炮兵刚发射完一轮大炮，突然刮来的一阵风让这艘军火超载的舰船开始侧翻。据一位幸存的佛兰德人回忆，"玛丽玫瑰"号向水中倾斜的时候，海水从敞开的炮门涌了进来。[7]当时大部分人都在上舱，他们在船只沉没的时候掉了下来，卡在了防护网上。最多四十人幸存，也许只有二十五人，而全体船员共有四百一十五名。[8]

这次沉船事件给我们留下了一部分都铎王朝最上等的收藏品，包括鞋子、长袍、药瓶、绷带卷、木工工具、枪支、弓箭，以及一百七十九人、一只老鼠和一条狗的骨架。其中有六具人骨架是在厨房发现的。[9]当舰船下沉时，尼古拉斯·库珀和他的厨师们似乎正在忙着准备牛舌和新鲜牛肉。当时他们可能正在为军官们准备饭食。厨房的地板上散落着十个船长的锡制盘子，盘里的食物本来是要端上来吃的。[10]潜水员们发现了掉落在炮甲板上的木碗。我们从其中一个木碗上知道了尼古拉斯·库珀的名字，因为他在自己的碗上刻了名字。在下层甲板和底舱，考古学家发现了牛和猪的脊椎骨，木桶和柳条篮里成千上万的鱼骨。这些是舰船上存储的牛肉、猪肉和鳕鱼的残渣。[11] 腌肉和腌鱼、饼干、啤酒、奶酪和黄油都很便宜，耐藏的食物可以保存很长时间，即使远距离运输也不会变质。

都铎王朝的军事配给主要依赖当地的食物资源，亨利八世在位时，英格兰的主要食物是自给自足的。"玛丽玫瑰"号上的猪肉和牛肉来自英国养殖的猪群和牛群；奶酪来自格洛斯特郡或者柴郡；黄油由汉普郡当地牧场产的牛奶制成。但是鱼不是本地产品。通过对沉船里成千上万条鱼骨进行基因分析，结果表明，鳕鱼是在北海北部和冰岛周边海域捕捞的。但是其中一条鱼骨，据分析是来自于更远的海域，属于生活在美洲大陆东北沿岸的一种鳕鱼基因簇。[12] 显然，到了16世纪中期，都铎王朝冒险跨越了数千英里的大西洋去获得主要食物。英格兰（以及后来的大英帝国）的这种对远方提供的食物的依赖，成了帝国的一种标志。

纽芬兰的鱼类贸易奠定了大英帝国的基础，长期以来，其重要性一直被人忽视。通常人们只关注海洋探险和寻找香料的故事。但是西郡的鳕鱼捕捞者们是第一批掌握了大西洋洋流和季风知识的英国人，这些知识日后将帮助那些寻找航线的探险家们抵达香料岛。[13]

中世纪的基督徒们在斋戒日不吃肉，这促进了欧洲捕鱼业的繁荣。在14世纪，荷兰人掌握了腌制北海鲱鱼的诀窍，这甚至让那些生活在内陆的虔诚的北欧人在星期五不再吃肉了。[14] 在 15 世纪，腌鲱鱼在挪威鳕鱼干面前相形见绌，风干的鳕鱼因为汉萨同盟[*]而传遍整个北欧。[15] 这个同盟试图垄断北海的捕捞作业，这迫使英国人去寻找新的渔场。他们在离冰岛不远的大陆架发现了一个渔场。不久，丹麦当局抱怨英国人夏季在那儿安营扎寨，好像那座岛是他们自己的一样。他们挖沟，扎帐篷，甚至建起了房子，还攻击与之竞争的冰岛渔民。[16] 起初，冰岛人风干鱼获时，英国人只是腌制鳕鱼，然后把它们堆在船舱底部。但是久而久之，他们把两种保存方法结合起来了，先在鳕鱼身上抹上一层薄薄的盐，然后让它风干。最终的成品比挪威鳕鱼干更美味，还可以保存得更久。[17]

布里斯托尔商人购买了大量英国渔民所捕捞的冰岛渔获。实际上，在 15 世纪后半叶，布里斯托尔一跃而成为英格兰主要的渔获集散地。[18] 这是因为这座城市同时还统领了英格兰的葡萄酒生意。英国人主要喝伊比利亚半岛产的甜雪莉酒。[19] 西班牙和葡萄牙几乎不用英格兰的主要出口品——呢绒；他们更喜欢用葡萄酒换腌鳕鱼，他们认为腌鳕鱼非常美味，足以取代肉类。[20] 因此，布里斯托尔船只会驶向冰岛，买下所有腌鳕鱼，然后继续驶向南欧，直到西班牙加纳利群岛和葡萄牙，用这些鱼换葡萄酒。[21] 在这场以鱼换酒的贸易中，布里斯托尔处于中心地位，这使得它成了大西洋航海知识的中心。

因此在 1497 年，威尼斯的乔瓦尼·卡博托（他的英国名

---

[*] 12—17 世纪中欧的神圣罗马帝国与条顿骑士团诸城市之间形成的商业、政治联盟，以德意志北部城市为主。

字约翰·卡博特更有名）在寻找一条通向香料岛的北海航线时从布里斯托尔起航，这便不会让人感到意外了。一群布里斯托尔商人已经至少三次资助了西向航行，去寻找神秘的巴西，据说它在比爱尔兰更远的地方。他们当然知道这片海域有丰富的鳕鱼。所以，有些远征队差不多都找到了大陆。他们返航至布里斯托尔，卸载了腌鳕鱼和鳕鱼干，这些不可能在船上腌干或风干。[22]卡博特应该掌握了这个当地的知识，在海上仅用了三十五天，他就抵达了加拿大的东北沿岸。他没"发现"期望中的通向西印度群岛的航线，反而到了维京人所谓的巴芬岛，如今亨利七世将它命名为纽芬兰。[23]

卡博特的发现令他声名远播。吝啬的国王给了他一笔慷慨的奖励——每年由布里斯托尔海关支付二十英镑。米兰公爵的使节在伦敦提及了水手们的报告，说海里"全是鱼"。[24]据说鳕鱼太多，以至于不用渔网或鱼线，只需把加重的篮子浸入海水里就可以抓到。这位使节说，有传言称，英格兰将"不再需要冰岛"。[25]但是国王对这些鱼群并不是很感兴趣。卡博特的话引起了他的遐想，卡博特说他会沿着纽芬兰的海岸线到达日本。据他说，那儿是香料和珠宝的产地。亨利一想到伦敦会成为欧洲新的香料集散地，就兴奋不已。[26]

国王和卡博特的美梦到下个世纪也没有成真。与此同时，布里斯托尔的商人们一声不吭地继续从已发现的富饶渔汤中获取最大利益。[27]1501 年，休·义略特驶向了布里斯托尔港，第一次从北美带着有记录的一船鳕鱼抵达欧洲。那三十六吨腌鳕鱼当时价值一百八十英镑，相当于在繁荣地段拥有产业的地产主一年的收入。[28] 但是，尽管有证据证明这种实惠确实存在，但是在16世纪早期几年，只有极少数西部地区公民愿意冒险去纽芬兰。内陆的需求很低——因为英国人的确缺少南欧人那种把船板一样的鱼干变成美味佳肴的能力——这意味着，英国渔民没有多少动机去选择那种更长而且要经历暴风雨的跨越大西洋的航程，他们更倾向于选择熟悉的路线去冰岛。[29] 纽芬兰附近的海域反而被布列塔尼人 * 和巴斯克人 † 占领了，他们国内市场对腌鳕鱼有巨大需求。[30]

烹饪"约翰的糙食"的方法，
让它变得很嫩而且好吃

把它放进一罐冷水里，让水没过它，然后挂在火炉上方，接着文火慢炖三小时，一定要保持高水温；再煮开二到三次（沸腾）。到了这个时候它会膨胀起来，变得非常嫩；取出脊骨，和洋葱一起炸。如果你一开始就把它放进热水里，或者等它变凉后再加热，它就会非常硬，不易撕开。[31]

---

* 法国西北部布列塔尼半岛上的民族，曾于10—16世纪建立布列塔尼公国，后与法国组成共主邦联。

† 一个居住于西班牙中北部以及法国西南部的民族，曾于8世纪独立建国，后改名为纳瓦拉王国，16世纪逐渐被卡斯提尔和法国吞并。

英国人参与到纽芬兰探险活动的动机，在本世纪内越来越 8
引人注目。当亨利八世于1509年从他父亲手里继承王位时，
他决心恢复英格兰曾经在法国的殖民地，并开始扩大英国海军
队伍：于1511年竣工的"玛丽玫瑰"号，是他雄心勃勃的造
船计划的一部分。[32]《安东尼书卷》*给他的海军存货清单附上
了精美的插图，据书卷记载，到了1545年，国王花光了从修
道院没收得来的金钱，把从父亲那儿继承来的五艘船打造成了
一支由五十八艘舰船组成的舰队。这些舰船是英国海军的最
初力量，后来在缔造大不列颠海上帝国中起到了举足轻重的
作用。

都铎王朝无敌舰队的扩张行动大大增加了人们对腌鳕鱼的
需求。据《安东尼书卷》记载，亨利的海军部队最多曾雇佣了
约七千七百名海员。如果在每周两次的"吃鱼日"给每一个人
都配给四分之一条鳕鱼，那么在16世纪40年代，海军每年对
腌鳕鱼的需求应该超过了二十万条。[33]每年仲夏，海军采购代
理商都等个及捕鱼船队返航，就急切地想为国王的军队保证供
货。实际上，海军部队供应商的需求极大地扩展了英国市场，
以至于到1529年，法国渔民要在英格兰的南部港口卸载他们
从纽芬兰捕来的鱼获。[34]

1547年，亨利八世去世后，英格兰连续度过了好几个寒
冷的冬天，收成也不好，以至于面临着食物短缺的问题。面对

---

* 书中描述了16世纪40年代英国都铎王朝所属五十八艘海军舰艇的动向、船
　员、装备和船上基本设施。

不断走高的食物价格，海军供应商在开支紧缩的情况下仍努力为巡航的舰队供应充足的食物。[35]1558年，伊丽莎白一世的国务大臣伯利男爵预测，奶酪和黄油作为水手们的腌鳕鱼配给的一部分，如果价格走高，那么在"吃鱼日"，一组四人会花掉军队八便士——也就是"吃肉日"的一半花销。作为节省开支措施的一部分，他把"吃鱼日"加到了三天，在剩下的"牛肉日"中的一天中，用便宜的猪肉和豌豆代替牛肉。[36]镇压爱尔兰叛军进一步增加了对腌鳕鱼的需求：为了喂饱一万五千二百名驻扎在此地的英国士兵，直到伊丽莎白执政结束。[37]士兵们比水手们更讨厌"吃鱼日"。1599年5月，埃塞克斯伯爵在供应请愿书里希望枢密院不要再向他的驻军供应"新大陆的鱼了……（因为）它既不好保存，士兵也不爱吃，吃了之后又太容易口渴，并且没有什么能止渴"。[38]虽然很不受欢迎，但腌鳕鱼还是供不应求，1595年，陆军部队供应商不得不特别委派两艘渔船开往纽芬兰，为爱尔兰的军队购买腌鳕鱼。[39]

随着需求增加，冰岛面临一个棘手的问题，丹麦当局要求英国人缴纳许可费，西部地区的渔民开始大量涌入纽芬兰。但是如今巴斯克人已经在新世界的渔场消失不见了。天主教西班牙卷入了与北欧清教徒之间的斗争，西班牙国王大量征用了巴斯克人的船员和船只去攻打荷兰，这使得巴斯克人的捕鱼力量大大削弱。到了16世纪末，只有大约六个巴斯克渔民还在和英国人竞争，而英国人已经占领了纽芬兰的海岸。[40]

每年春天，由大约一百艘船只组成的小型舰队会从西郡扬帆起航，驶向纽芬兰。[41] 大部分经由法国、葡萄牙或者西非去购买食盐，然后转而向西跨越大西洋。首批抵达纽芬兰的船只占据了最佳海湾的最好部分。[42] 当船长选择了一个尚佳的地点安营扎寨，船员们就卸除索具，"冰天雪地里，所有人跑进森林里砍伐木材，有冷杉，有云杉，还有白桦"，用来搭建码头和风干鱼获的支架。他们用树枝和草皮临时搭建了睡觉用的木屋和烹饪用的厨房，接着把船上带来的大小船艇的零件重新组装。[43] 一旦建起了大本营，捕鱼活动就开始了。

　　清早，小船出海。每艘船有五个人，三人抓鱼，两人把鱼获放在船舱里。一个曾经去过纽芬兰的人说，"海边密密麻麻的"都是鳕鱼，他还描述了他如何"在鳕鱼群里划不动船"。[44] 到了中午，船只返航，卸载了多达一千条的鳕鱼。当他们靠岸的时候，前舱的人赶忙"煮开水"，准备伙食，其他人把鱼获扔向码头工人。[45]

　　捕鱼业的规模很大，每年都要捕获、腌制和风干成千上万条鱼。纽芬兰的海滩成了露天加工厂。不是一个人从头到尾处理一条鱼，而是码头工人被组织成了一条高效的生产线，可以让他们在一个小时内处理几百条鱼。每个人执行的任务各不相同。詹姆斯·扬格作为一名出生在朴次茅斯的随船军医，跟着一群渔民于1662年到了纽芬兰。他讲述了鱼从船上被扔出来，

"纽芬兰捕鱼及风干鳕鱼一景"。这个场景展现了某个纽芬兰海滩成为工业食品加工厂的场景。工人们围在桌台边上，剁去鱼头，剖开鱼腹，然后分给左边的人腌制。前面有一个盛放鳕鱼鱼肝油的大食槽；在它旁边，工人们在清洗腌制鳕鱼，然后把它们摊开放在海滩上的支架上面风干。

一个小伙子如何接住，桌子两边各站着两个人，并把它们放在一张桌子上的全过程。第一个人是"鱼头工"，他熟稔地剖开鱼腹，把肝脏取出并扔在桌子底下的桶里。[46] 然后他把鱼头扭断，鱼头跟肠子一起，通过码头上的板条重归大海。鱼头工接着把鱼扔向对面的那个人，就是"杀鱼工"，"他拿着一把锋利的刀，把鱼剖成两半，又把鱼翻过来，鱼背朝天，取出鱼骨"。他们工作得非常麻利，半个小时内就可处理多达四百八十条鱼。

剖成两半的鱼被扔进手推车，传给"腌鱼工"，他的工作　11
需要技巧和更多专注力。"盐太多会破坏肉质，让肉变得又柴
又湿；盐太少会让鱼变红。当鱼风干后看起来很红时，会因
此……销路不好"，扬格说道。[47] 鱼在盐里腌几天，然后用海
水清洗，再放在多石的海滩上风干。把鱼铺在架子上风干一天
或者更久——这个技巧是英国人在冰岛改良的。在晚上，如果
天气不好，就要把四条或五条鱼鱼皮朝上，捆成一扎。风干之
后，就把鱼堆起来，压出肉里的盐水，这是著名的"腌渍"过
程，在此期间，鳕鱼会变白。一旦完成，鱼就要"干燥地成
堆"储存，等到这个季节结束的时候，就成了一大堆。[48]

中世纪以来，英格兰一直依靠制农业的支撑，以此进口本
国几乎所有的奢侈食品。在 15 世纪，英国商人在安特卫普售
卖羊毛，用所获的利润购买葡萄酒、调料、橄榄油和大量醋栗
以及葡萄干，以至于意大利人认为英国人必须从干果中提取染
料，而不是食用它们。16 世纪 50 年代和 60 年代的经济大萧
条导致英国羊毛在欧洲市场全线崩溃。但是英国对奢侈食品
的需求却有增无减，葡萄酒、橄榄油和醋栗成了消耗这个国
家财富的主要商品。[49] 私掠船主和探险家理查德·霍金斯爵士
抱怨说："为了获得西班牙雪莉酒，英格兰哪一年不是把价值
两百万的物资输送到外国，而西班牙的雪莉酒却导致了猩红
热、黑死病、水肿和不计其数的其他疾病，真是得不偿失。"[50]

如今，在纽芬兰的鳕鱼里，英国人发现了一种有助于扭转这种贸易逆差的商品。[51] 自 16 世纪晚期以后，荷兰船、法国船，甚至连一些西班牙的船只，每年都会驶向纽芬兰，直到春天结束，它们卸载一船又一船的葡萄酒，去换腌鱼。结果到了1620 年，只有大约百分之十的纽芬兰鱼获真正被带回了英格兰，其余大部分被装在了卸下雪莉酒的船上运回南欧。[52] 九月，西郡的渔民们返航回家，他们的船只上装载着酒桶和腌鱼，去倒卖给军队供应商们。

　　纽芬兰的捕鱼业因此成了英国商业一个兴旺的分支。越来越多的投资者和商人（一些人远自伦敦）开始参与到这场贸易中来，纷纷资助或者委托航程。每年春天驶向纽芬兰的船只数量增加了一倍多，直到 1615 年，共有二百五十艘船参与了这场商业活动。西郡的港口经济被纽芬兰捕鱼业垄断了，至少有六千名不谙水性的人被雇佣并投入贸易中，诸如造船、制绳和制帆。[53] 对西郡的水手们而言，跨越大西洋的长途远航已经成了一种家常便饭。[54]

　　17 世纪，英国商人的船只加入了捕鱼船队。[55] 詹姆斯·扬格在 1664 年登上"罗贝尔·波那文都"号（Rober Bonadeventure），第三次远航到了纽芬兰。这艘小船既是捕鱼船，又是商船。它从朴次茅斯驶向纽芬兰，途经佛得角附近的小岛博纳维斯塔，在那里装了一船盐。在纽芬兰完成了几个月的捕鱼和贸易活动后，它驶向直布罗陀海峡，进入地中海。在热那亚，船长向委托航程的代理商们交付了一船腌鳕鱼。[56] 扬格没有提到这艘船返航的时候带回了什么商品，但在"罗贝尔·波那文都"号返回朴次茅斯之前,它装载的有可能是葡萄酒、橄榄油和醋栗。17世纪30年代,从纽芬兰到南欧,一艘二百五十吨重的货轮可以从鳕鱼货物中获得大概四百六十五英镑。本金是三千三百英镑,回报率是百分之十四。用这些钱在地中海买些返程货物,可以让利润翻倍。[57]

纽芬兰的腌鳕鱼为英国商业经济带来了大量现金。[58]南欧人一直爱吃腌鳕鱼,他们对腌鳕鱼的需求最终超过了英国人对南欧食品的需求。当西班牙人被迫用银币来购买鳕鱼时,英格兰得以进入新世界。英国重商主义经济学家查尔斯·达文南特批评西班牙让新世界的财富"未经消化"就直接进入了本国经济。他指出,西班牙人没有从他们的财富里获得"精神、力量或营养"。但英国人就不同了,他们具有一个更加健康的经济结构。英国商人用银币资助贸易开拓,使得银币重新进入经济。[59]在16世纪50年代经济下滑之前,英格兰在全球贸易中起着无足轻重的作用。它的大部分贸易都要途经安特卫普,英国人依赖欧洲和更远的商品市场保持联系,来获得世界其他地区商品的份额。但是到了16世纪70年代,安特卫普没有从经济萧条中恢复过来,英国商人开始探寻如何直接与远方市场产生联系,他们将售卖腌鳕鱼所得的西班牙银圆善加利用,资助去黎凡特[*]、沙皇俄国和东印度的商业冒险。

大英帝国诞生于纽芬兰多石的海滩上。渔民们暂时住在遥

---

[*] 历史上一个模糊的地理名称,广义指的是中东托鲁斯山脉以南、地中海东岸、阿拉伯沙漠以北和上美索不达米亚以西的一大片地区,不包括托鲁斯山脉、阿拉伯半岛和安那托利亚,不过有时也包括奇里乞亚在内。

远大陆边上的棚屋里，他们的皮革围裙上布满了鱼鳞和鱼血，他们用革新了的食物加工技术征服了远方的人们，奠定了帝国的基础。不断向外扩张的海上商人吸引了大量航海经验丰富且能干的渔民来帮助他们。纽芬兰的渔业正是以这种方式促进了海上探险家和商船海员的航行，并维持了他们的航海生涯。[60]在1570年到1689年间，英国舰船的吨位增加了七倍，英格兰成了欧洲主要的海上强国。[61]这个国家首次尝试的规模化的食品加工起到了非常重要的作用，它使英国在世界贸易中占据了积极而独立的地位。[62]"约翰的糙食"既是一种便携食品，又是一种贸易商品，它是大英帝国的重要组成部分。

In which John Dunton eats oatcake and hare boiled in butter in a Connaught cabin (1698)

How Ireland was planted with English, became a centre
of the provisions trade and fed the emerging Empire

第二章

从种植到游牧

为满足崛起的帝国的需要，
英国如何把爱尔兰打造成为供给贸易的中心

约翰·邓顿在康诺特吃黄油燕麦饼和野兔肉（1698 年）

在约翰·邓顿停留的康诺特小木屋里，晚餐已经准备好了。
女主人拉了一条长凳到他的灯芯草凳前，然后在上面铺了一条
从头上扯下的亚麻方巾，那方巾温热并散发着些许异味。她在
邓顿面前放了一份燕麦饼，还有至少三磅新鲜黄油以及一木罐
牛奶和水。接着，她女儿又端上了一道野兔肉，野兔是邓顿
和男主人昨天打猎得来的，野兔肉"在满是黄油的木碗里游
来游去"，它是在黄油里煮熟的。然而，在看到那些家庭妇女
们准备饭菜的情景后，邓顿发现自己难以下咽，转而要了一个
鸡蛋。[1]

作为一个古怪的伦敦书商和出版商，邓顿在 1698 年去了爱尔兰，以逃避他那争吵不休的第二任妻子。如果没有向导帮助，他不可能独自冒险进入康诺特的山区，"因为这儿崇山峻岭，没有旅店，甚至没有任何公路"。邓顿在这封信的开头描述了一部分爱尔兰冒险之旅，他说自己打算深入这个国家的某个地方，那儿到处都很"野蛮……把这些都算在内，该地长期饱受此痛，并因此受到严重影响"。²

　　但是在那个下午，令他喜出望外的是，他从"看起来很野蛮的人们"那里受到的招待颇有人文气息。向导的亲戚们用乳酒冻迎接他进门，乳酒冻很新鲜，酸酸的，邓顿表示味道"还不错"。接着，他们准备为他做一顿饭。"这家的女主人"坐在地板上一块老旧的马皮上，双腿裸露着，中间放着一个手磨，吭哧吭哧地磨了三配克 * 燕麦。邓顿平日里不是一个害羞的人，但他却说不知道该往哪儿看，因为女主人"肚子以下"是裸露的。她往磨好的燕麦碎里加了一点儿水，揉成一块生面团，然后捏成表面光滑的饼。在生火之前，她先支起了三脚架来烤面包。这女人的母亲负责盯着饼，"与此同时，她打着喷嚏，或是用那只翻了燕麦饼的手去擦鼻涕"。这让邓顿"恶心得五内翻腾"。那女人把搅乳器放在火堆上方，紧紧握着，像握着双腿之间光溜溜的手磨一样，用右手而不是搅乳器把新鲜的牛奶搅拌成黄油。她用左手把溅到她腿上的牛奶点一一揩起来，并把它们放回锅里。邓顿感叹说，难怪爱尔兰黄油"味道重且难

16

―――――――――

* 英制容积单位，1 配克相当于 9.092 升。

闻……因为这种劳动强度难免会让巧妇们腋下的精华滴到搅乳器上",野兔肉就是在这种黄油里煮熟的。[3]

这家人在大快朵颐的时候,邓顿自己吃着鸡蛋,喝着牛奶。他把碗凑向嘴边,闭着双眼,"因为害怕在这液体里发现令人讨厌的东西"。他喝下最后一口的时候,发现牙齿里嵌了一根长长的稻草。"你可以猜一猜,"他写道,"这得是什么情况"。向导告诉他这没什么害处,因为它"不过是一根用来过滤的稻草",他们还给他看了塞满了稻草和青草的圆锥形白桦树皮堆,他们经常从鲜奶里找到头发或脏东西。早在邓顿之前,就有无数的英国游客抱怨说,因为爱尔兰人有这个令人恶心的习惯,爱尔兰牛奶里全是脏东西,从里面"抽不出一根干净的"稻草。这次经历让邓顿确信,康诺特是爱尔兰传统风情的最后一道堡垒,这种风情因为"英国人在这里开垦"而被成功地根除了。[4]

约翰·邓顿到康诺特的小木屋时,"这家的女主人"用木碗盛了酸奶,用她那"脏兮兮的手指两三次伸进去拣出一些脏东西",送到家养的奶牛那儿。奶牛在木屋门前,她直接把牛奶挤进这个碗里,做了这道乳酒冻。[5]这些步骤出自一份18世纪的食谱,它表明了当时的人们认为直接从奶牛身上获取牛奶是做这道混合物的最佳方法。

17

用牛奶做乳酒冻

　　做乳酒冻，要么用苹果酒，要么用葡萄酒，以此来增加甜度，接着放肉豆蔻；然后往里加牛奶；完成这步之后，看你要做多少乳酒冻，倒上半品脱*或一品脱奶油。如果你在家做乳酒冻的话，只需要鲜奶；把鲜奶加热到温度像是刚从奶牛身上挤出来的那样；腾出一个茶壶，或者类似的容器，把牛奶倒进去；抬高你的双手，在表面铺上黑醋栗，要精挑细选的，而且要干净的，在烘烤之前就很松软的那种。[6]

　　除了把新发现的大陆纳入王室的影响范围内，并给它们命名之外，亨利七世的贡献很少。英国人去那里只是为了开拓海洋，几乎很少与当地的贝奥图克人†来往；贝奥图克人则被这些陌生人吓坏了，于是向内陆撤退。[7]相比之下，试图将爱尔兰贵族团结在一个共同（最好是英国）的法律下并忠于英国王室的"英联邦"，是一项更具挑战性的任务。[8]1545年，都柏林周边的一小片区域，即众所周知的佩尔地区，直接由英格兰管辖。北部和西部高地由盖尔人酋长统领，他们操着本族语言，　18

---

* 容量单位。1品脱于英国和美国代表的是不同的容量，1英制品脱约为568.26125毫升。

† 已灭绝的美洲印第安部落。原住于纽芬兰岛上，以狩猎采集为生。

按照本族的风俗和法律生活。17世纪早期，蒙特乔伊伯爵的私人秘书法因斯·莫里森正担任英国军队的长官。他抱怨说："盖尔王们的名字前面所加的宗族姓氏'奥'（O）或者'麦克'（Mac）*让人以为住在爱尔兰的都是'吃人的巨人族而非基督徒'。"[9]南部的伦斯特和芒斯特由诺曼系英国人统治，他们于12世纪在那里定居，当时亨利二世试图夺回这个小岛，恢复对它的统治。但是他们中的许多人都本土化了：他们通过通婚与盖尔人首领产生联系；他们用爱尔兰人的方式在旷野聚首，共同商讨政治协议；而且他们还定期用爱尔兰人的方式加强同盟关系，把孩子送到对方家族抚养。特别让英国人感到烦恼的是，他们家里的侍从还包括盖尔游吟诗人和音乐家，因为爱尔兰人赋予了诗歌一种几近神秘的力量。[10]各个小部落之间持续冲突，不断偷袭并抢夺牧群，也就是说，这个国家长期以来都不安定，内部斗争激烈。还有，1534年教会分裂之后，身为清教徒的英国君主，很担心爱尔兰天主教会为政治对手提供一个危及他们统治的基地。[11]

　　据都铎王朝时代的官员们分析，爱尔兰令人难以捉摸的源头是它的牧歌。他们认为，爱尔兰人仍然是野蛮的诺曼人，没有遵循"从森林到田野，从田野到定居，并发展为城市群体"的历史发展道路。[12]温暖而潮湿的夏天让高地有着丰茂的牧场，许多爱尔兰牧民在夏天会跟随他们的牧群迁到高处的草场。他

---

* 父名现象，属于姓名的一种，广泛分布于欧洲及阿拉伯地区。一个人的父名取自他的父亲，而取自母亲的名字则称作母名。

们穿着奇怪的直筒裤，敞着外套，与英国人宽大的马裤和西服背心差别很大，但很适合徒步穿越沼泽和把牧群赶向石楠地这种活动。他们穿着非常肥大的大衣，看起来令人害怕，以至于人们相信它们可以在森林里当一个逃犯的小屋、一个反叛者的床或一个小偷的斗篷。[13]

自古代以来，安居一方并种植粮食的农民都会认为牧民尚未开化。在希腊历史学家希罗多德看来，运用烹饪术转化原材料是文明的农业人口的标志；野蛮的牧民喝生牛奶，几乎不对肉进行任何烹饪。[14]都铎王朝时代的爱尔兰观察家们专心研究古书，每当形容爱尔兰饮食时，他们都会产生这些联想。[15]爱尔兰人割断奶牛的血管放血，然后混着黄油和盐吃下去，这种做法让他们大为惊骇。他们说，爱尔兰人吃新鲜的内脏，他们"吸着新鲜的味道"，就着"整块肮脏的黄油"，吃着"没有煮过的肉"。[16]莫里森表示，爱尔兰黄油非常令人恶心，以至于没有英国人会"把嘴巴凑上去，即使饿得半死"。[17]但是最令英国人恶心的是被爱尔兰人视之为上等"珍馐"的酸酪。隔天早上，那家人用这道酸凝乳招待了约翰·邓顿。因为"这团东西之奇特和烹饪之邋遢"，他连早餐也没吃就向这家人大呼告辞了。[18]

英国人开垦爱尔兰的核心在于，他们对人们培育土地的正确方法做出了价值判断。英国人了解农业"促进"运动，提升了混合牲畜和可种植的农场的地位，认为这是人类最"自然和神圣的"职业。[19]亨利八世王朝的改革者们对爱尔兰高产燕麦和大麦，石头建造的碉堡、教堂和城镇视而不见。[20]

The Wilde Irish man　　　The Wilde Irish Woman

> 在这幅爱尔兰地图上的插图里，"野蛮的爱尔兰男人"留着长发，穿着直筒裤，英国的观察家们认为这非常奇怪，而且不文明。然而他的同伴"野蛮的爱尔兰女人"裹着爱尔兰人爱穿的肥大的大衣，英国人认为这只适合给叛徒或者小偷穿。这位绘图者想必参考了一些描述，但可能从来没有见过爱尔兰人。

同托马斯·莫尔＊的乌托邦居民们一样，他们赶走了领土内一切拒绝参与这个让土地更高产的计划的原住民，英国人认为爱尔兰是一片贫瘠而荒芜的土地，而他们有责任在这片无人照料的土地上进行农业耕作。[21]改革家们认为，要想达到这个目的，最好把英国人移民到"爱尔兰社会的野草丛里"。[22]

＊ 英格兰政治家、作家、社会哲学家与空想社会主义者，北方文艺复兴时代表人物之一。1516年用拉丁文写成《乌托邦》一书，对以后社会主义思想的发展有很大影响。

英国人把自己代入了"新罗马人"的角色，正如罗马移民给古不列颠这块蛮荒之地带来文明一样，英国人会给爱尔兰带去文明。[23]

移民者改变了地形地貌，让它变得和英国东南部的低地一样。庄园用石头砌成，毗邻的是果园，遍布菜园和鱼塘，佃户生活在井然有序的村落，周围都是精心培育的田地。人们认为这种布局是构建稳定社会的根本基础。[24] 如果早在他们到来之前，就有这种良好的农业模式，爱尔兰人一定会被说服，拿起犁，把自己从掠夺牲畜的散漫部落改造成封建村民。他们的"燕麦粥混合物"、燕麦饼、血布丁和酸酪将会由移居的农民所吃的食物所取代：白色的小麦面包和烤带骨肉。[25] 与此同时，这种新的耕种方法所带来的利益，将教会他们英国私有制原则的价值，帮助他们免于由长子继承制造成的损失。[26] 因此，这些改革家们认为农业是文明的主要代表。

但是都铎王朝的统治者们对于投资并努力去征服和教化爱尔兰人这件事兴趣不大。爱德华六世统治时期，结束服役期的英国士兵获准得到"荒原领"（Pale）周边的土地。他们将来自英格兰的仆人带到这里耕种土地并置办地产，这在那片区域的西部边界形成了一个安全的缓冲带。玛丽一世统治期间，这种策略正式被扩大到莱伊什、奥法利，它们于1556年被重新命名为皇后郡和国王郡。但是直到伊丽莎白一世统治时期，他们才齐心协力建了一片英国移民的种植园。这项政策的主要发起人于亨利八世在位时，便向朝廷表明了去爱尔兰开垦荒地的想法，爱德华六世及其妹妹当政时，他们一跃而起成了新贵。[27]

把这个移民的想法付诸实践的机会于 1569 年到来，那时爱尔兰副总督的代理人亨利·西德尼爵士，任命汉弗莱·及耳伯特为芒斯特的军事长官。德斯蒙德伯爵（The Earl of Desmond）起兵反抗英国政治力量的扩张，西德尼和及耳伯特用恐怖的焦土战争给予回应。据说那些在军营里恳求及耳伯特的爱尔兰人被迫走在一条恐怖的路上，两旁都是他们亲戚的首级。[28] 年轻的沃尔特·雷利是及耳伯特同母异父的弟弟，他参与镇压了第二次叛乱。到 1583 年，德斯蒙特公爵被处死，芒斯特和伦斯特大约有三分之一的人口遭到杀害，饿死或者死于瘟疫。诗人埃德蒙·斯宾塞也参与了这场战斗，他描述了幸存者们是如何在已成废墟的村庄中，像"死人的尸骨……哭喊着要从坟墓里出来"一样，爬出树林和峡谷，饥饿到"竟然吃腐烂的尸体……如果他们发现了一块水芹菜或者三叶草，一定会聚拢成堆饱餐一顿"。[29] 经过这次叛乱，大约四十万英亩*的土地被允公，雷利和斯宾塞都获得大片土地，就是后来著名的芒斯特种植园。[30]

与此同时，北爱尔兰在蒂龙伯爵休·奥尼尔的统治之下，似乎很安全。蒂龙伯爵是为数不多的深受伊丽莎白信任的爱尔兰领主之一。他三次访问英国王室，双方非常和睦，他采用了英国的习俗和习惯。当他回到邓甘嫩时，随身带着昂贵的英国家具和一名英国厨子。伊丽莎白甚至还特许他进口铅，好造一

---

*　英制面积单位。1 英亩 =4046.864798 平方米。

个新式的屋顶。但是到了 16 世纪 90 年代，女王明显决定要扼
制他的野心，不让他作为"奥尼尔"成为阿尔斯特的最高首
领，于是他熔掉铅皮屋顶，做了子弹，穿上克里斯托弗·哈顿
伯爵（伊丽莎白的宠臣之一）送给他的盔甲，起兵叛乱，并把
叛乱范围扩大到了爱尔兰的大部分地区。[31] 这场动乱直到 1601
年金塞尔之围 * 才得以平息，奥尼尔没能与西班牙军队合力；
伊丽莎白女王的统治生涯结束后，爱尔兰的首领们于 1607 年
逃往欧洲大陆。王室没收了阿尔斯特至少十分之一的土地，并
在这五十万英亩的土地上建造了阿尔斯特种植园。

　　富裕的英国冒险家们和被遣散的镇压叛乱的退役士兵们获　22
得了种植园里的土地。他们是著名的"承包人"，因为他们获
准得到土地，承包土地，引入英国佃农种植。虽然吸引英国移
民比思考如何建设种植园更加困难，但在 1580 年到 1650 年间，
至少有十万名英格兰人、苏格兰人和荷兰人移民到了爱尔兰。[32]

　　史学家们为爱尔兰是否是英格兰的首个殖民地而争执不
休，但是对于当时的人们而言，无论在北美还是爱尔兰，种植
园都被视为殖民行动的全部。宣传册上说，阿尔斯特种植园属
于"我们这个新世界"。[33] 它向未来的定居者保证，诚实、勤

---

* 英国对爱尔兰征服的最后之战，亦是英西战争和九年战争的组成部分，是一
　次由休·奥尼尔和奥唐奈及其他爱尔兰领主反对英国统治的反抗运动。

奋的英国劳动者将找到与在美洲一样多的机会，在爱尔兰发家致富。实际上，对于领主代理人亚瑟·奇切斯特而言，"在弗吉尼亚或圭亚那到处寻找殖民地，而爱尔兰仍然荒无人烟，这真是荒唐而愚蠢"。[34] 国王甚至迫使伦敦市同业公会不再支持弗吉尼亚州詹姆斯镇的移民活动——这给美洲的移民者们带来了灾难性的后果——因此，他们的基金被截来用于建设阿尔斯特种植园里的伦敦德里。[35]

　　甚至早在移民者到达之前，爱尔兰便已开始商业化了。16世纪的英国经济遭遇通货膨胀的时候，爱尔兰经济因物价稳定而获益良多，而且在1560年到1630年间，爱尔兰的经济开始扩张。爱尔兰牛肉因为味道甜美好吃而闻名，它与英格兰开始进行牲畜贸易。到了17世纪30年代，英格兰每年经由切斯特进口大约一万五千头牲畜。[36] 在北部，农民通过种植亚麻和纺纱参与了这场迅速发展的贸易活动。在南部，农民租用奶牛并出售黄油，黄油是主妇们用牛奶做的；他们养肥小牛犊，然后把它们售出待宰。[37] 与此同时，土豆成了芒斯特奶农之间流行的生活物资。他们一般把黄油做主食，但是现在他们吃着土豆，混着做黄油所剩下的酸奶，黄油成了他们出售的商品。自此开始，土豆于18世纪逐渐风行于这个国家的其他地方。[38] 英国的一位评论员认为，爱尔兰人起初在市场上被人看见做他们妻子所在工厂的生意还感到不好意思，"在夜里兜售他们的纱线和黄油，越秘密越好"，但是慢慢地，做生意成了一种可以接受的生活方式。[39] 英国的消费品开始涌入爱尔兰：缎带和纽扣，眼镜和镜子；来自欧洲大陆的奢侈纺织品；还有新世界的商品，比如大米、烟草和砂糖。[40] 这些商品的消费者主要是港口城镇的商人，但是种植亚麻的农民和奶农也用卖纱线和黄油所赚的钱去购买价值半便士的梳子；粗织帽和羊毛袜，鼻烟和烟草，通过小摊贩的推车被带到乡村。[41]

芒斯特的承包人主要在西郡，他们能吸引英国移民从塞汶河谷迁到他们的地方。种植园外面的天主教和清教有产者也鼓励这些身怀技术的农民作为佃农、手工匠人和来自西郡的移民到更广阔的南部地区去。[42] 他们带来了英国人发展农业的秘诀，并且干劲十足地把它运用于生产。比如，磨坊主理查德·哈曼（Richard Harman）建了一座玉米磨坊，还投资购买了一群英国母牛，这使得他在蒂珀雷里的农场的年收入从七英镑上升到了十七英镑。[43]"农业改良"计划在阿尔斯特推进得不太好。但是，英国公牛和奶牛的引入的确促进了该区域的畜牧业发展，移民们想方设法培育珍贵的牧群。威尔士老兵爱德华·布莱尼（Edward Blayney）曾经在1609年因为战功获得了草纳亭的二千英亩土地，他的孙子在1641年拥有价值九百二十五英镑的牧群，十分可观。[44]"野蛮的"爱尔兰人决心养殖更高级的动物，他们会经常突袭移民们的牧群。[45]

阿尔斯特种植园开始给都柏林供应黄油和奶酪，其在爱尔兰的黄油、羊毛贸易和与法国的皮草生意欣欣向荣。[46] 作为曾参古镇压德斯蒙特叛乱的退伍军人，德文郡北部的比迪福德庄园领主理查德·格伦维尔公爵，在芒斯特种植园获得了一块地。[47] 比迪福德当时是英国陶器制造业的中心。这个小镇把一车车陶器运往爱尔兰，在爱尔兰又装满黄油运回德文郡，到了德文郡再次出口到法国。[48] 显然，种植园生产的咸黄油不再是那种让约翰·邓顿恶心不已的"恶臭难忍"的东西。

　　到了 17 世纪 30 年代，爱尔兰南部越来越繁荣，芒斯特 24 "可能是英格兰所有海外移民地中最富裕的"。[49] 佃农睡在舒适的床上，铺着优质床上用品，用的是锡器餐具而不是大木盘——根据啤酒的进口量增长了六倍来看——喝的是英国风味的啤酒而非更甜的爱尔兰浓啤酒。他们戴着漂亮的帽子，穿着亚麻衣服，也能对着墙上的镜子自我欣赏一番。[50] 在 17 世纪早期的几十年，爱尔兰成了海外种植园的典范：它在商业上生产了可观的原材料用于出口到英格兰，反过来又成了英国制造品的市场。[51]

　　但是那时，在 1641 年，这个国家数十年如一日地投入到一场战争中，英国查理一世和内阁之间产生了冲突，导致了爱尔兰独立，并引发了一场叛乱。很快这场战争就沦为了一场本土天主教爱尔兰人和新教移民之间的民族冲突。许多英国移民被天主教团逐出家乡，天主教团"在那场纷争中决心处死他们"，并宣称"（爱尔兰）决不能有英国人或清教徒活着。"[52] 爱尔兰同盟统领着爱尔兰的叛乱方，它在英格兰的市民战争中与王室结成联盟。这让奥利佛·克伦威尔在 1649 年来到了这个小岛，决心保卫新成立的英联邦免受天主教的威胁。克伦威尔的收复领土之战非常残忍。据一名英国士兵描述，在遭到毁坏的乡村里行走,方圆二三十英里都看不见活人。少数幸存者的皮肤变得黝黑,"因为那场恐怖的饥荒,像一个炉子"。[53] 饥饿、瘟疫和把爱尔兰俘虏卖到西印度作为契约劳工的做法,让爱尔兰减少了至少五分之一的人口。[54]

　　1652 年,克伦威尔实行"土地安置"(land settlement)时,八十五万英亩土地(大约是爱尔兰国土面积的百分之四十)从大主教地主手里充公并分给了杂七杂八的英国冒险家团队和退役军官。[55]1652 年之后,只占了总人口四分之一的清教徒开始进行移民,拥有了大约四分之三的土地,控制了三分之二的贸易。[56] 到了 1700 年,权力已经确定转移到英国清教徒手里。英国官员管理爱尔兰的行政部门,因为进驻了一大批英国军队,他们的权力得到了加强,刑法限制了天主教的经济和政治活动。天主教地主被迫往西迁移到不适合居住的康诺特,1698 年,邓顿把这个地方形容为传统爱尔兰式野蛮的大本营。[57]

　　英联邦时期,因为给追求利益重新下了定义,人们不再认为这是恶贯满盈的贪婪,相反,它是对国家富裕(如今被理解为私有财富的总和)做出贡献,"农业改良"的意识形态于是得以重新振兴。因此,农民利用这些被上帝赐予肥力的土地增加产量,帮助并确保了英联邦整体的繁荣。[58] 国会议员奥利弗·圣约翰爵士(Sir Oliver St John)把这些想法用到爱尔兰,当他宣称:"从这里把牧群和玉米输送到英格兰,伟大的幸福会降临到这个王国(爱尔兰):因为这个王国会省出许多牧群和玉米,这些会带来收入,让这个野蛮国家因此感受到甜蜜,它的爱很快会比其他任何劝说更能影响到文明。"[59] 这个市场已经成了文明的代言人。

在 17 世纪 60 年代，爱尔兰似乎听从了圣约翰的建议，又复兴了农业的出口贸易。每年至少有五万头牛、十万多头羊，还有几百磅爱尔兰黄油，满足了英格兰的中产阶级在生活标准提高后，对肉和脂肪日益增长的需求。[60] 同时，与西郡的黄油贸易把爱尔兰南部和法国市场联系起来，把这个区域推进了大西洋贸易网。

到了 17 世纪 60 年代，纽芬兰已经成了英国永久移民地，这里大约有二千移民。某地一百到两百位"种植园主"建立了大小不一、全年不休的捕鱼站，既有只有几艘渔船的小公司，也有雇用了大量渔民和劳工的大公司。[61] 随着欧洲移民侵入到他们的领土，传统上以海豹和捕鱼为生的贝奥图克土著，被迫以其他食物为生。但是因为纽芬兰内部产出特别少，食物缺乏导致了土著居民人口大幅减少。到了 1829 年，贝奥图克人灭绝了。[62]

讽刺的是，虽然欧洲人垄断了该区域丰富的海洋食物资源，但是他们自己却依赖食物进口。爱尔兰给移民地供应面粉、饼干、咸黄油和肉。渔业定居点给爱尔兰的英格兰军队供应腌鳕鱼，现在爱尔兰种植园又反过来给它供应食物，至此，这个供应链形成了完满的圆圈。

商品贸易网促进了三角贸易的发展，这通常是家庭纽带关系。在 1680 年，来自爱尔兰南部比迪福德的商人约翰·史密斯，用比迪福德的大船"快乐"号向他在爱尔兰罗斯郡的弟弟爱德华运送了一船二十五打的陶罐。比迪福德船只把一船船爱尔兰黄油送往纽芬兰，换成价格稍微便宜一些的腌鳕鱼并运往弗吉尼亚。到了弗吉尼亚，这些腌鳕鱼是给在烟草种植园的黑奴们吃的。约翰·史密斯把他的黄油直接送到弗吉尼亚，他的另一个史密斯兄弟，约瑟夫，是一位烟草种植园主。[63] 到了 17 世纪末，比迪福德已经成了英格兰主要的烟草交易港口。通过这种内在联系，爱尔兰成了大不列颠这个崛起的帝国的一个供应地。

加勒比蔗糖岛屿即将成为爱尔兰最重要的市场。蔗糖于 17 世纪中期被引进西印度群岛。这种作物价值很大，种植园主不想浪费土地种植粮食，于是这些岛屿完全依赖进口供应。在 1641 年到 1665 年间，爱尔兰牛肉出口量翻了一番，当时桶装牛肉贸易同蔗糖扩大种植一起发展起来了。[64] 在设法保护英国牛肉较高的价格时，英国人下了禁令，在 1667 年禁止进口爱尔兰动物，1681 年禁止进口爱尔兰黄油，新世界的殖民地成了爱尔兰食盐出口的主要市场。[65]

科克因此繁荣起来，在 1660 年到 1685 年间，该市面积扩大了两倍，到 1706 年又扩大了两倍。[66] 在 5 月，市场热闹起来，木桶装的黄油被装载在马背上从乡下运来。正是城市与纽芬兰之间的贸易关系使它获得了更优质的葡萄牙盐，而且上等的"玫瑰"黄油即使在加勒比的热带气候里也仍能保持"鲜甜风味"。[67] 到了秋天，科克满街都是成群的牛被赶向屠宰场的场景。老奶牛和公牛被制成次等的"小牛肉",这种瘦肉里经常混有牛蹄和牛皮。这是要给法属西印度群岛的非洲黑奴吃的:这种次等肉在英属西印度群岛没有市场,那里的黑奴吃的是从纽芬兰运来的——变质的腌鳕鱼——红肉。[68] 质量稍好的脖子肉、前腿肉和后腿肉被装入二英担[*]的桶里,作为"货物"或者"一般牛肉"卖给供货船。上等牛肉只在 11 月份送往城市,被制成"'种植园主'牛肉"并运往西印度群岛,以便及时给富裕的甘蔗种植园主们供应新鲜的牛肉,端上圣诞节的餐桌。[69]

　　于是在 17 世纪,当约翰·邓顿在康诺特旅行的时候,他认为这地方是传统爱尔兰的遗留之地,这就不足为奇了。该岛的西北部仍然很穷,由少数维持在温饱水平的农场主导。虽然这里的农民通过养牛参与了牧群贸易,但是他们挣的很少,因为巨大的利润集中到了中部放牧区的牧民手中,他们把牛养肥,然后卖到屠宰场。[70] 相较之下,南部爱尔兰的都铎改革家们实现了他们的愿望。许多林区、沼泽和荒地曾经是"野蛮的爱尔兰人"的家园,如今树林被砍伐,沼泽和荒地被开垦,这里获得了文明。混合耕种的农场占据了主导地位,佃农们生活在附近有学校、教堂和玉米磨坊的村庄里。到了 1700 年,英国人的计划已成功地重塑了爱尔兰的地形地貌,那里开始逐渐转变为我们今天熟悉的样貌。[71] 但是,胜出的并不是英国人那些可耕种的农场,而是商业化的爱尔兰游牧业。在这一过程中,曾经荒芜而混乱的国家如今成了正在崛起的大英帝国的一部分。

---

* 英制质量单位。传统 1 英担等于 112 磅,现等于 100 磅。

*In which the Holloway family eat maize
bread and salt beef succotash, Sandwich,
New England (June 1647)*

How the English chased the dream of the yeoman farmer
but were forced to compromise

第三章

家庭农场的转变

英国人是如何追逐自耕农的梦想
但最终被迫妥协的

在新英格兰桑德维奇，霍洛韦一家吃的是玉米面包和
腌牛肉玉米粥（1647 年 6 月）

1647 年 6 月，约瑟夫·霍洛韦正在和家人一起吃午饭，他 整个上午都在测量公路，回到家时已经精疲力竭。他找了一把椅子坐了下来，感觉很是惬意。家里只有两把椅子，条凳上铺着一块板子，孩子们站在周围，当这是餐桌。虽然霍洛韦家族是十年前在新英格兰建立桑德维奇移民据点的六十一户人家中最富有的一个，但他们现在连一张餐桌也没有。家里的另一把椅子坐着他的妻子罗丝，最大的孩子约瑟夫和莎拉坐在凳上，他们一个十一岁，一个七岁。两个年纪稍小的女孩子，四

岁的玛丽和三岁的伊克斯皮尔伦斯（Experience），坐在树桩上。小婴儿霍普斯提尔（Hopestill）被传来传去，从一个膝头到另一个膝头。[1]

那天早上，罗丝起得很早，她烤好的混合了小麦和玉米粉的长条面包，现在正摆在大家前面。英国人偏爱纯麦面包，但即使是在家，小麦粉也经常要精打细算地掺几把大麦粉或黑麦粉。对于新英格兰人而言，小麦面包太过奢侈。约瑟夫在自家土地上种了大约四分之一的小麦，但是在美洲的这个地区，小麦的收成一般不太好。严酷的冬天冻死了冬小麦，春小麦又饱受疾风的折磨，麦穗表面繁茂，但实际上只有空壳或枯萎不堪，生满了一种锈。玉米是唯一可靠的粮食来源，约瑟夫至少种了五英亩印第安玉米。[2]

英国移民十分担心美洲这种奇怪的气候会让他们堕落成野蛮的美洲土著，所以他们坚持把面包当作文明的食物。虽然玉米面因为缺少赋予小麦面包那种口感的麸质，而无法用来做面包，但是他们一直坚持用玉米面做面包。将玉米面掺水打成糊，可以用馅饼盘或者慢慢地一勺一勺地做成一层又一层，放在地板上的热炉子上的橡树底或者圆白菜叶子上，做成厚厚的蛋糕似的面包。[3]当玉米面里加了黑麦粉时，这个面包会做得最成功。在欧洲所有的粮食里，黑麦在陌生的气候里生长得最好，"ryeaninjun"面包是新英格兰人经常食用的主食。

面包旁边摆着又大又圆的硬奶酪和一小罐黄油。约瑟夫的十九头牛产奶量很高，几乎大部分新英格兰人都用多余的牛奶做相当基础的软奶酪，富裕的霍洛韦一家有两个腌酪桶和一个压酪机，他们可以做英国风味的硬奶酪。他们的仓库还有腌猪肉、腌牛肉和一桶麦芽。[4]

新英格兰的第一批移民也许不期待能复制他们家乡的宗教文化，但是他们一定想要复制家乡的烹饪技法。面包、牛奶、黄油、奶酪、牛肉和一杯好喝的啤酒构成了 17 世纪英国人饮食的主要部分。[5]除了面包里的玉米面之外，霍洛韦一家的午饭似乎和英格兰的中产农民并无二致。但是如果我们再仔细一看，那道腌牛肉就暴露了实情，种种迹象说明这家人正坐着吃饭的地方是美洲而不是英格兰。一大清早，罗丝就一直在火上的锅子里煨牛肉。英国厨师会往锅里扔一把干豆、芜菁或胡萝卜，一点儿香菜或百里香——她在菜园里能摘到的无论哪种蔬菜或香草——做一锅炖菜。但是在约瑟夫的地里，没有一排排整齐的胡萝卜和小块香菜地，玉米旁边蔓生着豆子和南瓜。[6]利马豆、玉米粒和美洲南瓜取代了英国蔬菜占据了霍洛韦的牛肉炖菜，把它变成了美洲本土众所周知的一道名菜，叫豆煮玉米（succotash），这是纳拉甘西特印第安人"sukquttahash"的英语发音。[7]虽然他们的确还坚持着旧世界的饮食习惯，但当移民们开始用美洲食物代替英国食物时，他们的菜式乍看起来和所谓的野蛮的美洲土著没什么两样，这令人十分尴尬。[8]

1635 年，约瑟夫·霍洛韦乘着"伊丽莎白和安"号驶向马萨诸塞，那年他三十岁，也是他和罗丝结婚的第七个年头。罗丝也许晚点儿和他会合，因为她不在乘客名单上。[9]霍洛韦一家是 17 世纪 30 年代离开英格兰的一万四千英国清教徒大移民的一分子。北美大陆的第一个移民据点是罗诺克，这是用沃尔特·雷利及其合伙人提供的资金建立起来的；然后是 1606 年的萨加达霍克，但是这两个地方都失败了。[10] 早期成功的是詹姆斯镇，它于 1697 年由弗吉尼亚公司投资建于切萨皮克湾。早期的美洲种植园投资者希望通过找到丰富的黄金或白银矿藏打败西班牙的南美殖民地。如果这些没有实现，投资者便着眼于建立永久的英国殖民地，作为一系列经济作物的供应商，这些经济作物包括大麻和亚麻，丝绸和靛蓝，木材、沥青和焦油，当时这些作物英格兰都要从欧洲、非洲和亚洲进口。[11]

经历了数年的饥饿以及和波瓦坦部落漫长而残酷的战争之后，切萨皮克湾的移民们在弗吉尼亚殖民地建立了烟草生产公司。[12]1620 年，一群清教的异见分子与一支移民联合成武装力量，并从英格兰出发航行，加入到弗吉尼亚人的千人队伍之中。他们的两艘船中只有"五月花"号一艘成功抵达美洲，在切萨皮克湾东北二百英里的地方登陆。在这里，远征队幸存的一百零二人建立了普利茅斯和新英格兰的独立殖民地。[13] 这次冒险给九年后那文伦敦商队以很大信心，他们建立了马萨诸塞湾公司，并雇用了那名萨福克郡的律师约翰·温斯罗普*负责鼓动新移民事宜。他的儿子亨利从他在巴巴多斯投资的甘蔗种植园出发，正好在 1630 年 4 月拔锚起航回家，他的父亲在一支载有七百位移民的舰队上于 6 月在安角登陆。在接下来的十年里，大约每年有一千位移民抵达这个新殖民地，数字不断增

---

* 英属北美时期马萨诸塞湾殖民地的重要人物，1629 年率领一批清教徒前往新大陆并成立马萨诸塞湾殖民地，此举成为该殖民地发展史上的重大事件。

长，他们其中就有约瑟夫·霍洛韦和罗丝·霍洛韦。[14]

　　人们通常认为宗教是促使新英格兰殖民者离开家乡、穿洋过海踏上艰难旅程的主要原因。这当然激发了这些清教徒，他们是移民的发起人。他们在查尔斯一世治下的英格兰日渐感觉不安，天主教在那里再次复兴起来。[15]德文郡一个虔诚家庭的仆人罗杰·克拉普，非常肯定地认为，是神圣的上帝"让我心里倾向于去国外生活"，虽然他"从未怎么听说过新英格兰"，直到当地的一位牧师谈到自己想移民时，他才知道这个地方。[16]他也许感谢了上帝赋予他这次机会，但是一个穷小伙子在英格兰一眼就望到头的未来必定是让移民变得如此有吸引力的原因。是17世纪英格兰的社会动乱而不是宗教召唤促使这些人中的大部分穿越大西洋。[17]小块自耕地和公共用地被合并到了圈定的土地范围，最小的和最穷的佃农被驱逐出去。当一批贫农被逐出土地的时候，其他旁观的人非常焦虑，他们害怕自己可能会是下一批被清退的。东南部以纺织贸易为生的中产阶级已经因为英格兰开始流行羊毛织物而遭受重创。棉纺织品销量大幅下滑，如今又受到不断上升的贫困率的影响，他们又被征收财产税，以为郊区那些需要帮助的和贫困的人提供可怜的救济。萧条的经济通常伴随着个人的精神或经济危机，这促使中产阶级农民决心离开。这些富裕的移民付得起自己的航海路费，他们选择了新英格兰而非弗吉尼亚作为目的地。[18]

　　他们被新英格兰这块土地吸引，因为他们以为自己可以在那里实现成为受人尊敬而独立自主的自耕农的愿望。[19]在英联邦统治期间，农业改良者进言说，一个国家的财富只有在把土

32

地分散到稳定的自耕农手里时才能得到最好的保证。[20] 因为圈地已经把土地集中到了富人手里，这一想法在国内已难以实现，但是在新英格兰的移民希望实现乌托邦式的共和国，在那里"所有人都是地主"，正如共和党人作者詹姆斯·哈林顿在1656年《海洋公约》中所描述的那样。[21] 新的小镇数量激增，每一个移民家庭都分配有自己的农田。汤顿的二十五位创始人感谢上帝把他们带领"到了这个地方，让我们安家落户，拥有了自己的土地，带给我们金钱……给了我们及我们的子子孙孙以财产"。[22] 当霍洛韦一家和他们的邻居在附近建立桑德维奇时，他们也受到了同一个动因的驱使：确保拥有自己的土地，并以此获得独立自主的生活。

新英格兰移民们坚决不认为他们窃取了他人的土地。第一支移民队伍不是偶然碰见了一个原始的野蛮部落，美洲土著已经经营那块土地几百年了。实际上，是帕图西特族人清理了森林，第一支移民在那里种下了第一批作物。在这些作物成熟之前，殖民者们之所以能活下来，只是因为他们发现了美洲土著在地下储藏的玉米，而那些土著，早在十四年前，便已死于由想在萨加达霍克建立据点的西郡人从欧洲带来的传染病。[23] 马萨诸塞湾附近仍有许多美洲土著，但是约翰·温斯罗普进行了同样的推理，英国人以前为他们的爱尔兰殖民地狡辩，认为因为他们"没有圈地，既没有建立居住地，也没有通过温顺的牛群改善土地质量"，他们没有获得拥有土地的权利。[24] 他认为，美洲的英国移民要通过驯服美洲人的野性来履行基督徒的义务。温斯罗普有些堂亲或表亲在芒斯特种植园有田地，他曾经

于 1621 年去过爱尔兰并想在那儿定居，他认为芒斯特种植园
是挽回爱尔兰的最终手段，同样英国自耕农正在把文明带到美
洲。[25] 美洲土著被视为另一版野蛮的爱尔兰人，他们因为没能
妥善管理土地并实现它的潜力，而放弃了管理国家的权利。[26]
这种分享的精神蕴藏于第一次感恩节大餐里，1621 年秋天，万
帕诺亚格印第安人和普利茅斯移民一起庆祝丰收，他们抵抗英国
人的入侵，但是很快就和其他印第安族群一样被残酷地征服了。

　　有关土地拥有者、农业和一个社会获得食物正确且合适的
方法的观点是大不列颠第一帝国意识形态的核心。爱尔兰的畜
牧主义因被视为野蛮人的行动而遭到抵制。英国人不承认美洲
土著把森林改造成了农田，但是当新英格兰的移民试图把英国
式农业用在美洲的土壤上时，他们遭遇了一系列阻碍，因此不
得不改变他们的标准。周边由小的家庭农场包围，新英格兰长
期缺少劳动力。这让第一批移民没能充分利用他们来美洲真正
追求的东西：充足的土地。他们只有依靠妻儿的帮忙，才能艰
难地清理茂密的森林，把它改造成肥沃的田地。把树桩从刚清
理好的土地上挖出来，使之变得易于犁耕。适合欧洲谷物生长
的平整田地，既耗时又耗力。而且这项工作几乎不值当，锈病
使得大量小麦死掉，连黑麦和豌豆的产量也经常令人失望。这
个任务艰巨万分，然而对食物的需求却十分紧急。[27]

　　罗杰·克拉普在他的回忆录里写道："不知道多少次，即
使是非常难吃的食物，如果能填饱我的肚子，我都觉得十分
美味。"[28] 面包和小麦"非常稀缺"，移民们勉强以海鲜如蛤蜊
和贻贝为生，尽管他们鄙视这些食物，认为只适合给穷人吃，

当他们沿着海岸从淤泥里搜寻这些食物时，他们又累又不情愿。[29] 英国人在指责美洲土著懒惰之后，被迫采用他们的耕作方式和作物，这样可以尽最少力收获尽可能多的粮食。[30] 高产的玉米可以种在新开垦的土地上的腐烂的树桩旁边，在被锄过而不是被犁过的土地上，南瓜和豆子可以在玉米中间生长。[31] 实际上，到了1700年，大多数新英格兰农民已经不再种小麦了。就像约瑟夫·霍洛韦，他们很感激在至少一半培育过的土地上，在散乱的、零星长着几个树桩的田地里种上了可靠的本土作物，这样它们看起来和他们不屑一顾的美洲土著菜园一样，每一处都乱七八糟的。[32]

　　早期移民很担心吃奇怪和陌生的食物，他们起初认为玉米只适合做家畜的饲料。但是他们别无选择，只得学着去接受。他们把玉米做成面包，和罗丝·霍洛韦为家人烤的面包类似。他们还用布煮熟玉米面，做一道美洲版的英国布丁。加上蜜糖或糖浆，也许还有一些鸡蛋、黄油和一点儿香料，庆幸的是，玉米面非常适合采用这道英国工序。但是如果把它当作燕麦面来处理，放点儿热水搅动，就可以做出一道硬硬的玉米粥或者仓促完成的布丁，可佐以牛奶或蜜糖食用。[33] 克拉普记得，早些时候，"如果我可以把面粉、水和盐放在一起煮的话，简直是太好了，谁还指望更好的呢？"[34] 他们从美洲土著那里学习了如何把煮过的玉米打成粉，接着加水做成稠面糊，然后把它放在平坦的石头或锄头上用火烤，做成扁面包。各地有不同的叫法，像约翰尼或旅程蛋糕、"匙饼""锄饼"或者椭圆饼。最后，新英格兰人实在太认同他们的玉米面包、约翰尼饼、布丁和粥，以及他们后来改名叫"炖食"的玉米粥乱炖，以至于这些食物来源于美洲土著这一点都被遗忘了；它们被重新定义为平凡朴实的食物，非常适合它们质朴的口感与实诚的美国人。[35]到了1869年他们在一次宴会上庆祝第一个普利茅斯祖先节，他们已经给这些食物重新做了定位，这些食物是他们引以为豪的作品，而不再是出于自下而上的需要被迫妥协的耻辱产物。[36]

早期殖民者从美洲土著那里学会了如何做玉米。首先把玉米粒烘干，接着放在碱水和草木灰里煮。这会让玉米粒的外壳剥落，变成玉米碎。[37]然后把玉米碎磨成玉米粉。把玉米粒放进碱水里煮还有一个好处，这会分解玉米粒的烟酸，让它变得容易消化。那些靠吃玉米节食的人没有经历"碱法烹制"这个过程，可能会因为缺少维生素患上糙皮症。

35

一道美味的印第安布丁

三品脱热牛奶，七匙印第安细粉，趁热搅拌好，放置冷却；加七个鸡蛋，半磅葡萄干，四盎司*黄油、调味品和糖，烤一个半小时。

二品脱热牛奶加一品脱加盐的细粉；冷却后，

* 英制质量单位。1盎司 =28.349523125克。

加两个鸡蛋，四盎司黄油、糖或糖蜜和调味品，需要烤两个半小时。

一品脱细粉加盐，加一夸脱 * 牛奶，增加甜度，放进一块厚布、黄铜容器或青铜合金容器、石锅或者砂锅里，保证湿度，煮十二个小时。

约翰尼饼或者"锄饼"

加热一品脱牛奶，放三品脱印第安细粉，半品脱面粉——在火前烤。或者把牛奶加热，放三分之二的印第安细粉，或者用三分之二热水打湿，加盐、糖蜜和酥油，用冷水冻硬，如上烤制。[38]

为了让作物生长，约瑟夫·霍洛韦将给他土地里的大约十英亩围上了栅栏，然后用剩下二十英亩没有围栏的草场、沼泽和林地放牛。[39] 因为没能给大部分土地犁沟，移民者甚至没有适当地管控他们的牛群，这让这些动物可以在乡下随意活动，有时甚至会闯入美洲土著的领地，践踏菜园并吃掉作物，这引发了土著强烈的憎恨。[40] 实际上，这种自由放养的畜牧业发展成了一种征服模式。[41] 进入殖民地的牛群比新移民还要多，而且因为牛群需要更多的土地维持发展，所以移民们搬到了临近

---

* 容量单位。1 英制夸脱 =1136.5225 毫升。

的区域，建立小镇，发展了新的殖民地——马里兰、新罕布什尔、罗得岛、纽黑文——把美洲土著赶出了他们的殖民地并巩固了欧洲人对美洲的统治。[42]通过采取这种放牧模式，移民们几乎没有做到像之前宣称的那样，要对土地加以改良。

"改良"美洲这个宏大的计划也许并没有实现，但是新英格兰的确让谦逊的人如罗杰·克拉普和约瑟夫·霍洛韦实现了他们成为富裕且独立的自耕农的梦想。罗杰到达殖民地四年之后结了婚，他和妻子共育有十四个孩子。他加入了自卫队，担任殖民议会在多尔切斯特的代表。当约瑟夫·霍洛韦于四十二岁去世时，他拥有一个三十英亩的农场，十九头牛和两匹马。他曾当过警员，还是当地自卫队的成员，1647年被任命为该镇的公路纠察员。他睡的是羽毛褥子，喝的是装在锡制酒杯里的啤酒，吃的是丰富又营养的食物。[43]在英国的时候，农村的劳力薪水极低，无法圈地养牛，吃不到肉和乳制品；美洲移民能够保证自己吃到理想中的丰富的英国伙食，有牛肉、牛奶、黄油和奶酪。实际上，到了17世纪末，殖民地的美洲人可能是世界上吃得最好的人。18世纪50年代，一位在宾夕法尼亚州的旅行者指出，"甚至在最卑微或最贫寒的家庭里，也没有哪一顿不吃肉，没有哪一个人吃面包不配黄油或奶酪的"。[44]美洲食物的优越性在独立战争期间美国士兵的身高上得到了体现，那时他们比对应的英国人平均高出三点五英寸。[45]

约瑟夫·霍洛韦的地产估值超过二百英镑。这基本上大大超出了新英格兰人的平均水平。他不可能仅凭放牧获得这么多财富。在西郡，他做过水磨匠，到新大陆后，他可能定时做生意，因为那里需要建造木材厂和水磨坊，以制作木材和磨玉米。[46] 虽然他是一个自耕农，但约瑟夫靠他的勤奋养活了自己。同样，新英格兰为它的自给自足感到骄傲，但是它的财富靠的是贸易。到了 1700 年，这块殖民地上的居民感到，他们已经实现了前人独立生活在这片土地上的梦想。[47] 他们种了足够的玉米、黑麦和燕麦来满足他们对制作面包的需要。苜蓿草和英国蓝草的引入意味着农民能够制作足够的草料，让他们的牛群安然过冬。黄油、奶酪和牛肉非常多，果菜园提供了充足的蔬菜来为冬季做储备。[48] 但是如果他们有足够多的主要食物供自己吃，新英格兰人就会变成英国制造的商品的贪婪消费者——从实际的工具比如种田工具到休闲好玩的如鹦鹉笼子。[49] 早期的美洲殖民地家庭很少配备家具，即使是最好的也只有一个橱柜、箱子和少量做饭的工具。晚上，每家每户一起挤在地板上的一块旧毯子上。[50] 但是当他们变得更富裕的时候，他们买来羽毛褥子、锡制盘子、银匙和椅子。[51] 在旧大陆，一个农民可能穿着天鹅绒大衣，用锡制高脚杯喝酒，但是他的名声有赖于他土地和牲畜的状况以及他与邻居之间的关系。[52] 在新世界，凌乱的田野和尚存野性的牛群、财产变成了上流的重要标志。为了买下所有这些商品，新英格兰人需要开源创收。

家庭农场的属地没有什么可以卖的，除了多余的食物，主要是一桶桶腌牛肉。他们把这些卖到了日益繁荣的西印度蔗糖岛。但是人们认为新英格兰的腌牛肉"质量差，颜色深，比爱尔兰的差多了"。一位安提瓜种植园主向供应商抱怨，他送的牛肉"绝不会让我们的味觉获得某种享受；因为如果我们的味觉没问题，那这牛肉不是太咸就是太硬，但是一般来说它会发臭"。[53] 然而，虽然那时爱尔兰还是西印度群岛主要的供应商，但腌牛肉成了新英格兰所有出口物中第二有价值的货物，它主要出口的是腌鱼。在17世纪40年代，新英格兰的捕鱼业方兴未艾，这得益于纽芬兰贸易的中断，那时英国内战让许多西郡的渔民无法进行年度捕鱼航行。新英格兰如今加入了大西洋的三角贸易，它每年把最上等的产品送往南欧和生产葡萄酒的岛屿，并把超过三千五百桶的次等鱼运往牙买加，给该岛上新建立的甘蔗种植园中的黑奴吃。[54]

　　新英格兰的经济平衡所依赖的商品居然是鱼类，这非常出人意料。这个殖民地沿海的捕鱼群体是移民们刚过来时所拒绝的一切的缩影。成为渔民是人们碰巧被冲向新英格兰海边并决定定居在此的诸多选择之一。他们对宗教没有兴趣，他们也不奉行许多移民的清教价值。农民们认为渔村罪犯与醉汉的邪恶中心，是会破坏新英格兰和谐有序的农业社会的粗野哨站。[55]但是这些渔民创造了新英格兰百分之二十五的出口收入。[56]

　　供给贸易催生了造船业的发展。农民在开垦土地时，收获了丰富的木材，到了17世纪末，波士顿已经有十五个造船厂，成为继伦敦之后大英帝国第二大造船业中心。新英格兰的各大城镇涌现了一大批造船工人、手工匠人、老船员和商人。到了1700年，美洲商船的货物运送费用可能已经超过了新英格兰的供应食品出口所得。[57]同西印度群岛的贸易占据主导地位，新英格兰还同蔗糖岛发展了互惠互利的关系。这两个经济体由强有力的贸易关系网联系在一起，罗得岛商人白立格·桑德福

38

德做生意的时候还拿这个举例。

新英格兰的朴次茅斯殖民地创始人的儿子桑德福德，在17世纪50年代早期旅行到了巴巴多斯，在罗得岛商会供职。因为学会了做生意，1666年，他回到罗得岛，在纽波特成了一名独立的商人。他的两个兄弟，威廉和以利沙，仍然留在巴巴多斯做代理。桑德福德进了一些英国的五金商品，比如钉子、刀子、罐子、手枪和硬件，然后在自家商店里卖。他用所得的利润在当地收购加工木材、腌肉、干豆和黄油，寄给在巴巴多斯的两个兄弟。以利沙和威廉把这些美国货物卖掉，然后收购蔗糖运往伦敦，以购买更多的英国干货。他们还把蔗糖、朗姆酒和糖蜜直接从巴巴多斯运往新英格兰。等到1680年，桑德 39福德被选为罗得岛的长官时，在波士顿港口来来往往的各类船

马萨诸赛农业促进协会的印章表现了新英格兰农民是通过耕种来"促进"新世界的理想自耕农。

只，有一多半都是与加勒比地区进行贸易的船只，加勒比地区当时正成为大西洋帝国的贸易中心。[58]

新英格兰的第一批移民试图建立一个协会，中产阶级农民在那里可以享受自由和独立。他们的目标是保证自己过上一种不同于英格兰越来越不安全的生活方式。[59]他们以这种方式建立了一种强有力的意识形态，赞美自耕农并美化家庭农场。J. 赫克托·圣约翰·克雷夫科尔，是哈德逊河谷一名法国移民和乡绅的儿子，1770 年，他在写下"这片先前十分蛮荒的土地已经被我父亲改造成了舒适的农场，反过来，它确立了我们的一切权利；我们在这上面确立了我们的阶级、自由和作为公民的权利"[60]时，表达了这一观点。美国独立之后，这成了美国政治的核心原则，是政府在保护公民在农庄里过上独立和自足生活的权利。[61]今天，这种思维方式仍然在美国共和党人中清晰可见。

这种意识形态的中心有一个矛盾。虽然新英格兰的很多财富都归功于渔民和牧人，但人们认为捕鱼和家畜养殖是次等职业，远远谈不上高贵。玉米面包和煮过的饭菜被理解为家庭农场的养生食物，但是这些菜来源于美洲土著的农业和饮食习惯。虽然新英格兰的家庭农场没有使用奴隶劳动的污点，但他们生产的木材、瓦片、腌牛肉、腌鱼、玉米、家畜等物品，却在西印度被用以交换当地种植园奴隶生产的蔗糖、蜜糖和朗姆酒。新英格兰和西印度群岛形成了相互促进的整体，美洲自耕农的富裕依赖于西非奴隶的劳动。[62]

*In which Colonel James Drax holds
a feast at his sugar plantation on
the island of Barbados (1640s)*

How the West Indian sugar islands drove the growth
of the First British Empire

第四章

砂糖革命

西印度群岛的甘蔗种植园如何促进了
大英帝国的发展

詹姆斯·德拉克斯在巴巴多斯岛上的种植园里举办宴会
（17世纪40年代）

詹姆斯·德拉克斯上校是英属西印度群岛上第一位凭蔗糖
获得男爵头衔的人，他宰了一头牛，想邀请他的种植园主同仁
们到巴巴多斯岛上寻欢作乐。理查德·利贡是另一个早期甘蔗
种植园的经理人，这种场合他去过一次，并且描述了那场奢华
的盛宴。第一道菜就非常铺张，是由十几种不同的牛肉菜肴组
成的盛会，从煮臀肉、牛骨髓到碎牛百叶做成的馅饼和用芳香
料、牛油、香辛料和黑醋栗调味的牛舌，其中还有一份什锦炖
菜，一份味道浓郁的伊比利亚炖牛肉。第二道菜牛肉更多，还

有苏格兰风味的猪肉片、煮鸡肉，用百里香装饰的带血羊肩肉和用橙子、青柠一起做的幼牛里脊肉、烤乳猪，加了盐、鼠尾草和肉豆蔻调味的波尔多红酒，还有兔肉、鸽子肉、火鸡肉、阉鸡肉、肥母鸡肉和两只已经用盐和辣椒调制好并且在肚子里塞满肉片的莫斯科鸭子。[1]

　　第三道菜是一组进口的佳肴，比如威斯特法利亚火腿、风干的牛舌、腌渍的牡蛎、鱼子酱、凤尾鱼、橄榄、"弗吉尼亚鲔鱼"和鱼子风味品，利贡认为这是他吃过的最美味的鱼子。甜点是奶油冻，奶油上面点缀着咸菜，还有用进口的英国面粉做的泡芙。篮子里装满了水果，这也让利贡非常开心，尤其是凤梨，那时在英格兰还没有这种水果，因此他认为它"比前面那些菜更值"。[2] 这一组菜让人十分困惑，好在还有同 42 样昂贵的酒水弥补：用甜土豆酿造的莫比酒（mobbie）、用木薯做的佩里诺酒（perino）、从法国进口的白兰地、马德拉白葡萄酒、莱茵白葡萄酒和雪莉酒、酒劲"十分浓烈"的"杀死魔鬼"以及用"煮糖时附在铜锅上的那层浮沫"做成的朗姆酒。[3]

如何制作这里常喝的佩里诺酒

　　取一块木薯做的面包，大约超过一英尺，半英寸厚，一边烤黑，揉碎；放两加仑水没过它，放进

盆里静置十二小时；然后将一个鸡蛋打发起泡并倒
入其中，静置十二小时，用瓶子装起来。保质期为
一周。[4]

他在种植园里建了一栋詹姆斯一世时期风格的豪宅，像个
王子住在里面。身为巴巴多斯最有钱的人，他学着17世纪的
贵族那种热情好客和热爱交际的典范花天酒地。但是在一个离
伦敦上万英里的乡间别墅里，他很难向英国贵族看齐。他用来
招待客人的欧洲佳肴经历了千辛万苦的旅程才被送到餐桌上：
首先要乘船穿过大西洋，然后从布里奇敦港口出发，因为马车
在那里无法通行，所以，食物只能"在黑人的肩膀上"经过条
条街道，直达德拉克斯的内陆种植园。而且这些都要在晚上完
成，这样太阳的热量才不会损坏食物。[5]这个岛几乎不吃牛肉，
因为牛非常珍贵，都用来耕畜了，只有德拉克斯能养多余的牛
用来食用；他还保留了牧场，而本来那块地已经被用来种植甘
蔗了。在巴巴多斯岛上，这场以牛肉为主菜的宴会相当奢靡。

理查德·利贡也因受到邀请而感到很荣幸，因为他的社会 43
地位非常微妙，介于朋友和社会地位较低的雇员之间。他在邻
近的一个甘蔗种植园当秘书、顾问，偶尔也做工头。在英国内
战期间，他同园主托马斯·莫迪福德一起加入了保皇派埃克塞
特的驻军参与战斗。这座城市落入议会军队之手时，虽然他
可以自由出入，但是他发现自己"生活非常困顿"，而且因为

英格兰已经成了清教共和国，"我在自己的国家里像一个陌生人"。[6] 到了六十岁，利贡年纪太大了，不能开展殖民活动，但是他决定去莫迪福德幸存下来的保皇派军队那里碰碰运气，莫迪福德最先在安提瓜岛上建造了甘蔗种植园。但是因为在航程中失去了一艘舰船，莫迪福德改变了计划，决定留在巴巴多斯。他在那里购买了一座由威廉·希威德少校建好的甘蔗种植园，威廉少校急于转手，因为他要回家"去呼吸英格兰甜美的空气"。[7]

　　利贡在 1647 年抵达巴巴多斯，与此同时，这座岛开始从一座平凡无奇的英国殖民地转变成了大英帝国最为富裕的种植园。它使芒斯特种植园光彩尽失，后者在 17 世纪 30 年代是最富裕的种植园。在他的记录里——《巴巴多斯岛的真实历史》（1657），他在返回英格兰途中于债务人的监狱里写就的——利贡描述了蔗糖的引入如何改变了这座岛。土地价格飙升。莫迪福德上校花了七千英镑获得了希威德五百公顷甘蔗种植园的一半股份，而五六年前只需要四白英镑，那时烟草和棉花是这座岛上的主要作物。利贡直接预测说，一旦所有的二十或者三十公顷的小种植园无法进行资本密集的甘蔗种植项目，它们就会被合并成大的种植园，这座加勒比小岛虽然比怀特岛还要小，但会成为"普天之下最富裕的地方"。[8]

　　1625 年，约翰·鲍威尔船长从南美驶回家乡的时候，他代表科尔汀纺织贸易公司宣布这座无人岛属于英国。他插上了一个十字架，并在一棵树上刻下了英国国王的名字。两年后，他得到了威廉·库尔滕的经济资助，又回到了这个地方。随行的还有他的兄弟亨利·鲍威尔，以及五十名满怀希望的移民，其中就有十八岁的詹姆斯·德拉克斯。[9] 这个新殖民地恰好在英国人对帝国的态度发生变化时得到了开垦。到了 17 世纪 20 年代，弗吉尼亚每年向英格兰输送二十万磅的烟草。英格兰的烟草市场非常繁荣，一磅烟草可以卖到一英镑。[10] 这证明殖民地依赖农业经济作物是值得的。亨利·鲍威尔离开人群，建造了一个最初的居住地，然后驶向了荷属圭亚那。他从那儿装满食物、烟草作物和种子以及三船阿拉瓦印第安人之后，随即返航。移民们所有的农业知识都是从阿拉瓦人那儿获取的，在他们的帮助下，这些英国人希望自己能像弗吉尼亚烟草种植园主们那样获得成功。[11]

44

17 世纪 40 年代，当理查德·利贡抵达巴巴多斯时，每家每户都有二到三名美洲印第安人奴隶为他们奉上当地的主要食物——木薯。[12] 在吃它之前，必须要花很大力气将它磨碎，挤压出流淌在整个根部的有毒的氢氰酸。磨碎的木薯在太阳下曝晒，磨成粉，然后放进面包里面。但是汁液也不浪费。把它煮开直到变成浓厚的黑色糖浆一样的东西，这就是有名的木薯浓汁，是一种非常好的防腐剂。美洲印第安人用它炖肉，只要每天反复煮，肉不会变质。根据一位旅行者的描述，当地人用这种辣味浓汤"做了一顿美味的早餐"，"三勺就让我的嘴巴发了炎，好像咬了一大口辣根，还喝了一加仑的白兰地加火药"。[13]甘蔗种植园主们显然学会了接受这个味道，因为几乎在每一个种植园的厨房里都能找到炉子上正在炖着的漆黑的辣味浓汤。[14]

在一次环加勒比群岛的航行中，威廉·佩顿无意中听到一个同行者告诉他的室友，他记忆中的巴巴多斯人是……如何用他们的辣味浓汤做饭的。佩顿告诉他的读者，"为了重现这项惊人的创造……首先要获得一个瓦罐或者很大的康纳希罐，圆形让人感觉很舒服"。他接着给出了那位同行者的食谱：

45

辣味浓汤

要很多胡椒、红辣椒、鸟眼辣椒、长辣椒、圆辣椒，各种各样，绿色的、黄色的，许多许多，让人看着很开心。切碎。让我的眼睛充满了泪水……接着把这堆碎辣椒放进石锅里。然后，上帝保佑！他没说——我忘记问了你是否做过这道菜……然后往里放醋、番茄酱和调料，所有这类东西——少量苦味酒……接着把所有受过祝福的剩饭或者早餐、排骨、鸡腿、香肠、培根（忘了他是否说的是

鱼）——任何扔了又觉得可惜的剩菜——西红柿、
腌黄瓜，所有这些东西。只有想象！只要你觉得饿
了——你就可以吃。辣味浓汤总是能不断地煮，不
用洗溢出来的东西，它们可以保存好几年。

　　佩顿指出，那个人忘记提及"地道的辣味浓汤
最最重要的原料"了：木薯浓浆。[15]

　　其中一位移民是十九岁的亨利·温斯罗普。他在英格兰非
常乐观地向自己的父亲约翰许诺，一年后他会带着二到三个仆
人和物资以及五百磅到一千磅烟草回来。但亨利种植的作物让
人失望。他父亲抱怨说："品质很差，恶臭难闻，全是梗，颜 46
色都变了。"每磅只能卖几便士，卖不上几先令。他还警告亨
利说，他还得供养其他孩子，不会再给他经济上的帮助了。等
到约翰的这封警告信抵达巴巴多斯的时候，亨利已经在回家的
路上了，他准备去另一个殖民地闯荡；三年后，他同父亲一起
前往马萨诸塞湾。[16]

　　不像温斯罗普，德拉克斯从烟草里获益颇丰，他可以开始
买进更多的土地和仆人用来种植烟草。[17]但是巴巴多斯的烟草
质量实在太差，1630年烟草的市场价不高，即使是质量尚佳的
弗吉尼亚烟草也跌到了之前价格的十分之一，显然这种作物不
会再给巴巴多斯的种植园主们带来财富了。他们种上了棉花、
生姜、靛蓝和黄颜树（出黄色染料）。德拉克斯、希威德以及

第一批移民中的另外一个，詹姆斯·霍尔迪普，把烟草利润用于种植棉花。他们从荷兰人那里获得种子和种植方法。17世纪30年代，荷兰人主导了加勒比的贸易。起初棉花销售不错。新移民们被吸引来到这座岛，岛上的人口增长了七倍。但是在那十年快要结束的时候，因为市场已经饱和了，棉花和靛蓝的价格降了下来。这三个人在寻找新的作物时，甘蔗引起了他们的注意。[18]

17世纪30年代，巴西的东南沿海是全世界蔗糖生产的中心。中世纪早期，世界的蔗糖制造中心逐渐从印度北部转移到黎凡特；到了15世纪，塞浦路斯和西西里是欧洲的主要供应地。但是葡萄牙人在1427年发现亚速尔群岛、1455年发现马德拉群岛的时候，他们发现这些大西洋群岛的气候比地中海更适合种植甘蔗。于是在16世纪40年代，他们便来到巴西，把蔗糖生产引入他们的新殖民地。[19]一百年后，当葡萄牙在欧洲的海上霸主地位岌岌可危的时候，荷属西印度公司接管了巴西蔗糖生产和葡萄牙在西非沿岸密布的奴隶贸易点。荷兰的大船如今交叉穿过太平洋，把非洲奴隶带到种植园去工作，然后返回卸载大箱大箱的蔗糖，这是安特卫普的精炼厂预订的。德拉克斯和他的同仁们应该已经知道了这个贸易，据说是一个到巴巴多斯旅游的荷兰人说服他和其他种植园主，去尝试种植这种大有经济潜力的作物。[20]

1640年，德拉克斯造访巴西，几乎已经确定该如何种植 47
并加工甘蔗。然而七年后，当利贡抵达巴巴多斯时，甘蔗种植仍然"处于初级阶段"。[21]一开始，德拉克斯、霍尔迪普和希威德仅能将甘蔗加工成糖浆，价值很低。但是，1650 年等到利贡离开的时候，他们已经掌握了制糖技术。他们知道应该把甘蔗种得密一些，这样才能抑制藤蔓植物疯长，否则这些藤蔓会爬到甘蔗上，然后缠死它们。[22] 他们已经弄明白，必须等上十五个月而非十二个月，甘蔗才成熟。此外，为了避免挡住去磨坊厂的路，还得实行间作法，这样甘蔗才能周而复始地成熟。因为一旦砍下来，甘蔗只能保存两天，否则会变酸，并让所有的甘蔗汁坏掉。[23]

如果说纽芬兰的捕鱼业在产业规模和组织上占据了先驱地位，那么西印度群岛的甘蔗种植园则拥有是世界上第一批农工复合型的工厂。人力需求不如产品需求。富裕的种植园主们没有采用葡萄牙的方式建造蔗糖厂，而是由佃农供应甘蔗。德拉克斯效仿更有效率的荷兰工厂——种植园，从种植到精炼，严格控制着加工过程的每一个环节。[24] 他们甚至还在地里运用了人力分配的工业原则，工人们被分成专门的种植队、除草队和切割队。收获甘蔗和研磨甘蔗有严格的时间要求，切割队必须与蔗糖厂的工人们同步工作，后者往巨大的碾压机（由五或六头公牛带动）里放甘蔗，榨出甘蔗汁。这个系统让工人沦为大型机器里一个又一个的零件。即使是把甘蔗从地里运到碾压机的骡子都成了自动机器，艰难地往前往后，根本不需要人牵引。[25]

甘蔗汁在烧火房里结晶成蔗糖形状，这些原本是纺织厂的厂房都用了超过一百年了。奴隶们被组织成很多批人，这样加工过程里没有休息。利贡描述了这个工作如何从"周一凌晨一点，直到周六晚上……夜以继日，不断有新的工人、牛和马换岗"。[26] 等到磨碎甘蔗的时候，时间就变得至关重要，因为挤压出的流入蓄水池的甘蔗汁只能保质一天，过期就会变酸。从蓄水池开始，它会经过五口巨大的加热用的大锅，一群人围着 48 它们，他们不停地搅拌并撇去沸腾的甘蔗汁上的浮沫。最后四口锅里会加入用石灰和水冲兑的石灰水来帮助结晶。当蔗糖开始结晶的时候，围在最后一锅旁边的工人娴熟地取出蔗糖。然后他们立马往里面倒上两勺色拉油，匆忙把甘蔗汁舀到冷却的蓄水池里，不让那些仍烧着火的大锅在那里空烧。[27]

对各环节所需时间的敏感，对组织纪律性与严谨性的要求，将用地与工厂结合在一起的设计，以及种植园主拥有包括

一幅早期西印度群岛蔗糖厂和锅炉房的景象。这幅把焦点放在西印度群岛种植园前端的一个古怪的奴隶小屋的图画，要不是勾勒出了白人监督者压迫奴隶们把甘蔗运到磨坊的凶恶形象，似乎会掩盖掉第一个蔗糖加工企业的残酷和暴行。

土地、奴隶落土、原材料等全部生产资料的事实——因此他们
可以拿走全部的利润，所有这些都使甘蔗种植园显露出资本主 49
义迄今为止最为贪婪的模样。种植园的农业—工业复合式生
产，远比欧洲的农场和工厂要复杂得多。[28] 蔗糖加工过程中排
放出的污浊空气预示着，英格兰工业革命笼罩在如地狱一样黑
暗的磨坊厂上方浓密的毒烟里。

　　"我喝茶从来不多放糖，因为它是黑奴的血汗。"18 世纪
末一艘轮船的船长艾伦·托马斯在他的航海日记里写道。[29] 当
他的护卫舰参与西印度群岛的远征时，他看到了蔗糖生产过
程，那景象让他很是惊讶。但是在早期的蔗糖生产过程中，白 50
人付出的血汗不亚于黑人。巴巴多斯的种植园主们雇用白人临
时工，让他们做开荒、种植和收割第一批作物的苦活儿。
　　在 1530 年到 1630 年间，英格兰大约有一半的农民在农业
改良运动中被赶走。[30] 有些农民掌握了新技术，做了手工匠人，
其他人就受雇于圈地地主们当苦力。到了 17 世纪 20 年代，大
量的无地苦力在乡下游荡找工作。[31] 美洲殖民地趁机获得了劳
动力，雇用他们到人手不足的种植园工作。英国商人从贫困的
农村地区招募年轻的男性和女性，然后跨越大西洋，把他们贩
卖给种植园主做苦力，时间一般是四到五年。时间到了，他们
就能一次性获得十英镑的报酬，用来在新世界自立门户。
　　这种契约的拥护者们将它视为一种安全保障，认为它避免

了英国乡村那些失业人口暗中叛乱的可能，还让他们开展有用的工作，生产热带农业商品。[32] 雇佣劳力是一种短期奴隶制形式，因为劳力被买卖，他们无力同主人重新协商契约条款，主人还经常滥用权力。[33] 种植园主对工人没有父亲般的责任感，尽管这种责任感至少在理论上可以改善了英国农业工人的地位。他们把雇佣劳力当作私有财产，实际上更甚的是，他们把这些男女称作"白奴"。[34] 克伦威尔政府很好地利用了这个体系：它让一万二千名爱尔兰叛军和王室成员"巴巴多斯化"了，把他们运往西印度群岛进行奴役，还不允许他们回来。[35]17 世纪的种植园主们并没有"白人不适合在热带地区干重活"的种族幻觉（后来才发展起来）。克伦威尔的政治犯们发现自己"在磨坊做工，在锅炉旁工作，在酷热的地里挖土……砍伐、播种和锄地"。[36]

17 世纪 40 年代，虽然至少有八千名奴隶抵达了巴巴多斯岛，但是劳动密集型的甘蔗种植园仍然急缺工人。1641 年，当第一艘奴隶贸易商船造访这座岛，驶入布里奇顿港时，它载着成百上千的西非奴隶，而后他们被富裕的种植园主们急切地买走。很快，更多的奴隶商船接踵而至。[37] 非洲奴隶比雇佣劳力更贵——一个健康的黑奴大约要花二十五英镑至三十英镑，相较之下，一个雇佣劳力只要十二英镑——但是大种植园主的蔗糖利润高到可以让他们对工人长期投资，甚至永远拥有他们。[38]1645 年，在长达五个月的西印度群岛之旅后，一名随行的牧师乔治·唐宁，写信给他的叔叔约翰·温斯罗普（时任马萨诸塞州州长），谈到一个种植园主如何靠雇佣劳力发家，一旦挣了足够的钱，他会在黑奴身上获得非常优厚的回报。"买越多黑奴，他们的购买力就越强，因为在一年半载里，（上帝保佑）他们会把成本全挣回来。"[39] 到了 1660 年，大约有二万名黑奴在巴巴多斯。[40] 极其恶劣的工作条件，营养不良和疾病导致了黑奴的高死亡率，以至于 1688 年，英国蔗糖岛每年需要二万名新的奴隶来维持劳动力的平衡。[41] 甘蔗种植园对于新工人的持续需求刺激了英国黑奴贸易的发展。

久而久之，黑奴成了主流，但是一开始，黑奴和雇佣劳力像齿轮一样在蔗糖制造这台机器上工作：给地施肥，挖沟修渠，修剪废枝和砍甘蔗，通过磨坊传送以及煮蔗糖。这是一项非常累人且危险的工作。甘蔗叶子让工人们十分痛苦，他们很容易被它划伤；许多人在把甘蔗推向碾压机的时候，意外失去了手脚，或者被沸腾的甘蔗汁烫伤。犯了一点儿小错就要遭受残酷的鞭刑和其他残忍的惩罚，他们过着"精疲力竭且痛苦不堪的生活"。[42] 他们到地里干活，弄得全身汗湿，却没有衣服换，因为每人只发了一套衣服。他们睡在硬木板上，然而他们的主人却正在大快朵颐，吃着牛排和牛骨，雇佣劳力和黑奴把牛皮和牛下水视为最高级的大餐。[43] 他们的主食是煮纽芬兰腌鱼和麦片粥，后者是一种他们非常讨厌的玉米燕麦粥。[44] 如果黑奴偷吃食物，一般的惩罚是把他吊在绞刑架上，头顶上方挂着一块面包，只能看到却摸不着，就这样直到他活活饿死。[45]

与此同时，在黑奴的辛劳背后，种植园主们却越来越富裕。一旦甘蔗汁被传到煮房，它就被倒进圆锥形的锅子，接着在冷却房里放上一个月。液体糖浆流出锅子，剩下的就是软绵的褐色黑糖了。把它包装起来，由骡子运到布里奇顿的储藏室，等待欧洲船只把它带到伦敦的精炼厂去。[46] 种甘蔗需要耐　52
心——从种植到把它变成可以卖的蔗糖需要二十二个月——但这值得等待。德拉克斯算过，他收获的第一批高质量蔗糖，在伦敦市场上的售价是每英担五英镑，每英亩的收入翻了四倍。[47] 那些在土地、劳力和工具上投资的人跟随德拉克斯的脚步，在几十年间，他们把巴巴多斯的森林全砍光了，取而代之的是只种甘蔗。[48] 甘蔗种植达到了工业经济的规模——当时有人算过，一个种植园主需要种植至少二百英亩的甘蔗才能获得纯利润，之前还必须投入巨资修建磨坊和煮房——因此到了1650年，这座岛上的土地集中在不到三百位种植园主的一小撮精英手里。[49] 在17世纪40年代的最后两年，巴巴多斯出口了价值超过三百万英镑的蔗糖，一跃成为英格兰最富裕的殖民地，种植园主们富得跟贵族一样。[50]

殖民地贸易——尤其是与西印度群岛的贸易——对于17世纪英格兰的经济、政治和社会具有深远的影响。新世界的商品抵达港口时，还需要进一步的加工。烟草必须烟熏、卷起来，黑糖必须提炼成白砂糖。众所周知的蔗糖精炼厂，在伦敦和全国的港口城市如雨后春笋一样，遍地都是。到1692年时，伦敦市区有十九家，萨瑟克区有十九家，它们给伦敦带来了浓浓的烟雾。[51] 这些应运而生的次生工业用铜和煤炭为熔炉提供了动力，[52] 但是英国蔗糖精炼厂对它们的需求与巴巴多斯相比，简直微不足道。这座岛大量砍伐森林，种植甘蔗，意味着熔炉厂用来加热铜所烧的煤都是从英格兰进口的。[53]

托马斯·多尔比想要证明西印度群岛的殖民地给英国诸岛带来了经济和商业上的利益，他列出了许多除了种植园主需要的制铜厂和磨坊之外的其他制造厂。"他们所有的火药、大炮、剑、枪、长矛和其他武器……斧子、锄头、锯子、碾压机、铲子、刀子、钉子和其他铁制工具……马鞍、马勒、马车……他们的锡镴、黄铜、紫铜和铁器以及其他工具，他们的帆布和纤绳……都是产自英国并从英国运过来的。"[54] 他说，每一个"白人，无论男女老幼，都住在甘蔗种植园里，这导致我们对本土商品和手工制品的消费是国内的十倍"。[55] 英格兰和爱尔兰给种植园供应了"大量的牛肉、猪肉、狗肉、盐、鱼、黄油、奶酪、玉米、鲜花以及啤酒"。在 17 世纪 80 年代，爱尔兰腌牛肉被卖到西印度群岛，每年大约能卖四万五千英镑，占到了出口到蔗糖岛的英国货物总和的百分之四十。[56] 利贡建议说，任何想要在巴巴多斯岛上开辟甘蔗种植园的人都能够通过一艘英国货船让他的投资翻倍。他向潜在的投资者们担保，亚麻衬衣和衬裙、铺床用的爱尔兰毯子、袜子以及北安普敦靴子和鞋子的市场已经准备就绪；由于岛上的死亡率很高，黑色缎带的需求也非常大。[57] 多尔比提醒他的读者，所有那些"在国内受雇于手工业的工人"越来越依赖殖民地，他强调了"国内"二字。[58] 他的话一部分是真的。在 17 世纪 80 年代，英格兰出口的手工品有大约百分之二十进入了海外的欧洲市场，仅巴巴多

53

斯就消费了伦敦出口到殖民地的商品总量的三分之一。[59]

欧洲贸易仍然是 17 世纪英国经济的支柱，几乎消费了英国所有的羊毛和毛织品，雅茅斯鲱鱼，铅和锡，同时欧洲还供应了大部分亚麻、铁、原木、沥青和焦油，而这些都是英国的纺织业、钢铁业和造船业所需的。[60]但是欧洲贸易不太景气，其市场价值每年只能十分缓慢地递增。自从 17 世纪 60 年代以后，殖民地的贸易经济充满了活力，其市场价值在 17 世纪的最后十五年翻了两番。英国向殖民地输送越来越多的货物和商品，反过来，大量蔗糖和糖浆、烟草、咖啡、大米、胡椒和香料每年也不断涌入英国，直到 1700 年，英国三分之一的进口商品是热带食物。[61]这时，英国大约三分之一的出口都是这些商品的再出口。在欧洲北部的港口，对英国羊毛和鱼的需求非常小，殖民地商品促进了英国贸易赤字的平衡。[62]

在欧洲大陆，印花棉布和烟草是最抢手的殖民地商品，但是在英国，对于甜味的渴求势不可挡。英国人喜爱蔗糖，甚至在殖民地种植甘蔗之前就已经开始了。一位于伊丽莎白时期在英国旅游的德国人注意到，贵族妇女（包括女王）的牙齿都烂了，因为她们长期吃蜜饯，佐以糖和酒，甚至还把糖浆浇在烤肉上面。[63]当产品被卸载到巴巴多斯时，比以往更多的蔗糖开始抵达伦敦港，因为其价格减半了，买得起的人越来越多，这使蔗糖在国内的消费量增长了三倍。到了 17 世纪 90 年代，伦敦有四十家糖果店向有钱人售卖果酱、棒棒糖和点心。[64]以前偶尔才能吃到的糖果，如今熟练的手工艺人花钱也可以买到。经济学家格里高利·金注意到，蔗糖在农村的普及促进了农村的水果和蔬菜的消费。既然苹果、梨、醋栗和红醋栗能消费得起，那么它们就会经常出现在农家餐桌的馅饼和果酱里。[65] 到了 17 世纪末，人们不再把糖当作一种调料，而是把它作为越来越多的食谱里的主要原料。短短几十年，它已经成了厨房的核心。

不像亚洲和中东的贸易，这些地方的公司由富有的商人掌控着，而与美洲人做生意的是一群中产阶级。开鞋店的、煮皂工、裁缝和手艺人投资于美洲企业。[66] 这些小商人组成了一个独特的城市群体，在内战早期支持议会。到了 1649 年英联邦成立时，他们在政府里产生了与其真实的社会、经济地位不相称的影响。克伦威尔执政时，对外实行武力政策，促使英国人把兴趣转向了先前的同盟军荷兰（导致了 1652 年至 1654 年的第一次英荷战争），而且授权英国第一支由政府领导的远征军去征服它的竞争对手的殖民地：1654 年 12 月，一支舰队驶向了加勒比，第二年他们从西班牙人手里夺走了牙买加岛。[67] 此外，克伦威尔政府试图把欧洲排除在殖民贸易之外，好让英国政府独享胜利果实。1651 年的《航海法案》规定，英国在美洲殖民地生产的商品只能由英国船只运输。1660 年，一条附加法案宣布，所有殖民地商品的运输都要经过英格兰，即使最终目的地是欧洲并且支付了适当的海关税税，也只能转口运输。同样，所有送往大西洋殖民地的奴隶、食品和手工品都由英国船

只装载。反过来，1661 年的《关税法》给进入英国的外国蔗糖
施加了过高的关税，因此这给了西印度群岛的种植园主们一个
受保护的国内市场。[68]

　　在蔗糖里，英国人找到了一种可以替补他们的殖民地所缺
少的银矿的商品。在 17 世纪末，英国进口了三十二万英担的
西印度群岛生产的蔗糖，价值大约六十三万英镑。王室在海
关关税里每英担挣二先令八便士。[69] 但是蔗糖贸易的内在价值
并不仅仅是给英国带来了巨大的财富，与它本身一样有价值的
是在贸易中成长起来的商业和工业。西印度群岛处于第一大英
帝国的中心，它把所有其他殖民地都联系在一起，构成商品贸
易网，这促进了航海技术和知识、工业和金融服务的增长。17
世纪的经济学家查尔斯·达文南特意识到，有"比（金银）更
让一个国家值钱的"。[70] 大英第一帝国促进了种植园主、商人、
金融家和工厂主这一新阶层的发展，他们的财富基于贸易而非
土地，他们最终获得了足够的经济、社会和政治权力来挑战有
产贵族的统治地位。从英国的美洲殖民地滋生出的大西洋贸易
体系使贸易结构发生了改变，促进了经济的发展，最终在英国
工业革命中达到顶峰。[71]

In which la Belinguere entertains Sieur Michel Jajolet de la Courbe to an African-American meal on the west coast of Africa (June 1686)

How West Africa exchanged men for maize and manioc

第五章

真实的西非奴隶

西非如何用奴隶换取玉米和木薯

拉·柏林格勒在非洲西海岸用美洲黑人的食物招待
米歇尔·雅约勒·德·拉·柯尔柏先生（1686 年 6 月）

米歇尔·雅约勒·德·拉·柯尔柏先生在阿尔布雷达的一
个小州——纽米州的交易站花了一上午时间选购奴隶，这个交
易站位于冈比亚河的北部沿岸。[1]身为法属印度公司的总管，
拉·柯尔柏管理着法国在圣路易斯沿海的殖民地。经过了一段
驶向上游的长途旅行，他度过了一个非常难受的夜晚，雷声隆
隆，孑孒如云。他一大早就起床去拜访村长，村长在八点准时
抵达了交易站。这两位男士一起喝了当地的饮料——正如英国
驻纽米大使所言，"不喝白兰地，甭想做生意。"——之后，非
洲人检查了拉·柯尔柏用来付款的象牙。[2]他们对奴隶的单价

达成了一致意见，一个个俘虏被带到这位法国奴隶贸易主面前展示。他退回了那些他认为有瑕疵的，并花钱买下了他选中的那些。交易达成，拉·柯尔柏被带到了隔壁村子。无花果树下有张大垫子是为他铺的，所有的女人们都过来盯着他看，有一群音乐家在演奏音乐以供他欣赏。[3]

然后他被带去会见一个塞内冈比亚 * 奴隶贸易中的重要人物。拉·柏林格勒（la Belinguere）是纽米前任长官的女儿，她魅力非凡，高大美丽，令拉·柯尔柏神魂颠倒。[4] 她穿着一件葡萄牙风格的小束身衣，贴身穿的"讲究的男士衬衣"和一件漂亮的非洲华服。她举止得体，落落大方，言谈自信，夹杂着葡萄牙语、法语和英语。显然，这个法国人在他对这次会面的叙述里强调了，她已经习惯于和不同国家的男人做生意了。[5] 她住在一个葡萄牙式的泥墙涂着石灰的四方院里。拉·柏林格勒说，西非沿海的文化交流是在 17 世纪末至 18 世纪初发生的。她这种混合了多种习俗的风格，表明她是连接欧洲、非洲和美洲的大西洋贸易的产物。

这个法国人和他的非洲女主人坐在拉·柏林格勒家铺着垫子的游廊上吃着大杂烩，这一道道风味食物都非常有趣，许多道菜都是拉·柯尔柏头一次见到。在纽米，大部分人只有在庆祝场合才吃得起肉，而这顿饭每道菜都有肉，肉的数量表现出拉·柏林格勒的上流地位。[6] 他们吃了两道煮鸡肉，还有

58

---

* 指今西非塞内加尔和冈比亚地区，两国曾在 20 世纪 80 年代组成塞内冈比亚联邦建国。

一道精心制作的拌鸡肉末，它们被重新塞到鸡皮里，看起来像一只完整的鸡。[7]拉·柯尔柏对这道"陷阱"的创意印象不深，反倒是对他之前没吃过的菜印象深刻。他对那道又小又圆又平的用小米做的蛋糕，所谓的"饸糖哥"（botangue）的评价是"味道还不赖"。这道菜是塞内冈比亚独有的，因为小米是当地的主要作物。让人更加惊讶的是，有一盘米饭是用很多辣椒调制的。大米是非洲的另一种主要作物，但是辣椒来自美洲，拉·柯尔柏对此很陌生，他向读者描述，它们是"绿色或红色的水果，看起来像黄瓜，吃起来像胡椒"。[8]西非本地的胡椒调料是马拉盖塔椒——中世纪的欧洲人熟知的"天堂椒"——但是美洲辣椒在西非的气候里像野草一样疯长，纽米人民很爱吃。直到今天，冈比亚炖菜作为欧洲大陆最为火热的食物，已经声名远播。[9]

　　拉·柯尔柏和拉·柏林格勒用来做甜点吃的香蕉，到了17世纪已经在非洲生长得很好了，虽然它们最初来源于东亚。这个法国人形容它们"很甜，相当好吃"，但是当他第一次吃到另一种美洲"入侵者"——菠萝时，比吃到香蕉还要兴奋。他们吃菠萝的时候，佐以酒和糖，以中和它在胃里产生的腐蚀反应，而且拉·柯尔柏认为它比"某些裹着糖浆的苹果"更美味。[10]拉·柏林格勒为表礼貌，也尝了拉·柯尔柏送给她的礼物：白兰地。

拉·柯尔柏说的那盘米饭听起来像"酱饭"。如 ₅₉
今所有西非人都吃，辣的烟熏鱼可能最初产自种植
稻米的塞内冈比亚。在它的现代化身里，这种米被
放在西红柿汤底的炖菜里，经常和红灯笼椒放在一
起，但是因为这些新世界的食物比辣椒更晚涌进并
融入非洲的烹饪里，拉·柏林格勒的那道拌鸡肉末
里可能不包括它们。

酱饭 *

原料

三百五十克长粒米，洗净并浸泡

七百克新鲜西红柿，切丁

两个大的红椒，切丁

一个灯笼椒，切丁（也可以用其他红辣椒，但是因为
灯笼椒非常辣，如果用其他的辣椒，你得多用几个）

两个大洋葱，一个切丁，一个切片

一茶匙烟熏红辣椒粉

三十克新鲜生姜，磨碎

一瓣蒜，压碎

---

* 一种用米饭、辣椒、肉或鱼制成的西非炖肉。

四茶匙花生油

四茶匙西红柿浓汤

一个绿辣椒，切丁

五个塞勒姆或几内亚辣椒梗（用黑椒，如果没有，

就用一点儿肉豆蔻）

十五克新鲜百里香或其他提味或提辣的绿色香草

一百五十毫升鸡汤

　　把米洗净，浸泡至少十五分钟，然后沥干。把西红柿、红辣椒、灯笼椒和洋葱丁、一茶匙烟熏红辣椒粉、生姜和大蒜混合拌在一起。用花生油煎洋葱片，放在底料丰富的炖锅里，不断搅拌。加西红柿，再煎三分钟。加一茶匙烟熏红辣椒，煎一分钟。加绿辣椒丁，再煎一分钟。加拌好的西红柿浓汤，文火慢炖，直到汤汁变浓；这会用大约四十到四十五分钟。加塞勒姆辣椒梗，新鲜的香草、盐、辣椒，然后搅拌。加洗净并泡好的米，搅拌，直到所有的辣椒梗都沾上调料。加鸡汤。改小火慢炖，盖上烘焙纸或者锡箔纸，包住炖锅。小火慢炖二十到二十二分钟，直到米饭松软。关火，让它继续蒸上七到八分钟。

离开拉·柏林格勒家后，拉·柯尔柏又前往了及耳弗洛伊德（珠富雷），他在那里参观了英国贸易站。在这里，在非洲大地上发生的文化交流也十分明显。这是个葡萄牙风格的贸易站，四周环绕着一个菜园，英国人在里面种了欧洲白菜和花椰菜；热带蔬菜如山药；还有新世界的作物，比如木薯和土豆。拉·柯尔柏说土豆吃起来像煮过的板栗。这个法国人在这里观察了神奇的菠萝树的种植，巨大的果实结在树干上，像从刺人 61 的蓟状叶子编成的花环里冒出来的蓟。拉·柏林格勒请拉·柯尔柏品尝了一种甜甜的、让人微醺的非洲酒，这是用棕榈树的汁液做成的，然后英国人用潘趣酒向这位访客表达了愿他身体健康的祝福。潘趣酒用白兰地、糖和酸橙汁做成，而且——还加了一点儿西印度群岛东部的东西——肉豆蔻。[11]

17 世纪中叶，法国人和英国人开始抵达西非沿岸，他们的船只满载着枪支、棉花、酒精、玻璃用具、铁棒和铜碗，他们用这些进行奴隶贸易。打通非洲通向欧洲海岸线的是葡萄牙人，他们发现了如何应对连续不断的东南季风，这风把船只吹离海岸，吹进大西洋。1434 年，他们成功绕过波加多角，十年之后他们发现，如果在返程路上，他们一反常态，先在西北方向起航，然后利用季风，那么他们就会被直接吹回欧洲大陆。[12]葡萄牙人本来要寻找获得非洲金矿的方法，但是很快他们就开始涉及西非的奴隶贸易。1434 年他们把第一批委托贩卖的黑奴运抵欧洲，通过航运回到了里斯本。他们在航海上的进步让大西洋向欧洲水手们敞开，最后促成了美洲的大发现。葡萄牙人把糖引入了巴西，并开始运输黑奴跨越大西洋，让他们到种植园里工作。17世纪中叶，其他欧洲国家——法国、普鲁士、丹麦、瑞典、荷兰以及英国——加入葡萄牙纷纷抵达西非海岸，都想要从有利可图的黑奴贸易里分一杯羹。

非洲黑奴市场已经向北美的烟草和大米种植园开放，但是欧洲对西印度群岛的蔗糖的需求日益高涨，这在最大程度上促进了英国贯穿18世纪的奴隶贸易的发展。大部分从非洲沿海登上英国船只的这些人都被带到了西印度群岛。岛上的条件极其恶劣，以至于黑奴们在岛上只能活七年。[13]因此，种植园需要非洲不断地供应黑奴。

在塞内冈比亚，法国人和英国人彼此竞争，一直试图划分各自的商业辐射区域。但是欧洲人在非洲的权力比在美洲有更多的限制，欧洲人在美洲统领或杀害他们碰到的土著。即使在1800年，经过三百年的相互作用，欧洲在西非的存在也仅仅局限于分布在长达三千英里海岸线上的六十多座堡垒和工厂。年久失修，无法抵御进攻，由一群纪律散漫的士兵组成的乌合之众站岗，在面临有预谋的进攻时，这些驻点经常无法防守。欧洲商人经常受到当地统治者的恐吓，偶尔还会遭遇谋杀。除了几个沿河而建的贸易站点之外，欧洲人很难进入大陆内部。[14]

拉·柏林格勒和拉·柯尔柏吃这顿饭的目的就是为了促进贸易关系。这个法国人意识到，他在一个不可信任的世界里行动，一方经常很难理解另一方的动机，因此彼此的关系也不稳定，总是随情况而变。尽管他的确认为与他进餐的这位同伴非常迷人，但他也知道，她是潜在的敌人，很容易就会在他背后策划阴谋。实际上，他形容她是"让许多男性白人翻船的暗礁"。当他吃完离开的时候，他送给她珊瑚和琥珀作为礼物，他把自己比作逃离喀耳刻*的奥德修斯。[15]

如果拉·柏林格勒让英国人带着失望或厌恶离开的话，她的处境会很危险——几个月之后，她便会失宠。拉·柏林格勒受邀去一个英国驻地参加派对，该驻地位于冈比亚河入口的詹姆斯岛上。当晚爆发了一场斗争，她被科尼利厄斯·霍奇斯（Cornelius Hodges）上校用刀子刺伤，这是一个残暴而令人恶心的人。（据说当他的非洲情妇生下一个黑人婴儿时，他为了控诉她的不忠贞，把婴儿捣碎了喂狗。）纽米的长官耶能·吴冷·宋阔（Jenung Wuleng Sonko）因为此事勃然大怒，他绑架了英国驻珠富雷的大使并没收了他的贸易商品。当英国驻詹姆斯岛的头儿试图和宋阔协商的时候，他也被绑架了。与此同时，拉·柏林格勒同法国人一起参加了战斗，她开始招募一批商人，以打破英国人在上游的黑奴贸易的垄断地位。最后，隔壁的一位非洲首领从中斡旋，双方达成了和解。英国人必须用二百根铁棒赎回他们不幸的同胞。这件事表现出了非洲人的权力，他们能够利用欧洲人之间的矛盾，借力打力。[16]

为了参与黑奴贸易，欧洲人采用了非洲人的贸易方法。获 63

---

* 希腊神话中住在艾尤岛上的一位令人畏惧的女神，古太阳神赫利俄斯的女儿，善于运用魔药，并经常以此使她的敌人以及反抗她的人变成怪物。

得奴隶最有效的方法就是和一个非洲首领建立保人—客户的关系。英国人每年给纽米首领二十加仑的朗姆酒，就是为了在他每次卖奴隶的时候获得第一选择的权利。但是当葡萄牙人在15世纪抵达西非海岸，他们发现促进这种保人—客户关系的最佳方式是贸易者迎娶首领家族里的女性。通过这种方法，他们借由血缘纽带成为他家族的一员，并受到格外的优待。联姻的女性是"女士"。她们不只是被利用的一颗棋子，她们也经常积极参与丈夫的事务，为他们翻译或者做调停工作。丈夫们不仅对非洲语言一无所知，而且对非洲政策和双方文化之间的细微差别也不了解。[17]

　　到了17世纪，这些姻亲已经发展成沿海或者沿岸贸易的葡语非洲人群体。他们取葡萄牙名字，自称是天主教徒，住在葡萄牙风格的房子里，穿着欧洲人的衣服，操着一口葡萄牙克里奥尔语。[18]这个混合的群体充当了英国人、法国人和塞内冈比亚统治者之间的文化经纪人。英国在詹姆斯岛驻地的总账上列出了三十一名男性和几个女性（英国人熟知的"太太们"），他们有葡萄牙语名字，英国人通过他们做生意。根据拉·柯尔柏的叙述，葡语非洲人的"太太们"控制了"几乎塞内加尔的所有贸易。她们有女性黑奴，并派她们到其他地方买棉布、粮食以及其他食物。她们顶在头上的东西超过十五种……低价买进，然后汇总在一起，再到驻点乘船带回这些货物"。[19]拉·柏林格勒曾经就从事这个。这位首领的女儿嫁了几任葡语非洲人贸易商，变得非常富有而且很有权势。据说她的财富价值四万

金里弗 *。[20]

　　因此欧洲人所遭遇的非洲并不是一个他们能简单地把自己的意志强加于人的落后大陆。当他们抵达此地寻找黑奴时，就涉及了一种业已形成的贸易。实际上，奴隶制是构成非洲社会的一部分，奴隶不一定非得仅仅被当作财产对待。通常他们是在一次偷袭中被捕，然后被送去为种植园的贵族们种植作物，64挖金矿，沿着贸易线运输货物，纺织布匹，磨碎小米和做饭。

　　"奴隶贸易"。这幅图片底下写着一行字："瞧，这个可怜的俘虏精神涣散，眼睁睁地看着他怀抱中的伴侣被撕扯着带走。另一个船长买了他的妻儿，他灵魂上的这种罪恶什么时候才会消除呢？"

---

* 法国的古代货币单位名称之一，又译作"锂""法镑"。

但是他们在非洲王室和贵族的家里也被委以重任，担任管家、侍卫和士兵。在村里，他们经常被群体同化，照顾小孩，干农活，在主人家自由的女性旁边加工或者准备食物。[21] 英国人在18世纪70年代和80年代驻扎在冈比亚河口的戈雷岛，这标志着他们"根本无法区别（黑奴）和自由人"。[22]

那些过剩的奴隶自12世纪以来就跨越撒哈拉沙漠被运输到地中海沿岸的伊斯兰世界。[23] 如今为了填满欧洲奴隶船对痛苦的俘虏稳定的、无法遏制的需求，促进了新市场的产生，一千二百万到一千五百万非洲人的命运被卷入到了大西洋黑奴贸易中。随着欧洲人不断抵达，西非已经不可阻挡地卷进了大西洋经济中。

大西洋黑奴贸易给西非的农业带来了巨大压力。数百万的精装的男女劳动力的损失，让受抚养者与劳工之间的比例从六十五提高到八十，沿海地区对食物的需求非常大。被卖给欧洲人的男女黑奴通常都是在内陆被捕的。在塞内加尔，他们在三百英里外的上游被购买，由于雨季河流水位极高，所以要在雨季来临前将他们运送到海岸。接着他们要在那里滞留好几个月，直到天气和季风有利于船只越洋远行。沿海的农业转向养活大量等着前往美洲的奴隶。一旦船只抵达，虽然他们供应了爱尔兰腌牛肉和黄油、奶酪和硬面饼，但是他们还得依靠足够的其他食物，好让黑奴们撑过跨越大西洋的这一阶段。虽然欧洲人并不知道食物对于奴隶贸易的重要性，但 17 世纪和 18 世纪在西非发展起来的食物市场巩固了大西洋贸易。[24]

当饥荒来袭，奴隶贸易就全受到影响。在 18 世纪，西非遭受了长期的干旱和周期性洪水，这让食物价格飞涨。[25]1726年，圣路易斯的法国公司里的一个雇员抱怨，一桶小米一般要四个铁里弗，如今要三十个到三十五个珊瑚里弗。英国长官约翰·希平斯利在 1766 年写到，饥荒导致黄金海岸的玉米价格"涨到了往年的六倍"。[26]如果欧洲人自己储备了足够多的食物，饥荒可以勉强度过。奴隶主会遣散养不活的奴隶，而绝望的人们把自己卖给别人以免于饿死。1715 年 8 月到 1716 年 2 月，塞内加尔遭遇了饥荒，法国人在五艘船上装载了一千一百九十个奴隶。但是当他们的食物储备变少的时候，这些欧洲人便陷入了困境。1750 年，法国人被迫把五百名等待运往南美洲的奴隶从圣路易斯驻点赶出，因为他们无法养活这些奴隶了。[27]

令人惊讶的是，人口统计表明，尽管西非的人口在过去三百年的黑奴贸易里没有增长，但它却保持着一种稳定。[28]该地成功地通过阻止贩卖黑人女性以维持人口：运往南美洲的黑奴里，只有四分之一是女性。这并不是因为新世界对男性黑奴需求更大，而是因为非洲不愿意售卖女性。女性黑奴被视为情妇，因此他们允许离开非洲的男人在最大程度上繁衍后代。他们通过这种方式来弥补失去年轻人的损失。然而黑奴的出生率很低，因为女性黑奴的价值并不在生孩子上，而是在于为粮食生产提供劳动力。传统上男人开垦土地，但是一旦砍了树，挖出麻烦的树根之后，准备耕地、播种、除草、收割并加工作物的都是女人。[29]塞内冈比亚成了非洲第一批向欧洲人供应奴隶的地区之一，而在18世纪后半叶，这个地区成了更重要的食物供应区。[30]

增加食物产量的唯一方法是培育新土地，雇用更多奴隶耕种、照料和收割作物。实际上，18世纪上半叶，塞内冈比亚进口的奴隶可能比出口的还要多。[31]他们聚集在贸易站附近，在田地里劳作。拉·柯尔柏曾目睹一个非洲贵族站在"他的地中间，身上别着剑，手上拿着矛"，监视新抓来的一批连衣衫都没穿的黑奴干活，他们挥舞着铁锄，好像踩着"六个说唱艺人富有力量的音乐鼓点"的节奏。[32]毫无疑问，这个地区的农业生产也通过用奴隶换铁锄而得到了发展，铁匠工人把铁锄改良成了锄头和弯刀。[33]

他们将种的小米卖给欧洲商人，随着欧洲人在沿海不断移动，其他地区也加入了食物供应链。[34]在如今位于尼日利亚东南部的地区，山药种植规模扩大了。船长在中短航程不喜欢用山药当食物，因为它们体积很大，太占地方，还容易腐烂。但是来自贝宁湾的非洲人最喜欢山药，而且当欧洲人给黑奴他们不熟悉的食物，还逼迫他们至少吃一些的时候，他们就会生病并且拒绝再次食用。[35]

非洲—美洲航海路线凭借着美洲植物和食物进入西非农业而开辟了一条航道。[36]不只上流社会种菠萝，吃辣椒，普通的非洲农民也能吃到一些美洲作物。让他们能够挺过干旱并在农业人手短缺的情况下维持下来的两样食物是玉米和木薯（树薯）。

最早提及西非出现玉米的文献可以上溯到 1534 年，一份葡萄牙文件列出了它，它作为供应品装在圣多美的奴隶船上。[37] 似乎这个隶属葡萄牙的海岛离海岸并不远，它是许多美洲作物进入西非大陆的登陆平台。15 世纪 70 年代，葡萄牙人在那里种植甘蔗，后来他们引进了一系列美洲食物供应给在种植园干活的黑奴。从 16 世纪到 17 世纪，玉米种植在整个黄金海岸扩散，它被称为"印度高粱"或"白人的粮食"。两种玉米作物可以与一种高粱在同时段生长，因为它成熟得更快，当人们开始吃去年储备的粮食而木薯和高粱还没收获的时候，玉米可以让人们撑过整个饥饿时期。[38] 玉米不及木薯有营养，但是它更容易储存。因此在运送奴隶跨越大西洋到美洲的时候，它是一种非常有用的食物。

　　玉米从来没有取代塞内冈比亚人民对小米的热爱：那个地区的农民种植玉米，卖给欧洲黑奴船。[39] 但是，在贝宁、加纳、尼日利亚、多哥、安哥拉和喀麦隆，它最终取代了高粱和小米。加纳的阿坎族有一句谚语形容玉米是"食物之王"，而在尼日利亚的约鲁巴民间故事中塑造了神奇的玉米形象，而且用一种特别的"玉米圆轮"装饰陶器。[40] 如今玉米已经深入到非洲文化之中，以至于村民一直都认为它是本土的"传统"作物，是非洲大陆的一部分，当得知它是最近才被引入大陆时，他们感到非常惊讶。[41]

　　1594 年，一艘英国私掠船拦截了一艘葡萄牙奴隶船，这艘奴隶船在从巴西回到圭亚那沿岸的路上，装了一箱木薯或树薯作为奴隶的食物。[42]葡萄牙人学会了如何在巴西殖民地上种植这种美洲印第安人的植物。它很耐旱、高产，也不需要很多精力培育，其最大的缺点是加工过程需要相当多的劳力。首先，根部要浸泡在水里三天，然后表皮才会脱落。非洲黑奴有时候会略过这个环节，导致生产出的粉末又黑又苦。表皮剥落后，根部还要在水里浸泡二十四小时，直到它变得足够软，可以撕掉硬丝。接着磨碎它们，挤出果肉里的毒汁。一旦完成了这个环节，只需把它放在太阳底下晒干，最后磨成粉。木薯容易运输，而且如果保存妥当，可以好几个月不变质。[43]

　　玉米被葡萄牙人引进贝宁和比亚法拉以及中非西部，他们在 18 世纪的奴隶贸易主要集中在这些地区的沿海。[44]在贝宁湾的维达，国内的奴隶种植木薯，然后加工成粉卖给奴隶船。[45]在中非西部，玉米沿着奴隶贸易的路线生长。[46]19 世纪，在扎伊尔河旅行的欧洲人受到了沿河的全是女性的殖民地的怪异袭击，目之所及没有一个男人和小孩。这些奴隶村都种了要供应给奴隶船的木薯。[47]

　　非洲人用玉米抗旱，实际上，玉米不受蝗虫灾害的影响，因为它很容易储存，成熟后可以放在地上长达两年不变质。除了非常适合非洲的生态之外，软质玉米和木薯粉也适合当地的烹饪。高粱和小米可以做成面包、粥或玉米糊状的硬面糊。

玉米也可以这样做。在英国位于黄金海岸艾尔米娜堡的驻地，奴隶们会浸泡干玉米，然后再磨碎。接着他们会往玉米糊里掺一点儿水，让它发酵。这个软面糊可以用光滑的叶子包起来，然后烘烤。做出来的"肯科面包"（kenkey）很快就成了黄金海岸的主食，工人们把他们的薪酬称为"肯科面包货币"（canky-money）。[48] 到了 18 世纪末，在西非的大部分地区，玉米已经取代大部分的本土作物。为了避免小米灭绝，达荷美国王储存了小米为皇室享用，并因此希望把小米消费变成国家级别的行为。[49]

　　通过让女性黑奴种植玉米和木薯，西非的农民大大提高了食物供应中的卡路里摄入量。[50] 这意味着，西非除了能够供应大西洋黑奴贸易之外，还能养育足够的男人和女人以及小孩来维持人口数量。但是拿奴隶换玉米会出现一些严重的后果。旧世界的人们知道如何把玉米加工成可以吃的食物。但是在将玉米引进非洲的时候，人们没有可以充分利用它潜在营养的技术，这是不好的一面。玉米里的蛋白质和维生素 B 格外难以消化。中美洲的人们已经学会分解玉米，通过把玉米放在加有石灰的水里煮熟来分解这些营养。只有把它放在这种混合液体里浸泡一到两天，再把它磨成粉，它才会变成营养丰富的食物。早在 1600 年，在黄金海岸旅游的一个荷兰人注意到，那些以玉米为主食的人长了"疮和疥……而且忍受着大脓包的折磨"，患上了糙皮症或者缺少盐酸。[51] 西非的儿童断奶后如果只吃玉米粥，虽然会明显吃很多，但是反应冷淡，而且容易发怒，他们的母亲把这种病症叫作"夸休可尔症"（即营养不良症）。如今我们知道这是因为缺少蛋白质而导致的一种疾病。因此，奴隶贸易给非洲遗留了一种隐形的营养不良，让非洲大陆在接下来几个世纪都遭受它的折磨。

*In which Samuel and Elizabeth Pepys
dine on pigeons à l'esteuvé and boeuf à
la mode at a French eating house in
Covent Garden (12 May 1667)*

How pepper took the British to India, where they
discovered calicoes and tea

第六章

东印度的新发现

**英国人如何被胡椒吸引到印度，并在那发现了
印花布和茶叶**

塞缪尔·佩皮斯和伊丽莎白·佩皮斯在科芬园的一家法式餐厅
吃炖乳鸽和红酒炖牛肉（1667 年 5 月 12 日）

1667 年 5 月的一天下午，因为没有见到佩皮斯的上司海 ⁷¹
军财务总管乔治·卡特瑞特爵士，塞缪尔和妻子伊丽莎白便回
了家。这对夫妻抵达乔治爵士的住所时，他已经坐下就餐了，
塞缪尔心想现在过去打扰恐怕不太好。于是他带着一丝惶恐回
来了，妻子正在马车里等他，他知道这个决定会让她生气。早
上，他们已经因为伊丽莎白想要穿那件时髦的"白色貂皮"大
吵了一架，这"白色貂皮"是通过在线上缠满人造毛发制成
的，这令佩皮斯生厌。也许他是出于嫉妒，因为她穿这衣服吸

引了其他男人的注意。他陷入了对妻子与其舞伴的关系的嫉妒中，还没走出来。吵架时，伊丽莎白哭了起来，她怀疑克尼普（Knipp）太太是他的情妇。"都过去了。"他说道，他们停止了争吵，他给了她"买蕾丝的钱，她答应死也不穿那件白貂皮了，以证明自己和其他人一直都只是好朋友而已"。[1]但佩皮斯还是想弥补一下，返程途中，他灵光一闪，提议去法式餐厅吃饭。这家餐馆是他们很熟悉的"简餐"，是罗宾斯先生开的，这位先生还是位做假发的老板。在询问之际，他们已经往科芬园的"堕落街"方向走远了，到达的时候，他们发现罗宾斯先生正站在门口。不一会儿工夫，佩皮斯夫妇就走进了餐馆，落座吃饭。佩皮斯很是喜欢这种"愉快而且周到的饭局"。[2]

用芦笋装饰的法式鸡肉浓汤

把鸡绑好之后，焯好，放进锅里，加猪油。往锅里倒满准备好的上等牛肉清汤，用盐和一点点胡椒给鸡肉调味。

别把鸡肉煮太老。烤几片面包，慢炖，用鸡肉装饰，加上剖开的芦笋和少许油焖蘑菇、鸡冠或鸡下水，一点儿开心果和羊肉。在盘子边缘用柠檬装饰，然后上菜。

炖乳鸽

　　给乳鸽去毛，清理干净，在平底锅里用洁白明亮的猪油嫩煎。放进锅里，倒入上等牛肉清汤，再放一束香草。煮好之后，用鸽子的肝脏和小牛的下水装饰，都用盐和调料来调味。上菜。[4]

　　第一道菜是法式浓汤：鸡肉放在香草牛肉清汤里用文火慢炖，加盐和胡椒，配上一片面包，淋上调味料，用马槟榔和蘑菇装饰。[3]这道浓汤前菜是典型的法式菜肴，当时在伦敦时尚的上流社会风靡一时。17世纪后半叶，法国上流社会发明了一种新吃法。不再一次性把所有菜全摆在餐桌上，而是一道一道地上菜，且每一盘菜佐以不同的酒。[5]这对佩皮斯夫妇而言是一次新奇的体验，他们以为的"美味的秘制晚餐"是小牛腿、培根肉、烤鸡肉和香肠，桌旁摆上一些甜品，比如油炸馅饼和水果。[6]正如《法式烹饪》——1653年由勃艮第贵族家的厨房会计拉·瓦雷纳（La Varenne）出版——在书的前言里所定义的那样，新式的法国烹饪用精致的节制取代了中世纪的浪费。[7]

　　但是对每一道菜注入过分的关心和关注，又把"少"变成了"多"。新式烹饪法可能会花好几个小时把肉简化成一道精美的肉汁，需要用水煮一整只鸡。新发明的凸起的火炉比普通火炉更能散发出温暖柔和的热度，这样就可以做乳化的蛋黄和奶油酱混合的调味品了。[8]厨师的终极目标是通过一个或者两个精选的原料引出肉的味道，刺激食欲。[9]佩皮斯夫妇喝完法式浓汤之后吃的那道炖乳鸽就是这样一种炖肉。把鸽子用盐和胡椒调好味，用猪油嫩煎，然后放进一个锅子里，里面还有一点儿肉和香草以及蔬菜，然后（紧闭盖子）开始在金属炉子里把煤烧热。用几片肝脏和牛杂碎装饰，它们会十分美味。[10]

第三道菜是红酒炖牛肉。牛胸肉加红酒和牛肉清汤一起煲，清汤用洋葱、橙子皮、月桂叶调味，这对夫妻对这道菜一定很熟悉，因为这道菜是伊丽莎白在国内"保留曲目"的一部分。[11]实际上，伊丽莎白是法国血统，但是他们在国内吃的是地道的英国菜。比如在1663年4月4日，他们和八个朋友一起吃的圣诞大餐，就是典型的英国庆祝节日时吃的大餐。让塞缪尔"非常满意"的是，他们吃了"油焖兔肉和鸡肉，煮羊腿，一盘鲤鱼（有三条），半边全羊（非常美味），烤乳鸽，一盘龙虾，三个馅饼，八日鱼派（非常少见的一种派），一盘凤尾鱼，几种好酒"。[12]也只有伦敦重建时期的上流人物，佩皮斯的老板，才在家吃法国餐。佩皮斯在日记里好几次提到，那些贵族家庭会雇用法国厨子，他在他们家里吃过"美味清爽的法餐"或"最尊贵的法餐"。[13]

重建时期的英国王室弥漫着亲法的气息。查理二世，他的法国母亲，以及王室的各位绅士们一同流亡法国，并在巴黎待了许多年。他回到英国之后，这位国王雇用了一名法国厨子，做符合他们口味的法式浓汤。有钱人和赶时髦的人都热衷于效

74

仿王室的做法。[14]法式餐厅成了重建时期伦敦的一道风景。在
日记的后半部分，佩皮斯时不时会提到他去科芬园吃法国"简
餐"，他在那里享用了许多道菜，喝了很多种酒。[15]

　　1665 年 11 月，佩皮斯卸任原职，从桑德维奇伯爵那里接
管了一家"荷兰印度轮船公司"。他脚下的胡椒粒吱吱作响，
满屋子都是肉豆蔻和丁香，他只得"蹑手蹑脚"地走动。他感
觉自己仿佛在成堆的金子里穿行，他一路惊叹，"一个人在世
界上所能见到的最大的财富……"，却随地散乱地堆着。[16]1668
年的伦敦，一磅胡椒价值十六先令八便士，肉豆蔻价值十三先
令，丁香八先令一磅。当时一个劳动力每周大概挣五先令，一
磅牛肉大约要花三便士。[17]但是十年之间，胡椒的价格跌了一
半还不止，这全是因为英属东印度公司和荷属东印度公司之间
的竞争。双方都决心不让对方垄断香料贸易，因此就进口了大
量的胡椒到欧洲，以至于胡椒在伦敦和安特卫普的仓库堆积如
山，胡椒的价格立刻下跌，曾经昂贵的商品变得不值钱了。[18]
　　1498 年，葡萄牙人发现了抵达印度的航海路线。三年后，
七艘葡萄牙大帆船从印度西海岸装载了一百吨胡椒、肉桂和
生姜返回里斯本，这是第一次未经阿拉伯人之手抵达欧洲的
香料。[19]然而，虽然他们在整个 16 世纪垄断了去印度的航线，
但是他们从来没有进口足够的香料，让里斯本打败威尼斯成为
欧洲的香料集散地，威尼斯的地位直到本世纪结束后才被取

代。1595 年到 1601 年之间，荷兰派遣了十四支舰队到东印度。他们返程时带了许多箱香料，受到刺激的英国商人开始蠢蠢欲动。1601 年，英属东印度公司成立。两年后，商人詹姆斯·兰 75 开斯特在伦敦港码头成功卸载了一百万磅胡椒——这等于整个欧洲年消费量的四分之一。同年，荷属东印度公司又带回了三百万磅。[20] 葡萄牙和黎凡特两地的商人所做的贡献如今远远超出了欧洲的需求。

在英国，胡椒一直都是所有香料中最受欢迎的。如果一个穷人可以在他的浓汤中撒一点儿开胃的东西，他绝对会选择胡椒。"玛丽玫瑰"号上溺死的很多水手都在他们的行李中带了一堆胡椒粒；毫无疑问，把磨碎的胡椒粉撒在那要吃的"约翰的糙食"上，它会变得可口。[21] 但是如今，既然它们的产地已经明确了，这些香料不再遥不可及，它们便失去了一些魔力光环。人人都吃得起它们，这说明社会的所有阶层都可以给他们的麦芽啤酒调调味，或者用生姜和藏红花增加肉饼的芳香，因此人们用来装饰食物的肉桂和丁香，已经不能象征财富和地位了。

当香料不再受到喜爱，那些区分中世纪菜和文艺复兴菜的复杂的、多层次的味道全都在法国和英国烹饪里消失了。佩皮斯夫妇在科芬园罗宾斯先生的"简餐"里吃的时髦的法式料理没有香料混合物，这是因为他们宁愿假装有味道，也不想添加香料。这种烹饪使用昂贵且不易保存的食材，过分强调只用芦笋最嫩的部分，或者稀有的水果或蔬菜，这象征着消费者高贵的社会地位。[22] 与此同时，英国食物里也没了香料的影子，味道变得十分清淡，主要有烤肉或煮肉、点心和派。这些清淡的肉食却总是佐以辛辣刺激的调味品：芥末、辣根酱、腌黄瓜或水果冻。[23] 黑胡椒曾经是中世纪的厨师们用得最谨慎的香料，但在香料被从食物中驱逐出去后，它却仍被保留了下来。1669年2月，佩皮斯在白宫和诺福克公爵一起进餐，公爵给他吃了一道"世界上最好的酱汁"，他心满意足地说它可以配"鲜肉、鸟肉或鱼肉"一起吃。[24] 它里面有芹菜、醋、盐和胡椒拌素面包。

中世纪的厨师认为黑色会让人感到忧郁，因此他们喜欢把生姜和藏红花混在一起用，这就是著名的"黄椒"。在中世纪的世界观里，人们认为金色的、被藏红花染色了的食物营养丰富，就好像被注入了太阳的生命力一样。[25] 但是在17世纪，黑胡椒成了日常通用的香料。新的科学饮食理论偏爱它的味道，这可能也促进了它的使用。众多博士诸如伦敦皇家学会的成员托马斯·威利斯，重新把消化设想为一种发酵的化学过程，而非佐以辛辣香料的烹饪过程。[26] 人们认为，凤尾鱼、牡蛎、蘑菇、芦笋、蓟以及水果这些流行的食物很容易被消化。这很有道理，根据新的消化科学，用胡椒给食物调味的做法是很有意义的，因为1606年法国先驱化学家约瑟夫·杜谢恩得出结论，认为胡椒辛辣的味道来自于胡椒碱，如今这被认为是发酵过程的关键。[27] 实际上新式烹调里的每一道菜都用盐和胡椒调过味。[28] 黑胡椒作为一种稀有而昂贵的香料，也许失去了富有魅力的光环，但是作为盐的搭配伴侣，这个重新分类意味着它在厨房的主导地位仍然是稳固的。

76

希波克拉底的膳食学把糖当作一种平衡性极佳的食物，它既不过分干燥也不过分湿润，既不过热也不过冷。因此，任何一道菜上都可以撒一点儿糖，它适宜于任何人。无论是胆汁质还是多血质，忧郁质还是黏液质，老少咸宜。[29] 晚及 1730 年，生物学家理查德·布拉德利抱怨说，英国许多地方还在培根和蛋上撒糖，认为这是"上等食物"，这种做法很常见。[30] 但是法式料理却不用糖，因为加糖会减少食欲，同时又有悖其刺激味蕾的目标。赶这种新潮的人开始把甜品当作最后单独的一道菜。人们认为在一顿饭结束时吃糖会把胃关闭，产生一种饱足感。虽然香料已经被逐出咸口菜式，但它们在甜点里还占有一席之地，而且被重新定义为适合甜点和蛋糕的味道。[31] 这形成了烹饪法里甜咸分野的局面，而且一直延续至今。

因为香料已经融入了英国的商业帝国，它们失去了自己在烹饪界的高贵地位，而成为商店橱柜里普通的主要食物。英国国内的市场不足以消化东印度公司进口的大量胡椒，于是它被转出口到波罗的海及东欧国家。那里的中产阶级吃的还是浓郁的藏红花、胡椒、肉桂和肉豆蔻酱汁，法国人认为这些都没法儿吃。[32] 就这样，胡椒促进了转出口地区的发展，这些地区成了 17 世纪英国经济增长最快的地区。

在欧洲大陆卖掉胡椒所得的收益被用来购买西班牙银圆。这些银币转而投入长年资金短缺的东印度贸易。[33] 但是东印度

的贸易模式远远不是直接用银币交换香料这么简单。驶向印度
的欧洲人好不容易在早期近代世界里开辟了一个最富有活力的
商业地带。来自古吉拉特、福建、阿拉伯、波斯的各色商人，
以及犹太商人和亚美尼亚商人遍布印度沿海的港口，这些港口
的货物琳琅满目，他们便在这里进行商品贸易。[34] 这里的交易
链十分复杂，包括用马拉巴尔的胡椒换马尔代夫的玛瑙贝，然
后用这些去买缅甸的大米，再带到粮食产量很低的马拉巴尔。

　　英国商人很快便意识到，要成功打入亚洲贸易世界，他们
得适应现有的贸易模式。胡椒生长在印度西南部，但是丁香和
肉豆蔻来自东印度群岛的众多小岛，人们在那里寻找的更多是
印度纺织品而非银币。东印度公司适时地建立贸易站点，著名
的有位于印度西海岸的苏拉特和东海岸的默苏利珀德姆的工
厂。他们雇用印度商人做中间人，代理商们把金条预支给织
工，与他们签合同以定量提供货物。然后代理商们开始囤积白
棉布、印花棉布、条纹布、细纱布和丝绸，直到东印度公司的
商人带来更多的金条。这些船把纺织品带往爪哇、苏门答腊和
马鲁古，用来换香料。为了在雨季来临之前回家，他们必须在
12 月底起航，来年夏天会带着一箱箱香料返回伦敦，这些香
料会卖给那些对欧洲内陆进行转出口贸易的商人。

　　在东方，大英帝国是强大的贸易帝国，但是在大西洋，它
的贸易是建立在英国殖民地基础上的。到 1660 年，大约二千
名英国人、苏格兰人和爱尔兰人生活在纽芬兰，而北美大陆上
的英国人口大约有六万人，还有八万人分布在六座加勒比海岛
上。[35] 相较之下，东印度公司经营了众多工厂，那里却只住了

少量雇员。英国驻印度科罗曼德沿岸的圣·乔治站吸引了许多
熟练的织工移居此地。到了 17 世纪 40 年代，这里出现了一个
日益庞大的马德拉斯商业共同体。马德拉斯是葡萄牙、穆斯林
和亚美尼亚商人的故乡。他们带来的贸易关系，一直沿着印度
海岸伸展。[36]1661 年，查理二世的葡萄牙新娘，布拉甘萨的凯
瑟琳，把孟买作为嫁妆送给了英国。孟买后来成了东印度公司
在西海岸最重要的驻点。威廉堡附近是一片片的脏乱平房，它
们最终发展成了加尔各答。[37]这三处即将成为英属印度公司三
个最重要的城镇，虽然在 17 世纪，代理商人们专注于给东印
度公司做生意而不是掠取土地。

公司里的这些雇员也自己做生意，他们经常和印度商人合
伙，参与本地或者"全国"的贸易网。他们在印度沿海进行樟
脑、象牙、皮革、染料以及大象和鹦鹉的交易。他们在驻地的
咖啡馆和酒馆会面，分享各种新闻，什么孟加拉丝绸价格很好
啦，苏拉特驻地用什么买槟榔啦。正是通过公司里的这些雇员
对于贸易网的联系与巩固，东印度公司才得以融入印度沿海的
商业世界。[38]

香料把东印度公司带到了印度，但很快后者便对次大陆的
纺织品更感兴趣了。纺织品在欧洲很紧俏，起初它们是室内装
饰品。佩皮斯给他妻子买了一块染了色的印度印花布，用来装
饰她的新书房。[39]人们逐渐开始用印度印花布做衣服，伊丽莎
白·佩皮斯有一件"非常漂亮的蓝色印度长袍"。[40]有钱人为
这精美的手染印花棉布令人心醉神迷，而穷人们更珍爱印花布，
因为印花布颜色鲜艳，不容易褪色，还比羊毛更容易洗干净。[41]

到了17世纪60年代，纺织布匹货物是东印度公司最重要的商品，将近占了总贸易值的四分之三。佩皮斯如今只负责管理东印度公司百分之七的进口货物，还被降级做压舱总管，负责帮助稳固船只。印花布也连接了印度沿海与大西洋的贸易圈，因为英国皇家东印度公司开始在伦敦囤积印度棉花，用来去西非购买黑奴。到了1700年，东印度公司的大部分职员的最终目标是印度及其纺织品市场而非香料群岛。[42]

印度印花布进入欧洲市场没有如人们所想，马上激起一股"印花布热"。实际上，用棉布做衣服是一个渐进的过程，东印度公司的董事们明显感到，要确保新商品的销售量，他们必须采取大范围的促销。在17世纪70年代，为了告诉人们印花布也可以用来做内衣，他们从马德拉斯工厂预订了二十万件现成的印花布。[43]但是到了17世纪最后十五年，如果人们手头有点儿现钱，他们可能会买一件印花棉质披肩。这披肩仿的是刺绣丝绸的设计，因为刺绣丝绸太贵，普通人根本买不起。[44]到这时为止，从殖民地来到英国的新消费品的数量达到前所未有的程度，人们可能还会用一管烟草、少许朗姆酒来犒赏自己，抑或用一点儿糖和香料让奶油布丁更有味道。像佩皮斯这样的绅士可以在伦敦的咖啡馆喝到刚从殖民地运来的饮料。从他的日记里，我们很容易看到巧克力和咖啡在那时已经融入了中产阶级的日常生活。当他和朋友们吃早餐的时候，佩皮斯经常提到喝咖啡或拿巧克力饮品当"早酒"。[45]

茶是进入英国市场的最后一批新殖民地货物。加拉维（Garaway）的伦敦咖啡馆于1658年开始卖茶。1660年9月25

日，佩皮斯提到派人去买"一杯从来没有喝过的茶（中国饮料）"。[46]茶在当时还是稀少而昂贵的商品，它不是直接通过英属东印度公司到达伦敦的，而是通过荷属东印度公司的商人从巴达维亚的中国商人那里买来的。佩皮斯只提到了他曾在某些场合里喝过茶，而其中两种场合，茶是为了药用而非喝着玩玩儿。1667 年 6 月，他回到家发现，"我的妻子正在泡茶，药剂师佩林先生告诉她，喝茶有利于治感冒和带下病"。[47]也许茶在佩皮斯家并不是一种受欢迎的饮料，但是它很快在淑女们之

一位淑女在享用早餐，用瓷杯喝茶，披着类似印度轧光布的印花披肩。

间流行起来，她们很喜欢喝茶时用的精美的茶具：可上锁的抛光木制茶叶盒，图案优美的瓷茶壶，精致的瓷茶杯与瓷茶托，糖罐，以及银制过滤网和茶匙。17 世纪的最后十年里，每年都有两到三艘东印度公司的船去广州购买茶叶，但是中国不允许东印度公司在那里建工厂。

　　英国人喝茶会放很多糖。糖罐、夹钳和用来搅拌茶的小银匙是赶时髦的女士们橱柜里必备的泡茶工具。[48] 因为糖和香料在咸口烹饪法里不再重要了，于是它们成了下午茶习惯的重点。如果一位有社会地位的淑女邀请朋友与她一起喝下午茶，她会在桌上放一碗方糖，端上甜甜的姜饼或甜蛋糕。[49] 我们不清楚喝加了糖的茶是什么时候开始风靡英国的，但确定的是，这不是亚洲人的习惯。但是糖的风靡也许是我们理解英国人接受茶的关键。正如香料一样，糖在厨师和药剂师那里失宠后不久就随处可见了。17 世纪晚期的内科医生不认为糖是完美的食物，而是把它视为一种危险物质，它让血液温度升高，而且毫不节制地吃糖会导致蛀牙、肥胖和痛风。当时的健康手册认为对抗糖的那种有害甜味的方法是用苦味的草药或水果中和它。在这些小册子里明显没有提到茶，但是加糖的茶符合这条建议。[50] 人们当时也许认为喝加糖的茶是对摄入糖分的一种节制，因而也是合理消费糖的一种方式。在整个 18 世纪，这两种用糖的方法并驾齐驱。在 1663 年到 1773 年之间，人们对糖的消费量增长了二十倍，而对茶的消费量增长了十五倍。[51] 随着茶的逐渐流行，它最终取代纺织品成了东印度公司最能获利的贸易商品。

1707 年，当英国颁布《联合法案》时，它已经是繁荣昌盛的海上贸易帝国。对于当代而言，帝国不仅意味着零星地占领了爱尔兰和美洲的领土以及西非和东印度的贸易站，还意味着把上述所有地区联系起来的贸易网。[52]

英国的海上贸易重振了本国经济。[53]17 世纪，人们勤奋工作是为了能够买得起新殖民地的商品，而且这促进了贸易的良性循环，他们吃的糖越多，西印度种植园主花在英国供应品和制造品上的钱也就越多。[54] 到了 17 世纪末，美洲殖民地吸收了英国百分之十的出口物。种植园主们用上了更加昂贵的"孔雀牌衣柜"，红木橱柜、橡木书桌、日式茶几、大马士革床架、银制啤酒杯、勺子和水果架装满了他们的屋子。[55] 实际上在大西洋贸易世界里，每一笔花出去的钱最终都可以追溯到糖上面来。甚至美洲人陆殖民地购买的英国货物，全少都是用腌鱼和木材卖到蔗糖岛赚来的钱买的。[56]

与此同时，英国百分之三十的出口物实际上都是转出口的殖民地商品：印花布、胡椒、烟草、糖和大米。在欧洲大陆卖掉这些货物所得的金条资助了更多去往殖民地的远航。一个地区的商业贸易顺差弥补了另一个地区的赤字。英国经济学家们不再每次都谨小慎微地估算一个贸易门类的成本和利润，而开始把国家的贸易视为一个整体。[57]

PART

2

第二部分

CHAPTER

*In which the Latham family eat beef
and potato stew, pudding and treacle:
Scarisbrick, Lancashire (22 January 1748)*

How the impoverishment of the English rural labourer
gave rise to the industrial ration

第七章

居民消费变革

英国农民的贫穷如何刺激了工业配给的增长

兰开夏郡斯卡瑞斯布雷克的莱瑟姆一家在吃土豆炖牛肉、
糖浆布丁（1748 年 1 月 22 日）

1748 年 1 月 22 日，星期一中午，南希·莱瑟姆（Nancy Latham）听到一阵声音，那是家里的小马蹬着新装的蹄铁跑进院子里了，她的丈夫理查德刚从铁匠铺回来。他带回了两只新买的母鸡，以取代家里不下蛋的母鸡，院里顿时好一阵聒噪。他的孩子们，萨拉、瑞秋（Rachael）和安妮，放下手中的纺锤，帮妈妈摆桌上菜。萨拉往每个白镴盘子里都盛了一点土豆炖牛肉，瑞秋摊开裹在布丁外面的纱布，布丁已经在大锅水里煨熟了。安妮放了一罐糖浆在桌上，每个人都可以舀一大勺糖浆淋在布丁上面，而南希则往杯子里倒上了浓烈而微甜的啤酒。[1] 这时迪西（Dicy）走了进来，他是莱瑟姆家唯一的儿子，刚才在邻居家的地里割用来烧火的草皮。几分钟后，爱丽丝和玛莎，理查德的另外两个女儿跑到屋里来。她们从学校一路跑回来，上气不接下气。吃饭的时候，父母亲聊了几句母鸡的事，这两只鸡花了理查德一先令三便士，但是在吃饭的大部分时间里，这家人都很安静地沉浸在吃饭的愉悦里。[2]

这就是新英格兰人喜欢而且霍洛韦一家也想吃上的英国饭。理查德在一本皮面精装的小笔记本上记下了这家人在 1724 年到 1767 年的开支。1724 年他娶了安·南希·巴顿，1767 年他去世了。从这些详细的记录里，我们可以看到这家人有一小块自耕地和马车，他们过的是安逸的田园生活。这种生活是 17 世纪那些饱受折磨的中产移民，在英国无法实现而在新世界所努力创造出来的。

在兰开夏郡南部的自耕地里，理查德实施了混合耕作，农业改良者们提倡这种耕作法。他种了小麦和大麦，南希给家人做的大部分面包，都是在大麦粉里掺点儿小麦做出来的。可那天早上南希没有做面包，因为她和女儿们忙于把那个星期寄售的棉花纺成纱。她们想纺完，为托马斯·霍尔克罗夫特准备好成品。他是曼彻斯特纺织厂的代理，隔天会过来取纱线，同时带来更多的棉花。布丁比面包更容易熟，做法也更简单。那天清晨，南希已经用面粉、牛油、牛奶和一些鸡蛋做了生面团。她用一勺生姜粉和一把葡萄干提味，成形之后放进碗里，用布包上，开始放在大锅水里煮，底下烧着草皮。17 世纪的英国人开始用布包裹生面团，然后煮熟，吃的时候淋上糖浆。到了

18世纪，它已经成为乡下人最喜爱的一道美食：当时标志着上流烹饪法的甜咸分法还没有渗透到乡村。[3]

莱瑟姆家有三头母牛，因此他们在牛奶、黄油和奶酪上可以自给自足；理查德几乎没记录买猪肉的事，可能他们宰了自家的猪，做了腊肉和培根。但是他们得买牛肉，理查德早些天去了邻近利物浦的一个小镇，买了十二磅牛肉，其中一部分南希用来给全家做了热乎乎的土豆炖牛肉。[4]这道炖菜自从中世纪以来就是乡下人的典型菜肴，有肉、谷物和蔬菜的浓汤。他们干活的时候，就让这汤在火上慢慢煨。[5]南希肯定在菜园里种了蔬菜和香草，因为理查德经常记录土豆籽的花费。这家人也许还把土豆当作经济作物在种，然后拿到利物浦市场上去卖。[6]当土豆从新世界被引进英国的时候，虽然英国下层阶级理应对土豆心生疑窦，但北部地区用泥煤做燃料的劳动者们好像很乐意把土豆融入自己的饮食。慢慢燃烧的泥煤很适合做土豆，土豆可以在慢燃的泥煤上方慢慢煮熟，或者埋在泥煤灰里烤熟。[7]

劳动者们的妻子，如南希·莱瑟姆这样的，她们不会照食谱做饭。汉娜·格拉塞的《简易烹饪艺术》一书面向的是中产阶级。虽然南希做布丁的时候会少放几个鸡蛋，在清水或啤酒而非红酒里炖牛肉，但这些食谱多少与她的做法类似，可以让我们一窥究竟。

87

做一道光亮平滑的布丁

拿一夸脱牛奶，往里放六片月桂叶，煮开，取出月桂叶，放面粉搅拌，让布丁变得浓稠即可；取出，放半磅黄油搅拌，然后放四分之一磅糖，一点儿肉豆蔻粉，十二个蛋黄和六个打发好的蛋清；搅拌好，在盘上涂黄油，把东西放上去：一个小时多一点儿就烤好了。

另一种炖牛臀肉的方法

把肉从骨头上剔下来，平放在炖锅里，加水没过，放一满勺胡椒、两个洋葱、一束甜香草、一点儿盐、一品脱红酒；盖紧，放在炉子上或者小火炖四个小时，有时晃一下锅，翻四至五次；要炖出肉汁，放三夸脱汤，不停搅拌直到完工。拿十至十二颗芜菁，横切片，切成四份，裹面粉，在牛油里炸至棕色。炸芜菁之前，牛油一定要沸腾，然后沥干芜菁，把牛肉装盘。烤一点儿面包至焦脆棕色，切成三角丁，装盘。芜菁同理。过滤肉汁，上菜。[8]

18世纪上半叶是英国农业的繁荣时期。土地价格上升——随即地租也上涨——使得地主们纷纷进行农业改革，极大地提升了产量。像理查德·莱瑟姆一样的自耕农也努力提升产量。理查德的记账本上记录，他经常买灰泥做肥料，他还种了新品种的草料——三叶草和芜菁——来喂养家畜。[9]农业产量提升，但人口增长缓慢，因此食物不仅充足，而且人人都吃得起。但是18世纪农村繁荣的真正推手是女性挣钱能力的提高。[10]南希和她的女儿大大提升了他们一家的消费能力，她们加入了纺纱业务分包大军，为纺织业商人干活，他们已经开始在曼彻斯特周围建工厂。1739年，两个最年长的女儿已经到了能够纺纱的年纪了，托马斯·霍尔克罗夫特卖给莱瑟姆一家两台新的棉花纺织机，每个售价二先令。同年，这家人还买了梳棉机、钢制纺锤和纺轮，一共花了大概十先令。对于一整年只花十二镑的一家人而言，这可是一笔不小的开支了。[11]我们不知道南希和她女儿挣了多少钱，但是根据曼彻斯特南部的温斯洛村的历史记载，18世纪40年代，一位勤劳的女性在家里用泽西纺轮纺纱，每周可以挣四先令，一个八岁的小孩每天可以挣三便士或四便士。[12]

莱瑟姆家的女人们所挣的钱让这家人得以参与席卷18世纪英国的消费革命。[13]理查德和南希在1724年开始婚姻生活，他们所住的农舍比17世纪劳动者住的要舒服得多。他们花了八十二先令，买了一匹马和一辆马车，羽毛褥垫和枕垫，一台纺纱机和线轴，各式各样用来做饭和做黄油的锅子、杯子和陶制"杯"，一个大炖锅，保温锅，刀子，长柄勺，漏勺以及六个木凳，一些大平盘和十二个白镴盘。在接下来的十八年里，南希生了八个小孩（其中一个早夭了），家里已没有余钱购置室内用品来让生活更加舒适。实际上，他们结婚时买的大部分物品后来用了整整一生。[14]

但是等到年长的女孩们开始为家里创收的时候，莱瑟姆家的农舍便慢慢变得精致起来。家里添置了窗帘、四把装了软垫的椅子、两把便椅、一个钟和一个梳妆镜。理查德定期给自己和孩子们买书和报纸，而且他的记账本显示，这家人也参与了影响社会各个阶层的纺织品消费浪潮。[15] 这源于东印度公司引进了印度纺织品，但是到了18世纪中叶，这些纺织品的流行让家庭纺织——莱瑟姆家的女人们也参与了——发展成了生产上等棉花和副产品的行业。[16] 这家人买了礼帽、手套、日常帽子、装饰品、手绢、蕾丝、大马士革蓝色印花长布、素羊毛布和尼龙，还有素色编制方格长衫成衣。当最大的女儿贝蒂在1747年开始挣钱的时候，她获得了一件新长袍和一件红色斗篷以及鞋子。[17]

正逢殖民地商品前所未有地大量涌入英国，莱瑟姆一家在享受他们刚刚得来的财富。殖民地商品价格下降，足以让所有阶层的人们——铁匠工人和煤矿工人，中年妇女和舞蹈教师——都能买得起。[18] 莱瑟姆家开始买小零食，比如三便士的葡萄干、蒜和姜汁面包。高效的工业生产方式和对劳动者的剥削加在一起，让西印度群岛的种植园每年生产成百上千万桶的糖。糖的价格越往下跌，就有越多的人买得起糖，糖的进口量也就越多。在18世纪前半叶，人均糖消费量从四磅翻了一倍到了八磅。到18世纪末，又翻了几倍到了二十磅。[19] 整整四十三年，理查德·莱瑟姆记录下了一家的开支，其中糖和糖浆是最常购买的食品。在18世纪40年代，他们家人最多的时候，一家每年平均消费五十磅糖和二十磅糖浆。[20] 糖和糖浆已经成为英国劳动者的主要饮食。

　　如果大英帝国的商品消费改变了普通人的饮食，那么它也改变了人们的购物习惯。[21] 莱瑟姆一家可能是在当地一家小商店买的糖和糖浆，18世纪这种小商店开始在英国的乡村和城镇 90

　　这幅画描绘了一出18世纪的田园剧，让人一窥莱瑟姆一家的厨房的模样：架子上摆着几个瓷盘，有一个女孩正在用刚买的缎带绑头发。

出现。在乡村商店出现之前，人们只能从流动商贩或集市上买小饰品和小奢侈品。如果要买主要的食品，他们会在赶集日进城。殖民地商品的涌入从根本上改变了穷人的购物方式。劳动 91
者们很快就习惯于日常出入当地的商店，有时候每天进出两到三次。18 世纪 80 年代，在迪兹伯利经营"铃儿响叮当"旅店的威廉·伍德，在旅店的一边腾出一间房，招待低贱的乡巴佬。[22]1787 年 1 月 3 日清晨，玛莎·蔡斯在店里的账簿上记下，买一磅糖浆花了三点五个便士。后来她又记下，白天花三便士买了黑醋栗和蒜。[23]毫无疑问，它们是在早上吃布丁时用来调味的，玛莎一家本来可以淋许多糖浆吃布丁。

殖民地商品是这些小商店贸易的支柱，在经常光顾伍德商店的村民的购物清单上，糖和糖浆是购买最多的商品。[24]威廉·卡什是典型的伍德家的顾客：1786 年 2 月的一个星期之内，他买了六磅糖浆和一磅糖。[25]在爱丁堡附近尼德里（Niddry）开的小店里，泰勒夫人购买的糖和茶叶占了销售份额的四分之三。[26]大一点儿的商店，如伊丽莎白·肯尼特夫人在福克斯通自家客厅开的，在 18 世纪 30 年代销售了一系列有用的家庭用品，比如肥皂、粉末蓝、胶纸、扎带、拖把、蜡烛和毛刷，还有国外和殖民地的商品，像葡萄干、黑醋栗、香料、鼻烟、大米、方糖和茶叶。[27]

在英国的其他地方，这些商品仍然是昂贵的奢侈品。著名的"罗伯茨"，这位在威尔士北部偏远的彭莫法卖农业用具、纺织品和药品的五金商人，在 18 世纪 90 年代往自己柜台上又添加了殖民地商品和缝纫用品。丈夫们进店买明矾、靛蓝、苏方木、亚麻和线，妻子们买价值一便士的糖、茶叶、手绢和蕾丝。其中许多商品明显要背着男人偷偷买，罗伯茨经常会在售价牌旁边写上"别告诉他"。[28] 但是在英国的偏远地区，虽然人们持反对态度——每天少买一点儿——但殖民地商品还是融入了 18 世纪农村劳动者的生活。

值得注意的是，尽管莱瑟姆一家已经吃上了糖和糖浆，但似乎还不热衷于喝茶。但是在 18 世纪，喝茶已经成了普遍的习惯，尤其在英国的南部。[29]1713 年，东印度公司终于说服清政府允许他们在广东设立贸易站。[30] 由于他们已经可以更容易地进入中国市场，所以东印度公司在新的贸易站集结的船只数量，从三艘或四艘稳定增长到每年二十艘。抵达英国码头的茶叶从 1711 年的十四万二千磅增长到 1741 年的八十九万磅。到 1791 年，已经高达一年一千五百万磅。[31] 当这种饮料随处可见，大家都买得起的时候，喝下午茶开始在民众中广泛流行，连最穷的人都喝上了下午茶。18 世纪 60 年代，亚瑟·扬格在英国旅行时，发现在萨福克的纳克顿（Nacton），住在救济屋的人们要求把周五和周六的豌豆粥换成面包和黄油，那是"他们最喜欢吃的，因为他们可以配着茶吃"。[32] 当他对他们这种嗜好表示惊讶的时候，别人告诉他，"他们可以在自己挣的钱中拿二便士随便花，于是他们全花在茶和糖上了，用来配着吃面包和黄油"。[33]

殖民地商品的消费将大英帝国融入了普通人的日常生活中。商店的宣传画上的图片常常会宣传他们的商品，这打消了人们对其产地和生产过程的疑虑。[34] 在宣传烟草，也就是著

92

名的"印度草"时，用的是美洲印第安人的图片，他们头戴羽
毛，抽着烟管，而黑奴们在地里和弗吉尼亚种植园的加工棚里
辛苦劳作。一箱箱包装袋的图片上写着中国书法的茶叶，被运
往东印度。画上描绘的做茶叶贸易的中国农民留着长辫子。有
时候，这些宣传画上写着东印度公司的总部在伦敦的利德贺
街。人们很容易看出他们吃的食品和大英帝国之间的关系。[35]

在 18 世纪，英格兰、苏格兰和威尔士合而为一，并且人
们开始自称是英国人。这个新身份来源于共同的新教信仰，这
种感觉通过反对天主教法国得到了彰显。七年战争中，英国在
加拿大和印度战胜了法国，增长了英国公众对其海军和帝国力
量的自豪感。[36] 海上的胜利如今通过教堂鸣钟来纪念，民众纷
纷庆祝帝国崛起——商人、手艺人，各个地方的人都对英国在
海外取得的胜利引以为傲。[37] 国民的士气受国家胜利（或失败）
的影响。英国的军事力量受帝国资助。18 世纪 60 年代，政府
在蔗糖进口上的支出大致等于英国海军所有船只的养护费。[38]   93
更直接一点儿说，政府从东印度公司借债资助打仗。[39] 殖民地
商品的消费与对帝国的伟大引以为傲息息相关，两者都成了英
国的重要组成部分。[40]

讽刺的是，英国民众消费的殖民地商品的产地却很少在广
告里出现。黑奴砍甘蔗，在蒸煮房提炼甘蔗汁，抑或把黑糖装
上船的景象很少出现在宣传画上。糖似乎被认为是一种标准商

　　这幅宣传哈德逊茶叶商的画把英国卖糖和卖茶的标准形象放在
一起。背景里的船只象征英国的贸易，而佛塔和植物让人想起茶和
糖来自国外。黑奴和装糖的桶让人想起西印度群岛，而中国人举着
一根茶梗。这幅场景前面有一个英国制造的茶壶，它即将把这些英
国的商品变成一杯标准的英式茶。

品，贸易者们觉得没有必要让消费者知道它其实来自西印度群
岛。糖是根据其纯度来卖的——黑糖或者白色方糖——而不是
根据其产地。一个人不需要变成行家里手就可以评价糖的质 94
量。与茶不同，它是用来给茶增甜的，而茶有不同种类和级
别。[41] 泰勒夫人在她开在爱丁堡附近的商店里卖一系列中级工
夫茶，劳动阶级喜欢喝这种茶，因为味道比便宜货更浓烈。每
卖一磅茶，她要卖七磅糖。[42]
　　加糖的茶最终取代啤酒成为穷人的主要饮料。茶本身似乎

无法取代啤酒，直到 18 世纪人们开始考虑在酿造啤酒时增加啤酒的甜度：它所含的麦芽会产生一种好喝的、甜甜的啤酒，这让人们更加喜欢上了浓烈的、加糖的茶。[43]1767 年，社会改革家乔纳斯·汉韦对乞丐、修路工人和晒甘草的工人们的嗜好感到非常愤怒，他发现这些人非常喜欢喝茶，而他认为这非常奢侈，他们负担不起。[44]汉韦和其他指责这种习惯的中产评论员们不知道，与其说喝茶是奢侈的消费，还不如说，喝茶实际上是劳动阶级的贫困焦虑症。

圈地运动让许多农村劳动者连一块用来养一头牛或几头羊的公共土地都没有了。它也让他们没法用林地，而原本他们可以在林地里拾柴火，抓兔子下锅。此外，住家仆人的雇佣率也下降了，因为农民们只在需要的时候才雇佣劳力。因此，农村的劳动力人口逐渐变成了挣工资的无产阶级，因为他们失去了经济独立的途径，而且最重要的是，他们失去了为自己生产食物的方式。食物价格合理的时候情况还好。[45]但是当本世纪人口剧增开始给食物供应带来压力时，农民依靠工资过活这种情况成了一个严重的问题。18 世纪 60 年代到 70 年代的收成不好，使得小麦价格上涨了百分之四十。[46]光荣革命和 1792 年至 1815 年的拿破仑战争加剧了通货膨胀，食物价格急剧上涨。那些家里没有母牛的农村家庭没法喝到牛奶，那时牛奶价格已经从 1770 年的一加仑四便士涨到了 1800 年的十便士。同时，森林砍伐运动也导致了英国南部燃料价格攀升，那里的人们依靠木材做饭取暖，而价格便宜的煤是从北部开采的，他们无法得到。因此，酿造啤酒成了一个昂贵的过程：需要把麦芽汁煮

开，最好用高级燃料一次做成，否则杂质会影响口感。[47] 许多 95
劳动者负担不起自酿啤酒，于是转而喝加糖的茶，因为喝茶没
那么贵。

那些批评劳动者喝茶习惯的人，如果他们说喝茶对营养
和健康有害，那么他们是对的。酿造啤酒是另一种把谷物转
化成可以吃的食物的方式。实际上，啤酒是液体面包。它很
有营养，富含蛋白质和维生素 B，还能提供能量（每品脱大约
三百五十卡路里）。[48] 另一方面，茶既不含维生素，也不含蛋
白质，甚至当往里面加很多糖时，它也根本不提供能量。一个
人即使往茶杯里加上四勺糖，这杯茶也只有大约六十四卡路
里。但是劳动者们也许误以为茶给了他们更多的能量，因为糖
可以被身体快速吸收，但是啤酒里的糖分解得更慢。[49] 茶还有
一个优点就是它很烫，在英国那种恶劣的气候里，茶必然会很
受劳动者的欢迎。而且越来越多的人家无法天天吃得起饭了，
如果燃料价格上涨导致啤酒酿造减少，那么它也会给许多人带
来负面影响，导致他们没法做一顿热腾腾的饭。

那些买不起燃料做饭或在屋里取暖的人如今被迫去买
面包。18 世纪中期，面包房开始在英国乡村出现，但它的
分布有明显的地域差异。到 1815 年，南部的伯克郡平均
二百九十五位居民有一家面包房，而北部的坎伯兰郡平均
二千二百位居民才有一家面包房。[50]18 世纪 90 年代，经调查
发现，北部虽然受价格上涨的影响很大，但是粥类、土豆和
大麦汤仍然是当地劳动者的主要饮食。北部的豆子和煤很便
宜，这说明人们还可以生火做饭。[51] 另一方面，南部的劳动家

庭只能勉强糊口。实际上，他们的饮食里消失的不只是热腾腾的家常浓汤和炖菜，还有牛奶和黄油。他们依靠工业配给，从商店买来面包，偶尔还买一点儿奶酪或几片培根。弗雷德里克·艾登爵士进行了其中一项调查，让他生气的是，这些贫困户每年在茶和糖上至少花费百分之十的收入。[52] 比如，北安普敦郡的一个七口之家，一年花了二英镑七先令六便士在茶和糖上，而其年收入是二十六英镑八先令。[53] 艾登的第一反应是，这家贫困户太奢侈了，而他的一位研究员同行大卫·戴维斯，却认为他们完全是依赖甜甜的热茶才能得到一丝安慰："春天的水，最便宜的茶叶能让它变色，最便宜的黑糖能让它变甜，这就是你责难他们所拥有的奢侈。他们所依赖的这些不过是必需品，而且要不是他们穷得只能喝这个，他们肯定会吃面包喝水。喝茶不是贫困的原因，而是贫困的结果。"[54]

一开始，底层民众买糖和糖浆只是为了满足对甜味的好奇心。过了很久之后，它们才从奢侈品变成必需品。当买不起牛奶的时候，往粥上面淋 点儿糖浆可能会使其变得可口 点儿。[55] 往面包上涂的那一层糖浆，也是好的黄油替代品，黄油现在太贵了。在家煮一壶开水泡茶比炖煮麦芽让它发酵成啤酒更实惠。而且，一壶甜茶，加一片面包和糖浆，至少让人以为这还是一顿热饭。最后，茶还有一个优点，它可以抑制食欲。[56]糖和糖浆取代了新鲜的肉、牛奶、黄油、奶酪和蔬菜，后者都在劳动者的饮食里消失殆尽了。问题在于，它们不含卡路里，也没有任何营养价值：糖既不含维生素、矿物质，也不含蛋白质。回首 18 世纪 90 年代劳动力的饮食变化，一位老者向皇家劳工委员会委员亚瑟·福克斯抱怨，依靠"外国货"对穷人有着致命的影响。"茶不能当饭吃，"他抱怨说，"大麦和豆子做的烤饼让人像砖头一样有力。人们白天应该吃一块麦饼，喝水，但现在他们吃白面包，喝茶，搞得人连一半的力气都没有。"[57]

　　到了18世纪末，肉和蔬菜浓汤、粥类以及布丁完全从南部农村劳动者的餐桌上消失了。半个世纪前他们享受的财富让他们参与了消费革命，并把殖民地的食品融入进饮食当中。这些食物改变了英国人吃饭和购物的方式。但是当人口增长、食物短缺造成燃料和食品价格飞涨时，当初只是给日常饮食锦上添花的殖民地食物，如今却成了维持生计的必需品。这标志着大英帝国对英国经济和社会方面的贡献产生了重大转变。当农村劳动阶级迁移至纺织厂附近并建起城市贫民窟时，他们把这些饮食习惯也带去了，这使得大英帝国的深层影响得到了加强。

In which a slave family eat maize mush and possum on Middleburg lantation, South Carolina (1730s)

How the American colony of South Carolina was built on African rice

第八章

西非农业的迁移

如何在非洲大米的基础上建成南卡罗来纳州殖民地

一个黑奴家庭在南卡罗来纳州的米德尔堡种植园吃玉米糊和
负鼠肉（18 世纪 30 年代）

在米德尔堡种植园， 家人在月夜聚在小屋前面的炉灶旁
边，这个场景本可以换到非洲。从日出开始就在稻田里辛苦劳
作，一天结束后的美味食物是他们主要的安慰。[1]父亲是位好
猎手，他在前天设置的陷阱里发现了一只负鼠；这个小动物如
今在一根插在地上的棍子上，在火堆旁烤。[2]家人们弯下腰，
每人从大铁锅里的玉米饼上扯下一块，揉成球形，蘸一点儿
陶罐里的果酱。今晚，这家人的快乐是酸叶草和豆瓣草给的，
这是孩子们从稻田旁边采来的，配上芝麻十分美味，芝麻是
自家小菜园种的，他们可以在小屋旁边开辟一个菜园。芝麻

是从非洲带过来的，是南卡罗来纳水稻种植园的黑奴们最爱的调料。[3]

　　他们吃完饭后，父亲离开去他们的小片菜园里种豌豆。南卡罗来纳黑奴有一句谚语，它让美德成为一种必要。它说的是，豌豆荚满月时会鼓起来。[4]在整个美国南部，夜晚是黑奴们正忙的时候，因为他们白天为奴隶主埋头苦干，只有这时才能做自家农活。南卡罗来纳的黑人的生活几乎完全是露天的。这家人回到小屋后，只睡在裹着棕榈叶的毯子上。父亲在菜园里劳动的时候，其他人靠近火堆拥成一团。母亲正在缝补破

98

黑奴们用连枷敲打一捆捆稻子

　　南卡罗来纳水稻种植园的这些素描作品创作于内战结束和奴隶解放之后，但是水稻生产工作几乎没有变化，水稻最初在18世纪被引进。

布，做一条床罩，好让夜里睡觉暖和一点儿。

孩子们正在编海草篮，做好之后卖掉，可以换一点糖或者几瓶黑啤酒。其中一个孩子在讲罗马尼亚兔子的故事，好让大家保持清醒。罗马尼亚兔子想凭惯用的伎俩欺骗一个更有权势的动物。那一晚它从罗马尼亚熊那里骗得了一条大鱼。[5]

黑奴的数量大大超出了白人奴隶主的人数，在南卡罗来纳，他们的比例是四比一。[6]因为至少有半年，稻田里的死水散发恶臭，有损健康，种植园主及其家人纷纷逃离，只留下少数白人工头监督种植园里的黑奴。因此，黑奴们生活得非常孤独，这产生了一种独特的黑奴文化，这种文化受到他们对家乡记忆的强烈影响。他们发展了自己的语言——古勒语，混合了非洲语言和英语；住在非洲式样的无窗土墙茅屋里，屋顶盖着矮棕榈叶子；用非洲传统式样和符号装饰少量器具；还在菜园种了一大片非洲蔬菜——秋葵、豇豆、落花生、西非红辣椒以及芝麻——此外还有美洲西葫芦和南瓜以及欧洲芜菁、羽衣甘蓝以及圆白菜。[7]

在 20 世纪 80 年代，一队考古学家找到了米德尔堡种植园黑奴劳动力在 18 世纪生活过的小屋遗址。在层层风沙之下，他们发现了小屋前院子里长年堆积起来的木炭，在一些垃圾坑里，他们挖出了玻璃碴、纽扣、装饰着非洲图案的坏的陶制烟斗、小的动物骨头以及成百上千个陶罐陶碗的碎片。[8]其中许多都有磨损的痕迹，是搅拌锅里的食物留下的；有些外面有烧过的痕迹，那是被放在石头上面烧火留下的；其他里面有烧煳了的食物。这些都是许多年前黑奴吃饭剩下的残渣。[9]很多年

她把小木屋尽可能地收拾干净。

以来，人们以为黑奴的炊具是从本土美洲陶工那里购买的。但是这个挖掘米德尔堡的考古队注意到，南卡罗来纳黑奴饮食的考古记录与他们同时在西非发现的大致一样。[10] 实际上，18 世纪南卡罗来纳黑奴所用的炊具和 20 世纪加纳黑人仍然在制作并使用的沙底或掺了沙的器具没什么区别。[11] 黑奴不仅从非洲引进了饮食习惯，还引进了制陶技术。[12]

　　非洲人在食用他们的主食淀粉粥时，喜欢配以口感软烂的风味炖蔬菜，而陶罐正是烹制这种风味炖蔬菜的最佳炊具。水汽蒸发，穿过陶壁，让蔬菜在低温里慢炖。[13] 黑奴也教他们的白人奴隶主如何做这些非洲炖菜。19 世纪 40 年代，从查尔斯顿妇女们那里汇总的食谱发表在《卡罗来纳的家庭主妇》上，其中有一系列用秋葵、花生和芝麻做的汤。一个优秀的南卡罗来纳家庭主妇知道，做这些菜最好用非洲炊具。一名记者为

《木兰：南方月刊》采访了一群女士，她们说："秋葵汤只有用陶锅煮才好吃。"[14]烹饪技巧和食谱并不是南卡罗来纳白人从黑奴那里学到的全部。美洲种植园经济有赖于黑奴们辛勤的劳作，种植烟草、蔗糖和大米，这给种植园主带来了财富。但是这些南卡罗来纳白人特别亏欠给他们干活儿的黑人劳力，因为是非洲人教会他们如何在殖民地种植大米这种经济作物。

秋葵汤

把秋葵切碎，切成小块，四分之一大小；半个西红柿，去皮，与牛胫骨或大腿骨一起放进锅里，倒十品脱冷水。小火煮七个小时，撇去浮渣。用卡宴椒或黑胡椒以及盐调味。

大块带骨肉，与其他原料一起煮，有些人认为这是进步。[15]

这份食谱收录于《卡罗来纳的家庭主妇》，但是在以下食谱中我们看出这道菜来自非洲。这份食谱里的汤制作得更精心，20世纪60年代曾作为西非烹饪遗产被介绍给加纳的在校女学生。

配菜

一磅肉

一磅烟熏鱼或鲜鱼

一些烟熏大虾或对虾，螃蟹和蘑菇

三个西红柿，三个彩茄（几内亚菜瓜）

胡椒和盐

六个秋葵

四至五根大葱

五品脱水

方法

1. 把肉洗净，切成碎块。放进炖锅，加切好的大葱和盐。加热五分钟，偶尔搅拌。

2. 加水，煮十分钟。

3. 洗净秋葵、彩茄、西红柿、胡椒，放进汤里。煮到蔬菜变软，把蔬菜捞出。

4. 洗净螃蟹、蘑菇、大虾或对虾和鱼，放进汤里。

5. 捣碎西红柿、辣椒和彩茄，回锅。

6. 捣碎秋葵，回锅。

7. 文火炖汤三十分钟。

8. 佐以白糕一起吃。[16]

米德尔堡种植园发展的故事概括了南卡罗来纳殖民地的故事。18世纪30年代，那些正在吃饭的黑奴是本杰明·西蒙斯   102

的财产。我们只知道他有奴隶，但不知道他们的名字，或者他们是如何到南卡罗来纳生活的。相反，西蒙斯一家的生活被记录得很详细。本杰明是一名胡格诺教徒（本杰明·西蒙斯一世）的儿子，他于17世纪80年代经过荷兰港逃到美洲，该港口的名字是以种植园命名的。1692年，他获赠库伯河东岸的一百英亩土地，离查尔斯顿大约有二十五英里，于是他和妻子埃丝特以及刚出生的儿子一起搬到那儿。[17]本杰明抵达殖民地时，它只有几十年的历史。1663年，一伙冒险家和破产的海盗，受到八名英国贵族，即有名的"业主"的资助，在查尔斯顿地区建立了第一个殖民地。其中一名业主和许多第一批来自巴巴多斯的移民一样随身携带奴隶，他们让奴隶开辟、清理林地并在那里种植粮食作物。[18]

本杰明最终给自己买了一些奴隶，帮忙干清理土地这种累活，但是一开始很可能是他和妻子自己砍倒树木并烧掉灌木丛的。另一位胡格诺派的移民，朱迪思·玛尼格特（Judith Manigault），几乎同时抵达殖民地。她讲述了在他们宣称对此地的所有权之后的头六个月，她如何"像奴隶一样在土地上劳作"。[19]西蒙斯的家庭《圣经》上记载，这对夫妇接下来的三个孩子是"在马普提卡（Maptica）"出生的，而这个名字十有八九是以当地美洲土著的名字命名的。但是六年后，本杰明写道，他们的第一个女儿是"晚上六点在米德尔堡种植园出生的"。本杰明·西蒙斯成功地把荒野改造成了房屋和农场，还取了体面的欧洲名字。这座房子很简单：两层，每一层有两个房间，中间是烟囱，房间在两边，走廊很宽，前后都有庇荫的空间。后来他又在每层楼加了一个房间，让十四个孩子住。[20]

当务之急是种粮食养活全家。早期的南卡罗来纳移民对新英格兰风格的改良土地观念比较淡漠，他们为了图方便，用美洲原住民的方法在烧过的树桩里种玉米和豆子。[21]玉米粥、牛奶和烤甜土豆是他们餐桌上的主要食物，佐以野味和野果，这些都可以在树林里采猎到。[22]早期移民约翰·劳森很享受殖民地给他提供的打猎机会，他很满意地说过，"即使贫困的劳动者也是枪的主人……要让精致的野味不断出现在他的餐桌上，因为他有更大的财富"。[23]早期殖民地的森林里满是野鹿，但是许多野味对于欧洲移民而言都十分陌生。劳森认为河狸尾巴是"精美的食物"。18世纪20年代，在南卡罗来纳观光的自然学家马克·卡茨比的记录中，我们发现殖民者们认为"在秋天吃得膘肥体壮的幼熊……是一道非常精美的菜"。[24]另一个观光者，查尔斯·伍德梅森（Charles Woodmason）牧师，对这些"不合规且下流的"饮食癖好感到厌烦。[25]对于他而言，不同于家畜、自己种的作物和饲养的动物，从美国荒野里获得的野味有点儿危险而且不得体。[26]但是南卡罗来纳的大部分移民开心地适应了新环境，不在乎他们的地犁得对不对，或者他们的食物是否复制了英国自耕农的。

这些殖民者没有实现成为自给自足的混合农民的梦想。建立了殖民地的巴巴多斯人计划把蔗糖生产扩大到北美大陆。他们失望地发现，甘蔗在南卡罗来纳沿海沼泽的沙地里无法生长。[27]所有早期殖民地能聚集起来出口的是鹿皮、木材和海军军需品。当本杰明·西蒙斯砍倒手里的树木时，他把质量好的木材卖掉，通过燃烧陶土坑里的树脂把次等的松树变成沥青。[28] 通过这种做法，他能够从商店里买回糖和英国制造品，这些商店才刚开始在查尔斯顿兴起。

本杰明种植园的财富反映了南卡罗来纳的财富。他把大部分利润用来购买更多的奴隶。1717 年，他去世时，已经把自己的种植园从最初的一百英亩扩大到了一千五百四十五英亩。[29] 到那时，住在米德尔堡的黑奴人数超过了白人。[30] 约有一千七百艘船只开始直接从西非抵达查尔斯顿，那里的黑奴来自冈比亚，以畜牧技术闻名，而这个技术特别为当地殖民者所需。[31] "业主"们已经为南卡罗来纳从弗吉尼亚运来了牛和猪，人们在大草原和林地里放牧这些动物，其数量越来越多。殖民地很快就遍地建起乳牛栏和猪栏，黑奴晚上给它们喂草，防止它们遭受野兽的袭击。成千上万桶腌牛肉和腌猪肉成为殖民地的主要出口货物。但殖民者并没有来到卡罗来纳州成为牧场主。为了寻找到一种经济作物，他们试过种生姜，养蚕，种葡萄，橄榄和柑橘。[32]

第一批种植园主中被认为有功的是纳撒尼尔·约翰逊，他尝试过种水稻。他曾经是背风群岛 * 的长官，因为光荣革命被迫离职，他于 1689 年和一百个黑奴抵达南卡罗来纳。最开始，他在他的"丝绸希望"种植园（在库伯河沿岸，距米德尔堡十五英里）里养蚕，但他很快对种桑树不抱希望了，于是转而

104

---

* 小安的列斯群岛中的北部岛群，因为与向风群岛相对而得名。在帆船时代，是从欧洲航渡到美洲"新世界"的最快捷路线。

种旱地稻。他之前从来没有种过稻谷。白人种植园主后来说，是一个过路的东印度人首次把稻谷介绍到南卡罗来纳。但是移民者起初种的是红米——大约公元300年在尼日尔河岸就开始栽种。[33] 因此，那个非洲黑奴讲述的他们的某个祖先把红米藏进卷发并带到这里的寓言故事，似乎非常可信。

在非洲西岸，拉·柯尔柏（la Courbe）和拉·柏林格勒（la Belinguere）在相近的时间里吃的那顿饭，证明了非洲和美洲之间的食品贸易已经很成熟了。葡萄牙人在这场贸易交换里是积极的代理人。有记录表明，17世纪90年代有一艘载有黑奴的葡萄牙商船曾到过查尔斯顿，船上还载有稻谷。[34] 我们从欧洲在西非的驻地记录中可以知道，非洲稻米是黑奴船喜欢的食物。如果船上装的是没有去壳的稻米，那么它就会被带壳煮熟给黑奴吃。稻米可能在许多不同情况下抵达了南卡罗来纳，很快被黑奴视为一种他们可以在自家小块地里种植的食物。[35]

无论稻米通过何种方式被介绍到南卡罗来纳，只有非洲黑奴知道如何种植稻米。在塞内冈比亚，放牧和种旱稻是并驾齐驱的。雨水被储存在高山旱地的蓄水池里，在必要的时候通过一些水坝流向作物。一旦稻谷被收割，牧民就把牛群赶到地里吃稻茬，同时给地施肥，准备来年播种。高山旱地稻和高山放牧在早期的南卡罗来纳出现，随后就是这种西非的种植方法。到了17世纪，稻谷种植已经被传播到许多种植园。1700年，北美南部的海关官员爱德华·兰道夫报告说，三百多吨稻谷被运往英国，三十多吨被运往了加勒比海。与此同时，上议院贸易与种植园事务专员得意扬扬地让殖民地"多种一点儿稻

105

吉比和牛。

谷……我们有的是运输船"。[36] 同年，约翰·劳森抵达种植园参加狩猎聚会，他在寻找食物的时候，那个非洲老奴隶卖给他们的是大米，而不是玉米。[37] 南卡罗来纳的移民开始喜欢上稻谷。

除了少数年老的印度人，英国人很少吃大米，但是在南卡罗来纳，大米成了"食物里的常客"。1758年，一位种植园主的妻子给在英国读书的儿子们送了一桶东西。她向校长解释说，"孩了们喜欢把它煮熟了吃，配上肉而不是面包"。[38] 殖民者经常像处理小麦那样处理大米，好像他们用米粉会烤出一系列面包、蛋糕、饼干和玛芬。[39] 但是他们的黑奴教会他们品尝非洲风味的食物，比如烩菜豆米饭，把大米和豆子一起煮熟，整个美国南部的居民都会在新年那天吃这个以祈求好运。好的黑奴厨子价格很高，一个弗吉尼亚的殖民者在写给妹妹的信里说，她的厨子非常能干，"许多有钱的绅士"争相"不惜任何代价"买下他。[40] 如今，当南方人用玉米面包片配上绿叶菜慢炖肥肉时，他们享用的是黑奴的烹饪遗产。[41]

本章开头吃的那顿饭发生在 18 世纪 30 年代，那时大米已经成了米德尔堡的主要作物。虽然围坐在营火旁的那家人肯定也喜欢吃大米，但大米太贵了，不可能给黑奴吃；他们的标准配给是玉米粥。到了 18 世纪 30 年代，他们白天劳作的稻田不再是高山旱地。一位荷兰地理学家奥尔菲特·达珀（Olfert Dapper），描述了 17 世纪 40 年代的西非农民如何"在低地收割早稻，在中等海拔的地方收割中稻，在高地收割晚稻。每次收割的间歇是一个月，这样做是为了不让所有的稻谷同时成熟"。[42] 这不仅让人知道了劳动的条件，还让人知道了耕种失败的风险。约翰·斯图尔特是第一批在低地种稻谷的人，他是库伯河西支沿岸詹姆斯·科尔顿种植园的经理。[43] 稻谷长在沼泽地里不需要经常除草，而且淤泥也会使得产量更高。[44] 到了 1710 年，斯图尔特的试验取得明显成功，其他种植园主开始纷纷效仿。

1717 年，本杰明·西蒙斯去世，他的儿子彼得和西蒙接手管理种植园。他们立刻学习约翰·斯图尔特，让奴隶把沼泽地改造成稻田。[45] 这项工作很繁重。首先要砍掉橡树和柏树，把根拔起；接着要围着田地挖一圈五英尺深的沟渠；然后在每一英亩地中间再挖更小的沟渠。[46] 黑奴挖好这些沟渠，修建田垄，工具只有铁锹和篮子。他们站在南卡罗来纳的淤泥里，水经常是齐腰深的，身边飞着成群的可传染疟疾的蚊子。[47] 一首黑奴歌曲里的歌词温和地表达了在稻田发臭的死水里工作是多么令人不愉快：

106

　　　　过来吧，听着，所有黑伙计，来听听我的歌，

　　　我唱的是所有主人啊，他们待我残忍至极：

　　　　寒冷的早晨结着冰，感觉真糟糕啊，

　　　　　站在水里，站在稻田里。[48]

　　南卡罗来纳找到了自己的经济作物。到了 18 世纪 20 年代，大米是该殖民地首要出口产品。先驱者约翰·斯图尔特不无骄傲地说，在牙买加，南卡罗来纳的大米"比欧洲大米评价更高……"。[49]1750 年到 1770 年间，殖民地的黑奴人口增长了两倍，从三万九千上升到七万五千。[50]南卡罗来纳景观"被转变成梯田模式，在被淹没的农田里种植水稻"。1685 年，拉·柯尔柏在几内亚比绍的迦巴河沿岸旅行时，描述了这一景观。[51]

"流动"的稻田。

这似乎是将西非乡村生活的一部分复制到了北美。

1772 年，本杰明·西蒙斯的第三代继承了米德尔堡。那时 107
它已经是一个拥有五十九个黑奴的中等规模的水稻种植园。[52]
这时，南卡罗来纳的稻谷种植正在经历第三次革命性的变化。
倡导革新的种植园主改进了洪泛区的灌溉系统，让潮汐的进
水—排水配置更加复杂，借由潮汐的涨退，通过一系列的河坝
控制河水对稻田的灌溉。一名在佛得角的圣选戈做生意的葡裔
非洲人安德烈·阿尔瓦雷斯·德·阿尔马达（André Alvares de
Almada），讲述了在 16 世纪 90 年代，从冈比亚河往南到几内
亚科纳克里的非洲海岸线到底有多长；非洲人建造了巨大的堤
防，绵延数英里，以防止海洋潮汐倒灌；还建造了一个复杂的
运河和河坝网，使得他们能够给稻田灌溉和排水。[53] 在他独自
旅行的十七年里，本杰明的第三代把这个潮汐系统引进了米德
尔堡的稻田里。[54]

黑奴们在淤泥里来来回回，沿着库伯河十二英里长的支
流建造了超过五十五英里的堤防。为此他们用铁锹挖出了超
过六十四万立方英尺的土方，在此过程中，他们把一个复杂
的"中继门路"网络装在堤岸上来控制水流（这么称呼是因
为它们是用空的树干做的）。[55] 潮汐稻谷种植增加了每个黑奴
在土地上的劳作范围，从三英亩变为五英亩。[56] 住在米德尔堡 108
的八十九个奴隶可以种四百四十五英亩的地。大米在革命时
期，继烟草和面粉之后，成为北美所有殖民地第三值钱的出
口商品。[57]

到了 19 世纪，欧洲人于 16 世纪和 17 世纪在西非沿海观

女孩们拖着脚走来走去，好让稻谷沾上泥巴。播种之前，稻谷
要裹上稀泥。

察到的复杂的稻谷种植技术全部消失了。黑奴贸易造成劳动力
流失，劳动密集型的稻谷种植禁不住这种打击。由于不知道西
非的稻谷种植的历史，南卡罗来纳的种植园主傲慢地以为，那
些在稻田里劳作的非洲人的祖先，不可能是这种复杂的种植体
系的创始人，然而正是这种种植体系让他们变得如此富有。但
是我们也很难想象，还有谁能教南卡罗来纳的早期种植园主种
植稻谷。那些种水稻的意大利人不在南卡罗来纳的欧洲移民之
列，东印度公司船只的船长最终把亚洲稻谷的各式品种带到了
殖民地，但他们也无法告诉种植园主如何种植。[58]

　　确立种植稻谷之后，南卡罗来纳的种植园主们研究了亚洲稻谷种植的文献和报告，一些人还雇用了知道如何建造河坝和排水系统的荷兰工程师。[59]但是，种植园主们也不是每天都参与稻谷种植。白人业主和白人工头都"听从更有经验的意见"，非洲黑奴工程师是"种植园的实际管理者……管理其他奴隶的工作，给他们分配每天的任务，并决定何时以及多久给稻田灌溉或排水"。[60]黑奴工程师可以尽情发挥他们在西印度群岛的蔗糖种植园中无法想象的积极性。虽然他们处于被奴役的地位，但是这毫无疑问给了他们一种拥有这些土地的所有权的假象。实际上，正如伍德本稻谷种植园的主人 J. 莫托·阿尔斯通所说，他的"头头"库卓（Cudjo）照管他的财产，好像那是属于他的。[61]

种植园生产了超出他们加工能力的大米。在整个殖民期间，劳动密集的西非技术用上了。给稻谷脱粒用手工的连枷；扬谷呢，是用手工的海草篮子；给稻谷脱壳用的是手持杵和舂，杵重达七磅到十磅。这个工作非常缓慢而累人。男人每天要打八十八磅稻谷，女人四十四磅。即使是一个能干的黑奴，每天至少也要花五个小时打谷，加工他们分到的量。疲惫或笨拙的工人有损坏稻谷的风险，而让一部分稻谷无法销售。[62]

美国革命之后，英国磨坊主乔纳森·卢卡斯（Jonathan Lucas）的儿子在南卡罗来纳不远处的海域失事遇难。他留下了自己发明的第一台蒸汽打谷机。磨坊给稻谷加工带来了革命性的变化，它使产量大幅增加，让种植园主更加富裕了。米德尔堡种植园的第四代主人是卢卡斯的儿子，他娶了本杰明·西蒙斯第三代的一个女儿。在他的经营之下，种植园的财富不再仅仅反映南卡罗来纳那些稻谷种植园的财富：当他建起南卡罗来纳第一座公共碾米厂时，他的种植园成了一个革新地。[63]

　　卡罗来纳的种植园主们，同西印度群岛蔗糖种植园主一样，都是原始的企业家，根据利益最大化原则，他们把种植园当作资本集中的农业工厂运营。[64]他们生产的大米大部分都出口了。出口到西印度群岛的百分之十八的大米都给种植园主和他们的黑奴吃了。1714年，种植园主们成功地与英国议会协商，可以让这百分之十八的大米直接用船运到欧洲南部。但是，依照《航海法案》条例的规定，殖民地货物必须运到英国，出入要付费，因此大部分稻谷运往了伦敦。接着稻谷被出口到荷兰和德国，它让农民们在干豆子和大麦短缺的几个月里

春米。

得以安全过冬。[65] 许多牙买加的种植园主开始种植咖啡，欧洲大陆也喜欢这个味道。18 世纪晚期，南卡罗来纳的稻谷和西印度的咖啡以及中国茶一起，给英国的转出口区域带来了一阵繁荣。[66]

　　第一批种植园主试图把甘蔗移栽到北美大陆，但都以失败告终。相反，黑奴贸易给他们提供了来自西非沿海的整个农业系统的方法。当西非红树林稻田已经荒废多年时，以前在非洲种稻谷的农民正在北美的东部沿海重建稻田。稻谷让南卡罗来

扬谷和舂米供家庭使用。

纳种植园主变得极其富有，南卡罗来纳白人社会见证了英国这个文明社会在此地的扩张，它花钱从英国进口货物。很快，茶在17世纪90年代的伦敦成了时尚饮品，喝茶成了南卡罗来纳上流社会的风尚。在切萨皮克，喝茶直到18世纪30年代才开始流行起来。[67]18世纪30年代的伦敦掀起了一股红木家具热。到了18世纪40年代，红木桌椅出现在了查尔斯顿的商店里。[68]在革命前夕，南卡罗来纳种植园主因为稻谷成了迄今为止所有美国殖民地中最富有的人。对比两份遗嘱，我们可以看到，南卡罗来纳人留下的房产价值比弗吉尼亚人平均高出四倍，比马萨诸塞州居民留下的财产高出十倍。[69]

In which Lady Anne Barnard enjoys fine cabin dinners on a voyage to the Cape of Good Hope (February to May 1797)

How the Empire stimulated the growth of the provisions industry

第九章

食品工业的爆发

大英帝国如何促进供应产业的增长

安妮·巴纳德女士在去往好望角的旅途上享用客舱中的美味
（1797 年 2 月到 5 月）

每天两点，"爱德华·休斯爵士"号上的乘客都会到船
上的餐厅集合吃饭。据安妮·巴纳德女士讲，他们大部分时
候"吃羊羔肉"。那里有绅士而勇敢的哈特利将军（General
Hartley）和温和可亲的索尔夫人，绅士们喜欢戏弄这个爱尔
兰女人；还有谦逊礼貌的帕特森医生（Dr Paterson）和格林先
生——一名海关官员——和他的妻子；劳埃德上校（Colonel
Lloyd），一个真诚的威尔士人；还有基思先生（Mr Keith），一
名营地副官；帕特森女士，她和"几个姐妹"一起旅行。这群
人里唯一不讨人喜欢的是坎贝尔船长（Captain Campbell）和他

的妻子，他"如果不是脾气差，还挺有魅力的"。[1] 身为最重要的女士，安妮坐在船长旁边。她是陪她的丈夫安德鲁·巴纳德一起过来的，不久前他被任命担任好望角殖民地秘书。[2]1795年，法国大革命的军队已经肆虐到了荷兰，英国坚决不能让荷兰在非洲南部的殖民地落入法军手里，因为那是通向印度的航海线上最重要的一站。巴纳德一家是新殖民地的行政官员，这让坎贝尔夫人很不开心。作为身在开普敦的荷兰女人，她对于英国侵占她的家乡明显感到不快，对英国派往这个殖民地的"一撮人"一直都没什么好话可说。安妮女士和她的同伴们被迫"特意和他们进行社会必要性之外的日常对话"。[3]

但是安妮女士并没有让坎贝尔一家破坏她在旅途中的兴致。她发现詹姆斯·乌尔姆斯顿（James Urmuston）船长是最客气而令人愉快的桌友，他桌上总是摆满了食物。亨利·邓达思是位殖民地书记，也是她丈夫的资助人（之前还向她求过婚）。她在写给他的信里，附上了一份具有代表性的菜单： 114

豌豆汤

烤羊腿

猪肉布丁	两只鸡	猪肉派
煮卷心菜	两份火腿	土豆
羊肉派	两只鸭	羊杂碎
牛肉粒		

佐以一份超大的圣诞布丁

波特啤酒、云杉啤酒、波特酒、雪利酒、金酒、
朗姆酒，等等[4]

　　船长桌上的新鲜肉类显然来自甲板上的围栏。许多牛、猪、羊、鸡和鸭定期被送到远航的轮船上，为官员们（偶尔为男人们）提供新鲜的肉类。水手们可以自己带山羊上船，这些羊会在甲板上自由自在地走来走去，见到水手们忘记放好的面包袋就咬，这习惯让人很是恼火。[5]然而菜单上的火腿、土豆和（想必腌制过的）卷心菜，还有用来做"葡萄干布丁"的干果以及精选的酒水都是从船长的特别私藏里拿过来的。

　　到了18世纪末，伦敦在供应方面已经成为一个繁荣的欧洲贸易中心。住在乡间的贵族们派管家去城里取巧克力、咖啡和茶叶。首都的意大利商店专门做帕梅森干酪、佛罗伦萨橄榄油、意大利细面条和李子干。油商除了卖用来做黄油、台灯、油漆和肥皂的动物油与植物油外，还开始卖小零食，如橄榄、凤尾鱼和腌黄瓜。[6]在远航之前，船长们照例会储存香草口味和传统口味的醋，卡宴胡椒和香料，那不勒斯饼干和醋栗果酱。[7]这些都是经过精挑细选用来点缀一顿精致大餐的一部分。毫无疑问，安妮女士和她的同伴们吃肉的时候可以蘸番茄酱，配上来自乌尔姆斯顿商店的腌黄瓜。普通水手吃着不易消化的水果布丁（煮布丁）和利物浦饼干，里面掺着一点儿腌牛肉和"油渣"（厨子在煮肉时撇去的锅边油脂），他们一脸嫉妒地盯着船长们的餐桌。[8]

安妮·巴纳德女士描述，"爱德华·休斯爵士"号上装载的运往
孟加拉的巨型炮遇到大风大浪的时候如何使得轮船剧烈摇晃。这难
保乘客在船上餐厅吃饭的时候不遭遇类似情况。

　　英国占领荷属好望角殖民地不过是近一百年间转折和冲
突的结果。因为从1650年到1815年的大部分时间，英国不
是在和法国、西班牙打仗，就是在和荷兰打仗。双方都想减
弱对方在欧洲的商业力量，战争经常波及另一方的殖民地商业
和海外领土。[9]英国想要保卫其帝国的决心在"爱德华·休斯

爵士"号上表现得十分明显：船上装载的二百二十七门运往孟 ¹¹⁶
加拉的巨型炮在遇到风浪时会让船身摇晃剧烈。[10] 经过一次次
的战争，英国皇家海军的队伍在不断壮大。1650 年到 1740 年
间，它的在伍人数翻了一番，从二万人上升到了四万人。而且
在 1793 年到 1815 年英法战争最紧张的时候，它调集了超过
十四万七千名水兵，开着超过八百艘军舰驶入港口。[11]1808 年，
英国仅在波罗的海的舰队就需要九十六万磅面包，三万六千加
仑朗姆酒，六万块猪肉以及三万三千块牛肉。[12] 在世纪之交，
伦敦的肉市场每年额外屠宰一万到二万头牛，以给军舰供应新
鲜牛肉。在伦敦附近如雨后春笋般出现的养猪场，用大麦废料
和啤酒厂的麦芽喂猪。[13]

同都铎王朝海军促进了纽芬兰的捕鱼业的方式一样，18
世纪海军队伍的扩大同样促进了供应业的发展。当地供货商
发现自己很难满足无法预期的大宗需求，因此他们在海军船
坞那里设置了屠宰场、啤酒厂和面包房供给制。[14] 这里的巨大
需求促进了食品制作的革新，并产生了食品定量配给化。正如
纽芬兰商店里的腌鳕鱼被组织成一套重复的生产任务一样，海
军面包房给舰船烘焙的饼干也是如此。每一个炉子配一组面包
师傅。"揉面机"做生面团，而"切面师傅"成了一个人形机
器，不停按开关键让转轴上的支架揉一团面粉，这支架太重
了，无法人工操作。"制模师傅"然后把生面团做成饼干形状，
传给"压模师傅"，他们的任务是给饼干两边打上标记。"投
掷师傅"把饼干形状切下来，"烘焙师傅"然后把饼干放到炉
子里。[15] 这种劳动分工加快了加工过程，以至于每组每小时可

以生产一千五百磅饼干。[16] 十二台炉子全部开火，德特福德的
海军面包房每年可以为一万二千多人生产足够的饼干。[17] 然而，
战时需求有时太大，以至于还得额外雇请师傅连夜做饼干。有
时候，饼干出炉的速度还比不上打包并立刻送往等待出海的战
舰的速度。

海军最终转到爱尔兰获得补给。起初，17 世纪的《畜牧法
案》禁止英国进口爱尔兰商品，这让海军部无法购买爱尔兰便   117
宜的腌牛肉和黄油。但是当海军商店没货的时候，粮船可以去
爱尔兰买肉和黄油。1758 年之后的一系列法案重新开放贸易，
自那以后，爱尔兰成了海军的主要供应商。它出口的腌牛肉、
猪肉和黄油数量翻倍，而"爱尔兰小马"成了水手们对腌牛肉
的戏称。[18] 英裔爱尔兰地主如今占据了统治地位，他们跟随英
国人，继续醉心于改良土地。他们在地里建石灰窑生产肥料，
造了许多树篱，挖了很多壕沟。繁忙的港口周边的芒斯特草场
非常肥沃，它们被合并成牧牛场，用以饲养菜牛和奶牛。[19] 与
此同时，他们的爱尔兰佃户——靠土豆为生，很难扛过 19 世
纪的大饥荒——种植亚麻，做亚麻生意。至于做黄油剩下的酸
奶，他们用来养猪。这些猪要被售往纽芬兰，腌猪肉在那里最
为畅销。[20] 爱尔兰的科克是许多屠户、盐商、包装工、箍桶匠、
马车夫和搬运工的家乡，这个地方因为高效、高质量的包装工
作而闻名遐迩。来自瑞典哥德堡的货物送到这儿重新打包，然
后出口到西印度群岛，黑奴会被运到那儿。[21]

为了促进水手们的健康，他们的配给里增加了燕麦、糖、
腌圆白菜、柠檬汁、可可、干果、牛油和朗姆酒。[22]1754 年，

第一位随行外科医生詹姆斯·林德建议，速成汤可能会缓解败血症。把肉放水里煮上好几个小时，等肉化成酱，这汤就成了。汉娜·格拉塞在她那本于1747年出版的畅销烹饪书里，在专门讲为"舰船上的船长们"做饭的那个部分里提出，往豌豆汤里加一点儿速成汤会让汤更好喝。[23] 到1793年，伦敦的拉特克里夫汤店每年生产八百九十七吨汤，售给陆军和海军。船用杂货商替商人们把它加到售给海军的货物清单里，还为开始出现在伦敦各家报纸上的"速成汤是最好的"打广告。[24]

食品加工的革新不只限于海军供应商。1775年，约翰·伯吉斯在海滨商店的后厨里，开始把荷兰鲱鱼和凤尾鱼捣碎，而通常他会直接把它们装在桶里卖出去，然后把剩下的凤尾鱼肉酱装进陶罐里。他的第一罐鱼露让他的商店遐迩闻名，以至于拜伦在《贝珀》一诗中建议旅行者在国外冒险之前先去那儿光顾一下：

因此我恭敬地奉上

"鱼露里的神奇"，在它们

出海之前，

向他们的厨子，或妻子，或朋友要价，

步行或乘车去海边，全部买下

（或者提前出发，这些都做了，

无论如何不可能买不到）

番茄酱、大豆、辣椒醋，还有哈维酱，

或者由上帝造的啊！到了大斋戒你们可要好好饿一饿了。[25]

118

拜伦所说的"哈维酱"由伊丽莎白·拉兹比所生产，她是一个穷困的老板。18世纪90年代，她那开旅馆的哥哥彼得·哈维给了她一份鱼露食谱，认为这可以让她过得好一点儿。短短十年时间，鱼露卖得非常好，她甚至在萨瑟克区开了一家小工厂。那里弥漫着一股浓浓的调料味，还夹杂着刺鼻的醋味，飘浮在一间小小的食品作坊和酿醋厂的上空。[26] 自18世纪50年代以来，食品加工的进步与用糖和醋保存食物的方式让人们能够打破时空的束缚运输食品。如今，无论是住在离伦敦很远的村民，还是在欧洲旅行的游客，抑或是遥远岛屿上的殖民者，都很容易吃到达勒姆芥末、戈尔戈纳凤尾鱼以及约克郡火腿。

在18世纪，英国对殖民地的出口贸易是经济增长最快速的部分。北美吸收了它羊毛出口的大约三分之一，而西非用黑奴交换英国棉花和印花布，西印度群岛用充足的苏格兰和爱尔兰亚麻给在甘蔗种植园里辛苦劳作的黑奴们穿。殖民地的新社会进口了英国的制造品，大到农业用具、制糖的罐子，小到钟表、白镴盘和铜盆，以及在西非奴隶贸易主中很流行的罐子和啤酒杯。[27] 出口的供应物各式各样，数量因此也被忽视了。但是，它们在这场殖民地贸易里也起着非常重要的作用。美洲殖民者对英国奶酪、腌黄瓜和火腿的喜爱，如同他们对纽扣、钟表和指甲刀的喜爱。[28] 北美各家报纸开始为新到的一包包腌蘑菇和伦敦制造的果冻、酱料以及黄瓜打广告。[29] 在康涅狄格洋葱、费城面粉和卡罗来纳大米中间，食品杂货商比如位于新汉普郡朴次茅斯的格雷戈里·珀塞尔（Gregory Purcell），囤积了大量进口食品：爱尔兰"五月黄油"和腌猪肉，多切斯特啤酒，佛罗伦萨橄榄油，武夷山红茶和熙春茶，以及西印度群岛朗姆酒和橘饼。[30] 到了本世纪中叶，美洲殖民地每年进口价值一百三十万的英国货物。[31]

印度也是一个发展中的市场，吸收了不超过百分之十的英国出口货物，其中有"三文鱼罐头、龙虾、牡蛎、鲱鱼以及其他外国鱼类，火腿、驯鹿舌头、利口酒、干果，还有一长串的外国零食"。[32] 当一艘船抵达加尔各答港时，批发商们"急切地在商品最新鲜和最纯净的时候卖掉，通常还会发布一系列广告，广告上的吹嘘艺术达到了顶峰"。[33] 东印度公司船只上的军官们允许随船携带许多国内商品到东部港口城市。在一艘七百五十五吨的舰船上，他们腾出了九十吨的货物空间"随便装"，只要不是东印度公司的垄断品，他们可以放任何货物；公司的主要货物比如南京棉布、生丝、茶叶和瓷器，都是受限货物。这个体系确保了在亚洲港口的"欧洲商店"有足够的货源来囤积帽子、缝纫用品、香水和供应的食品。[34] 大部分情况下，军官们百分百能从这些投资中获利。在 18 世纪 70 年代，据回忆录作家和花花公子威廉·希基说，奶酪和火腿本来在伦敦每磅卖一先令，但是在加尔各答卖到十二先令六便士。[35] 但有时候，计划赶不上变化。1769 年 5 月，东印度公司的军官们在开往马德拉斯的战舰甲板上就遭遇了这种不幸的情况：所有船只都在十天之内抵达了，他们都随船带了玻璃器皿，因为去年这种商品在那个地方非常畅销，但最终他们被迫以百分之六十的折扣卖掉了所有货物。[36]

殖民地的需求是促进英国供应业发展的动力之一。虽然在 18 世纪大部分时间，食品加工主要是小型的，在后厨生产的大部分是黄瓜、火腿、面团和果酱、黄油和腌牛百叶。供应业促进了繁忙的工坊和小型工厂的产生，它们给食品打包。手艺人制作大桶、小桶、酒桶和腌肉用的工具，其他人编织装腌制品的篮子、做装胡椒料包的帆布、奶酪包装以及用来装一袋袋面粉和饼干的粗麻布。人们需要用陶锅和陶罐装豆子、油和醋，用方形玻璃瓶来装芥末和调料。[37] 英国海关喜欢成桶进口的红酒和白酒，这避免了容易藏起来的瓶装走私酒。这些酒接着要在英国装瓶，然后在国内销售，或者运往海外。结果刺激了制作瓶子的产业迅速兴起。[38] 因此，供应业是 18 世纪英国人勤勉精神的集中体现。

120

大英帝国的供应品贸易带来了新的产品。印度淡啤酒开始向爱喝酒的殖民者供应。传统上，英国地主阶级在 10 月会酿造啤酒花，然后生产苦啤酒，即著名的"库存烈啤酒"（stock beer）。它的保质期长达好几个月，因此整个冬天都可以保存。正因为如此，人们认为它是最适合运往殖民地的啤酒，因为它在长途旅行中保存得最好。一家小的"船首"啤酒厂就在泰晤士河上游，东印度公司在布莱克沃尔的码头。东印度公司的船长们很喜欢喝这家的啤酒，因为它的老板乔治·霍奇森为他们提供了十八个月的赊购。实际上，去印度的旅途长达四到五个月，人们发现这为霍奇森的"库存烈啤酒"带来了有益的影响。[39] 船会先驶向大西洋上那些酿造葡萄酒的岛屿，然后来到里约热内卢，在那里，信风会将船从南大西洋吹往开普敦，接着再到印度；船在航行时产生的摇晃以及航程中逐渐提高的温度，最终给啤酒带来一种浓郁醇厚的口感；若是放在英国的酒窖中，形成这样的口感，往往要花费数年的时间。

18世纪80年代，乔治·霍奇森的儿子马克（Mark）通过用淡麦芽和啤酒花完善了啤酒的酿造工艺，使两者都更耐储藏。最后一步是把啤酒花加到桶里的啤酒中，这有助于让啤酒变得稳定，这样才能经受住船上的颠簸。[40]喝冰啤酒对于英国人而言还比较奇怪，但是在印度的东印度公司的官员们大胆采用硝石冰镇淡啤酒的做法，让啤酒变得更"冻"人心脾了。[41]霍奇森已然成了印度的英式生活的标杆人物。记录伦敦街生活历史的亨利·梅休回忆起自己1825年第一次到印度的时候，作为海军在肉类市场的"见习生"……在加尔各答，人们吃正餐或便饭的时候不喝别的，只喝霍奇森的淡啤酒——因为当时没有其他啤酒与之竞争。[42]这已经成了东印度公司文化的一部分，以至于有人称呼这款啤酒的名字时如果没有省略"奇"这个音，就表明他刚刚来印度。[43]

殖民地市场的竞争导致食品行业在产品质量方面更加精进，明确市场策略并引进新发明的技术。在19世纪20年代，霍奇森商店与印度的巴斯和塞缪尔·奥尔索普（Samuel Allsopp）家族的商店合并，后者的淡啤酒很受欢迎，因为特伦特河畔的伯顿镇的水质很硬，特别适合酿造一种干燥而解渴的烈性啤酒。虽然他们没能在公众心里取代霍奇森啤酒的标杆地位成为"那种"印度淡啤酒，但是这些公司最终还是取得了更大的市场份额。巴斯和奥尔索普也在国内市场运用了他们在印度学到的经验，收效良好。霍奇森啤酒绕过曾经向印度供货的、作为中间人的轮船官员们，直接把啤酒卖给港口城镇的代理商店。同样，伯顿镇啤酒商们则绕过了代理商店。它们在英国是啤酒厂和顾客之间的中间人，一切全指望老板。他们就地给淡啤酒装瓶，根据运输渠道分配，然后运往全国的商店。如果说霍奇森啤酒在英国打广告是将目标对准传统的印度消费者，那么巴斯和奥尔索普则认为他们的潜在顾客是地位不断上升的下层中产阶级，比如商店老板和书记员这些人，他们急于寻找一种和劳动阶级区别开来的啤酒。他们改变了英国的啤酒贸易，并把伯顿改造成了英国第一个啤酒镇。[44]1865 年，当梅休旅游的时候，他生动地描述了"啤酒酿造厂"高耸入云的烟囱，"如今就像一些土耳其城市里清真寺的叫拜塔那样密集如云"。[45]他写到，以霍奇森的酿酒厂已经倒闭很久了，伯顿啤酒厂已然成为"巨贾"，连同巴斯公司，给"政府支付每天多达五百英镑的消费税"。[46]

发现商机，然后改进，并提高产品质量以适应市场，这种情形在马德拉红酒厂同样上演。马德拉的红酒生产商与出口商，和全世界的殖民地老板与消费者都进行了对话，并最终把平庸的普通餐酒变成了席卷整个帝国的昂贵烈性红酒。马德拉的策略是盯准英国、北美和印度之间的航线，也就是说，船只会停靠在那里并装上一些当地酒。同淡啤酒一样，人们发现烈酒通过温度变化和长途旅行的晃动，口感会提升许多。在英国，经销商发现他们一瓶在西印度群岛附近经过长途旅行的马德拉红酒可以卖到十镑或十二镑，其价格高于直接运到英国的。如果往里面加入白兰地，味道会更好。红酒厂家从各个市

场获得了反馈并给出回应。最终他们建造了一台特殊的蒸汽带
动的机器，模仿海上长途旅行的温度和晃动。他们根据东印度 122
公司和美国殖民地海关的要求制造了长短不一的运输红酒的管
子。因此马德拉酒在每一个市场都成了一种与众不同的酒。色
深、味甜的红酒是为西印度群岛的蔗糖巨头生产的，烈性、色
浅的马德拉干白是为南卡罗来纳的稻谷种植园主们生产的。酒
商能满足顾客对任何一种味道的需要。餐桌上没有马德拉酒的
殖民地餐食是不完整的。[47]

这种交换和适应过程是大英帝国的特点。在组织运输或售
卖成箱的供应品时，代写书信的人分享了世界各地以及国内发
生的新闻。信任在巨大的距离之间被建立起来。家族关系、婚
姻关系和合同带来了安全感，交流和谈判过程中产生的经济诚
信与道德正直同样给人这种感觉。供应贸易在这个"竞争激
烈、联系紧密且深入帝国内部"的商业世界成了一个重要的组
成部分。[48]

供应品有两种交换方式。成桶的布里斯托尔牛百叶、成罐
的腌制品以及哈维酱，一瓶瓶醋和一管管马德拉的酒都有各自
的方法抵达殖民地。殖民地居民为这些外国货品分门别类，有
的送回家自己用，有的作为礼物送给亲戚朋友。1679 年，亨
利·德拉克斯（Henry Drax）写了一份详细的报告给工头，讲
述他如何亲自管理从父亲詹姆斯那里继承来的甘蔗种植园（在

第四章有理查德·利贡对他家铺张的牛肉的描述）。在附录部分，他告诉工头：

> 每年我会让人用上好的桶装上二百磅腌好的嫩姜运回家。把所有能找到的柠檬皮放在上好的白兰地里，然后运往英国；还有两桶上等的巨大山药，两桶最大最好的芋头，两桶最大的土豆干……还有所有能找到的橘子花，都被放在蒸馏水里。每年运一桶十加仑的牙买加胡椒，用上等的醋腌好，还有五十磅蒸熟并晒干的秋葵，以及一箱中国橘、一箱甜柠檬和一些柚子。[49]

显然，德拉克斯想要在英国复制西印度群岛那种多元饮食，而后者深受黑奴烹饪的影响。黑奴把山药从非洲引进到蔗糖岛，而芋头来自亚洲，可能是由葡萄牙人从中国或日本带到加勒比群岛的。黑奴用腌鱼、青椒和芋头（"与粗糙不平的土豆没什么两样"），一起做"一锅美味的汤"，黑人和白人都爱吃。[50] 毫无疑问，德拉克斯想要用他的"最大最好的芋头"做同一道菜。

1765 年，牙买加最重要的地主之一西蒙·泰勒，接手掌管了金果园种植园。因为该种植园的业主查洛·阿科德克纳（Chaloner Arcedekne）住在萨福克，不在本地。泰勒定期通过不同的船给阿科德克纳送乌龟和一管管马德拉酒。[51] 一般情况下，如果主人想要给客人留下深刻印象，他就会给客人吃野鹿肉。吃野鹿肉，庆祝的是已经形成的社会秩序：权力和地位来自土地，这让贵族能独享野鹿。在18世纪下半叶，商人开始庆祝自己与有甲鱼餐的贸易世界产生了联系。[52]

这些都是令人愉快的事情，因为有些乌龟重达五百磅，可以做成五道不同的菜。第一道用乌龟鳍；第二道用龟脊肉和龟壳上的胶质；第三道用黄色的胶质肚皮，即众所周知的龟肚肉；其余的肉用来做焖肉和汤。虽然乌龟肉闻起来有点儿麝香味，但美食家们却怒吼道，它有黄油一般的浓稠口感，而且龟脊肉和龟肚肉吃起来如同骨髓。[53]也只有在18世纪70年代，到西印度群岛旅游的时候，雅内·肖才吃到乌龟。她在旅行日记里写道："这是一种绿色的肥肉，不是以前那种让我嘴馋的肉，它吃起来更硬，味道也更复杂，很难描述。一个吃过好东西的议员，若要区别出这种肉和市里的其他肉之间的差异，那他便需要单独出一次海。而且，我想在他离开餐桌之前，他还会到另一个世界走一遭。"[54]

肖提及了一个事实，即伦敦市为市议会的议员们准备的宴会上照例会有乌龟。实际上，乌龟晚餐在科学、赌博和男性餐饮俱乐部里十分火爆，有些人甚至还担心乌龟肉会取代烤牛肉，成为正宗、地道的英国饮食的象征。[55]这表明大英帝国深深地植根于英国文化，以至于人们会认为，一顿以外国异域动物为主菜的大餐成了英国文化的象征。[56]

英国人对大英帝国的自豪感不断上升，我们可以通过当时的烹饪手册管窥一豹。自18世纪中叶以来，"东方的"和"殖民地"食谱上升始出现"新英格兰风格的燕麦布丁""卡罗来纳大米布丁"和"中国饮品"。[57]烹饪手册上的昂贵佳肴里开始出现乌龟肉。这种肉最好趁新鲜时吃，因此这种可怜的生物是被放在水桶里面运来的。在《女士完全指南或烹饪大全》里，玛丽·科尔给出了可怕的指南。她告诉读者如何把乌龟从水桶里拿出，然后砍掉它的头，放血，切块。她给出了一份食谱，如何用马德拉酒、三叶草、肉豆蔻、肉豆蔻衣以及卡宴椒做出一道"西印度风味"的乌龟肉。对于那些无法买到乌龟的人，她还有一份假乌龟汤食谱，可以用小牛的头替代乌龟。[58]因此这道异国菜被纳入了英国厨房的保留菜品，被改造成一种精心制作的内脏汤。

如何做一道素甲鱼

取一个你能搞到的最大的小牛头，带皮，放进滚水里，直到牛毛脱落，清理干净，用温水洗净，煮四十五分钟。接着取出牛头，把牛脸撕裂，连皮带肉一起切下来，把骨头清理得越干净越好，当心不要把耳朵切下来。放在平盘里，往耳朵里塞碎肉，用布包紧。取出眼珠，把所有从骨头上切下的肉放进炒锅里，还有另一个牛头最好最肥的部位，不带皮，同样煮四十五分钟，倒三夸脱小牛肉汤。把牛皮放在摆入平盘的肉上面，肉侧放，把盘子盖紧，中火炖一小时；接着往里放三块甜面包，炸至微黄，一盘司羊肚菌，一盘司松露，五个洋蓟根煮熟，一条凤尾鱼去骨并切小片，一茶匙辣椒，盐少许，半个柠檬，三品脱马德拉酒，两茶匙蘑菇酱，一个咸柠，半品脱蘑菇。再慢炖半小时，加面粉和黄油，让它更浓稠。把准备好的四个蛋黄煮熟，两个牛脑煮熟；切牛脑，肉豆蔻大小，多做点儿碎肉，铺在取自小的网膜牛腿上，卷起来，用布包着煮一小时。煮熟后，切碎装盘，把头摆上去，皮侧放，把最大的一块肉放在耳朵之间，让耳朵的顶部绕着它转一圈（这叫乌龟的王冠）。把其他碎肉片放在另一只耳朵的尖端，在牛脸上放一些松露、羊肚菌、牛脑、蘑菇、鸡蛋和洋蓟根，摆成圆形；淋上滚烫的肉汤。尽快吃，否则很快就会变凉。[59]

回锅羊肉

冷的烤羊腿或烤羊肩，切片，去皮，然后盛盘；大洋葱切丁，用去了杂质的黄油煎，加一茶匙香菜碎叶。当颜色微黄时，加一大汤匙"皇后"咖喱酱，半品脱啤酒或肉汤，一汤匙"皇后"勒克瑙酸辣酱；煮开，加一点儿面粉和黄油，让汤汁变浓稠，黏在一起，加羊肉片，再次煮开，配上一碗熟米饭或土豆泥。咖喱粉可以用面糊代替，如果想要做出理想中的味道，那么面糊是最佳选择。[60]

这是英国人把外国食物融入厨房的典型做法，而且在他们　126
对待异国菜的表现中可以看出他们真的制作了本土的咖喱。早
些时候，厨子们做咖喱还谨遵印度做法，在烹饪过程的不同阶
段加特别新鲜的刚磨好的香料。J. 斯基特（J.Skeat）甚至试图
重新创造一种特别的配菜，他建议把长条黄瓜用小火烤，然后
再用熟咖喱炖。[61] 但是久而久之，英国厨子们开始走捷径用预
备好的混合调料，这样最终失去了印度烹饪里的丰富性和多样
性。英国咖喱似乎是根据标准方法做的，首先用黄油煎洋葱，
接着加混合调料，然后小火慢慢炖肉，成就一道辣炖菜。英国
厨子们还有一种不太好的倾向，他们喜欢把咖喱视为一种料理
剩菜的方法。夏洛特·梅森告诉她的烹饪手册的读者们，预先
准备好的混合调料可以改变冷肉的味道，增加"一种普遍接受
的多样性，而不是总回锅"。[62] 当她思考一种"带着黄姜和辣
椒味道的回锅味道"时，一位到英国旅行的印度游客的一句抱
怨道："我们的酸辣酱和甜黄瓜哪儿去了——赫赫有名的勒克
瑙杰作哪儿去了！"[63]

连同乌龟一起，英国人把咖喱变成了经济实惠、方便快捷
的一道菜。据一位烹饪作家说，"一顿没有咖喱的饭是不完整
的，如今人们对此已习以为常"。[64] 他们挪用了印度菜，让它
变成了自己的。当英国烹饪把殖民地菜吸纳进来时，它正处于
最冒险、最有意思和最有革新性的状态。威廉明娜和斯蒂芬
娜·马尔科姆（Stephana Malcolm）在以前记食谱的日记本里
提到，在丹佛利郡，像"咖喱肉汤"这种异国菜和印度腌黄
瓜，女孩子的哥哥们会从大英帝国不同的地方买来送给她们。

这些菜比告诉人们如何做黄温莎汤的无聊食谱更出众。[65]

　　大英帝国为英国烹饪做出的积极贡献，表现了它给英国经济带来的更大的贡献。到了18世纪末，运输容易变质的食品、喝来自远方的酒似乎已变得非常平常。[66]机灵而勤勉的制造商认真听取顾客的意见，然后根据他们的品位改进产品，由此产生了一系列现成食品和精良的酒品。这意味着，富有的旅行者和殖民者可以用薄脆饼干取代硬饼干，用火腿取代腌肉，用精酿淡啤酒和烈酒取代啤酒。食品的商标开始与食品的特别产地联系在一起——约克郡的火腿、布里斯托尔的牛百叶和佛罗伦萨的橄榄油——这赋予了它们一种真实感和质量保证。[67]人们发现，竞争激烈的市场和广告取得了成效，生产商和经销商喜欢这样做，他们非常积极。[68]在所有这些方法中，殖民地的供应贸易为工业化的食品工业奠定了基础。

　　英国工业革命的根源可以追溯到纺织业在整个18世纪经历的迅速发展的技术革命，从珍妮纺纱机开始，到引进机械纺纱机。但是正在发展的供应业对工业化做了巨大贡献，而工业化是工业革命的前兆。实际上，可能是食品加工而非纺织机激发了威廉·布莱克的灵感，他在《耶路撒冷》一诗中写下了"黑暗如魔鬼般的工厂"这句。泰晤士河东南岸靠近黑衣修士桥的地方，离布莱克生活的地方很近，那里有阿尔比恩面粉厂。它建于1786年，这是英国第一家采用蒸汽动力的面粉厂，里面配备了马修·博尔顿和詹姆斯·瓦特设计的机器，他们是工业革命的设计师。那些小的独立磨坊主把工厂关了，指责它"像魔鬼一样"。[69]

*In which Sons of Liberty drink rum punch
at the Golden Ball Tavern, Merchants Row,
Boston (a cold evening in January 1769)*

How rum brought the American colonies together and
split Britain's First Empire apart

第十章

乡村酒馆

朗姆酒是如何把美洲殖民地
团结起来并分裂大不列颠第一帝国的

自由之子*们在波士顿商会全球酒馆畅饮朗姆潘趣酒
（1769 年 1 月某个寒冷的夜晚）

"愿荣耀之光照耀自由之子！"[1]纳撒尼尔·巴布（Nathaniel Barber）举着酒杯喊道。他的同伴们纷纷举杯与他共饮。约翰·马斯顿又用长勺舀了很多朗姆潘趣酒。"敬全世界真正的爱国者！"他也喊起来，同伴们再次举起酒杯。[2]敬一个其他同伴不想举杯的酒，显得十分没有教养。[3]1769 年 1 月的某个寒冷的夜晚，十五个人聚集在波士顿小酒馆的餐桌旁边，他们

---

* 美国独立革命期间为反抗英国统治而建立的秘密组织，由约翰·亚当斯的堂兄塞缪尔·亚当斯创建，曾经发动了波士顿倾茶事件，俗称波士顿茶党。成员还包括约翰·汉考克、帕特里克·亨利等美国的奠基者。

敬的这些酒加强了彼此之间的政治关系。[4] 他们自诩为自由之
子，准备抵制英国王室在他们的殖民地上强行征税。[5]1765 年，
囊中羞涩的英国宗主试图通过颁布《印花税法》来增加美洲殖
民地的税收。一群纽约的激进分子最先开始称呼自己为自由之
子。这群纽约人号召其他人组织类似的反对组织，不久之后，
十三个殖民地有成百上千人自称自由之子。[6]

　　这十五个人在 1 月的那天晚上聚集在约翰·马斯顿的小酒
馆，这个地方非常适合集会，因为它坐落在一条小道上，离镇
上最繁忙的大街不远。它在本杰明·科布的酿酒厂和他在长码
头二十二号的住宅之间，商人威廉·麦凯（William Mackay）
因做生意去码头的时候经常路过这里。朋友之间经常在这家小
酒馆碰面，聊天，谈论新闻，读报纸或最新的政治小册子，有
时还从马斯顿藏书丰富的图书室里拿一本书仔细阅读。书架
上有《北不列颠人》全集（辉格党人约翰·威尔克斯发表的期
刊），还有艾迪生和斯蒂尔的《观察家》全八期。他们公开宣
称，本刊旨在通过英国咖啡馆促进民众的讨论。实际上，这些
友人有时会喝咖啡，但是像马斯顿的大部分顾客一样，他们偏
爱口味强烈的饮料。他们经常喝的是朗姆潘趣酒。

　　那天晚上，他们觥筹交错，推杯换盏，尽情喝着从这个集
会群体们引以为豪的上等银制酒盆里舀出来的潘趣酒。这个银
制酒盆是巴布从保险公司的办公室带来酒馆的，平常放在办公室
保险一点儿。[7]这十五个人的名字刻在酒盆边上，但是另一个铭
文表明，这个容器是为了庆祝"光荣的九十二士"打造的。[8]马
萨诸塞集会有九十二名成员，他们投票表决不撤回几个月前那

130

封信，那封信是质问如果他们在议会里没有代表，也因此无法反对那些政策，那么英国王室是否有权向美洲殖民地征税。[9]

围在潘趣酒旁边的这些人是典型的自由之子。他们中至少有五位曾经在军队里当过上尉。爱尔兰上尉丹尼尔·马尔科姆从事红酒进口生意，而伊卡博德·琼斯（Ichabod Jones）是做供应品生意的。当时的文件提及约翰·怀特和威廉·麦凯都是绅士，而且可能是商人。[10] 这些人的生计与其说是依靠帝国关系，不如说是依赖殖民地间的贸易网络。这意味着，他们更多的是维护了美洲经济的实力，而非拯救了英国大都会正在减少的财富。另一个，卡莱布·霍普金斯是名共济会成员。本杰明·埃兹，波士顿最有影响的自由之子中的一个，是《波士顿公报》的出版商。他另外两个表亲：丹尼尔·帕克，是一位银匠；约翰·威尔士，是一个五金商人。[11] 这两位没有什么经济上的理由支持大英帝国的体制，因为这体制赋予了殖民地以消费英国制造品的作用而非让他们生产自己的商品。正是这些来自十三个北美殖民地的人，聚集在酒馆里，喝着朗姆酒，煽动持异议者，直到 1776 年美国独立。

1679 年，亨利·德拉克斯（Henry Drax）去英国旅行。在他离开巴巴多斯甘蔗种植园之前，他给工头留了指示，提醒工头要确保"如果（蒸馏工人）缺勤或睡觉，务必要把蒸馏房的大门锁紧，把钥匙揣在兜里"。[12] 德拉克斯不想让黑奴偷走朗 131

姆酒，他知道如果一旦机会来了，他们就会用水管偷朗姆酒卖给布里奇顿小酒馆的老板。当他的父亲在餐桌上喝朗姆酒的时候，亨利·德拉克斯就知道这种酒更适合给黑奴喝，好让他们抵御巴巴多斯长年的潮湿。在他的指示里，他明确要求工头，雨天时务必让黑奴们早上喝点儿酒，"其他时间你看着办"。[13] 虽然德拉克斯自己更喜欢红酒和马德拉酒，但他略带满意地提及，蒸馏房"成本很低，利润却十分优厚"。[14] 实际上，这位种植园主最初只是把蒸馏过的朗姆酒当作生产蔗糖之外的副业。到1700年为止，他们每年生产六十万加仑的朗姆酒，占巴巴多斯出口总额的百分之十九。[15]

　　一般聚会宴饮上更常见的酒类是朗姆潘趣酒，它混合了朗姆酒、水、酸橙汁、糖，再在上面撒点儿肉豆蔻碎。它口感浓烈，底下铺了一层糖，这很不健康。由于酒很便宜，仆人们或其他穷人很容易就喝醉了，当他们从主人的种植园回家时，他们很快就能入睡，有时还会在回家的路上摔下马来。[16]

英国商人首次把朗姆酒从加勒比本土酒转变为全球贸易

的商品。连法国和西班牙也看出，这是国内酒类的强大竞争
对手，并宣布生产这种酒或者将之引入国内港口是不合法的。 132
但是英国人发现这种酒很受黑奴贸易者的欢迎，而且这也是
一种极好的货物，可以让爱尔兰供应船带回新世界。《航海法
案》明确规定，连运往爱尔兰的糖都要先经过英国海关。但
是在 18 世纪 30 年代，朗姆酒的禁令取消了，之前空船回国
的船只都要带上数十万加仑的酒回到爱尔兰南部港口。大量
便宜的朗姆酒涌入爱尔兰农民消费市场，尤其是在靠近南部
港口的内陆贸易区，那里还没有流行喝威士忌。到 18 世纪 60
年代，爱尔兰人喝的朗姆酒比英国人多两倍还不止。直到 18
世纪 80 年代，威士忌才一跃而起占据首位，爱尔兰人最爱的
朗姆酒排行第二。[17]

　　在美洲，大陆殖民地是那里最有利的消费区。在 17 世纪
70 年代，他们开始自己做酒。塞勒姆的约翰·特纳尚未成为美
洲制酒业的先驱。萨福克鞋匠的儿子们是温斯罗普所组织的大
移民中的一分子，来到新英格兰后，约翰和他的兄弟哈巴谷建
立了殖民地之间的海上贸易。他们把新英格兰的鱼类、木材、
鹅卵石和常规物资带到西印度群岛，交换他们的蔗糖、朗姆酒
和糖浆。他的一个亲戚在巴巴多斯有一个甘蔗种植园，可能就
是通过这层关系，约翰·特纳才掌握了如何自己蒸馏酒精的知
识。虽然他们制造的朗姆酒似乎有点儿粗糙，但是制酒帮助他
获得了财富和尊重。在整个 17 世纪 70 年代，他都担任萨勒姆
镇的议员，而且他在自家商店对街建造了一所漂亮的房子。[18]
如果他一百年后还活着，他一定会加入自由之子。

在美国独立战争前夕，美洲殖民地一共有一百四十家朗姆蒸馏厂，集中在马萨诸塞附近，这是西印度群岛贸易的中心。美国黑奴贸易者发现这个商品非常有用，因为他们发现已经没别的商品可以在西非交换黑奴了。[19] 美洲朗姆酒、西非黑奴和西印度群岛糖浆形成了三角贸易。但是美国酿造的朗姆酒只有不到百分之十进入国际市场：味道不够醇厚，无法匹敌西印度群岛的产品。[20] 它真正的经济重要性体现在促进了十三个美洲殖民地之间的贸易。

直到 17 世纪 20 年代，不同的殖民地之间贸易才开始活络起来。但是当马萨诸塞开始生产朗姆酒的时候，它发现纽芬兰、新斯科舍、魁北克、爱德华王子岛、纽约、马里兰、弗吉尼亚、卡罗来纳和佐治亚有许多急切的卖家。新英格兰的朗姆酒成了美国渔民、木材工人、洗衣妇、农民以及工人的选择。正如甘蔗种植园主给黑奴喝朗姆酒抵御潮湿天气一样，美洲劳动者通过喝酒来增强体质。[21] 因为是用糖做的，朗姆酒是热量最高的酒精之一，而且很便宜，人们乐于喝它来给自己注入能量。实际上，美洲的工人喝朗姆酒和英国劳动者嗜好加糖的茶有类似之处。[22] 这也许能解释二者之间的区别，英国人每年消费蒸馏酒的量是平均每人仅有零点六加仑，而在十三个殖民地里，尚饮的美洲人每人每年足足消费四加仑的朗姆酒。[23]

同英国上层担心全民喝茶一样，新英格兰的清教徒上层们也因为便宜的本地朗姆酒让工人们经常喝酒寻乐而焦虑不已。如果社会的贫困阶层只能喝本地酿造的酒，那么他们的饮酒习惯就不会影响美国的贸易平衡。但是制造朗姆酒的糖浆必须得用硬通货购买，或者用货物交换。为了满足大众对进口奢侈品的需求，美洲殖民地得花多少钱啊？评论员在报纸上表达了担忧之心。对于有些人而言，工人对朗姆酒的渴望让人想起了罗马的衰亡，那时大众已经失去了善良质朴的品质，而深受罪恶和铺张浪费之害。清教徒首领发出警告说，新英格兰应该严格管控，以防止人们把钱浪费在追求进口的低廉商品和酒精上。但是当局却不情愿过多限制朗姆酒贸易，因为朗姆酒给他们带来了非常可观的税收。[24] 讽刺的是，一个建立在反对浪费的基础上的殖民地，已然成为新世界朗姆酒的生产中心。

实际上，美洲人饮酒习惯的商业化有利于加强内部贸易联系。传统上，乡村为城镇提供啤酒和苹果酒，如今成桶的朗姆酒和白兰地以及其他食品却反而被运回乡村。[25] 南部殖民地开 134
始进口北方生产的印第安玉米、小麦以及朗姆酒，并且向北方出口大米、柠檬、乌龟和山药。新英格兰开始依赖中部殖民地的面粉和谷物。而且，美国人改进了地方特产的味道，纽约州出产上等牛肉，北卡罗来纳出产上等猪肉，费城出产上等鹿肉。随着这十三个殖民地形成联合网，18世纪的美洲人成为全球营养最好、身材最高大的人就毫不令人惊讶了。[26]

小酒馆位于当地社区的中心。1744年，威廉·布莱克到费 135
城旅游时发现，人们可以"在当地小酒馆了解到的地方建制、他们的贸易和生活方式，比我在城里到处乱逛一个星期所了解的还要多"。[27] 波士顿牧师本杰明·沃兹沃思抱怨说，要想做成一笔生意或谈成一笔款子，就得去小酒馆"灌一杯烈酒"，这

注意这个北美乡村酒馆后面那一排小桶朗姆酒。

很常见。[28] 军人们在酒馆集合，喝上一杯酒才做晨练。地方法院听证会经常在酒馆里的包厢里进行，许多证人在等待传唤时，公然违反明确规定每人每次只能喝半品脱酒的"1645年法案"。[29] 在开庭日，当地的群众都会聚在酒馆里讨论时事新闻和八卦消息。

　　约翰·亚当斯，一名自命不凡的哈佛毕业生，即将成为美国第二任总统。他感叹自己为了赢得选举，不得不去"小酒馆里和人们混在一起"。[30] 实际上，他带着一股怨气说道，酒馆老板非常适合当公务员，因为他们成天和他们的潜在选民在一起喝小酒。[31] 酒馆通常也是选票站，这有利于向选民免费派发酒水。他们的大多数老主顾都有权投票，因为美国允许发展自己的私有财产，这极大地扩大了特许经营权。[32]

酒馆是人们获得新闻的场所。德国外科医生约翰·大卫·舒普夫（John David Schoepf）抱怨陌生人不断地问他问题，而丹尼尔·费希尔讲述了，当一个乡村酒馆的老板知道他来自"大都会（议会所在之地）"时是如何盘问他的。这人非常"渴望知道新闻"，但是当"我回答了他的所有审问，而且当他已经知道了从我这里想要获取的知识……他就立刻消失无踪了"。[33] 小酒馆也是人们将自己的听闻转化成观点的地方。那里有报纸和最新的政治小册子。在这里，志同道合的人们组织结社，围着一盆朗姆酒，面对面辩论。他们常常高谈阔论并谈论八卦——和自由之子在 1769 年做的事情一样。一位"艾米·普吕当夫人"（Mrs Amy Prudent）对《美利坚信使周报》说，南方俱乐部成员们——她丈夫是其中一名成员——"聚在一盆新鲜柠檬水边"，他们会比"聚在一杯茶旁边"的妻子们更能说。[34] 一个到安纳波利斯旅游的法国人很喜欢"我的酒馆里有一大群令人愉快的人。我们不干别的，就是吃吃喝喝，谈论国王的身体和弗吉尼亚议会，然后对《印花税法》破口大骂。大部分人都是为了喝酒，我们很少有清醒着上床睡觉的"。[35]

1692 年，马萨诸塞自治殖民地已经成了皇家殖民地。皇家指派的州长和一群国王任命的官员管理当选的殖民地议员。皇室干涉这个殖民地的独立激起了一股怨愤之情，因为国外的州长会照顾自己人，任命他们为司法部的官员，有时还会否决立法方案和议会的决定。在 18 世纪，酒馆成了公共集会场所，人们在这里表达对这种管理制度的不满。在这里，朗姆酒和社交活动使人们日益认识到，殖民者属于一个有着自身利益和政治诉求的美洲社会。[36]

137

英国辉格党政治家们在马萨诸塞州找到了可以倾听的观众，就像十五名聚在约翰·马斯顿酒馆的自由之子一样。辉格党表示，公众有批评和监督政府行政的权利，并且呼吁要审查滥用职权的情况。他们维护宪政，反对那些肆意收贿受贿并肆意使用养老金和办公室的国王的内阁大臣们。1763 年，约翰·威尔克斯在《北不列颠人》杂志的第四十五期中，甚至攻击了国王乔治三世，认为他威胁到了英国《大宪章》和拥有五百年历史的代议制政府。[37]辉格党的这番话引起了当初作为"自觉取代英国腐败"而建立的殖民地的共鸣，因为旧世界的腐败政治如今也同样强加于此。[38]当皇家官员们被视为腐败而自私的时候，当选的马萨诸塞议员起到了"维护公众利益"的作用。[39]镌刻在自由之子的银碗上的是英国《大宪章》和《权利法案》，两侧各有旗帜和自由帽，正中间刻着"第四十五个威尔克斯和自由"。[40]

1733 年，英国引进了《蔗糖法案》，强行对从大英帝国以外的地方进口的糖浆征税，每加仑收六英镑。这是为了不让美国蒸馏厂从法国蔗糖岛取得糖浆，那里缺少他们自己的朗姆酒工厂。他们的糖浆以每加仑四英镑的低价售罄，以低于巴巴多斯的糖浆价格取胜，后者的价格介于九英镑和十英镑之间。这条法案是西印度群岛种植园主施压的结果，他们成立了强大的游说团。他们认为和国外进行糖浆贸易有损本国利益。实际上，他们所反对的是法国糖浆供应商让新英格兰人独立于英国种植园主之外，并因此让他们能够多消费一点儿蔗糖岛的货物。所有十三个殖民地的人们对于这种把一个殖民地的利益置于另一个之上的无耻法案感到非常愤慨。但是，这条法案除了引发愤慨之外，没有引起别的反应，因为这个政策行不通。新英格兰的酒商躲开了英国人的检查，走私法国糖浆。他们通常贿赂海关官员，让他们假装没看见。[41]

　　但是在 1764 年，英国修改法案条款，这一次激起了美国人民的暴怒。在七年战争期间，许多新英格兰商人和法国人进行着半地下式的贸易，这使得美洲人在伦敦的名声很不好。虽然法国在战争期间已经被赶出美洲领土，但是美洲本土民众日益增长的敌意导致了一大群英国士兵驻扎在殖民地，还有二十六艘舰船以及三千名士兵在近海严阵以待。因为打仗花了很多钱，内阁大臣乔治·格伦维尔决定让不忠诚的美洲人为这场花费巨大的战争买一部分单。[42]1764 年，《食糖条例》把非英国糖浆的税收减到了每加仑三英镑，而与此同时，它又宣布实行强制征税。这把本来的无效禁令变成了征税实政。[43]1767 年，财政大臣查尔斯·汤森想通过税法增加政府的收入，对进口的纸张、油漆、玻璃和茶叶征税，这让情况变得更加糟糕。这部法案重复明确，如果英国海关怀疑这批货物是走私的且没有上缴税收，他们有权使用书面命令（类似于英国的普通许可令）搜查货物。[44]

对于那些名字刻在银制潘趣酒碗上的人来说，税收争议不仅仅是理论上的。下方刻的"第四十五个威尔克斯和自由"代表了缺少的"普通许可令"。[45] 撕毁这类文件不仅仅是象征意义上的。这群人里至少有一个人，丹尼尔·马尔科姆上尉，他与英国海关官员发生了暴力冲突。9 月 24 日，有人送了一张书面命令到海关代理官员威廉·谢夫（William Sheafe）的家，授权他去搜查马尔科姆家。谢夫收到一封匿名信，说马尔科姆在地下室私藏红酒，而且没有上缴关税。信上说得没错，马尔科姆经常从纵帆船那里走私红酒，这些船停靠在海关官员看不见的地方。但是这位头脑发热的爱尔兰人，一只手拿着枪，另一只手拿剑，不让谢夫进门；如果他强行进门的话，还威胁要"打烂他的脑袋"。谢夫当天又回来了，带着法官的一纸搜查令，却还是受到了这般待遇，只见有二百个男人和年轻小伙围着这个房子。他们告诉他，他们不会让他搜查地下室的，除非他讲出告密者的名字。直到律师和法官出面才打破这个 139 僵局。让这位海关官员愤怒的是，法官否认了这份书面通知的合法性，认为这在美洲殖民地无效，于是就撤诉了。[46]

马尔科姆上尉死于 1769 年 10 月，享年四十四岁。他的纪念牌匾位于老北方教堂，他被"埋在十英尺的地下，连英国子弹也打不到"。但是当英国士兵在美国独立战争期间占领波士顿的时候，他们把他的墓碑当练习靶。这块墓碑上公然刻着这样的话，说他是"真正的自由之子，是压迫的宿敌，是反对向美洲征殖民地税的先驱者之一"，这块墓碑直到现在还留有弹孔。[47]

这块殖民地曾经在七年战争中对英国的胜利起到关键性作用，同样是在这块土地上，英国政府成功地引起了宪法危机。就在英国成为全球最强大的帝国之际，它为克服由战争引发的金融危机而进行的绝望尝试，最终导致了大英帝国的解体。没有代表参与议会讨论便通过新税法的行为毫无公平可言，这激发了十三个殖民地结成政治联盟并反对祖国。[48]回首过往历史，约翰·亚当斯评论说，"糖浆是美国独立战争的重要部分"。[49]

殖民者开始抵制英国进口商品。一些评论家谴责他们的美洲同胞，指出由于依赖进口奢侈品，他们让自己成了英国人的靶子，英国人试图通过征税来谋取收入。但是大部分人都很愤怒，国会似乎想要否定殖民者的装束，要求他们的穿着必须文明有礼。保卫消费权让商人、种植园主、农民和手艺人团结起来。《汤森法案》最终被废除了，茶叶税被保留了下来，这是国会向殖民者的宣告，即国会有权征税。这就是为什么是茶而不是糖蜜，成为让美洲人在没有代表权的情况下拒绝被征税的商品。1773年12月，三个波士顿人假扮成等待卸茶叶的美洲印第安人，登上了英国船，把茶叶倒进了波士顿港。

英国人关闭了波士顿港，以此显示国王的权威，但这一做法反而引发了一场最终演变成革命的战争。北美大陆的其他殖民地与马萨诸塞州一起反对英国政府的高压政策。约翰·亚当斯无意中听到舒兹伯利农民们的谈话，他们害怕政府不久以后

向牛征税，还有，"我们最好现在起义……如果延误时机……   140
他们会任意鱼肉我们，折磨我们，比现在更甚"。⁵⁰1775 年 4
月，当英国军队行进到列克星敦和康科德去抄收殖民地军队在
那里囤积的货物时，保罗·列维尔，自由之子银制潘趣酒碗的
制造者，快马加鞭赶去通知殖民者们。那天，康科德的首次交
火打响了美国独立战争的第一枪。

大英第一帝国在大西洋的贸易促进了各个殖民地的共生发
展，商业网络把它们连接起来。这个系统让美洲人获益颇多，
他们可以从火爆的西印度群岛市场的腌鱼、供应品和海军用品
贸易中获利，他们从那里购买糖浆加到朗姆酒里，然后用来交
换黑奴，这些一直以来都受到了英国海军的保护。但是在七年
战争期间，他们发现做这个以大都会为中心的帝国的殖民地是
要付出代价的。英国把它的殖民地视为附属地或者扩张地：巴
巴多斯恰好产蔗糖，卡罗来纳则产大米。它喜欢根据自己的利
益需要让一个殖民地胜过另一个殖民地，而且觉得应该从殖民
地征税，无论何时，无论用什么方法，全凭它觉得合适。

美洲大陆的十三个殖民地非常不同于大英帝国的其他殖民
地。在西印度群岛，饱受欺凌的黑奴们无力反抗，然而甘蔗种
植园主在威斯敏斯特有游说团，他们可以让自己的声音被听
到。此外，像东印度公司那些住在东印度英国前哨站的商人和
官员们，大部分都把英国视为自己的家乡，并且希望有朝一日
能回去。但是，北美殖民地的许多居民迄今为止已经是第三代
或第四代美洲人了，他们有了自己独特的身份和表达方式。吸
引移民者前来定居的自由之地拥有比英国本土占比更高的、拥

有私人财产与选举权的公民群体。为了保护自己的定居点不受带有敌意的美洲土著侵犯，大多数自由民都是受过良好训练的武装民兵。因此，美洲殖民者有一种成熟的权利意识，当他们被激怒时，他们有能力进行有效的反击。当英国人决定划定界限，并宣称他们对他们所认为的一些殖民地新贵拥有统治权时，美洲人感到非常震惊。

18 世纪初，英国仍然是欧洲经济体的一部分，欧洲大陆吸收了它百分之八十五的出口物，并输送了它百分之六十八的进口物。[51] 然而到了 1800 年，这个国家已经背弃了欧洲，将目光投向了自己的帝国；美洲、非洲和亚洲如今吸收了它百分之七十的出口物。[52] 英国的制造品大量涌入帝国世界，反之，帝国向英国输送了成箱的胡椒、印花布、大米、糖和茶叶，这促使帝国民众愈发勤勉，带动了工业和供应食品的生产，维持了工人的生存。十三个美洲大陆殖民地的丧失严重打击了英国人的自豪感，但是它的经济经受住了打击，因为 1783 年之后他们的贸易关系又重新建立起来。实际上，两个国家之间的经济联系变得更加密切，而且在美国独立的头八十年里，它一直是英国非正式商业帝国的重要成员。[53]

英国也许在美洲失去了领地，但是它和法国的战争已经蔓延到了印度次大陆，它在那里取得了重大胜利，保住了在东方的地位。在 19 世纪出现的大英第二帝国中，印度取代了美国，占据了主导地位。

PART

3

第三部分

*In which Kamala prepares a meal for her
family, near Patna, Bihar (February 1811)*

How the East India Company turned opium into tea

第十一章

变相的自由贸易

东印度公司如何把鸦片换成茶叶

比哈尔的巴特那附近，卡玛拉在为家人准备晚饭

（1811 年 2 月）

刚洗完澡，卡玛拉便开始为一家人准备晚饭。她先是把新鲜的牛粪堆起来，整理出一块干净的地方用来做饭。接着，她拿出一些从自家小屋旁边摘来的辣椒，把它们扔在磨石上，边磨边滴上几滴红花油。这些红花油是由一种类蓟植物的种子做成的，这种植物环绕在他们家那块地周围，形成了一道漂亮的篱笆。辣椒被磨碎成糊状，加盐之后再一起倒入用烘过的干玉米精心磨成的面粉里。她离开灶台去取水的时候，又仔细洗净了手和脚，然后才回来继续做饭。[1] 她往玉米粉里倒了一点儿水，用力地揉和，做了一道有名的食物，叫"查哈图饼"。[2]

与此同时，卡玛拉的女儿正在制作一种酸辣酱，她把少许黑胡椒、适量的盐和一点儿生姜放在一起研磨，再放入一把孟加拉葡萄干，加点儿小的深红色浆果。这些浆果是从刺黄果树上摘来的，整个村庄到处都是这种树。[3] 晚饭做好了，女人们就会叫男人们回家吃饭。这时，卡玛拉和女儿一起服侍家里的男人。先服侍完丈夫，再服侍她的两个儿子，大的优先，小的随后。女人们需要等男人们吃饱了才开始吃饭。[4] 他们都很饿，中午只吃了一点点烤过的玉米。他们经历了一天漫长的工作之后吃上的这顿晚饭，与卡罗来纳水稻种植园的非洲黑奴吃的玉米糊和炖菜竟出奇地相似。他们的食物里富含淀粉，与美洲黑奴吃的差不多。他们所蘸的酱汁虽然是印度特色，但食用方式与非洲人没什么区别，用右手撕下一小片"查哈图饼"，把它卷成一个小球，再蘸着酸辣酱食用。

146

孟加拉酸辣酱

把黑加仑切成两半。用一勺盐、一些红辣椒、一茶匙孜然籽和一把新鲜的芫荽叶来磨碎它们。如果混合物太稠，加水。研磨后，就加入鲜榨的柠檬汁，拌匀。可以用蔓越莓来代替孟加拉黑加仑。

卡玛拉一家人住在比哈尔邦的巴特那市附近。1811 年，当她和家人坐下吃饭的时候，东印度公司已经统治比哈尔邦将近四十年了。十八世纪，东印度公司和印度统治者卷入了领土纠纷。在 1765 年的布克萨尔战役中，他们的军队战胜了莫卧儿帝国和孟加拉邦的联合军。战胜之后，他们迫使莫卧儿皇帝授予东印度公司——而非印度贵族——以该邦的治理权。这让一个贸易公司摇身一变，成了拥有私人军队的自主统治力量，而他们的军队是世界上最大的私人军队之一。[5]

英国人自认为他们是给蛮族人带来文明的新罗马人，而对于印度领土的掠取又使这种思想焕发了新的活力。公司的商人变成了行使正义的行政官，还负责监管印度最富裕地区的赋税征收。英国政治家埃德蒙·伯克认为，土地私有制是一个稳定社会的基础。他还提出，把这条文明的首要原则引入印度，英国人义不容辞。因此，东印度公司在 1793 年强行获得了著名的"孟加拉永久居住权"。在这条规定之下，土地所有权转让给了收税的贵族或地主，这些人因此成了大不列颠有地贵族的翻版。但是东印度公司没有建立英国式的地主制，而是引入了贪婪的食利阶级，他们旨在从佃户身上尽可能多地榨取税收。[6]

令东印度公司感到满意的是，农民为了增加收入以支付赋税，开始种植靛青和棉花这类经济作物。管理印度领土时产生的军事和管理费消耗了孟加拉邦大量的税收，而且这些出口的作物一直让东印度公司富得流油。[7]对东印度公司而言，最值钱的经济作物是鸦片。

卡玛拉一家为一个世袭的小种植园干活，这个园主专门种植罂粟。虽然比哈尔邦素来以优质水稻闻名，但只有富人才吃得上稻米，农民以粗粮为主食。按照传统，罂粟种植者们也种植小米，因为小米的种植和收获时间正好与罂粟这种冬季作物相契合。春天种植小米，小米很快就成熟了，八、九月便可收获，这样便可留出时间来准备罂粟种子的播撒。有时，他们在更多情况下会把小米像水稻一样煮熟，而不是把小米晒干、磨成粉，用它来做"查哈图饼"。[8]

不过，卡玛拉为家人做的"查哈图饼"不太一样，因为它是用玉米粉而非小米粉做的。在 19 世纪早期，玉米开始传入印度次大陆，尤其受罂粟种植者们的青睐。和西非的农民一样，他们发现，同样在短暂的夏季里生长，但是玉米的产量要比小米高得多。弗朗西斯·布坎南，这位 19 世纪早期的英国人，花了七年的时间考察孟加拉邦和比哈尔邦，他发现巴特那周边最靠近恒河的地方，玉米已经取代了小米。[9]他欣喜地提到，在这些地方，"人们完全消除了玉米有害健康的偏见"，并用它来做煎饼和"查哈图饼"。[10]

人们很容易忽视玉米在大英帝国食物世界中的重要性，因为它从未进入英国人的日常饮食。但是，美洲玉米却是支撑一系列帝国商业活动的关键食物。我们知道，大西洋的奴隶贸易依赖于给奴隶主及其船只供应玉米和木薯。奴隶们在美洲的甘蔗、烟草和水稻种植园劳作时，这些食物构成了他们日常饮食的基础。19 世纪晚期，研究者们跟随着布坎南的脚步，他们发现玉米已经完全取代了小米，成了比哈尔邦罂粟种植者们的

148

夏季作物。[11]因此它在维持大英帝国最有利可图的商业活动之
一——鸦片贸易中起到了重要的作用。

　　因为工人阶级喜欢喝加糖的茶,因此东印度公司进口茶的
总价值在 1700 年至 1774 年间增长了一百倍,茶取代了纺织品
成了东印度公司最有利可图的贸易商品。[12]1783 年,失去美洲
殖民地的英国政府坚定决心要从剩下的殖民地征税。[13]1784 年,
为了尝试促进中英贸易,与此同时打击茶叶走私者,英国议会
大幅削减了对进口茶的关税,把低等武夷山红茶粉的价格从每
磅十二先令降到了每磅二先令。进口茶一年之内数量翻番,到
19 世纪 30 年代再次翻番涨到每季度三千万磅。茶成了名副其
实的大众消费品,而财政部也取得了收益。19 世纪 30 年代,
茶叶关税增长到三百万英镑,占了政府收入的十分之一。[14]
　　东印度公司对不断增长的对进口中国茶的需求感到开心,
但是这也凸显了一个问题,中国人对东印度公司用来换茶叶的
货物一点都不感兴趣。他们买了一些英国羊毛和印度棉花,以
及一些奇怪的东西,比如檀木、海参、燕窝、鱼翅以及珊瑚。
这些都是东印度公司在东南亚用印度纺织品换来的。但是檀木
和海产品不足以付清每年十五船的茶叶费用,而且东印度公司
发现这还包括大约一半的通过征税从孟加拉那里获得的白银。[15]
这令人很不满意,因为让孟加拉白银流向中国对英国而言很不
实惠。于是东印度公司开始设法寻找一种能垄断中国市场的

商品。

东印度公司的商人意识到，生活在印度尼西亚和马来港的 149
中国人对孟加拉鸦片一直都有需求。[16] 因为欧洲商人早在 16
世纪晚期就把烟草引进到中国，抽烟和喝茶已经成了中国人必
不可少的活动，以至于他们无法想象抽烟没茶喝、喝茶没烟抽
的情况。在 18 世纪早期，茶馆老板已经引进了一种新的昂贵
的烟草和鸦片混合物。到了 18 世纪末，有钱人已经完全放弃
了烟草。在中国，抽纯鸦片成了上流社会人士的标志。正如英
国淑女们用中国瓷器表现她们的财富和贤淑，中国绅士用眼花
缭乱的吸烟片工具——雕花木盒、精美灯具、带装饰的勺子和
管子——来彰显自己的富裕和品位。[17] 相较于产自印度西部更
加让人易怒且刺激性更强的马尔瓦鸦片，瘾君子们尤其喜爱来
自印度东部的巴特那野生鸦片。东印度公司发现，他们管辖的
印度地区到处都可以生产一种在中国有巨大潜在市场的商品。
1773 年，他们接手了孟加拉的鸦片生产和销售。

每年 9 月，农民们得到许可种植罂粟。东印度公司允许他
们去那些有经验的市场菜农那里学习种植罂粟。这些有经验的
种植者们来自卡契和柯里次种姓，住在巴特那和瓦拉纳西附
近，那里有一片由罂粟种植者们沿袭下来的区域。[18] 每年至少
有一百三十万农民选择种植罂粟。有些人还持有罂粟种植许可
证。东印度公司支付农民预付款，好让他们付租金、购买种子
和肥料。有时候，它也会贷款给农民，用在像挖井这些提高农
业生产的活动上。[19] 这些免息的预付款对农民很有吸引力，因
为他们恰好需要现金支付租金，这些现金可以让他们避免从村

里的放债者那里借高利贷。[20] 鸦片种植的信贷业务每年为当地经济贡献五百万到六百万卢比。[21]

罂粟是一种时令性很强的作物，收割罂粟需要大量劳动力。上千万颗罂粟果需要每隔两到三天就割一道口子，这样会持续三到四周。把罂粟汁从切口处刮到一个浅铜碗里，是一项非常繁重的工作。做这项工作时，农民需要发动全家人。就这样，东印度公司拥有了一大批潜在的不用付钱的劳动力。[22] 种植者获得的生鸦片的定价是每个五卢比（大约五盎司）。理论上，这个定价可以让他们免于在更大市场里受到波动。但是，当罂粟没能产出足够的罂粟汁来抵销这笔开支时，其中的损失就得由农民一家人来承担。如果鸦片的市场价上涨，东印度公司就会从中提取利润。[23] 越来越多的农民依赖现金收入，当粮食价格在粮食短缺时期急剧上涨时，他们很容易受到饥荒的影响。然而，由于种植罂粟的耕地只占很小的比例，鸦片生产本身并不是造成粮食短缺的罪魁祸首，而这种粮食短缺却日益频繁地折磨着印度次大陆。[24]

春天，东印度公司的副代理公司会走遍乡村，监督各种各样的头人对生鸦片饼进行称重并分级。鸦片被装在大的陶罐里，装上马车并在手握武器的守卫的护送下运往东印度公司的某个加工厂。加工厂总共有两个，一个在班基布尔，一个在加济布尔。在加工厂，鸦片被提炼成球状，上面覆盖着一层薄薄的罂粟花瓣，然后装进能装载一百四十磅鸦片的箱子里。[25] 接着这些箱子被运往加尔各答，在那儿的拍卖会上卖给个体轮船公司。东印度公司官方参与鸦片贸易就在此地终止。

150

　　东印度公司把这个贸易的非法环节交给了个体商人。理论上，中国禁止进口鸦片。但是，中国南海沿岸停泊着许多全副武装的毁坏了的东印度贸易船。商人们利用这些船作为水上鸦片仓库。从加尔各答来的船会把鸦片箱卸载到接货船上。到了晚上，中国走私犯会带着许多水手划大船出海，这就是著名的"抢龙"。靠岸之后，他们会在秤的一边放上一袋白银，商人们在另一边放上鸦片，让秤平衡。"价钱嘛"，一艘美国鸦片船的船长解释道，"和重量等同"。[26]随后，大船沿着珠江经过广东，一路要经过众多的检查站，接受海关和巡逻队的检查。照例来说，欧洲货船未经中国政府的允许是无法进入中国的，但是海

东印度公司在巴特那的鸦片加工厂的仓库。生鸦片被提炼出来，做成球状，包裹在清蒸过的罂粟花瓣中，然后集装成箱，准备运往加尔各答的竞拍会。

151

关官员和巡逻的士兵收了走私犯的贿赂，对他们的所作所为睁一只眼，闭一只眼。[27]

那些私人商户在获得与中国进行贸易的许可之前，他们必须与东印度公司签署协议，将贸易所得收益支付给东印度公司设在广州的财政部门。他们用一袋袋白银换来一张张的信用汇票。它们可以在东印度公司孟加拉分部或者在伦敦的办事处兑现。[28]其中广州登记在册的西班牙银圆和在伦敦用来支付账单的英镑之间的汇率，通常是非常可观的。就这样，从印度购买的货物在中国销售所得的利润被转移到了英国。同样的方式，印度的棉花在孟买装船被运到广东去销售。[29]与此同时，东印度公司的代理商用白银来购买一箱箱中国的茶叶。这些茶叶会在伦敦每季度的竞拍会上销售，所得收益被用来支付商人在伦敦兑现的汇票。

在印度，贸易圈由鸦片竞拍会所挣得的巨额资金维持。东印度公司给罂粟种植者支付的钱非常少，他们在加尔各答竞拍鸦片所得的总额远远超过生产成本。1881年，一箱鸦片的成本是三百七十卢比，而东印度公司的竞拍价格高达一千三百六十二卢比。[30]这些利润让东印度公司能够轻松地用汇票支付给个体鸦片商，他们会在加尔各答兑现这些汇票。竞拍会也为下一季度给农民的预付款提供了资金，农民会接着种新的罂粟，这个循环又开始了。[31]

在18世纪90年代，大约四千箱鸦片在加尔各答竞拍会上售罄；到了19世纪30年代，这个数字已经上升到大约一万五千箱。到那时为止，个体商人从中国走私犯那里获得的白银，给东印度公司在中国的贸易增加了接近百分之八十的额度。[32] 中国白银与鸦片之间的交换，其中一些鸦片还用来交换中国的茶叶、丝绸和陶瓷，解决了东印度公司和中国之间的贸易不平衡问题。同时，它为孟加拉政府创造了有利可图的收入来源。[33] 从 18 世纪晚期直到英国于 1947 年结束对印度的统治，鸦片税收是印度政府继土地税和食盐税之后的第三大重要的收入来源。在 19 世纪 80 年代，大约二百万农民在恒河流域的不到百分之二的耕地上劳作，为东印度公司贡献了九千三百五十万卢比。[34]

鸦片税收只有很小一部分会重新投入孟加拉的经济。东印度公司的鸦片代理雇用了一些当地管理员和收货员，他们的工资高达四十五万卢比。[35] 罂粟种植者自己售卖各式各样的鸦片生产的副产品来补贴收入。女人们采集罂粟花瓣，把它们蒸出来，选那又软又薄的花瓣卖给东印度公司的鸦片加工厂，用来包裹质量上乘的鸦片球。剩余的种子被当作调料卖掉，或者压榨成食用油。残渣做成饼——"非常甜，而且有营养，有益健康，穷人经常吃，牛也喜欢吃"。[36] 实际上，罂粟的每个部分都没有被浪费。每年快结束的时候，幼苗还很稀少，农民用被扔掉的罂粟叶子给扁豆汤添一点绿色，秸秆可以放到凌乱的茅草屋顶上。如果他们还有夏天剩下的玉米，便会把它们当作一种额外的经济作物卖给隔壁镇的有钱人，他们喜欢吃烤玉米棒子。虽然会违法，但对农民而言最有利可图的是私留一些生鸦片卖给流动小贩。[37]

虽然鸦片生产系统具有剥削性，但是贝拿勒斯和巴特那周边的市场菜农这个小群体似乎能够利用种罂粟来脱贫。[38] 在继弗朗西斯·布坎南一个世纪之后，H.H.里斯利进行了一项民族志调查，他发现"罂粟种植者的存款比例很高"，并提出有些人甚至可以购买属于自己的土地，并提升自己的阶级，变成纳税的业主。[39]然而，他们通过劳动获得的收入，没有重新放到印度进行投资，而是汇回了英国。通过与中国进行鸦片贸易，鸦片生产让东印度公司及其代理人榨取了印度的财富。[40]

鸦片贸易招来的道德谴责似乎和大西洋黑奴贸易一样多。中国政府被描述为，"对帝国主义贩毒集团的有害力量无能为力"。[41]鸦片的罪恶想必是掏光了中国的白银，给中国造成了"举目皆是毫无希望的瘾君子，抽鸦片抽到死，国家陷入混乱"的局面。[42]但是，许多欧洲学者和中国学者认为，不断地使用鸦片贸易这些术语，让我们陷入了一种"鸦片的迷思"。他们认为，鸦片这种作为"恶魔毒药"的名声是一种夸张，中国在19世纪早期的经济危机与用白银购买鸦片有关，同时很大程度上还与国内的经济困难有关。

在19世纪20年代，东印度公司承认他们无法阻止印度西部那些独立的藩国生产并销售鸦片。但是，他们倾向于把这种马尔瓦鸦片纳入他们的税收制度，对途经孟买的鸦片免征关税。马尔瓦鸦片的价格只有上等孟加拉鸦片价格的一半，这意味着，如今这种鸦片连务工的穷人也能买得起，中国的鸦片市场因此被扩大。到了1835年，欧洲商人和印度商人向中国输

送的鸦片足够二百万人每天的用量。[43] 对于广大中国劳动者而　154
言，一管鸦片等同于英国劳动者的一杯加了糖的茶。19 世纪 90
年代伊莎贝拉·伯德在长江上游旅行时，她发现船夫们在攀过
岩石，走过小道，穿过激流，把小船拉到上游，经过一天辛苦
的劳作之后，会裹着毯子抽上一管鸦片。[44]

　　那时鸦片饱受诟病，它的确容易使人上瘾，但在当时鸦片
对于他们来说，可能是对身体造成危害最小的毒品了。鸦片对
健康造成最坏的副作用是便秘。大部分吸食鸦片者——像大部
分吸烟和喝金酒或朗姆酒的人一样——虽然他们有一些缺陷，
但还是能够和社会上的正常人一样行动。中国因一群毫无希望
的瘾君子而造成国破家败的这种宣传口号是荒谬的。一位住在
海南的英国议员惊讶地发现，"虽然几乎每个人都吸鸦片……
但是从来没有见过像慈善事业里所说的那样，人们因吸食鸦片
而骨瘦如柴，恰恰相反——看见的却是身体硬朗、健康、充满
活力的农民"。[45]

　　鸦片在英国同在中国一样常见，区别在于，英
国把它放在酒精里溶解做鸦片酊。它是一种常见的
治疗胃痛和小儿疝气的药物。

做上等液体鸦片酊

取一夸脱雪莉酒，半品脱酒精，四盎司鸦片，二盎司藏红花；把鸦片切片，放藏红花，同雪莉酒、酒精一起装瓶，加一盎司咸牙石和肉桂、丁香、陈皮，给瓶子加木栓并绑上，放在太阳底下或者火边二十天，再倒掉残渣；最好使用十滴、十五滴、二十滴或者二十五滴的剂量。[46]

为什么当时中国政府把吸鸦片的习惯妖魔化，并立刻对外国商人采取措施以抵制这场贸易呢？清朝官员认为鸦片贸易是中国白银流失的罪魁祸首。[47]到了1835年，中国人对鸦片的渴望超过了英国人对茶的渴求，中国人担心每年购买鸦片会让价值一千八百万的白银流失。东印度公司和印度商船返回到伦敦、加尔各答和孟买，他们在货舱中储藏了白银以及一些茶叶，但是中国人似乎没有意识到，在他们用来购买鸦片的白银额度中，有四分之三通过出口茶叶和丝绸又直接回到了他们手中。[48]造成中国白银短缺的原因实际上比想象中要复杂得多。

1827年，西班牙在美国的银矿枯竭导致全世界范围内的经济萧条和进入国际市场的白银数量亦随之下降。通过其他在广州做生意的外国商人流入中国的白银也因此减少。[49]与此同时，在云南的铜矿减产导致铜和铜币贬值，而铜币是中国的硬通货。通货膨胀影响了铜币的价值，这给了普通农民致命一击。虽然他们用铜币交税，但是所交的税是用银币计算的。他们面临着日益增长的税收，而政府的收入（因为是用铜币支付的）保持不变，当人们需要更多的现金时，银币的价格飞涨，私人和政府不再花银币，而是囤积金属。在这种通货膨胀的危机之下，白银作为货币的价值就很小了。因此，通过出口白银来交换消费品甚至包括鸦片的这种做法，是具有经济学意义的。[50] 但是官员们很容易把中国的经济危机怪罪于不择手段的外国商人加强给他们的贸易失衡，而不是通过提高铜币的价值并创建稳定的白银货币来解决问题。[51] 白银、鸦片和贸易平衡问题只是个烟幕弹。

清政府在仇外情绪和对外国贸易的机会主义态度之间举棋不定。[52] 清朝的皇帝想通过保持外国人的利益来维护社会稳定。因此，外国人对这个国家的侵略只限于贸易通商口岸。但是，保持广东的贸易开放和繁荣符合政府和皇帝的自身利益。广东海关总管让一大笔贸易关税流入了皇帝的私人金库。[53] 到了 19 世纪 30 年代，这笔钱的很大一部分间接来自于鸦片贸易，因此中断贸易对双方都没有什么好处。虽然如此，但有些事情还是很令人难堪。中国皇帝和他的朝廷，因军队和中国商人公然纵容非法贸易而饱受谣言非议。[54]

"一场内部的鸦片之战"促使中国统治阶级发生内讧。那些具有仇外情绪的中国官员的回应是主张禁止鸦片贸易。但是清朝皇帝和朝廷明白，这既不符合朝廷的经济利益，同时也难以执行。1836 年 5 月，官僚领袖阮元联合广东学海堂代表向皇帝进谏，认为要解决这个问题最好让印度鸦片进口合法化，并且鼓励国内生产。同时，如果对鸦片贸易和消费加以规范的话，朝廷便可以打击鸦片走私。广东商会的带头人对此也非常赞成。当皇帝正在考虑阮元的提议时，一批心怀不满的文人聚集起来开展顾祠会祭，劝说皇帝放弃鸦片进口合法化的计划，并对民众沉迷鸦片一事进行处理。[55]

　　参与顾祠会祭的那些文人的目的是为了让士林阶层在道德上洗心革面，他们中有些人是臭名远扬的瘾君子。[56]他们的带头人黄爵滋为了加官晋爵，给皇帝呈上证据，证明广东商会参与了非法货币交易和鸦片贸易。[57]结果，皇帝取消了阮元鸦片进口合法化的计划，任命参与顾祠会祭的林则徐为湖广总督。1839年6月，林则徐把欧洲人在广东开办的工厂里的鸦片收缴并销毁，同时关闭贸易港口，还抓捕了城里的外国商人。这让外交关系一度陷入了僵局。[58]

　　到了19世纪中叶，大英帝国已经接受了自由贸易的思想，而且不断着手打破外国的贸易保护主义，为他们自己的商品出口开辟新市场。在发现占领印度需要花费巨资之后，他们试图建立一个"非正式的帝国"经济领导权。在拉丁美洲，他们争论，从西班牙帝国那里借鉴来的在新国家征收关税是否可取。先前，外交秘书帕默斯顿勋爵，命令大炮船开往那不勒斯港，强迫那不勒斯人减少贸易关税。[59]印度和中国的鸦片贸易太有利可图了，根本难以禁止。鸦片交易量占了印度财政收入的百分之二十，从茶叶上征收的关税占据了英国国库收入的十分之一，而中国商品在国际市场上的贸易收入为英国从美国购买原棉提供了资金，以满足其纺织厂的需求。[60] 当时广东最著名的鸦片商人威廉·渣甸（William Jardine），在中国没收欧洲鸦片两个月后回到伦敦（当年1月已从广东卸任），他直接向帕默斯顿施压，请求向中国开战作为报复。一直以来，他都想用武力打开与中国的贸易，如今他看准了时机，名正言顺地请求英国政府帮忙。

1839年11月，一支英国舰队抵达广东沿海——包括"复仇"号，巡视过好望角的第一艘铁桨蒸汽机——船上有炮弹和康格里夫火箭，相较之下中国的防御完全不行。[61] 中方军事组织不行，抵制帝国主义国际贸易的官僚系统也不行，这场战争最终让他们蒙羞。中英双方于1842年8月签署了《南京条约》，这个条约在中国被视为"第一个不平等条约"。英国成功地为他们正在发展的出口贸易打开了新市场，并强迫中国开放了"五个通商口岸"。英国政府除了在中国建立贸易保护制度外，对其他事情一概不感兴趣。他们甚至不太想占领没有前途的香港岛，商人只想用它作为避风港。[62]

广东像往常一样恢复了贸易，中国官员再次作为走私犯的保护网从中获利。吸食鸦片的人数持续增长，朝廷继续把财政问题怪罪于用白银购买进口鸦片引起的失衡。鸦片成为众多年轻贵族和学生运动的焦点，他们认为，吸食鸦片象征着中国无力抵抗欧洲对其经济的入侵。他们不停地反对人们吸食鸦片，认为这是一个无底洞，是不爱国的行为。[63] 在美国，茶叶同样成了英国傲慢地施加强权的象征。[64] 但是在美国，喝茶最多也只是被视为不忠诚，然而在中国，吸食鸦片被认为是一种堕落行径。因此，鸦片成了中国民族主义者和反对殖民主义剥削经济的批评者们的理想替罪羊。[65]

正因为如此，一些外国大使和旅行家们论述说中国社会的这场浩劫是由鸦片造成的，我们要留心这种令人震惊的论述。在人们的想象中，中国的鸦片馆里都是骨瘦如柴的瘾君子，实际上那是劳动者可以吃饭、睡觉的地方，他们还可以用鸦片烟枪"吞云吐雾"来放松。[66]1900年，当美国记者 F.H. 尼克尔斯（F. H. Nichols）穿行在遭受饥荒摧残的陕西省时，他描述道，那些农民脸色"憔悴而粗糙，眼睛失神而呆滞"，他们遭受的是饥饿而非鸦片上瘾带来的折磨。他所观察到的那些吸食鸦片的人，可能是在利用鸦片能抑制食欲这一点来摆脱饥饿所带来的痛苦。[67]道德谴责运动带来的最终结果是，1909年在上海成立了第一届国际鸦片委员会。委员会同意一切致幻物品的贸易都是违法的，并在国际范围内实施这一原则。这些共识是我们当代法律体系把鸦片及其衍生品定为非法用品的源头。[68]

有关"鸦片迷思"的细节，毫无疑问是真实的。东印度公司剥削罂粟种植者这无可否认，但是它导致了他们的经济困顿这一点就值得商榷了。鸦片贸易这种机制让东印度公司在印度消耗了大量资金，这种观点毫无疑问是对的，但是造成中国白银短缺的原因却相当复杂，不只是简简单单的贸易失衡。英国为了确保鸦片的供应，决心把自己的贸易体系强加给中国，这毫无疑问非常残酷，但是说英国这样做对中国人民造成了滔天罪行，那就太夸张了。

*In which Sarah Harding and her
family grow fat eating plenty of good
food in Waipawa, Hawke's Bay,
New Zealand (29 July 1874)*

How hunger drove the explosion of European emigration
in the nineteenth century

第十二章

奔向新世界

饥饿如何促进 19 世纪的欧洲大移民

萨拉·哈丁一家人在新西兰霍克湾的怀帕瓦，因吃了太多
食物而长胖了（1874 年 7 月 29 日）

1874 年 7 月的一天早上，萨拉·哈丁的母亲来到了约翰和
玛丽·普菲尔德那间破旧的小屋。这家人刚吃完早餐，早饭略
显寒酸，就是一壶清汤，"在早餐锅里的面包上浇上热水"。[1]
去年 11 月，萨拉和她的丈夫特德以及他们的五个孩子，打包
了仅有的一点行李，离开了家乡牛津郡泰顿村去世界的另一边
寻求更好的生活。如今，他们已经在新西兰北部岛屿怀帕瓦安
了新家，萨拉时常写信给她母亲告知生活近况。她叫母亲把这
封信给她朋友看，尤其代她向约翰·普菲尔德问好。"请告诉
他，"她写道，这里"篱笆下坐的全是人，没有人不只道（原

文如此）*面包和洋葱，大家谈论过去艰难的时光……我忘不了
自己感觉有力和健康的那一刻；我想我们要有许多好吃的食物
可以吃了，因为我们的确有许多好吃的——牛肉、羊肉和猪
肉。我得告诉你，孩子们越来越胖了，特德也是。"[2]

　　不难想见这些话对普菲尔德一家带来的影响。约翰被老板
辞退了，一家人正在苦苦挣扎。萨拉的信肯定让他想象到，在
一个遥远的地方，他们一家人围坐在餐桌旁，桌上堆着满满的
烤肉和水煮肉，孩子们越长越胖。"你知道我们在老家没有多
少东西，买不到也买不起，"萨拉写道，这就是普菲尔德一家　　160

一座像普菲尔德家那样的农舍和农场，之前应该有人住。

---

* 应为"知道"，但萨拉把 knowing 错写成 knawing，这里对应地用别字翻译
　处理。

目前的光景，"在这里却不用担心这个。"特德·哈丁和他的长子弗兰克已经找到一份在铁路上施工的工作。如果天气一直好下去的话，这个月特德有望挣到十三英镑。"难道你不觉得这比在家挣二英镑十六先令要好得多吗？"萨拉问道。[3]

哈丁家和普菲尔德家属于农村劳动力这个群体，他们在整个 18 世纪和 19 世纪，因日益提高的农业生产率而付出了代价。"圈地运动"刚刚波及他们牛津郡。在 19 世纪上半叶，虽然签署了许多合同，但当地的伍德森林仍然为泰顿村的村民腾出了一个放马、养羊和放牛的地方。但是在 1856 年，当地的地主丘及耳家族，清理了林地，把土地分成了七个新的农场，并把它们租给佃农。头几年这些佃农还有许多活儿可以给村民干，像挖树根和犁地，好让这些地可以种东西。[4] 但是到了 19 世纪 70 年代早期，他们就不再需要村民干活了；因此，当地的工资降到了每周八至十一先令，而且失业成了一个长久的问题。[5]

每周十三先令已经不够他在租金、食物、衣服和鞋了方面的花销了，他孩子的学费可能还要几个便士。他不得不赊账买食物。这家人只能吃"土豆、干面包、蔬菜和香草，清汤，用水泡的茶（没有糖）……家里的劳力有时吃几片培根，但是新鲜肉很难吃到……只能在重大节日，比如圣诞节，（不过）一年才吃上一次"。[6] 卫理公会传教士约瑟夫·阿奇非常直率，他直言这没法儿让一家人身体壮实和健康，而只能是"羸弱不堪"。[7] 西德尼·戈多尔芬·奥斯本牧师认为农村的穷人靠这么寒酸的食物却能全部活下来已经是个奇迹了。[8] 威廉·科贝特为了调查英国农村的情况游遍了全国，当他看到穷人那一张张"瘦骨嶙峋"的脸时，不禁为自家肥壮的马和自己的大腹便便感到羞愧。[9]科贝特在他的《农舍经济》的复印本的边上胡乱写道："英国已经没有家园了，这就是我们移民的原因。"[10]

在1870年到1871年的冬天，沃里克郡"哈伯雷饥饿乡"（Hungry Harbury）的劳力们请求约瑟夫·阿奇号召大家一起组建工人工会。对于农村的穷人而言，没有活儿可干的冬天是一年中最艰难的时候。许多人靠教会的救济金养活家人，或者最后到济贫院过活。阿奇坐在猪皮凳子上，看着底下这一张张"因为饥饿变得瘦削且布满了渴望的"脸，他感觉自己好像面对着"以色列的后裔，他们等待一个人带他们离开埃及"。[11]这次集会最后成立了沃里克郡农业工会，旨在为农民提高工资，保证"充足的食物，舒适的家……持有土地股份，以及作为自由人被充分尊重的权利"。[12]这些要求并不过分，因为在他们艰辛劳动的背后，大部分农民每年的收入只有几百英镑，而地主有几千英镑。特德·哈丁是这个新成立的公会在泰顿村分会的成员，而约翰·普菲尔德是分会秘书。带领他们和成千上万的饥饿的农民"走出埃及"的人不是约瑟夫·阿奇，而是C.R.卡特。他是一位移民代理人，被雇用来招募二千多名身强力壮的人为新西兰的铁路工程做苦力。[13]

1872年7月，卡特接受了伍德下属的希普顿分会的邀请，做了一个有关新西兰向辛勤工作的人提供就业机会的演讲。许多人直接从收割地里过来听他的演讲，而听众里的其他人都是失业者。当地的佃农开除了二十五个劳力中的六个，因为他们加入了工会。他们受到这种对待后气愤不已，准备参加招募。卡特直接选走了其中的十个及其家人，其中就有乔治·史密斯。他是一位三十一岁的农民，有妻子和三个孩子，也是一名积极的工会成员。[14]

1872 年 9 月，史密斯一家乘着"智利"号驶向了新西兰北岛霍克湾的新灌木丛定居点。不到一年，乔治·史密斯写信给他家乡的朋友们，约翰·普菲尔德于 1873 年 9 月在《劳工工会纪事报》上发表了这封信。新西兰为那些愿意工作的人提供了食物和机会，这一点在信里跃然纸上。史密斯描述说"我们到达的第一天吃的第一餐……有新鲜牛肉、新土豆和胡萝卜"。他写信说，他打算马上买一头牛，而他的妻子已经养了一群鸡。这家人住在一个两居室的农舍里，还有一个花园。他有一匹马，这在英国是不可想象的。在英国，骑马是贵族们的交通方式。那里有许多的工作，因此"我现在毫不担心我怎么获得食物以及为我自己和孩子们买衣服"。以前在英国，他们一家人把猪脸或几片培根都当作"好东西"；而在新西兰，他可以一次性买半只羊，有时甚至是一整只，八九十磅的牛肉或是全羊腿只要六英镑。"以前你们告诉我们这个国家的牛肉和羊肉比不上国内的。你们来吧，尝一尝，"他鼓动他的朋友们，"我敢说你们会发现自己错了。"[15]

一年之后，卡特到访伍德区。这次他直接为新西兰政府招募，为将来的移民提供通关指导。1873 年 12 月 4 日，他在伍德的米尔顿村演讲，这个村离泰顿村只有几英里。这片地区的所有人，大概在五百到六百人之间，听他演讲了大约两个小时。就在这次集会上，特德和萨拉·哈丁决定跟随史密斯夫妇，并报名在 12 月 22 日登上了"英佛勒内"号（Inverene）。当他们抵达霍克湾的时候，头几个星期和乔治及玛丽亚·史密斯住在一起，因为他们自己的农舍还在搭建当中。在 1874 年 7 月写给国内母亲的那封信里，萨拉说乔治过得很好，现在有两匹马、两头母牛、两头小牛以及六十到七十只鸡，他非常自豪。[16] 移民让他们重新回到了圈地运动之前的英国农村生活。萨拉·哈丁坚信，移民到新西兰"是我们这辈子为自己和孩子们做过的最好的决定"。[17]

　　19 世纪从欧洲移民的那些人里，只有一小撮人是为了寻求宗教或政治上的自由。有些人，比如爱尔兰人，是为了逃荒。19 世纪 40 年代的土豆枯萎症波及了欧洲大部分国家，但是在爱尔兰这个过度依赖土豆的国家，不仅土豆种植业受到了打击，穷人也受到了严重的影响。在 1846 年到 1850 年间，一百万爱尔兰人死于饥饿，另外一百万加入了经济移民的大军，带着对美好生活的期望去了新世界。[18] 但是即使对于那些不是逃荒的人而言，"美好生活"这个抽象概念的具体意思就是他们能吃饱。波兰人形容渴望食物的移民是"za chelem"（移动），字面上的意思是"食物"。[19] 英国人和德国人谈到移民也说是为了"把食物摆在桌上"。[20] 英国《狩猎法》禁止劳动者狩猎，连敲一下兔子头也不许。但是在新世界，"人们想干什么就干什么"。托马斯·古德温夸耀他在伊利诺伊取得的战绩，"我可以带着我的枪，射杀我喜欢的动物，没人问'你去哪儿啊？'这里没有《狩猎法》！"[21] 这样他们可以获得丰

163

富的野味，所以约翰·沃斯福尔德对从加拿大汉密尔顿来的父母保证，人们在新世界"不可能受饿"。[22]

移民们的信里有很多食品价格清单，它们被大声读给朋友和家人听，在社区之间被传阅，并被发表在报纸上；他们在信中宣称殖民地的劳动人民们可以买得起最好的带骨肉，这里两周的牛油相当于他们以前六个月吃的量。他们还夸张地说自己每天工作八小时而非十二小时。劳力们可以"上商店，用现金买上一包糖，半箱茶"，这可能会让那些留在国内的人艳羡不已，他们省吃俭用也只能赊账购买价值几便士的茶和糖。[23] 萨拉·哈丁的信一定帮助普菲尔德一家下定了决心。如今约翰已经失业，他们靠着曾经从地区分会那里领的工资在苦苦支撑。12 月 20 日，约翰和玛丽带着他们的五个孩子也乘船驶向了霍克湾，他们肯定希望自己的孩子和哈丁家的小家伙们一样胖。[24]

哈丁一家、史密斯一家和普菲尔德一家是 19 世纪欧洲大移民中的一分子。成百上千万人在欧洲内部迁来迁去，涌入城市寻找工作。但是通常城市只是通往更广阔的世界的垫脚石。因为在欧洲内部移民中，每九人里就有一人离开了欧洲大陆。在 1815 年到 1930 年之间，对外移民人口增加到了大约五千万人。[25] 这些移民大部分去了美国，其他的则在加拿大、澳大利亚、新西兰和南非成了有钱人，少数人选择在东非和独立不久的南美共和国定居。

在英国，移民迅速得到了政府的支持，在失去美洲殖民地 164
后，政府旨在塑造强大的大英帝国形象，并培养对王室的忠
诚。它把那些对生活不满的、一无所有的、正在遭遇"贸易
大萧条"的人集结在一起。"贸易大萧条"一词出自一个手
艺人之口，指的是拿破仑战争之后的经济倒退。[26]农村无业
人口的数量被二十万遣散士兵和水手超过了，他们都在竞争
少得可怜的工作。[27]政府招募了四千个英国人移民到好望角，
二千个苏格兰农民和劳力被派遣到帝国在北美仅剩的上加拿
大区。[28]

　　好望角计划吸引了许多年轻人，他们"一点都不希望在我
们的国家，在这片绝望的角落继续生活"。[29]1819年10月，耶
利米·高德斯万（Jeremiah Goldswain），一名来自白金汉郡大
草地的十七岁锯木工人，赶上了这次计划。那时，威廉从伦
敦来到这里招揽合同工，他是一个酒商。耶利米·高德斯万走
进了围在威廉·韦特身边的人群中。耶利米对于免费航行和六
年后可以得到半英亩土地以及小麦种的回报感到心动，他的家
人却很反对。他是他母亲唯一的儿子，她一定很害怕等她老了
的时候没有人照顾。她说他是个"不孝子"，他会被野兽吃掉。
但是他回答说，"离开家乡，去一个我可以干得更好的地方，
总比留在那儿（原文如此）没活干也没希望要好"。[30]他不想
在村里无所事事，等着商人来收货，最后他不顾母亲激烈的反
对，决定移民。他在圣诞节后的那一天离开了家乡，从此再也

没有回来过。

　　和平给英国乡村带来了一个令人沮丧的经济环境，但是这的确让海上航行变得更加安全了。如今英国不仅打败了法国，还打败了荷兰和西班牙海军，这个世界的海洋上从此不再有海盗。这降低了保险费，相应地也降低了运费。世界贸易额极大地增加了。[31] 木材、羊毛、皮革和鲸鱼产品大量涌入英国，但是许多驶向海外去搜集这些货物的船只实际上空空如也。航海利润给政府带来了压力，政府取消了对商船可容纳的乘客人数的限制。结果，去国外的乘客数量增加了许多倍。[32] 艾萨克·斯蒂芬森是一个具有爱尔兰血统的苏格兰人，家里往上五代都是种亚麻的，他是家里的第七个孩子。他加入了爱尔兰和苏格兰的移民大军，跨越了大西洋。他之前去过伦敦德里找工作，但被新世界的前景所吸引，他给自己买了一张去往新不伦瑞克省的木材船的船票。他一下船就找到了工作，在奥罗莫克托河边为贵族监督木材加工。三十年后，他成立了一家独立的木材承包公司，为英国皇家海军供应桅杆。[33]

　　到了 19 世纪 30 年代，有五万五千个移民离开了不列颠群岛，他们大部分来自南部和东南部萧条的农业乡村。[34]1850 年到 1854 年，又增加了另外二百万爱尔兰人。政府利用饥荒实施驱逐政策和土地清理计划。自 1847 年以来，饥民唯一能获取救济金的方式是加入济贫院，但是加入济贫院的话，他们的土地必须充公。政府会拆掉他们的小屋，把土地合并成一大片。据一位亲历者讲述，他假装自己在克莱尔县旅行，"跟在入侵的军队后面"，那些房屋紧接着被"夷成了平地"。[35] 到了

1858 年，大约十分之一的爱尔兰土地有了新的领主。当一无所有的人都逃往美国的时候，政府就这样解决了人口过剩的问题，爱尔兰的乡间仅剩下一些以土豆为食的小农。

19 世纪 40 年代，英国工人构成了每年决定移民的二十五万人口中的大部分。[36]19 世纪 60 年代引进的蒸汽船使得船票价格降低，因此，越来越多社会底层的人们也支付得起移民的费用。[37]城市里的真实工资比农村要高得多，就业的机会也在不断增加，生活水平很难用田园牧歌来形容。来到城市的移民比那些贫民窟里的人过得更好，后者住的地方潮湿不堪。由于人数过多，所以厕所共享，排水沟还会溢出污水。虽然埃德温·博顿利（Edwin Bottomley）在威斯康星的农场生活很辛苦，但他很开心自己逃离了劳累且乏味的英国工业生活。"谢天谢地，"他写道，"闹钟响了，我不用把孩子们从床上叫起来，拖着他们，迎着深冬清晨的寒风去工厂赚那几个钱。啊，谢天谢地，我们现在过的可不是这种生活。"[38]

对于那些通过陶工移民社离开斯塔福德郡的陶工而言，殖民地保证没有现代制造业很常见的劳动分工。[39]如果移民过来的农村劳力是希望重新获得圈地运动之前的传统的乡村世界的话，那么，手艺人则是想回到前工业社会，那时技巧娴熟的手艺人熟知每一个生产阶段。在斯塔福德郡制陶厂，陶工师傅被土坯工、投手、压坯工、上窑工、上色工和上釉工所取代——每个人在生产线上重复做同一项工作。这提高了效率，也减少了劳动成本，因为不熟练的工人和半熟练的工人的薪酬要低一些。[40]相反，在 19 世纪中叶的美国，个人

166

纽芬兰鳕鱼渔业。

热而危险的煮糖工作。

在伦敦的咖啡馆里，像塞缪尔·帕蒂斯这样的先生可以品尝新的殖民地饮品。

在西印度群岛，奴隶贩子在周日集市上被允许出售他们种植的蔬菜。

在 18 世纪，下午茶在富人家里成为一种固定的仪式。

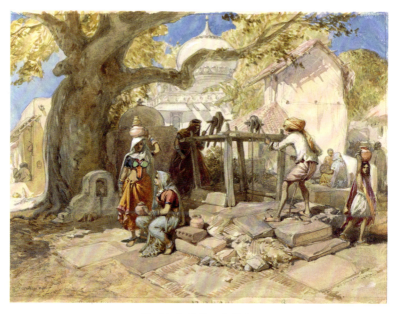

19世纪印度的一个村庄。

一名用大烟放松的中国船夫。

一个19世纪工人的小屋的内部，在他们移民的时候，许多人都离开了。把棕色的茶壶放在罐子上。

在新西兰，肉是如此丰富和廉价，以至于"足以让人跳舞"。

毛利妇女在传统的地烤炉里准备食物。

英属圭亚那的一群印度契约劳工。

印度契约劳工到达英属圭亚那。

在 1879 年和 1880 年的悉尼和墨尔本国际展览会上，该公司为他们的肉罐头赢得了奖品。

仍然可以成为独立的手艺人实现传统的理想，正如塞缪尔·沃克在尤蒂卡自己做陶罐品一样。[41] 英国手织机同样在新英格兰和费城免于工业化的侵袭。[42] 但是，美国在内战之后也工业化了，制陶业和纺织业越来越机械化，英国移民再也无法用传统方式立业。自那以后，吸引他们的不再是梦想的独立工作，而是美国的高薪。[43]

　　在新世界，英国移民能够实现全国农业工会承诺给其成员的那些合适的目标：舒适的房子、食物、尊重和土地股份。这些移民家里通常都有很基础的配置：在一张哈丁家农庄的照片上，有一座牢固的带天花板的房子，还有游廊和烟囱。[44] 虽然不是很奢华，但绝对比他们在英国的那间相当破旧的圆面包式的农舍要好很多。詹姆斯·兰德尔也在新西兰的铁道上工作，他知道"这里没有想象中的有羽毛垫的床"。但是，他认为除了这一点，在这里只要他想吃猪肉，就可以随时出去在灌木丛里抓一头猪；还有，工人在这里的工资"比在英国时挣得更多，而且可以花在让生活变得更舒适的物品上"。[45]

　　早些年的条件一般都十分艰苦。19 世纪 50 年代，在新西兰南岛的坎特伯雷附近，劳伦斯·肯纳韦帮忙建立了第一批养羊场中的一个。这计牧羊人回想起了曾经不得不吃的"满是颗粒"的布丁和面包，因为他们将小麦磨成粉的唯一工具是一个咖啡磨粉机。他感觉"增加的新鲜感在很大程度上并没有消弭

"乌尔里希的面包坊"。第一批移民想方设法做地道的发酵面包。这个人为新西兰奥克兰北部阿希帕拉橡胶园里的采胶工人做面包。第一批农民里不想冬歇的人会去采贝壳杉胶,卖掉挣钱养活家人,并用于改善农场的条件。

掉因生活水平下降而带来的落差感"。[46]这与"长生面包"有天壤之别,它让许多劳动者的伙食退回到了19世纪40年代,那时他们用从小麦粉中分离出来的残渣做面包。他们用这些"食物"做成了一个个厚重黏糊的面包,吃的时候可以"从嘴

里拉出丝"。[47] 但是一旦定居，移民很快就能改善过去在国内　168
常吃的寒酸的饭食。用热水混合麸皮、盐、啤酒花、糖和土豆
皮，他们以此代替酵母粉做发酵面包。俄亥俄州有创新力的移
民在由面粉、猪油、水和盐制成的面团中加入酵母粉、牛奶和
大量的黄油，这种面团被称为"团子"；他们用油炸而非水煮
的方式烹饪团子，炸好后撒上一层糖，它们就变成了甜甜圈。[48]
对于一个刚刚抵达埃利斯岛的美国移民安置点的瑞典移民来说，
这种多脂多糖的美味让她确定，她终于来到了富庶之地。[49]

　　在得克萨斯州森林区的农场里，一片涂了黄油的面包或
一些奶酪和饼干——疲惫的英国纺织工的晚饭——只被人视
为"零食"。[50] 肉类是大多数移民在英国渴望已久的食物。约
瑟夫·阿奇说，这是"每一个慈父的野心和荣耀……坐在餐桌
前……有一块上好的带骨肉"，当他到加拿大旅行去评判英国
移民的前景时，他看到"工人家里有许多大块的牛肉"。[51] 在
新世界那里，遍地都是田园农场，生产了丰富的牛肉和羊肉。
人们认为肉是早、中、晚三餐的标配。爱德华·戴尔（Edward
Dale）回想起他的童年时代，在 1880 年的得克萨斯，每人每
天"都要吃三块肉"。[52]

辣汤炖羊肉

取八至九片冷却了的烤羊肉，用盐、胡椒、卡

宴椒调味，洒柠檬汁，静置半小时。倒黄油，没过
羊肉，裹一点棕色面包屑，在热炉子上用中火烤几
分钟。摆成一个圆圈，在中间放豆瓣菜，豆瓣菜用
盐、胡椒和柠檬汁调味，然后上菜。

在新西兰的绵羊站，用嫩嫩的羊腿肉做的羊肉碎、羊肉咖
喱或羊肉蘑菇，是早餐的标准配置。至于中餐，一般是带骨羊 169
肉和蔬菜，晚餐又是"按主菜形式做的"羊肉。[53]乔治·汉克
斯是沃里克郡泰索区的一个农民，他认为在新西兰辛苦修了一
天铁路之后，回到家发现"晚餐可以吃两块羊腿肉"，"足以让
人开心得跳舞"。[54]

正如萨拉·哈丁在信里写到的，在新西兰的农场里，务
丁者不会在寒冷中蹲在篱笆下吃饭。约翰·特拉韦斯是一位
三十八岁的佃农，他在写给在林肯郡的妹妹的信中说道："'老
板'和我们一起工作，一起坐着抽烟管，一起聊天。这里不用
鞠躬脱帽。"[55]巴克夫人是一位有教养的移民。她提到，有些
人反对新西兰移民所表现的"独立举止"。但是，她发现人们
喜欢"看见挺拔的步态，营养良好的健康面貌，体面的衣服
（即使没人向你脱帽致意），而不喜欢看到饥肠辘辘、消沉的面
容和我们英国人那种过分奉承屈从的姿态"。[56]从对济贫院的
恐惧中解脱出来让人感到自由，因为人们不用再向身份高自

己一等的人脱帽了。"这个国家没有勋爵，没有公爵，没有侯爵夫人，没有伯爵，也没有王室要供养，也没有国王。"约瑟夫·霍林沃思（Joseph Hollingworth）在从美国寄给在哈德斯菲尔德的姑妈、姑父的信里兴高采烈地说道。[57]

许多移民的梦想是在他们新的国家里挣够钱买属于自己的农场。勤奋的殖民地自耕农的理想最先是由 17 世纪的新英格兰人提出的，现在仍然是英国 19 世纪移民的理想。新西兰的移民文学全是征服了荒野，然后通过艰苦的劳动和毅力让自己过上了田园牧歌生活的移民英雄故事。[58]传教士伯根·别克司蒂（Burgon Bickersteth）在和阿尔伯塔省牧场的拓荒农民聊天时，发现加拿大移民在工作时也有相同的精神。他所说的移民"总谈论这个国家将会变成什么样——他家的农场将会变成什么样"。他认为，如果他们能够买"一个现成的农场，许多移民征服土地的热情就会降低，因为培育土地才是特别吸引人的地方……看见一亩接一亩的灌木丛逐渐被开垦成耕地，然后进行耕种，这才是拓荒农业让人真正心醉神迷的地方"。[59]

来自牛津郡伍德区的移民们在新西兰实现了农业工会的最后一个目标，这个目标在国内很难实现：持有土地股份。1870年，霍克湾刚刚从本土毛利人手里被买过来，成为一个独立的殖民地。劳力们签约去修建铁路是为了把这里和福克斯顿西海岸的港口连接起来。乔治·史密斯是伍德区第一批移民的劳动者，他找到了一份修建大南路[*]的工作，类似于修铁路那样。[60]
正如我们所见，他每天拿六先令的工资，能租一间带花园的
房子，还可以养牛和马，孩子们吃得好，穿得好。特德·哈丁
第二年学他移民，找到了修铁路的工作。萨拉在写给家人的
信里提到，他们希望在"夏天结束之前"置办一些地。[61]移民
管理局旨在将劳力变成殖民的对象，把一块又一块灌木地低价
赊给了他们。当约翰·普菲尔德抵达之后，他在新政府找到了
工作，为计划建设中的伍德威利殖民地清理灌木丛。[62]这三个
人都于1876年4月加入了伍德威利小农场协会，每人分到了
一百五十英亩的土地。第二年，《霍克湾先驱报》的一名记者
到这个殖民地参访。这里如今有一家旅馆、两个仓库、一个屠
夫和一个木匠，还有一个制靴和制鞋匠。农民已经把大部分灌
木烧干净了，还砍掉树木给土地加围栏。牛群在围栏里漫步，
到处都有殖民者在种小麦或燕麦。他们开始建舒适的房子，来
取代他们现在的木屋。1877年，他们聚在一起为六岁的学龄儿
童修了一座学校。四年后，他们又建了一座教堂。[63]

　　不是所有的移民故事都有这样幸福的结局，不是所有的移
民都过上了这种田园牧歌的生活。他们中的许多人在新世界迅
速兴起的城镇里寻找工作。耶利米·高德斯万成了南非阿尔巴
尼区的一个农民。他频繁地遭到科萨人的袭击，导致他的农场

---

* 大南路是新西兰北岛奥克兰和惠灵顿之间最早的高速公路的北段，始建于
　1861年。

建设得不是很好，但是他造了一辆牛车运送货物，效益还算可以。[64]像伍德区那些农民一样，他把失业、饥饿和耻辱抛在了后头。在移民聚居地里，他们可以每天吃三顿饭，包括早餐的牛排；他们可以有自己的房屋和土地，可以骑马打猎、种植水果以及不用向任何人脱帽。整个19世纪，欧洲移民扩大了世界的可耕种土地和高产草地的面积，大约在十五万亿到二十万亿英亩之间。[65]这对农业生产有着深刻的影响，为新世界在19世纪最后十五年出现的食品制度奠定了基础。

*In which Frank Swannell eats bean stew,
bannock and prune pie in British Columbia
(15 November 1901)*

How the industrial ration fed those who pushed
out the boundaries of empire and processed foods
became magical symbols of home

第十三章

英国制造

工业配给如何给那些打破了帝国和
食品加工地边界的东西打上了故乡的烙印

弗兰克·斯万内尔在英属哥伦比亚吃炖豆子、烤饼和西梅饼
（1901 年 12 月 15 日）

1901 年 11 月 15 日，当夜幕降临，弗兰克·斯万内尔和
他的同事正在回营路上，他们的营地在特克塞达岛上的冷杉林
里，他们在那儿负责检查卡普·希夫采铜和采金公司的采矿执
照。他们是佐治亚海峡短暂冶铜热的先遣部队。那是细雨迷蒙
的一天，"头顶是阴郁的天空，脚底是沼泽"，让人难受。[1]弗兰
克不得不把注意力放在和脚踝齐深的水里，每扫过一个灌木
丛，他都要接受一次"洗礼"。下午三点半，天色太暗，不点
火柴看不清文件，于是那天他们没检查。他们穿过混杂的铁杉

矮树丛，踩着石头和木头，徒步走过水塘，回到营地时已经
"晚上了——靴子和双腿像受了潮的脏纸"。[2] 两人已经很饿了，
他们就上午十一点半吃了一些面包和黄油，喝了一杯茶。与此
同时，营地的厨子也非常忙碌。晚餐是"澳大利亚野兔炖豆
子、面包和西梅饼（所有额外点的菜都是另外做且别处吃不到
的）"。[3] 虽然这天很辛苦，但是一吃饭两人就来了精神，他们
唱着"每一首能记住的歌"，从《我的邦尼》到《克莱门特》，
就这样度过了"愉快的时光"。[4]

　　弗兰克和他的同事们吃的是和 16 世纪海上冒险者们吃的 172
同样便宜且耐藏的食物：腌肉、硬饼干、面粉、青豆和其他豆
类以及一些油脂或黄油。这与英国劳动者们吃的工业配给类
似。19 世纪的男男女女继续冲破帝国的边界，把同样的食物
装进大船和划艇、马背上的褡裢里、独轮车和马车里。[5] 久而

在不列颠哥伦比亚省的检查营地，弗兰克·斯万内尔为全体成
员做野鹿肉。

久之，干果、盐、糖、茶、咖啡和朗姆酒被添加到供给里，罐装肉和真空罐饼干也可以吃到了。靠着这些补给，在全世界探索、剥削并移民的时候，欧洲人让自己保持温暖并维持三餐。在整个 19 世纪，探险家、捕鲸人、伐木工人、牛仔、牧羊人和开荒移民获得了世界的海洋资源，迁移到了他们自称为处女地的领土上。他们侵占森林，越过草地和草原，继续把外围区域合并到白人居住地的核心区域。[6]

　　甚至在移民据点之外的偏远地区，欧洲人都想尽办法做地道的发酵面包。1839 年，基图拉·贝尔纳普（Kitturah Belknap）和她的丈夫从俄亥俄州向西旅行去渥太华的大牧场。他们搭好帐篷后，她会把水、玉米面、土豆片和盐和在碗里，做"咸饼"。她把它放在暖和的地上发酵一整夜。第二天一早就把"咸饼"加在面团里发酵，然后在拆帐篷之前用荷兰烤炉烤制面包。这样，他们一路都有做好的面包吃。[7]在她讲述他们一家于 1874 年从好望山（位于今天的津巴布韦）出发完成的旅行时，杰西·洛夫莫尔（Jessie Lovemore）回忆起她的母亲也有类似的"帐篷惯例"。每天晚上，她都会准备一个发酵面团，然后第二天用荷兰烤炉做面包。那是"一个沉重的生铁或者熟铁做的平底锅，还有盖子，人们可以在上面堆煤。这个程序是为了生火，如果有足够的烧热的木块，就可以在上面放装有面包、蛋糕或肉的锅子，再盖上盖子"。[8]

营地厨子没有发酵粉，只能用做好的苏打面包代替。弗兰克·斯万内尔的"撒手锏"是麦饼或司康饼。1901 年 8 月，弗兰克在给他未婚妻的信中写道，"当上面说的这些小姐要尽快为她的姐妹或其他人做蛋糕时"，她会给厨子一份"速成食谱——法式蛋糕"：发霉的面粉——足量；一撮烘焙粉；大量的葡萄干；橘子酱——能够黏住刀片；糖浆（带白蛉的）——大量；罐头牛奶——半罐倒满一杯；水——随意；然后混合。再放在一个反射式加热炉前面，在火上添上许多冷杉树皮。用铁杉木片试一下熟没熟"。如果缺少食材，必要时弗兰克的食谱仅用面粉和雪水就能做出"像包了铁皮一样的食物"。[9]

营地的另一个备用食品是用面粉做的油炸团子。做饭的时候把它们放进加了盐的肉汤里。油炸团子是这帮人的最爱，他们投身森林和海洋里，为取皮毛而打猎，砍伐树木，开采煤和珍贵的金属，捕鲸，陷入狂热的开采行动中。他们破坏了大片十地，把野生动物赶到了灭绝的边缘。[10] 在纽芬兰，油炸团子是著名的"情人小点"，因为它们用了许多糖浆和肥猪肉。这些富含碳水化合物的圆球给了伐木工人和捕鱼工人以能量，他们需要这些能量来砍倒树木和捕鳕鱼。[11]

但是这种配给实际上非常缺乏维生素。它需要佐以新鲜的肉，而且如果可能的话，佐以当地水果和蔬菜。顿顿吃炖腌牛肉，喝加糖的茶，这让罗伯特·奥哈拉·伯克和威廉·约翰·威尔斯在 1860 年从南到北穿过了澳大利亚大陆。但是他们没有为返程带够足够的物资，最后只靠着每天吃一点腐烂的肉和一把面粉活下来，他们毫无能力捕获丰富的野味。等到他们跌跌撞撞往回走到杨德鲁万德哈（Yandruwandha）人的领地时，因为严重缺乏维生素 B 以至于双腿几近瘫痪。最后这两人都死了。[12]

　　海军军官明白，坏血病是因为缺少配给导致的饮食疾病。许多人以为是水手们食物里的盐导致了他们生病，于是海军部在 1733 年把腌鱼剔除出海军的配给，并用燕麦和糖代替。[13]众所周知，新鲜的食物可以缓解坏血病的症状，而且每当船只驶入港口，就得购买新鲜肉类和蔬菜；当他们在海上的时候，会分发柠檬水和醋给水手们。虽然坏血病不是导致 18 世纪海军军人死亡的主要原因，但它仍然是一个问题，而且严重地影响了海军的效率，因为它限制了船只在海上停留的时间。[14]找到一种方法为水手们供应新鲜食物迫在眉睫，因为正如伦敦外科医生安德鲁·温特所说："英国，就它的独立而言……就像位于沙漠中的一座城市；她的船只需要穿过大片没有食物的土地，就像海洋里的骆驼；如果海员的供给得不到满足，那么他们的处境可能就像大篷车里的人，水袋只能用一时，有时还会毫无预兆地爆炸，仿佛在控诉自己的生命被报废在了缺水的沙漠里。"[15]探索这些问题的解决办法促进了新食品产业的发展。

　　1804 年，法国政府奖励了尼古拉斯·阿佩尔一万二千法郎，因为他发明了瓶装法。这种方法是把食物趁热密封在玻璃瓶里。他的方法实际上可以用来保存任何食物，从牛肉汤到绿豆。法国一家报纸称赞阿佩尔找到了一种"锁住时令"的方法。英国发明家彼得·杜兰德获悉了这种方法，并把用锡罐而非玻璃瓶装食物的想法注册了专利。然后他把专利卖给了布赖恩·唐金，他是铁制品工厂的合伙人，对于新想法很有眼光。1813 年，甘布尔（Gamble）、唐金、哈尔（Hall）在伯蒙德赛的 ¹⁷⁵ 蓝锚道开了英国第一家食品罐头公司。他们的罐装肉得到了名人政要们的青睐：约瑟夫·班克斯代表皇家协会检验了肉罐头，卫斯理勋爵（后来的威灵顿公爵）把它介绍给了海军，就连国王乔治三世和夏洛特王后也说非常喜欢他们的牛肉罐头。[16]

西印度群岛海军基地的指挥官立刻请求海军部送一批甘布尔、唐金、哈尔注册了专利的肉罐头样品到海军医院仓库。他听说这种罐装"牛肉汤"在最热的天气也能保鲜。1815 年，他在报告里称，这比压块汤粉要好得多，后者在 18 世纪中叶被用来治疗水手的坏血病。[17]1819 年，探索西北航线的探险队是最早把甘布尔公司的罐头加到面粉和腌肉仓库里的。返航的时候，随船医生把水手们的健康归功于肉罐头和汤罐头。[18]建工厂仅五年后，甘布尔、唐金、哈尔就为海军部供应了价值超过五千英镑的罐装烤牛肉、腌牛肉、酱牛肉和煮牛肉，羊肉以及小牛肉，还有牛肉汤和蔬菜汤。[19]因为海军是他们的主要客户，1821 年约翰·甘布尔（如今唯一的股东）把工厂迁到海军牛肉供应中心科克。不再是放在桶里腌成"爱尔兰马肉"，爱尔兰牛肉如今被装到锡罐里，人们改称其为"线团和绳索"（吊床用的细绳），因为煮老了的牛肉成了一种让人倒胃口的"绳带团块"。[20]1831 年，海军部让航线上的所有船只务必为生病和体弱的海员带上肉罐头。1847 年，肉罐头作为药品，被加到配给里供应给普通海员。[21] 在"牛肉日"，他们分有一罐牛肉罐头的四分之三和土豆或大米罐头的四分之一。每个海军餐厅都配有特殊的小刀，用来开罐头。[22] 在海员的话里，"牛肉汤"成了"咸牛肉"，这个说法直到 20 世纪还在军队里沿用。[23]

　　许多人相信肉罐头是把海员从"腌牛肉"饮食中解脱出来的方法。[24] 但是，戈德纳丑闻打破了人们对这种新鲜的保存方法的迷信。1852 年，朴次茅斯的皇家克拉伦斯仓库的督察员发现，海军商店有成百上千的罐头里是臭肉。他们发现之后，产生了呕吐的反应，而后只能在商店地板上用氯化漂白粉才能祛除这种臭味。[25] 最终，海军只能扔了这些价值超过六千镑的罐头。斯蒂芬·戈德纳（Stephen Goldner）自 1845 年以来一直是海军的供应商。他在摩尔多瓦开了一家工厂，那里的肉和劳动力都很便宜。但是，他犯了一个错误，为了降低成本，他使用了能装九磅和十四磅肉的稍大一号的罐头瓶。尚未成熟的装罐技术还不能满足这种包装要求，因为它们太大了，无法全部加热到足够的温度。海军和他解约了，办起了自己的罐头厂。[26] 政府对那些带有敌意的、反犹主义的新闻报道进行追责，这让戈德纳在伦敦的代理商塞缪尔·塞克斯特斯·里奇（Samuel Sextus Ritchie）逃到了澳大利亚。他于 1857 年抵达墨尔本，成了一名酒商。但是到了 19 世纪 70 年代，他开办了一家自己的罐头公司，很快便成了澳大利亚最大的公司。在世纪之交，墨尔本出口的肉罐头其实全是兔子肉，这几乎成为"澳大利亚兔子肉"的出产地。1901 年，弗兰克·斯万内尔和他的同伴在不列颠哥伦比亚省吃的炖豆子里就有这个。[27]

　　群情激奋并没有推动肉罐头的发展，他们现在把它和食物中毒联系起来。约瑟夫·班克斯的感谢信价值有限，因为他说甘布尔的罐头是"经过防腐处理的供应品"，让人想起木乃伊而不是新鲜又有营养的食物。[28] 还因为肉被切成小块，可以通过螺栓孔放进罐子里，海员们给它取了一个正式的绰号，叫"芬妮·亚当斯"，这是一位八岁女孩的名字，她被谋杀犯肢解了。[29] 广告强调罐头可以等几年之后再打开，里面的肉还是好的，但是对于很多人而言，这似乎表明这种产品的"新鲜"是骗人的。据安东尼·特罗洛普所说，相对于半磅鲜肉，工人更喜欢一整磅粗粮和罐装肥羊肉。[30] 此外，罐装食品非常贵：甘布尔给海军的价格是每磅一先令八便士到三先令。[31] 除了对那些需要为长途旅行储备物资的海员和探险家而言，肉罐头其实并没有多少经济价值。到了 19 世纪最后十五年，罐头已经成为任何一次远征活动的标配。

　　罐头食品在英国国内市场反响平平，在殖民地却非常受欢迎。印度和美国的杂货店货架上不只有坛装腌黄瓜、瓶装印度淡啤酒，还有罐装西芹鹅肝酱和松露。[32] 在 19 世纪 30 年代，艾玛·罗伯茨注意到，"一次美味的招待包括密封三文鱼……树莓酱和干果；这些食品来自欧洲，有时很难买到新鲜和当季的，所以价格是看情况而定"。[33] 罐装食品对于那些生活在偏远地区的人而言是一种恩惠。19世纪70年代，密苏里河旁的亚伯拉罕·林肯驻地根本没有新鲜鸡蛋。陆军中校卡斯特和他的装甲部队驻扎在此地，从保护当时在修建穿过北达科他的北太平洋铁路的研究人员和铁路工人免受苏族人的袭击，铁路工人。卡斯特夫人能在密封罐头里找到"结晶鸡蛋"就足以得到一点慰藉了。[34]

到了19世纪50年代，约翰·甘布尔的罐头厂从为海军供应转向为殖民地市场供应了。他在1851年的世界博览会上陈列了自己的产品，他公司里堆成金字塔形的罐头里面有腌火腿，"销往印度、中国等……牛肉汤和其他汤卖给海上的移民和部队。野鸡、鹧鸪等，腌制……所有……为了在任何气候里保存，而且为了无限保质期"。[35]不久之后，甘布尔的公司被克罗斯和布莱克威尔（Crosse & Blackwell）公司收购。在19世纪30年代，埃特蒙·克罗斯（Edmund Crosse）和托马斯·布莱克威尔（Thomas Blackwell）重新定位了他们的油料生意，不再供应海豹和鲸鱼脂肪，开始走奢侈供应品路线。1840年，他们把第一批委托货物运送到印度，包括腌黄瓜、水果、芥末、醋和马槟榔。而且他们开始展望帝国市场。在19世纪中期，供应品的制造开始变成一种工业生产；到了19世纪60年代，克罗斯和布莱克威尔公司已经在泰晤士河畔建成三家工厂和两个仓库。[36]

1865年，亨利·梅休在参观其中一家工厂时，其生产规模使他感到震惊。在点满煤气灯的房间里，有成百上千女工，她们的手臂被黄瓜汁染得像斗鸡腿，她们站着排成了一条走廊，把"淡黄色的花菜芽……，许多像玻璃弹珠的白洋葱（和）……大的橄榄，绿色毛毛虫状的嫩黄瓜"装进方形玻璃坛子里。[37] 他因看见她们用的成山的糖（每天一吨）和成河的醋（每周二千五百加仑）而惊讶不已，实际上她们每年生产三百五十桶醒鱼酱。他无法想象"地球上到底哪里需要用到这么多的酱"。[38] 殖民地是克罗斯和布莱克威尔公司的主要市场。1871 年，《印度指南》的作家埃德蒙·赫尔承认"海外的英国人欠克罗斯和布莱克威尔公司这样的公司一句感谢……油料商人的商店里的腌黄瓜、腌水果、肉、汤、罐头火腿、羊舌、培根，实际上可能是无与伦比的，而且一般来说很可靠，值得信赖"。[39]

饼干厂全面机械化了。当时人们已经接受这个观点，即衬衫和裤子可以用缝纫机缝；现在又面临一个令人震惊的事实，即饼干也可以用这种方法制作。"从面粉和其他原料放进搅拌器的那一刻，到饼干被装罐……它们几乎不经过工人的手。"[40] 具有开拓精神的面包师托马斯·亨特利、威廉·帕尔默以及 J.D. 卡尔已经把饼干生产机搬离他们的面包店，搬进了建成的工厂里。在那里，蒸汽机做面团，切饼干，"传送式烤炉"烘焙饼干。当它们经过一个传送带时，被送到包装区。"机器做的饼干！"梅休说道，"乍听起来，非常滑稽，就像蒸汽机孵出了小鸡一样。"[41]

饼干厂每年生产成千上万吨饼干。[42] 实际上，他们的生产量太大了，以至于梅休感叹，"饼干似乎成了所有人的主要食物，而不仅仅是少部分人享用的零食"。[43] 他们生产足够的饼干供应大众市场，但价格可一点不"大众"。在这样的情况下，即使是最普通的生姜、坚果的花费也和一个工人一天的收入一样多。[44] 他们的市场在世界其他地方。法国、比利时和荷兰在1870 年消化了百分之七十的英国饼干，剩下的百分之三十销往了全世界。[45] 因为装在真空的锡罐里，无论外部的气候条件如何，饼干放上几个月甚至几年还可以吃。这让它们成了探险家、军人以及殖民地官员的最佳供应品。在 19 世纪 80 年代，一个地理调查组在南罗德西亚岛写信给卡尔公司，说有一罐他们家的饼干在车里的工具箱里放了两年，最近才打开。让他们高兴的是，饼干仍然酥脆，味道也很好。[46]

饼干罐头与其他罐头和瓶子不同，即使里面本来就是空的，也不会被立刻扔掉，因为它们有各种各样的用途。在 19 世纪 60 年代，一位英国旅行者注意到，一个蒙古游牧部落的女酋长用大饼干罐当"移动菜园"，在里面种大蒜，炖羊肉的时候拿来提味。[47]1879 年，英国军队在洛克渡口战役中，躲在用卡尔公司的卡莱尔饼干罐做成的障碍板后面攻打祖鲁人。[48] 1898 年，英国人打败了喀土穆附近的马赫迪军队，他们在战场找到了一个刀鞘，是用从亨特利和帕尔默公司的饼干罐切下的金属条做成的。20 世纪，在乌干达的一个基督徒集会用二磅的饼干罐放《圣经》，以防它们遭到白蚁的破坏。[49] 在 20 世纪40 年代，尼罗河附近的努比亚流行用花朵和艺术设计来装饰泥房子，这个设计的灵感来自亨特利和帕尔默的"花团锦簇"和"紫藤"圣诞节饼干罐。[50]

179

在 1857 年印度民族大起义后，东印度公司在殖民地的领土财产被剥夺；1858 年，印度成了一个皇家直辖的殖民地。老式的东印度公司商人举手投足间都和印度权贵十分相像，他们穿着舒适的白色宽松裤，抽着水烟袋，通常有一个印度情妇，而且和印度上层私交甚好。他们保持这样的做派很久了，后来被"老爷"（burra sahib）——英国社会有教养的中产阶级的化身——所取代。19 世纪 20 年代和 30 年代，有一种观点认为东印度公司的官员应该担当西方文明的代言人。他们的任务是把印度带到现代文明社会，根除令人厌烦的印度习俗，比如"苏特"（sutte）（烧死寡妇），并促进当地的法律公正。"老爷"身着整洁的西装，表明他会忍受任何不悦并保持风度。[51] 现在印度政府的官员是英国皇室的代表了，他们不仅要在言行举止上，还要在道德上，表现出英国人的优越性，每时每刻都要维护国家的声望。

注重声望是 19 世纪兴起的一种观念，它控制着整个帝国的英国官员的行为举止。它表现了一种权威的举止和不能改变的感觉。在殖民地，英国男性和女性不断被"土著"观看。在生活的各个方面，他们都要保持正确的穿着标准，干净整洁以及风度翩翩。[52] 尤其在殖民地的餐厅，人们把这当作一个官员展现文明的舞台。像《印度的英国女士》（1864）这种书为"前往东印度的……女士"提供建议，乘船时要带上几箱桌布、韦奇伍德瓷器、银制调味瓶、餐具和玻璃瓶，这样他们的餐

印度殖民地官员在餐桌上展现"英国性"。

桌会反映国内那些"最标准的配置"。[53] 1900 年 2 月，伊莎贝 180
拉·罗素（Isabella Russel）发现自己把罗马天主教驻塞内冈比
亚主教招待得很满意，那时他正在英属冈比亚巴瑟斯特旅游，
她主要靠的是在镇上收藏的餐具才制造了满意的效果。在一封
写给国内姐姐的信中，她描述道，餐桌上铺着粉色丝绸，摆着
漂亮的菜式，还有银匙，借来的雪莉玻璃酒杯以及她那上等的
韦奇伍德灰色、白色和金色的餐具。[54]

　　理想的菜单是"国内有教养的社会盖章认定的菜式"，[55]
但是，这很难实现。种植欧洲蔬菜的蔬菜农场确实在欧洲军队
于印度的驻地周边兴建起来，但是夫人们经常被迫用罐头食品

来做一顿像样的欧洲餐。在印度的午餐会上，通常都是"罐装鱼、培根、鹅肝酱饼、芦笋和奶酪"。[56]伊莎贝拉·罗素还给妹妹随信附上了主教吃的那顿饭的菜单。"你可能想知道西非能生产什么，"她笔下透露出一丝骄傲，虽然"我们有罐头食品，但没有冰或这类奢侈的东西。"这顿饭的主菜用的是当地的花生做成的汤、煮羊肉（"这里太穷了，烤不了"）和烤乳鸽，她把它们变成了一道道听起来更优雅的"法式花生浓汤""法式羊肉料理"以及"秘制烤乳鸽"，罐装豆子、糖衣栗子以及瓶装杏仁和葡萄干为这顿饭增添了一丝精致感。[57]

储藏室里有什么

虽然我强烈反对过分使用罐头食品，但是在储藏室你必须放一些东西：腌黄瓜、酱料、果酱、培根、奶酪、通心粉、细面条、醋、食用香精、昂贵的块菌、酸果、饼干、鱼胶、竹芹、燕麦、珍珠麦、玉米粉、橄榄、刺山干花蕾、干香草，等等。千万别忘了帕莫森碎干酪（克罗斯和布莱克威尔公司有售瓶装的），沙拉油是最容易买到的，每一个储藏室都少不了龙蒿醋、凤尾鱼醋、法国醋以及干红醋。酱料里面，通常认为"哈维"牌是平时最好用的；萨顿的"印度黄"牌是一种味道很浓的酱料，味道很像蘑菇；慕尔的酱料和"雷丁酱"值得信赖……
但是我不喜欢"沃彻斯特酱"和"塔普酱"，因为这
些酱料的经销商都太强势了，连本地厨子都不相信。
萨顿的醒鱼酱据说不会凝结，或者堵住瓶口。我非
常尊重核桃酱和蘑菇酱，大豆酱和番茄酱。然后，
我们不要忘了给鱼子酱、果酱和凤尾鱼淋上油，作
为特殊的料理。[58]

不论他们身处何方，这些谛造了大英帝国的男男女女都　182
会试图在他们不熟悉的地方制造出展现"英国性格"的时刻。
欧洲供应品在这些遥远的地方具备神奇的魔力。1914 年，劳
拉·博伊尔和她的丈夫在西非丛林深处的黄金海岸驻点接受了
随和的区长的招待。"任何人从非洲的黑夜里看还亮着灯的客
栈，穿过游廊的餐厅"，都会看到正在举办的一场"几乎正宗
的欧洲餐会"，她写道。"身着晚礼服的男士系着亮黄色的腰
带，我穿着清凉的白裙子……放着瓦格纳和贝多芬的《月光奏
鸣曲》助兴。"[59] 罐头食品在这种重造"家乡"的场合起着至
关重要的作用。因为博伊尔一家开始了一场为期十天的旅行，
从库玛西终点站启程去文池。起重机在他们头上吊起一个又一
个装满罐头的箱子，其中包括西红柿罐头和乌鱼汤，芦笋和蘑
菇，沙丁鱼、培根和肾脏，樱桃、梨、梅子和草莓。[60]

不是每一个殖民地长官都能买得起罐头，用来在他们的领

地上重造英国。1943 年，玛杰里·哈尔（Margery Hall）搬到了遥远的菩提普拉镇的新家里。它靠近英属印度信德沙漠的雅各布阿巴德，她被自己所发现的事情吓坏了。院子里的老鼠泛滥成灾，再看看厨房，她发现"到处都黑黢黢……很明显这个厨房没有定期洗刷"。[61] 菩提普拉既偏远又出奇地热，她觉得它是"一个糟糕透顶而且可怕的地方"。[62] 她不敢相信她的丈夫，身为印度政府部门的一员，竟拖家带口地被派到了这个地方。夜里，她被高温折磨得睡不着，一股可怕的臭味散发到他们的卧室。那来自仆人们的厕所，她发现这厕所已经满溢了，而且爬满了蛆虫。

哈尔一家买不起罐头食品作为日常饮食。在一年的大部分时间里，在当地市场上唯一能买到的蔬菜只有土豆、南瓜和"一些像干黄瓜的绿色的小东西"——可能味道很苦的小葫芦。[63] 他们的厨子把这些菜做成简单的咖喱，这家人配着米饭和恰帕提饼吃，因为买不到用来做发酵面包的酵母。在冷天的时候，有人告诉他们，许多长官会经过他们这个区旅游：玛杰里和她的丈夫亨利要招待他们。为了声誉，她去了橱柜商店。在晚上的会谈中，这一小撮人坐下来吃一顿非常像样的英国饭，主菜是冷烤乳鸽。玛杰里的来客对这种鸟一无所知，那天早上，鸽子在他们院子周围的墙上快乐地鸣叫。亨利把鸟射下来，玛杰里拔掉鸟毛，然后在刚刚洗净但仍然很原始的厨房里烤鸽子。还有"自制沙拉调味汁拌罐装蔬菜"，甜点是"罐装水果，上面撒着蛋黄酥和自己用巴氏法灭过菌的牛奶打成的奶油"。玛杰里在客人赶到之前，一个人准备了这一切，她接着

183

参加餐会。"作为女主人，假装自己有一个厨子。"为了做足这场戏，她甚至把丈夫的小礼服取了出来，自己穿着"质量非常好的人造丝裙……当时在国内非常时髦，在热带地区却一点都不时髦；现在裙子上沾上了许多从后背和手腕上流出的汗"。[64]

正如玛杰里自己所说，这"一切真的非常愚蠢"，但是帝国的规矩中最重要的事情是保持仪表。如果她的客人知道了她没有英国厨子的原因，玛杰里会感到非常羞愧。几个星期以前，她发现有人在院子的一间空屋里交媾，最后翻墙落荒而逃。她"迅速打开房门"，目光落在"熟悉的东西上，备用床、床垫、台灯……毫无疑问，所有东西上都沾满了梅毒。上帝知道哪个肮脏的地方还有其他什么肮脏的病菌"。[65]这是她生命中为数不多的一次发脾气。

坚持维护英式标准，不仅仅是为了不遗余力地表现种族优越性。殖民地模仿英国饮食，是在不熟悉而且经常受到威胁的环境里寻求依附熟悉事物的一种尝试。在菩提普拉，玛杰里常觉得自己被肮脏和疾病包围着。几年过后，她能够把捉奸扮厨子那些事情当玩笑看了。但是同时，她也很生气，因为她很害怕。"周边一切都与家庭的安全有关，"她解释说，"一切威胁到安全的事情都很重要。"[66]柴郡奶酪、亨特利和帕尔默饼干以及克罗斯和布莱克威尔罐头蘑菇汤是在帝国的野蛮之地帮助构建安全的英国慰藉物。这产生了一个特别的副产品，不论它们真正来自哪个地方，经过腌制、加工、罐装的食物以及工业食品在英属殖民地出乎意料地都变成了"家乡"的象征。斯堪的纳维亚半岛的麋鹿舌头，在布列塔尼沿海捕获的沙丁鱼，西印度群岛的乌龟汤，用西班牙橙子做的果酱——这一切都强有力地触发了有关家乡的回忆，因此带给它们一种英国气息。[67] [184] 这些产品与"家乡"的联系如此重要，以至于在美国开了一个瓶装厂和罐头厂的威廉·安德伍德，把腌黄瓜、果酱、瓶装西红柿、龙虾罐头和牛肉罐头销往印度、巴达维亚、香港、直布罗陀、马尼拉、西印度群岛和南美洲，标签上印着醒目的大字："英国制造"。[68]

　　一顿典型的盎格鲁—印度餐会，主要靠罐装食品和瓶装酱，这些都是印度优秀家庭主妇会在储藏室里收藏的。

　　炖几条切好的马鲛鱼，用骨头和边角料熬制的高汤，加一个洋葱、一个胡萝卜、一把香菜、一汤匙腌百里香和牛油、一条凤尾鱼碎、十二粒胡椒、一汤匙蘑菇酱、一汤匙哈维酱、一汤匙醋、一汤匙夏布利酒或苏玳酒。让鱼片在高汤里慢慢煮，煮熟之后，沥干，摆在一个非常热的盘子里，小心盖好。过滤煮过的高汤，加浓，加一点做好的肉汤，加几汤匙切好的松露（提前在平底锅里放一盎司黄油，一汤匙马德拉白葡萄酒）并让酱料慢煮十分钟，释放出松露的味道。完成之后，把鱼片倒入，开餐。[69]

人们很容易忽视食物为英国的工业发展做出的贡献。挑、　185
削、剁、卤和煮大部分仍然由布满老茧的双手完成，因此食物
加工厂的出现自然并不符合主流对机械化的认知。[70] 但是，食
物加工为奠定英国的工业实力做出了巨大贡献。[71] 和纽芬兰捕
鱼业以及伦敦蔗糖精炼厂同理，它们促进了 17 世纪其他工厂
的发展。19 世纪的罐头厂、腌黄瓜厂和饼干厂背后有许多面粉
厂、酿醋厂以及蔬菜农场在支撑。[72] 纽卡斯尔的梅林陶器厂生
产了腌制品厂和腌黄瓜厂所需的陶缸，成了世界上最大的陶器
厂。1856 年，威廉·帕尔默的表亲发明了烧煤的旅行炉，于是
创办了 T.T. 维卡斯（T.T.Vicars）公司，继而成为这个国家第
一流的工程公司之一。[73]

还有，英国食品加工业的发展和成功有赖于英国商业帝国
的世界市场。[74] 因为他们生产的食品很少出现在大部分人的饮
食里，所有亨特利和帕尔默公司的产品占据了英国工业生产总
值的千分之一，这令人印象深刻。到了 1905 年，他们成为这
个国家价值最大的三十八家公司之一。[75]19 世纪 70 年代，英
国排名前四的出口食品是精炼糖、鱼、腌黄瓜和餐桌酱。每
年，克罗斯和布莱克威尔公司向印度、澳大利亚和中国运送
三万多罐牛津香肠，每罐价值一英镑；还有三万四千罐牡蛎，
每罐是半品脱；还有三千多个风干牛舌、一万七千罐切达和伯
克利奶酪以及一千多个梅子布丁。[76] 这个公司的标语"天涯海
角皆识此名"，说明了一切。

*In which the Reverend Daniel Tyerman
and Mr George Bennet attend a tea
party in Raiatea, the Society Islands
(4 December 1822)*

How the spread of European provisions colonised taste

第十四章

饮食殖民

欧洲食品的传播如何推动饮食文化的殖民

尊敬的丹尼尔·泰尔曼牧师和乔治·贝纳特先生在社会
群岛的赖阿特阿岛上参加茶会（1822 年 12 月 4 日）

1822 年 12 月 4 日，丹尼尔·泰尔曼牧师和乔治·贝纳特
先生愉快地去参加"公共节日"，这个节日的举办地是，位于
大溪地西北社会群岛中赖阿特阿岛上殖民据点大卫城。这两位
作为伦敦传教会的代表来到了南太平洋，这是该传教会世界
巡回传教的一部分。这个节日在一个延伸到海里的大石墩上
举办，人们在那里布置了一个别致的场景。原本"粗糙的珊瑚
路"上已经铺满了草毯，而用树皮做的凉篷也已经支起以供庇
荫。这两位来客数了数，有"二百四十一个沙发，大约一百二
张桌子"，"桌上满是丰富食物，这些食物都是大自然馈赠给她

膝下这些还在偏远的育婴室中的孩子们的"。[1]

传教士们察觉到食物"主要是蔬菜",虽然有家人带来了少许的"烤猪肉和鱼肉"。[2]但是他们对派对将要吃什么不太感兴趣,反而更关注人们的餐桌礼仪和日常行为。这二位对岛民用本地树皮做的餐桌布印象深刻,同时还发现那些愉快的家庭小组们所坐的椅子和凳子都是由他们自己家庭所做。虽然他们认为那顿饭的服务简直是"玩杂耍",但还是给每个服务人员戴了用树皮编成的帽子表示赞赏;如果是给妇女们的帽子,则还要在上面装饰彩色的树皮缎带。[3]他们谈及大部分岛民时都很满意,认为他们穿着很"得体",有些人甚至"穿得很优雅",虽然有几个人穿的是"欧洲和本土的混搭服装";一位年长的酋长穿的白衬衫露出了黑色外套,"注意到……亚麻布后面露出了搭接"。[4]各位酋长做了餐后演讲,比较了岛民"昔日的粗暴饮食,衣不蔽体,大肆骚乱,民风落后,言辞下流"和"今日的宴会礼仪……穿着……纯洁的享乐……更加礼貌的举止,人们干净整洁,言谈优雅"。[5]泰尔曼和贝纳特相信,岛民已经被传教士改造成了体面的基督徒。

1822年,体面这个概念还比较新潮。这个词才刚开始被用来表达一个拥有良好的性格,"根据道德优良的理性……是值得尊敬的",而不是仅仅形容某人在社会等级上的地位。[6]在这个新的定义里,体面就是熟悉文雅的举止。伦敦传教会代表很高兴看到,赖阿特阿岛民已经具备了一系列可以让他们进入全世界令人尊敬的、虔敬的基督徒群体的行为举止了。[7]当地的传教士把他们教得特别好。他们的举止令人愉快,他们衣着

188

整洁得体；他们成家成户地聚在一起；这些 19 世纪完美的社会模式逐渐改变了岛民的道德行为。他们甚至还学会了令人尊敬的英国家庭生活里的重要习惯之一：喝茶。

当大餐吃完，致辞结束，并且躲过一场大雨后，每个人又聚到一起喝茶，或者用岛民的话说是"pape hahauahana"，意思是"热水"。他们"喝茶用的器具和吃饭用的大相径庭……一些人用罐子，其他用茶壶；此外，如果一个人拿了杯子，第二个人就去拿茶托，第三个人则拿汤碗，这样一起工作就显得很好。一些人——仅有几个人——拥有茶，许多人甚至连糖都没有；但是每个人都用了一些东西——无论是原料还是器具——来准备或参与喝茶这件事"。[8]前来参观的传教士们看到"一个派对上用平底锅烧热水"，感到非常好笑。大多数人用来装饮料的是"一个被他们带来海滨的，没有用任何中国原料浸泡过，但装满水会变得略有甜味的大桶或者熬糖锅"。多种多样的喝茶器具包括"锅子、盘子、德弗特陶器、汤碗、罐子、玻璃杯甚至瓶了"，但是大部分人使用的是用椰子壳做成的"他们当地带有精致雕刻花纹的杯子"。[9]泰尔曼和贝纳特被当时那种素净而欢乐的本性打动了，他们相信就连教会的敌人也会被感染。[10]

据当地的传教士约翰·威廉讲，一个比连续举行祷告会更有效的改变岛民信仰的办法就是向岛民灌输大量的文明习惯。他在岛上装了一座大钟，希望他们根据钟声来安排生活。[11]他教他们如何装饰屋子和穿衣，他特别坚信喝茶具有文明的力量。他来到赖阿特阿岛生活不久，就去了一趟悉尼，

"牧师 J. 威廉被残杀（被吃掉）前一天在塔纳接受人们的欢迎。"1841 年，塔纳岛突然终止了威廉向南海岛民介绍茶、计时制度以及基督教的传教活动。

不仅带回了母牛、小牛、绵羊、两座教堂钟，女士们穿的漂亮衣服、鞋子和袜子，还有一些罐子、杯子和茶叶。"他们喝茶的时候，"他解释说，"会想加糖，用茶杯——他们会想要一个桌子……接着会想要坐下来。因此，我希望欧洲习俗会在很短的时间内全部引入接下来的传教点。"[12]

在英国，下午茶的习惯让中产阶级女性以一种体面的形式参与了消费。购买中国茶叶的行为不是贵族们的大肆挥霍，而是让家变成一个舒适之地的标准做法。18 世纪 60 年代，当乔 190 赛亚·韦奇伍德（Josiah Wedgwood）在斯塔福德郡的工厂开始制作瓷器茶托的时候，中产阶级主妇们那些体面的习惯为英国经济的增长做出了贡献。[13] 威廉尝试在南太平洋也建立一套相似的行为规范。他从悉尼带了一个年轻人回来，请他教岛民种植烟草和熬糖。正如嗜糖和吸烟促进了英国工人阶级勤奋一样，威廉希望对这些小奢侈品的渴望能鼓励岛民努力工作挣到足够多的钱去购买它们。消费欲望将会把他们与外部世界紧密联系在一起，强化他们新学的习惯，并持续不断地推动他们把举止变得更体面。这位传教士希望，随着这些体面的习惯成为岛民内在转变的外在表现，岛民最终会接受信仰。[14] 他用茶叶当作一个引子，吸引他们进入资本主义经济社会。贯穿整个帝国史，殖民管理局经常以同样的方式利用配给：把当地人拉进他们的统治范围。

19 世纪 30 年代到 40 年代在澳大利亚，移民们开始赶着羊群和牛群，从沿海殖民地迁往内陆。19 世纪 40 年代，爱德华·库尔（Edward Curr）望见一片"开阔的长满青草的林地"绵延不尽，便想象新来的羊群沿着墨累河向墨尔本北部奔跑。"脚下的青草，还没有牛羊踩过……像伊甸园那样富有生机和活力，而且所有的一切都沐浴在朦胧的阳光之下。"[15] 当然，他所认为的这片国土没有被破坏而且荒无人烟不过是一种幻觉。这片地是乌伦杰理人、伯恩伍伦人（Doonwurrung）以及瓦尔塔浩龙人（Walthaurong）的家园，他们经营这片草地——还有在上面吃草的动物——已经好几百年了。在一系列的暴力斗争和冲突之后，土著们被驱逐出了他们的土地。随着移民为羊群和牛群竖起新的围栏，他们清除了传统的食物来源，把土著赶出了他们打猎和放牧的区域，甚至还截了他们的水源。[16]

在大陆另一边，亚龙噶人（Yalonga）管理斯旺河旁边那块移民地，这块地最后变成了珀斯，虽然欧洲牧羊人就住在冲积梯田高处，但他们仍试图继续根据他们古老的季节性模式来使用他们的土地。草场零星散落着由山茱萸灌木丛作为标志的山药。亚龙噶人小心翼翼地让它们免于着火，它们常常在生长期间被野火烧光，因为山药是他们在雨季时的主要食物，那时土地松软，他们可以挖出长条美味的山药根。1833年，乔治·弗莱彻·穆尔让他们去他在上游的农场挖山药，虽然他有点担心挖完山药后留下的洞对他的绵羊来说不太安全。这群人来年过来的时候，他们发现动物已经把地里的山药藤吃光了。但是，他们开始采摘赤桉树花朵酿造节日用酒。5月份，这群人还在摩尔自以为属于他的地盘上，挖出"沼泽地标志"的根做面粉，这种面粉淀粉含量很高，他们会放进炉子里烤。摩尔召集了军队，军队一来就赶走了土著居民。如今土著居民在他们自己的土地上被当成了入侵者。[17]1836年，当一个亚龙噶妇女去威廉·莱德的农场挖芦苇根时，移民公然叫她"臭小偷"。[18]

澳大利亚当局意识到，农业移民大大缩减了本土居民的打猎范围，这片土地上的土著居民不可能再通过打猎过群居生活了，于是觉得应该给原住居民们提供食物配给。[19]在内陆农场，四处奔波的白人劳力分别花"十块，十块，二块和十五块买十磅面粉，十磅肉，二磅糖，四分之一磅茶叶"。用这些供给，人们做出了独具特色的边疆菜式：煎肉、烤肉以及大量的甜茶。[20] 政府在边疆地区设立的土著食物供给站都是相同的少量配给——一磅面包，三分之一盎司茶叶，三分之二盎司糖——作为"良好行为"的回报。这个配给里不包括肉，因为政府发现土著居民们之前用长矛捕杀家畜，于是就扣留了这份配给。烟草作为顺从的奖励被分发出去。[21]

　　牛羊站长年缺少廉价劳动力。为了说服土著居民过来当牧羊人和放牛人，牧场主们开始给他们分发配给。[22] 这样，土著们变成了定居的劳力。在昆士兰，土著观察牧场主并学会了如何训练狗围着家畜转，然后把它们赶入低矮灌木丛做成的畜栏里。通过这些方法，他们圈走了移民的许多牛。[23] 为了让他们不再这样做，牧场主们在分发的配给里加上了牛肉。终于，让土著们在农场的营地里定居生活比处理一群漫无目的地游荡的土著更轻松。因此，无论谁游荡到农场附近了，都会给他分发一小份食物配给吸引他留下来。[24]

　　正如我们所看到的在新西兰霍克湾定居的伍德农场劳力一样，土地占有欲——想要拥有一块可以传给子孙的地——是19世纪欧洲移民浪潮的主要驱动力。正如19世纪70年代欧洲人开始迁徙到加拿大牧场一样，当地人看见一伙人拉出链子，在地标之间拉上一条条的直线，然后再沿着线往地里打桩时，他们一定产生了一种和克伦威尔时期居住在爱尔兰的天主教徒一样的恐惧感，在威廉·配第的《乡村调查》中，爱尔兰将会成为英格兰和苏格兰的移民之地。配第绘制的地图，准确地展示了每一块土地的面积、租用价值和所属权，为后来的许多殖民地调查树立了标准。[25] 不同于南部同胞以暴力抵抗美国人的侵略，受欧洲疾病、酒精中毒和营养不良的影响，加拿大原住民无力保卫自己的领土。[26] 在温尼伯西部的大牧场上，他们对通过"消除每一块土地的原始股份"来吞并他们土地的做法表示轻蔑。[27] 原住民被赶进了自然保护区。在这里，他们像澳大利亚土著一样，开始依赖肉类、面粉、糖和茶叶的配给。政府非常无耻，原住民拒绝合作就收回配给，而增加配给则是鼓励他们服从管理。[28]

　　同样的配给被分发给帝国殖民地上的原住民，他们中有搬运工、仆人和其他劳力。普遍分配的这种配给让原住民开始习惯英国食物。像英国的工人阶级一样，他们开始喜欢上了茶叶和糖：那些容易上瘾的食物赶走了饥饿，而且几乎没有热量。1896 年，距离阿德莱德北部六百公里的赛尔山的配给分发员，强烈要求紧急配送糖和茶叶。虽然他有许多面粉，但是这些无法取悦土著居民。他解释说："告诉他们了，我没有茶叶，也没有糖，但是没有用，他们每星期都盼着这些。"[29]

　　不是所有土著都沦为了悲惨的白人移民的附庸。新西兰的毛利人从白人那里获得了小船并用来抓捕细嘴海燕，从它们筑在海崖上的巢里收获美味的雏鸟。他们从事畜牧业，把白人的土豆融入了饮食里，这帮助他们培养了连英国人也拿他们没办法的凶猛战士。但是就连毛利人也被白人这种不需要花很多时间准备的食物给吸引了，从此他们开始只在特殊场合才吃传统食物。[30]

白人移民大量涌入最终摧毁了本土的生活方式。到了
1900年，一个啤酒厂建在了亚龙噶部落最喜欢的居地，城市
街区覆盖了他们曾经捕获沙袋鼠、蜥蜴和小龙虾以及获得山药
和苏铁果仁的地方。[31]北美的豆子、南瓜和玉米，平原印第安
人的腌水牛肉，毛利人的蕨根、芋头和库马拉，澳大利亚土著
的烤芦苇根和烤青蛙——这一切都被边疆寡味而朴素的食物征
服了。[32]19世纪发生了广泛的味道殖民化。腌牛肉炖菜和烤猪
肉或腌猪肉以及油炸团子是第一批真正的国际食物。[33]英国饮
食由来自全世界的食物组成，把世界上日益增长的人口与大英
帝国的贸易系统联系起来。

在殖民地上流人士的餐桌上，三文鱼罐头、罐装蘑菇、瓶
装豆了、"卡氏船长"牌食物，以及克罗斯和布莱克威尔的腌
黄瓜、调料、果冻和果酱都是令人敬仰的东西，正如我们在前
面章节所看到的，它们让殖民地官员在餐桌上展现了他们的英
国人身份。殖民地官员在保留国民饮食习惯上所赋予的重要性
意味着，相对于地道的英国食物，人们更尊重这种差劲的伪英
国殖民地菜肴。玛杰里·哈尔在菩提普拉的时候，当地一位印
度权贵请他们一家吃饭，她尝了一口当地的菜肴，感觉像吃
药。如我们所见，玛杰里给一些到访的行政官员吃的不是这家
人常吃的半印度式的查帕蒂饼和南瓜咖喱，而是用烤乳鸽、蔬

菜罐头和水果炮制了一餐英式饭。同样,她的印度朋友希望
"卖弄他娴熟的烹饪技巧",证明他能够学会英式的饮食习惯。
玛杰里到达之前期待的是"一顿美味的咖喱",谁料最后吃的
是"一碗难吃的汤,一份难吃的烤肉——我觉得看起来像是炸
内脏——然后是放了很久很久的奶酪,以及象鼻虫饼干,上面   194
还附着卵"。[34]许多其他当地人受邀吃饭,而且"第一次去的
时候被赠予了刀叉……食物被弄得到处都是,盘子里,餐桌
上,他们身上,胡子上。胆小的人放弃了,不吃了;勇敢者放
下了刀叉,开始用手吃"。[35]

玛杰里这样讲是为了逗趣而非轻视,以一种高傲的口吻
进行有距离的逗趣是对任何学会了英式礼仪和习惯的印度人
的标准的英式反应。伦敦传教会的代表们在描述太平洋岛民
杂耍般的饮茶行为以及他们对欧洲服装的奇怪运用时也表现
了这种态度。在泰尔曼和贝纳特看来,这些岛民就像孩子,
他们的野性可以从其体面的护甲上的孔洞中窥见。他们努力
学习欧洲这一点很值得赞赏,但是真要这一位让这些"土著"
完全进入体面的基督教绅士圈显然没那么容易。在印度,受
过西方教育、完全熟悉英式礼仪和习俗的印度人成了一个特
例。通过掌握英国上流社会的外在特征,他们也称得上是具
备了一位英国男士的内在特点,这促进了他们在政治上和社
会上的平等。当印度贵族一个接一个地养成了英国人的习惯,
官员们就反对他们,这非常令人讨厌。比如,印度人不脱欧
式系带鞋,如果他们穿着凉鞋,他们本应该这样做,他们还
嘲笑那些把包头巾换成无檐帽好对人脱帽致意的人。[36]

虽然英国按惯例不认同"土著"可能做出一顿地道的英国饭的观点，但殖民地上流仍然在努力尝试。在英属洪都拉斯，本土中产阶级瞧不上当地的"丛林"食物，而喜欢消费进口欧洲产品。因此，他们不吃刚抓的新鲜贝类，而喜欢吃澳大利亚兔肉罐头和美国龙虾罐头。最荒谬的是他们还买进口的"英国"盒装木薯淀粉（木薯粉）来"制作"一种毫无味道的殖民地甜点，而木薯在这个殖民地遍地都是。[37] 实际上，在整个 19 世纪，进口食物占了英属洪都拉斯进口总量的百分之六十。[38]

印度一些上流家庭会雇用一名"英国"厨子和一名"印度"厨子。20 世纪 30 年代，普拉卡什·坦登（Prakash Tandon）在海得拉巴学习的时候，受邀和一个朋友吃饭。桌上摆的是汤、杂碎、炸鱼、烤羊肉和煮布丁，这令他失望不已。但是，他误会了，这顿饭其实只表明这家人很熟悉英国习俗。当仆人端走盘子时，主人转过身来告诉他，这部分菜只不过是"接触了一下现代礼节"。普拉卡什很后悔，他为了表示礼貌，已经吃下了这顿无滋无味的饭菜，现在仆人"以难以置信的方式连续端上……辣炒饭、印度香饭、烤饼，罗根桥咖喱和炸鸡……鹌鹑肉和鹧鸪肉"。因为只吃了一点英国菜，这家人在吃印度菜时显得津津有味。[39] 这个海得拉巴的家庭反映了如今印度国宴的一个惯例。虽然大部分菜肴都是从印度的不同地区挑选出来，以此向这位高贵的客人表现印度文化，但第一道菜永远是欧洲风格的汤。[40]

在非洲，西方饮食习惯影响最大的地方是城市。面包和米饭比本地谷物更容易做，非洲的城里人越来越依赖工业生产的小麦粉、白米饭、玉米面和糖，这都是从殖民地批发商那里进口的。[41] 在 20 世纪，西非开始从中南半岛进口大米，从美国进口小麦。[42] 沙丁鱼罐头、冷冻牛奶以及白糖深深地融入了非洲乡村。1939 年，在罗得西亚北部，人类学家奥黛丽·理查兹观察了四个年轻的本巴人，他们住在邻近一个白人殖民地的村子里，吃的是"白人"食品，"显然是因为它们具有一种代表荣誉的价值"。他们一般吃完粥后，惬意地坐在桌旁，看着一家人分享一个沙丁鱼罐头。[43] 殖民地的影响力完全辐射到了周边地区，破坏了本土的饮食文化，把它们融入到帝国的商业食品世界里。理查兹评论道："很不幸，许多原住民的饮食在与白人文化产生联系的时候被破坏了，而不是相反的情况。"[44]

PART

4

第四部分

*In which diamond miners cook up
an iguana curry at a rum shop in Guyana
during the rainy season (1993)*

How non-Europeans migrated to work on plantations
producing tropical foods for the British

第十五章

重建殖民地贸易

非欧洲人是如何迁移到种植园里为
大英帝国生产热带食品的

雨季时节，钻石矿工在圭亚那一家朗姆酒馆里做
咖喱鬣蜥（1993 年）

在一个星期天的早晨，"乡下人""蜘蛛""高个子"和
"蟹热狗"，所有非属圭亚那的钻石矿工都聚集在一家朗姆酒馆
里，这家酒馆位于圭亚那沿海的马海茶村，在首都往东大约
三十公里处的乔治镇。特里·鲁普纳莱涅（Terry Roopnaraine）
加入了他们，这位人类学家在为内地帕卡赖马山的金子和钻石
开采研究收集信息。一个人急匆匆地一口喝下他的"四分之
一"朗姆酒，而当地咖啡馆柜台前面的意大利人正站着喝浓缩
咖啡。但是桌上有一"大瓶酒"（整瓶）、一碗冰以及一些玻璃

杯，这些人聚在一起显然是为柠檬汁而来：喝着酒，漫无目的
地聊些瞎话，这是增进友谊的一个环节。雨季将他们赶离了本
该在那里采矿的内陆，"蜘蛛"因从一场大罢工中得到了一笔
收入而兴奋不已，于是用这笔钱请其他人喝酒。他们坐着喝酒
的时候，这个男人给在座的每个人讲了他的那些故事：令人怀
念的罢工，被接缝中的黄金绊倒，还有他们运气不好没钱花的
那些艰苦日子。随着酒瓶里的朗姆酒越来越少，大家又叫了一
瓶，谈话不免转向了男女性事。"蟹热狗"吹嘘说猴子山那儿
的巴西女孩愿意做一些圭亚那女孩总是拒绝的表演。

　　最后"乡下人"说他昨天杀了一头鬣蜥。"那我们把它煮
了吧！"男人们异口同声道。"高个子"的个子其实特别矮，
他在矿工营地干厨师，任务是做饭。朗姆酒馆的老板是他的一
个朋友，于是他被允许使用小屋后面的厨房。他倒了一点廉价
的椰子油，一开火，锅里吱吱作响，接着往里放了一些洋葱。
他们有点醉了的时候，他切开鬣蜥的肚子，清理出内脏，直接
把鬣蜥剁成几块，然后加了许多咖喱粉。他把肉扔进锅里，倒
了一点高度红酒。做野味的厨师认为，这种度数高的酒精是必
要的原料，因为它能消除野生动物肉里的霉味和臭味。咖喱正
在煮的同时，"高个子"又装了一锅米在烧，男人们喝了更多
朗姆酒。饭做好了，他们狼吞虎咽地吃完，然后在慢悠悠的瞌
睡中打发了整个下午。[1]

　　这群矿工出身非洲黑奴的后裔，他们怎么会在 1993 年的
一个周日上午做一道印度咖喱野味呢？答案就在离马海茶十五
公里外的那条路上，在安嫩代尔镇的一个村子里，同样在那个

200

周日上午，萨维特里·佩尔绍德（Savitri Persaud）正在为家人做烙饼和扁豆当早餐。一个小时之前她就开始炖扁豆了，现在正在炸大蒜、辣椒和土茴香籽，给汤羹提味。这家人吃的饭大多是在地下室做的，那是一间在木桩中间的阴凉混凝土房。在圭亚那，大多数沿海房屋都建在这种混凝土房间上面，这使那些房屋在遭遇季节性的洪水时能保持在水面之上。

与工作日的早餐不同，当哈里·帕尔（Hari Pal）必须赶到圭亚那国有甘蔗种植园去工作时，佩尔绍德一家在周日能悠闲地吃个早餐。正当家人沉浸在美味中的时候，萨维特里又端上一叠面团，在塔瓦炉子上烤。印裔圭亚那人烙饼的时候放许多油，等它们冷却了，女人们把它们放在手里拍一拍，一个油腻的、易碎成小薄片的、飞饼一样的面饼就做好了。[2]烙完饼，萨维特里的双手被烫得通红。她给家里的每个人都递了一碗扁豆，烙饼从平底锅中端出来。大家坐在长凳上，把温热、松软、油腻的饼撕成几块，浸到辣扁豆里吃，在清晨的微风中享受着美食，开心地聊着昨晚在村里电影院看的宝莱坞电影。[3]

印度食物是佩尔绍德的祖先们带到圭亚那的。在 1838 年到 1916 年间，大约二十四万印度人乘船来到这块殖民地，为甘蔗种植园提供了一支训练有素的劳动力，当时奴隶制被废除，非洲人重新回到甘蔗种植园干活。这帮印度人便教会了这些"曾经的奴隶"如何做咖喱。

自由贸易观念瓦解的时候，帝国贸易传统的重商主义体系开始崩溃。颁布《航海法案》是为了保证英国能够夺取一部分世界上有限的财富。但是在 18 世纪下半叶，自由经济学家像亚当·斯密认为，商业本身增加了世界的财富总量，而且一个国家通过参与商业最能获得财富。美国发表《独立宣言》之后，《航海法案》不得不修改。他们把其他国家从大英帝国商业世界的海上运输中排除在外，但是英属北美（加拿大）和西印度群岛却依赖于已经升起美国国旗的美国船只的供给。为了抵制美国船只在英国港口日益增加的影响力，该法案进一步被修改，法案不得不扩大其他欧洲国家的权利。自由经济学家也反对国家支持的垄断贸易公司。[4] 随着英国下层人民越来越依赖进口的糖和茶叶，为保护东印度公司垄断这些商品，人为地抬高价格，制造压力，这毫无道理。英国议会在 1833 年取消了东印度公司对与中国进行茶叶贸易的垄断，在 1846 年，《蔗糖关税法案》向外国蔗糖开放了英国市场。[5]

自由经济对英国商业的影响与人道主义取消奴隶制而获得的胜利一致。该法案于 1834 年通过，1838 年在加勒比正式生效。这对于帝国内部即将进行的贸易产生了深远影响。甘蔗种植园主现在面临的挑战是生产足够便宜的糖，以与巴西和古巴的奴隶生产的糖竞争。与此同时，由于这块贸易价值超过七千万英镑，东印度公司不得不找到一个方法解决了与国外的竞争。[6] 那些印度合同工起到了巨大作用，既解决了甘蔗种植园主的问题，又解决了东印度公司的问题，多亏了他们，才有大量便宜的糖和茶叶不断进入英国。

拿破仑战争之后，英国获得了大量新的生产蔗糖的殖民地：印度洋的法属毛里求斯，西印度群岛的圣卢西亚和特立尼达，荷属埃塞奎博，北大西洋南美洲沿岸的伯比斯和德梅拉拉——它们于1831年被并入英属圭亚那。但在七年之后，加勒比地区奴隶制的废除，让英国产糖殖民地的经济猛然崩溃。许多奴隶一直工作那么久，就是为了攒够存款，然后和别人一起凑钱买降价的咖啡、棉花和甘蔗种植园，他们在那里能建造独立的村子，不受种植园主的监督。[7]超过一半的人选择不继续在甘蔗地和蔗糖加工厂干活。那些留下的人坚持要求每周的工作时间短一点。种植园主们抱怨他们的工作质量下降了，但是他们不能严厉地惩罚失职行为了，因为自由的非洲人现在可以罢工走人。英国殖民地的甘蔗种植园大幅衰落，于是种植园主去寻找别的劳动力了：他们能控制的那种。[8]

英国议会委员会在1810年被要求回答有关殖民地劳力的问题。一名皇家海军军官推荐了中国人，他发现在东南亚的荷属甘蔗、棉花以及咖啡种植园里的中国人非常"勤劳"。委员会研究了一个自由移民劳动力进入中国"信用票据"体系的可能性，每年大约有一万名中国人把自己卖给帆船主，一到达目的地并在种植园找到一份工作，就一次性付清船票费用。[9]二百名身强力壮的中国人被采购到特立尼达岛上干苦力。19世纪40年代，当这个契约体系系统地建立起来时，中国"苦力"便定期被送到西印度群岛。[10]但是最终还是在印度，英甘蔗种植园主找到了低廉的劳动力，其成本之低足以让他们在世界市场竞争。

到了19世纪，经济力量的天平开始往印度那边倾斜。其纺织品生产地区曾繁荣一时，那时东印度公司的船只把大量印度纺织品运回欧洲，卖给热情的消费者。但是英国现在有了自己的工业棉花厂，还在19世纪20年代引入了保护性关税制度，关闭了印度制造品进入英国市场的大门。相反，便宜的曼彻斯特棉花涌入印度，造成印度成千上万的手工业者失业。[11]总督威廉·本廷克形容这导致了巨大的痛苦，1835年，他写道："棉花纺织工人的尸骨在印度平原上变白。"[12]毛里求斯的甘蔗种植园主首次委托加尔各答的公司帮助他们从印度剩下的穷困手艺人和劳动力中寻找工人。他们把目标锁定在了像帕拉法蒂（Paravadee）那样的男人，他是来自奈格里（Neilgherry）山区的一个失地劳力。当他走在去比哈尔邦哈扎里巴格小镇寻找工作的路上时，一个招工代理碰见了他。直到代理向他承诺"每月五卢比，此外还有每日供餐……米饭、面团（以及）咖喱，等等"，他对离家远渡重洋（黑水）的恐惧才得以消除。他在毛里求斯甘蔗种植园里签了一份五年的劳动合同。[13]

在整个19世纪，成百上千的印度合同工——其中有许多人以前是纺织工——被带到遍布加勒比群岛的英国、法国和荷兰甘蔗种植园工作，还有纳塔尔、澳大利亚、马来西亚、斐济和夏威夷。[14]那些获得自由的奴隶就好像会搞破坏的罢工者，他们破坏了非洲人刚刚获得的与大庄园主阶级讨价还价的能力，而后者也刚好获得了一批可以替代前者的"安静、温顺且勤奋"

203

的劳动力。[15] 种植园主对这种新安排十分满意。一家建在毛里求斯的公司计算过，把所有的路费、食物、住宿都包含在内，每一个劳力每周仅仅只要花种植园主五先令。[16] 英属西印度群岛种植园恢复运营，在毛里求斯，产量增长到超过了奴隶白天的工作量。[17]

托塔拉姆·萨那戴哈（Totaram Sanadyha）是一个合同工人，后来在 1893 年在去往斐济的船上，负责管理同行的五百个印度人。那次海上旅行有如梦魇一般。每个劳力只分配到了九尺的小空间，卫生条件很差，饮用水太咸，食物太难吃。他分发硬饼干的时候，听见水手们称它为"狗粮"（水手们很常见的绰号），萨那戴哈——也许是故意的——误解了这个意思。"天哪！"他写道，"我们印度人像狗吗？"[18] 种族歧视是令人痛苦的，尤其是那些负责打扫前舱的人，船员喝得烂醉，还打人。在这些船上，很少有女人不会受到侮辱，在毛里求斯，移民保护局接受了许多关于在航行期间发生的强奸案控诉控诉。大约有百分之十的合同工在去往种植园的途中死在船上，工，春中有大约一半死者都死于奴隶船上的各种疾病。[19]

大部分合同工并不完全明白他们签了什么，但是种植园主和劳力之间的确有明确的合同——这些劳力不是财产。种植园主不拥有他们的孩子，也无权拆散他们的家庭，这与奴隶制有很大区别。那些工头（以前通常是奴隶）习惯于对奴隶颐指气使，粗暴地对待他们，如果他们干活慢了或者心不在焉，就会吃一顿鞭子。但是，这个严酷的制度在契约之下变得更加制度化了。帕拉法蒂描述了种植园主们如何因为劳工的"一点失职或小问题"，便以违反合同的名义向法庭起诉劳工，然后法官会判处劳工接受几天胸口碎石的惩罚。[20] 契约劳动虽不同于奴隶制，但它却是对资本主义基本原理最残酷的运用。[21]

合同到期时，大部分合同工选择回家得到一块地。[22] 到了19 世纪末，毛里求斯的非洲人比印度人多得多；在纳塔尔生活的印度人比欧洲人还要多；在特立尼达和英属圭亚那，他们构成了三分之一人口。[23] 不同于英国移民，他们把令人难以想象的饮食文化带到了他们的新家乡，这种文化建立在面粉、糖和茶叶的工业配给基础之上，印度人还拥有一种能力，即使只有最基础的配给，他们也可以用调料烹饪出可口的食物。种植园经营者很快就意识到，他们想通过发放少量玉米面来控制奴隶以使新来的劳力变得顺从的做法是不可能的，于是他们就把这配给换成了大米和扁豆。[24] 但是他们能得到的食物非常有限，这就意味着，原本可以在印度人生活的地区中随处可见的饮食多样性，消失在了印度裔圭亚那人的烹饪里。

由于只能分到青豆和鹰嘴豆，因此只能做两种印度扁豆。在印度，不同的食物用不同的油，但是在英属圭亚那做什么都用椰子油，这是最便宜的油，和印度菜倒也很相配。[25] 有时也会进口芥菜油，但是因为很昂贵，工人们便留着它做腌制食物。[26] 最大的限制是分发已经调好的马萨拉酱，或者咖喱粉。印度烹饪的多样性大部分因为在菜里使用了许多新鲜的调料粉，在做饭过程的不同阶段放不同的调料进行搭配。随着时间流逝，英国厨师把费力的印度食谱简化，开始用现成的混合调料，这恐怕会让大部分印度厨师吓一跳。实际上，在 19 世纪 20 年代，一个烹饪书作家告诫她的读者，"把相同分量的咖喱粉混在每一种食物里，对于那些把包装上的东方字的神秘尊重当儿戏的人而言，这个味道很不错，但是对那些了解美食的饕餮来说就一言难尽了"。[27] 虽然如此，维多利亚时代的英国人还是在实际上是英国炖菜的食谱里中加入了一勺咖喱粉，然后"咖喱"一切，从牛肉到蔓长春，羊蹄和羊脑。因此，这道典型的英式创新菜让新鲜的香料摇身一变，成了容易做的、工业化制作的味道。在英属圭亚那，合同工人更有见识，他们用现成的马萨拉酱调出了一系列能辨别的味道组合，比如羊肉茄子、南瓜虾，但是咖喱粉减少了创新的可能性，让他们做的那些菜比他们在家做得更普通。[28]

内莉　休萨纳拉·阿布道尔的南瓜和咖喱虾

一百克虾

一个柠檬

一个小洋葱，切碎

五瓣蒜，碾碎

二个红辣椒（以辣椒度调整用量），切碎

三茶匙油

一个大土豆，切片

六百克南瓜，切片

二分之一茶匙咖喱粉

二分之一茶匙红糖

带叶小枝新鲜百里香

盐和黑胡椒，尝一尝

一撮卡宴辣椒粉

把虾放进冷水里，挤一个柠檬汁，放置至少二十五分钟，祛除任何臭味或不好的味道。用冷水冲洗两遍，放在一边。

油煎洋葱、大蒜和辣椒，直到它们变软，然后加西红柿，等它变软，可以做酱。放南瓜，中火烧十至十二分钟。加咖喱粉，红糖，百里香，盐和胡椒。搅拌，再煮十五分钟。加二百五十毫升水，煮二十至二十五分钟，直到南瓜变软。南瓜应该开始变烂，收汁。用勺子捣碎仍为块状的南瓜。

与此同时，往锅里加一点油，放虾、盐和胡椒以及卡宴辣椒粉，中火。等到收汁，虾又干又脆。往南瓜里加虾。配上印度饼一起吃。[29]

非裔圭亚那人从他们的印度邻居那里学会了做咖喱的方

法，他们也带着英式热情用它来做各种各样的肉类。这些非洲人自由之后，和他们的新家乡产生了一种不同的关系，他们离开沿海的甘蔗种植园，去内陆采集橡胶和勘探金矿和钻石矿。[30] 他们在这里和美洲印第安人打交道，印第安人教他们打猎和做野味。所以 1993 年的那个周日早上，这些曾经被带到这里种植甘蔗的非洲人的后裔能用在南美热带雨林里抓来的鬣蜥做一道印度风味的咖喱野味。

如果印度合同工保证了英国殖民地的甘蔗种植园可以继续经营下去，那么他们也将是帝国控制茶产业的关键。在 19 世纪早期，最先知道如何种植、采摘或制作茶叶的不是英国人。中国人从不外传这方面的知识，这让每一个到过福建产茶区进行探索的欧洲人都很是沮丧。[31] 但是，显然英国想要结束东印度公司对中国贸易的垄断，东印度公司开始四处寻求一种能替代它现在最值钱的贸易商品。在 19 世纪 20 年代早期，一个奔赴缅甸参战的官员途经阿萨姆，看到了茶叶，虽然这先前是中国本土的植物，但现在阿萨姆满山都是。同时，英国当局开始重视印度部落大片土地的潜力，这些地本来是打算荒着的。1833 年，东印度公司失去了垄断地位，它便修改了宪章，让欧洲人在印度也有土地生产供应品，本廷克总督创办了一个茶叶委员会，研究欧洲种植者用阿萨姆的"荒地"种茶的可能性。[32]

英国人对于阿萨姆本地的作物能产出好茶不太抱希望，1835年派鸦片商人乔治·戈登去中国，不管用什么方法——不排除用欺骗和诡计——带来种子、作物，如果可能的话，带来一些中国种茶、制茶能手。[33] 戈登从福建武夷山带回了八万株作物和两名制茶人，他们在武夷山生产的这种半发酵红茶，英国人很爱喝。[34] 但是，优化作物种子、建立可运营的种植园以及在印度找到合适的工人花了三十年。阿萨姆茶公司在加尔各答和新加坡招募中国的鞋匠和木匠，他们平生从没见过茶树，更不知道如何种植。这些新茶农在设法种植茶树时感到愤愤不平，因为他们发现自己要挖树根，清理林地，建立新种植园。[35] 种植园的条件太差了，付给自由劳力的工资是市场价格的一半，工资太低了，以至于阿萨姆本地人都不太乐意去那里工 208

种植园主对茶叶的工业生产进行监督。

作，为了能鼓动他们从事这份待遇低的工作，英国人甚至禁止私人种植当地经济作物——鸦片。[36] 最后，阿萨姆种茶人招募了同一批穷人和那些曾经在殖民地甘蔗种植园工作过却被辞退的人。

在中国，农民在一小块耕地上种茶，制茶的是流浪的手艺人。[37] 在英属殖民地领土上，制茶已经被转变成一种工业行为。种植、采摘新鲜茶叶这些工序都由一帮合同工在工头的监督下完成；这些茶园让人想起了加勒比的奴隶种植园。19 世纪 60 年代，一个种植园主记录了如何把"苦力"赶上赶下，"对待他们完全像对待美国的黑奴"。[38] 将绿茶转变成红茶的工序也机械化了，工厂里的每一个工人都在重复同一项工作。工资又低，住房又脏，生病乃家常便饭，也不提供任何药物。根据刚通过的劳动法，合同工可以因为拒绝工作而遭到起诉；如果他们逃跑了，他们就会被追捕，通常都会被抓到，因为种植园附近地形非常复杂。[39] 不服从命令的劳力经常被鞭笞，报道称有种植园主把他们的工人殴打致死的。[40] 甚至在其他欧洲人那里，茶叶种植园主也很快变得声名狼藉。

但是到了 19 世纪 70 年代，阿萨姆正在生产一种可以运输的产品。在咖啡疫病给了印度南部和锡兰的种植园主们巨大打击后，他们很快就转向种茶了，从遭遇饥荒的塔米尔·拿督地区招募了一百五十万名合同工去锡兰种植园工作。[41] 到了 19 世纪 80 年代，印度正在生产大量的茶叶。但还得说服英国消费者换这种味道浓烈黑色发酵的印度产品喝。在 19 世纪 70 年代，印度茶叶的提倡者们把大量资金投入到由约翰·霍尼曼

209

自 19 世纪 30 年代以来发起的妖魔化中国的宣传战争中。东印度公司失去垄断地位后，霍尼曼的宣传立马就出现了，声称英国消费者将不再能避免中国这种卑鄙的作假行为了，他们把茶灰、脏东西和沙子混进茶叶里，用在上面裹上一层黏黏的米粉，从而使染料能沾在上面，然后用普鲁士蓝或者更深的颜色给它们上色，如果它们是绿色的，那么就是用砷酸铜。[42] 霍尼曼向他的消费者保证，他的中国茶——开创了用密封包装销售的先河——不可能随便掺假。印度茶商将他们的产品介绍建立在这样一些偏见之上，即吸食鸦片的中国人生产的东西是令人怀疑的，而他们的产品则与之完全不同。印度茶口味强烈，香味醇厚，在英国管理的干净整洁的环境下种植、加工和包装。到了 1900 年，中国茶已经退出英国市场，让位于印度茶和锡兰茶了。[43]

19 世纪期间，许多非欧洲人在全世界范围内移民时，大约五千万欧洲人离开了欧洲大陆。[44] 饥饿、战争和欧洲贸易对传统社会的侵袭，迫使成百上千万人离开家乡，进入世界劳动市场。中国是主要的移民来源地之一。大部分人来自广东和福建沿海的四个县，那里的人口剧增导致了住在山谷的农民和在不太肥沃的半山腰耕种的农民之间残忍的宗族斗争。上百万人逃到邻近的广州等各个港口城镇，澳门和香港，然后从那里移民到全世界。[45]

许多中国人参与了 19 世纪 40 年代加利福尼亚的"淘金 [210]
热"——加利福尼亚在中国的表意文字里翻译为"金山"*——
但是他们很快就意识到，金子无法为他们带来财富，转而寻找
其他工作去了。中国移民奠定了美国西部沿海基础设施的基
础，他们在铁路建设上干苦力，砍伐树木，在锯木厂干活。他
们做家务，在营地当厨子，做鞋和雪茄，在他们的菜园里种水
果和蔬菜供应给城镇，甚至实际上西海岸的每一个洗衣店都是
中国人在经营。[46]1858 年弗拉泽山谷的"淘金热"把中国人引
到了不列颠哥伦比亚省，他们为三文鱼罐头厂做工，在 19 世
纪 60 年代和 70 年代，这些工厂纷纷开在河边，把衰落的第一
帝国之前的食品转变成了工业商品。[47]1888 年，在去往西海岸
的蒸汽船上，鲁德亚德·吉卜林将在枫林环绕中隐藏的无比沉
默的罐头厂与它沾满血污、阴暗油腻且嘈杂的内部气氛进行了
对比，在那里面住着以爱吃内脏而遭人诟病的中国人，他们看
起来像"黄皮魔鬼"，用"变形的手指"把三文鱼装进罐头。[48]

当印度移民进入甘蔗种植园时，中国人不愿意放弃他们习
惯吃的食物。蒸汽船公司开辟了香港岛到旧金山的移民航线，
他们带着瓶瓶罐罐和一包包荔枝、荸荠、干蘑菇和面粉裹虾、
腌生姜以及鸭肝，卖给中国社区随处可见的中国食品店。[49]东
亚移民经常靠工业配给为生。一名日本铁路工人描述了他和他
的同事是如何吃下一碗融合了煎培根、土豆和洋葱加盐水煮成

---

* 在澳大利亚的墨尔本发现金矿后，为了与被称作"新金山"的墨尔本区别，
而改称为"旧金山"。

的汤，以及"波特拉"（面粉加水做成的薄饼）配培根和黄豆酱，他们就着咖啡把这些东西全部灌下去了。[50]

如果中国人是抱着发财的愿望才移的民，那么那六万名年轻的美拉尼西亚人也是如此，他们和船主签约去昆士兰的甘蔗种植园工作。三十年来，他们忍受着恶劣的条件，营养不良症、疾病以及暴力虐待——他们的死亡率是四分之一，在任何一个殖民地合同工群体里都是最高的——就是为了赚奖励：一个"博克斯"，这是一个上了锁的盒子，里面满是西方商品：武器、捕鱼工具、炼钢工具、家居用品、药物、纺织品、衣服、烟草、宝石、伞、锡制口哨以及其他乐器。腰间皮带上亮闪闪地挂着钥匙。这些年轻人回到村里，用他们的商品当彩礼娶一个媳妇，并在村里获得令人尊敬的地位。没有"博克斯"，就不可能回家，这是一种十分严重的耻辱，以至于当局甚至还给那些在殖民地港口体检不合格的人也一人发了一个盒子。[51]

在西非，成千上万个年轻人从塞内加尔和马里东部移民到冈比亚种植花生的地区，也是为了西方商品。这些年轻人向当地酋长付一笔钱，租一块合适的地，然后在这块地上用两到三个季度种植花生，种植所得收入会被他用来换取商品，带回家乡。[52] 随着奴隶制的废除，西非开始为欧洲人供应农产品而不是劳力。同样，曾让奴隶种植玉米和木薯并把他们卖给奴隶船的当地统治者，如今则雇用他们采集棕榈果和种植花生。在 19 世纪 30 年代，塞内冈比亚旱地大草原上的花生减产了，法国和英国还在争夺该地区的贸易权。1845 年，塞内加尔的执行长官高兴地从阿伯达村（第五章拉·科伯尔和拉·贝林格拉会面的地方）报告，法国商人成功地在英国人的眼皮底下走私了大量花生，没有支付关税。[53] 最终，英国向法国妥协，并转而从尼日利亚购买棕榈油来满足他们用植物油做蜡烛和肥皂的需求。在 19 世纪 80 年代，可可被引入黄金海岸贝宁湾附近。沿着新修的铁路线，移民中的小自耕农开始迁到人烟稀少的内陆地区，建立可可农场。[54]

　　到了 19 世纪末，大英帝国已经从受挫的殖民地贸易中恢复过来，并建立了一个新体系，为其殖民地供应服从命令的劳力。工业革命的专业化机械生产被引入用于全人类的农业生产中，特别集中在种植特殊作物的区域。约翰·斯图尔特·穆勒认为，英国和它的殖民地之间的贸易"几乎……不被认为是外部贸易，而更类似于城镇与农村之间的互通有无"。"热带的殖民地产业，"他继续说道，"被看作是属于一个大集体的偏远农业或制造业。"[55] 消灭国内的农民之后，英国却在海外获得了大量农民。殖民地主人的胁迫和剥削为国家提供了所需的工业原料，并为这个国家的工人提供了所需的糖和茶叶。

*In which the Bartons entertain the
Wilsons to tea in the London Road slum
district of Manchester (May 1839)*

How the wheat for the working-class loaf came to be
grown in America and the settler colonies

第十六章

谷物法变革

英国工人阶级用来做面包的小麦
为何长在了美国和其他移民殖民地的土地上

曼彻斯特伦敦路的贫民窟，巴顿一家用茶招待
威尔逊一家（1839年5月）

1839年5月圣灵降临日，曼彻斯特的矿工们从辛苦而嘈
杂的工厂回来，难得过上一天节日，他们走在乡间，呼吸着新
鲜的空气。后来，巴顿一家邀请他们的朋友威尔逊一家到家里
喝茶。两家人穿过狭窄而拥挤的街道，到了伦敦路上的贫民
窟，他们争相走进了后院的巴顿家。约翰·巴顿生起火，就着
光线可以看见这个屋子里有一个穿衣镜，一个橱柜，上面摆着
一些瓷器，还有一张＿于桌子和几把椅子。窗边是蓝白相间的
窗帘，窗台旁边蔓生着几株天竺葵，增添了几分景致，桌上的

绿色日本茶盘旁边是一个深红的茶罐。煤窑和壁炉之间的地板上，铺着一块颜色鲜艳的油布。

乔治和简·威尔逊坐在椅子上，围在火的两边，用面包和牛奶逗他们的双胞胎。他们很有礼貌，假装没有看到巴顿太太给了她女儿玛丽一些钱，叫她去转角的商店买五个鸡蛋，一点昆布兰火腿，一点牛奶以及一块新鲜面包。玛丽的父亲约翰又叫她到葡萄酒馆停一下，买"六便士的朗姆酒温茶"。[1] 他们告诉玛丽，在去商店的路上叫上乔治·威尔逊的妹妹爱丽丝，她住在街角的一个地下室，然后要玛丽邀请她一起过来喝茶。214 但是她也没忘了让爱丽丝带上自己的茶杯，因为家里只有五个茶杯。等爱丽丝慢悠悠地走到巴顿家，玛丽已经买完东西回来了，正在煎火腿和鸡蛋，她的母亲负责在桌旁泡茶。两家人安静地吃着，因为穷人更愿意享受美食，而不是叽叽喳喳地聊天。[2]

巴顿一家和威尔逊一家是伊丽莎白·盖斯凯尔在她的小说《玛丽·巴顿》里虚构的，这本书于 1848 年出版，里斗有这些场景。盖斯凯尔写作这本书是为了让中产阶级对工人阶级的苦难产生同情心。她在一个繁荣的时期向我们介绍这些人物，但是这本小说其他部分的背景设在 19 世纪 40 年代早期的贸易大萧条时期，那时北方的矿工正遭受饥饿和物资匮乏。19 世纪早期，英国工业小镇的数量在短短几十年内增长了三倍，当成千上万的人从乡下迁到这里寻找工作时，这些小镇就变成城市了。[3] 像哈丁和普菲尔德他们这些人（他们出现在第十二章里）把自己潮湿破旧的农舍换成了殖民地的木屋，但是大部分人都去了城里的贫民窟。在这里，空气中弥漫着煤烟的味道，屋子是精明投机的建筑工人建造起来的，乱糟糟地在内院里簇成一团，洗衣服的水直接往被不排水的管道污染的污水池里掉。[4]新来的人们希望改善生活，那时一个农村劳动力每周的工资少得可怜，只有八先令；而在曼彻斯特，一个经验丰富的仓库工人可以挣到二英镑十七先令，他的家人每天都可以吃上肉和土豆。[5]

虽然城市的工资本质上是高一点，但是工人们过着不稳定的生活。正如慈善家弗洛伦斯·贝尔所见，最勤奋的工人有一份体面的工作，却总是行走在"灾难的边缘"。[6]最轻微的生病或残疾，工作低迷或者其他一些坏运气，都可以让一个比较富裕的家庭直接陷入困顿。19世纪的工业陆陆续续经历了一系列大萧条，成千上万名工人不断地失业。[7]《玛丽·巴顿》里面所讲到的19世纪40年代大萧条是严重的一次。英国北部，超过一半的矿工失业，失业者变得贫穷。[8]伊丽莎白·盖斯凯尔当时拜访了这些穷困人家，一个男人紧紧抓住她的手对她说："哎呀，夫人，你见过小孩（饿）死吗？"[9]这句话一直萦绕在她耳旁。中产阶级批评者认为工人之所以贫困，是因为他们没有存钱，否则就能安然度过苦难时期。但是就连最高的工资也不够工人们把钱花在吃之外的地方："今天花的就是他们昨天挣的"。[10]查尔斯·狄更斯批评制造商们对待工人像对待事物而非人类，"工作多少，报酬就多少，就这样；有些事情必须根据供需法则解决"。[11]

像18世纪晚期的农村劳力一样，穷困的工人沦落到要从商店买面包、糖和茶叶。那些买不起燃料烧火二十分钟或者更久来煮土豆的人，不得不吃一块涂了糖浆的面包。在煤价很高的谢菲尔德，面包师是煤价较低的利兹的两倍之多。[12] 家庭越穷，花在面包上的钱就越多。一个曼彻斯特的机械师助手的工资，百分之三十以上花在面包上了，而情况较好的仓库工人每周花在面包上的钱不超过百分之二十。[13]

工人吃的面包越多，他们喝的甜茶就越多。弗里德里希·恩格斯曾拒绝他自己所处的磨坊主阶级的"进口红酒和香槟"的生活方式，跑去探索曼彻斯特的贫民窟。他提到，茶对于穷人而言"相当必不可少"，只有当"最痛苦的贫穷占主导"的时候，穷人才放弃喝茶。[14] 正如评论员们所说，这不是因为茶满足了享乐的工人阶级对刺激神经的渴望，而是因为，正如一个富有同情心的外科医生所理解的那样，它"在身体疲乏的时候有让人恢复活力的作用"。[15] 这样，工人阶级喝茶放那么多糖就不足为奇了。弗洛伦斯·贝尔调查了铁匠一家的饮食，他们消费了四磅糖——够装满十个茶杯——每周喝二分之一磅茶叶。[16] 爱德华·史密斯博士调查了1861年遭遇"棉花绝收"的磨坊工人饮食，发现他们就连减少包括面包在内的食物数量的时候，他们还是买那么多糖。唯一的区别就是他们不买块状的，而是买糖浆涂在面包上。这符合经济原理，相对于一便士的人造黄油，一便士的糖浆能给他们四倍多的能量。[17]19 世纪 60 年代，棉花工人吃的糖是其他工人的两倍：糖的确促进了工业革命。[18]

吃这种缺乏其他营养元素的食物长大的孩子有营养不良

一个工人阶级家庭在一杯热茶里寻找慰藉。

症，而且在工业城市不卫生的条件下，他们感染了肺炎、肺结核、痢疾和风湿热。那些撑过童年时期的人严重发育不良，因为他们的身体已经把那些食物里的营养用来恢复而非生长了。[19]让人惊讶的是，工业城市的工人阶级青少年比那些家境优渥的孩子平均矮十英寸。[20]无休无止的贫困和悲惨让曼彻斯特人的生命周期刚刚达到二十六岁，比国家平均水平足足少了十年。[21]伊丽莎白·盖斯凯尔在她的小说里尽全力让约翰·巴顿表达这种制度的不公之处："如果时运不济，我失业几周，然后冬天来了，带着霜冻和寒冷的东风……有钱人会和我分享他的财富吗？如果他信仰的宗教不是骗人的，他本应该这样做……不要对我老调重弹，说什么有钱人不知道穷人在受苦；

照我说，如果他们不知道，那么他们应该知道。只要我们工作，我们就是他们的奴隶；我们流血流汗为他们堆积了财富。"[22] 显然我们得为工人的困境做些什么。不满会推动对政治革命的需求。在她的小说里，盖斯凯尔让约翰·巴顿跟着宪章派一起去了伦敦，1842 年，宪章派曾向英国议会提交了一份有三百五十万人签名的请愿书，呼吁成年男子参政。弗里德里希·恩格斯确信，如果中产阶级继续忽视工人的贫穷和窘境，他们一定会像 1789 年在法国那样起来革命。[23]

反谷物法联盟认为，解决办法就是取消《谷物法》。《谷物法》在 1815 年施行，本来是为了保护英国农民，有效禁止进口低价的俄国和美国小麦进入英国市场。[24] 这个联盟的创始人，理查德·科布登和约翰·布赖特坚持认为，如果允许进口低价小麦，这将促使英国小麦价格下降，从而降低面包价格，使工人从饥饿中解放出来。许多工厂主支持这个联盟，原因非常可笑：如果面包价格下降，他们也可以继续保持低工资。当然，从土地中获得收入的贵族持反对意见，降低小麦价格可能会拉低农场的租金。但是，虽然贵族统领了罗伯特·皮尔爵士的托利政府，首相本人还是想要打开英国的国内市场，进行自由贸易。就这一点，当爱尔兰的土豆绝收时，爱尔兰人"极度需要食物"，政府就很难有效公正地禁止低价进口美国谷物。[25] 皮尔相信，从美国进口低价的"印第安谷物"（玉米）会最大化地减少救济工作。[26] 通过一系列复杂的政策调整，他成功地打败了党内三分之二反对他的人。[27]1846 年，《谷物法》被取消，英国小麦市场对国外的竞争对手开放。

自由贸易主义的胜利为产生新的帝国食物制度创造了条件。直到现在，殖民地已经为帝国供应了有用的原材料和热带农业产品，比如在英国湿润的气候里无法种植的糖。但是那些欧洲移民选择了殖民地农场而非城里的贫民窟，他们把英国的农业土地面积扩大到了世界其他适合种植温带作物的地方。在这些遥远的土地上，可以种植超出英国工人对低价食物日益增长的需求量的作物，这可以让他们避免产生一切革命的想法。实际上，英国向美国和新的移民殖民地不仅出口了农业人口，还出口了几乎所有农业部门。从 19 世纪中期开始，这个国家就指望其贸易帝国为它提供主要食物。

218

在议会正为取消《谷物法》争执得不可开交时，托利党警告人们，如果英国农民失去了避免和外国竞争的保护，那么英国民土的基础就会被削弱。取消《谷物法》后，小农们立刻就产生了一阵恐慌。1850 年移民到美国的那帮人里，绝大部分是来自郡县的佃农，比如萨里郡和兰卡郡，农场资金不足，农田的土壤还是重黏土，在那里种小麦非常困难。与其让可以无限使用"免税沃土"的美国人夺走他们的生计，他们更愿意加入美国人的队伍。[28]

对于强壮的自耕农而言，美国的家庭农场可能不符合他们的想象，但是他们在农业技术上很先进。那些最先冒险进入伊利诺伊州北部大牧场、威斯康星、爱荷华以及明尼苏达东部的人，使用的是机械收割机，这极大地增加了农民各体的收割量。[29] 在 19 世纪 70 年代，他们迁到了堪萨斯大牧场，内布拉斯加和达科他。他们给机器的蓄电池上加了铁圈机，这使得产量翻倍。[30] 但是确保了美国小麦竞争力的机械革新是 1848 年蒸汽动力谷物输送机的发明。输送机把小麦变成了质量有保证的大宗商品，以前它是一种农民亲自成堆运输的产品，还要花好些天在码头装载和卸载。通过一系列机械吊桶，谷物可以通过小船运到伊利诺伊和密歇根的运河，然后放到输送机上称重并评级。利用地心引力，小麦可以被倒在斜槽上进入轨道车或者运粮船，之后被运到合适的粮仓。1857 年，芝加哥所有的十二辆输送机都在工作，它们可以在十小时内运送五十万蒲式耳的谷物，而且每蒲式耳只花半美分。[31] 远航船载着小麦越过大西洋，运费非常低廉，这意味着，把小麦从纽约运到利物浦比把爱尔兰小麦运到都柏林还要便宜，后者只越过一个爱尔兰海。[32]

自 19 世纪 60 年代中期以来，运到英国的美国小麦大约超 **219** 过一半不是在中西部地区而是在加利福尼亚种植的。实际上，来自干旱的萨克拉门托和圣华金河谷的小麦可以通过远航船沿着南美西海岸向南运输一万四千海里，经过合恩角，越过大西洋，和东英吉利种的小麦竞争，在组织和效率上完胜。[33] 利用最先进的农业方法，加利福尼亚农场生产的小麦远远超出了圣弗朗西斯科和遍布整个州的采矿镇的人口的消费量。当他们寻找市场时，加利福尼亚人发现，英国和爱尔兰的磨坊主准备出最高价购买他们坚硬、干燥、白得不同寻常的小麦。但是把它运往东部沿海要经过新的洲际铁路，运费太高，而蒸汽轮船更不可能，因为航海旅途漫长而艰辛，还要绕过合恩角，燃煤花费太高。[34] 艾萨克·弗里德兰德找到了解决的办法。他是一个德国犹太裔的移民，在 1849 年"淘金热"期间从南卡罗来纳搬到了加利福尼亚。他在刚收获的小麦涌入市场的时候，利用新建立的跨大西洋和跨大陆的电报系统来协调抵达旧金山港口的帆船队。帆船是 19 世纪 40 年代东印度公司丧失了垄断地位之后为了与中国进行贸易而发明的。船体窄小，像划艇一样，这些帆船被设计用来把一箱箱新采摘的茶叶迅速运回英国，在那里，第一批抵达的船只能够卖得最高的价格。当加利福尼亚小麦贸易进行得如火如荼时，新英格兰的造船业迅速做出反应，生产出了更大、更结实的船，因此把旧金山和利物浦之间的四到五个月的旅程减少到了一百天。[35]

1882 年，当太平洋的小麦贸易达到顶峰时，五百五十艘船驶过金门海峡开向利物浦，在那里，加利福尼亚小麦主导了整个市场。在利物浦进行交易时，小麦按磅（一百磅）的单位而不是更常见的蒲式耳销售，因为加利福尼亚小麦是用一百磅麻袋装运的。与此同时，这场贸易意味着英国主导了美国。帆船基本上都归英国所有，而且是英国经纪人投保的，旧金山主要的两家银行都是英国的；英国资本家资助了美国 19 世纪 60 年代晚期修的铁路，连接了种植小麦的河谷和港口。几十年以来，小麦都是加利福尼亚的主要出口作物，这个州实际上是一个英国殖民地。[36]

然而，远航船最后的纷争却在于旧金山—利物浦的小麦经营。1863 年，纺织厂改进的复合引擎被用于航海引擎。在这之后，很快就有人发明了扩大三倍甚至四倍的引擎。十年之内，航海引擎的燃料消费量减半了。[37] 蒸汽船现在可以进行更远的航海旅行，而且大一点的蒸汽船建立了经济范围，这导致海运费用在本世纪最后十五年大幅跳水。1902 年，四分之一从纽约运到利物浦的小麦其运费只有十一点五便士，从 1872 年的五先令二便士跌成这样。[38] 正是运费降低导致了英国小麦种植的崩溃。通过共同开展排水、施肥运动以及购买机器，英国农民成功地获得了可观的市场份额：1870 年，他们仍然供应了用来做面包的一半小麦。[39] 但是因为运费降低，美国的小麦出口量从 19 世纪 40 年代的五百万吨增长到 19 世纪 70 年代的一亿吨，英国小麦种植继续衰落。[40]

当他们认为取消《谷物法》会对自己产生不利影响时，地产权益已然得到了调整。一旦运费降低，食品就可以从全世界流入英国，地主的租金收入也大幅减少。[41]1897 年，第十一世贝德福德公爵埃尔布朗发表了《伟大的农业土地》一文，论证了他的观点，他认为取消《谷物法》摧毁了土地贵族。他详细解释了他在索尔尼和沃博恩的土地如何产生了赤字，因为租金下跌了百分之四十五到百分之二十二。正如贝德福德公爵的远亲，同样也是一名激进自由主义者的乔治·罗素指出的那样，这位贵族回避了以下事实：他在西部农村的土地经济形势一片大好，而且他在斯特兰德和尤斯顿之间的城市土地为他带来了一大笔租金。实际上，当贝德福德公爵讲述他拥有大量土地的辛酸故事时，他其实是一个非常富有的人，年收入达三十一万九千三百六十九英镑。[42]贵族们开始售卖地产，仅凭土地价格下降不足以削弱上流精英实力。他们中的精明人使自己的投资多样化，投资城市土地、美国铁路、政府债券、按揭公司和啤酒厂，加入了城市的绅士资本家行列。[43]

　　到了19世纪80年代，英美双方的小麦市场对彼此相互依赖的关系越来越感到失望。[44]美国人想通过打开新市场脱离利物浦的控制，而英国人之前喜欢依赖美国市场而不是俄国，现在又想依赖大英帝国。在19世纪80年代和90年代，人们采取措施促进印度、澳大利亚、加拿大和阿根廷出口小麦。英国计划在这些国家投资建设铁路，人们经常说这份投资会让他们取代美国成为英国的小麦供应方。[45]在19世纪80年代，一群热情高涨的私人投资者甚至建议，向印度引进一种美国式的小麦评级体系，并沿着铁路安装谷物输送机，这样有利于促进殖民地的小麦出口。[46]

　　当印度在1858年成为英属殖民地后，次大陆的大部分国家被统一起来进行管理，使用同一种货币也促进了印度本国的商业。因为牛车开始取代驮畜，路上已经铺上碎石，而且蒸汽船也被引进恒河，农民可以更容易地把多余的大米和小麦运往市场。在1850年到1870年之间，英国修建了广阔的铁路网，连接了二十座重要城市。这一切都让印度农民不可避免地卷入了市场。[47]大家争相抢着在贫瘠的土地上进行农业生产，农民

们被鼓励用小麦取代耐寒的自给作物，比如小米。[48] 到了 19
世纪 70 年代，地区长官察觉到，农民们已经不再储存多余的
食物，而是把所有的收成全卖掉。这让他们很难度过食物短缺
期，在遭遇饥荒的时候，只能靠慈善或者政府的救济金。[49] 而
且因为东南季风经常不能带来降雨，因此饥荒仍频繁发生。

　　1875 年到 1914 年间，多达一千六百万印度人死于饥荒。[50]
殖民地政府几乎没做什么以缓解饥民的困境，而坚持认为，这
是大自然控制印度人口增长的方式。[51] 但是饥荒不是收成不好
的自然结果，而是放任自由市场发挥作用的结果，商人们可以
继续把小麦卖给全世界出价最高的人，而通货膨胀使得穷人无
力购买食物。一些管理者认为，饥荒对于印度农业部门而言是
好事，因为这样就把低产和负债的小农赶出土地了。[52] 实际上，
每一次饥荒都让很大一部分印度人变成了贫民。然而在 1900
年，英国小麦进口量的五分之一来自于印度。[53]

　　尽管英国对帝国小麦的偏爱让印度农业变得不稳定，但这   222
对 19 世纪 90 年代在经济低迷中寻求出路的澳大利亚农民来说
是一个福音。农民们把牧羊的地开垦出来，在上面种各种小
麦，以适应与印度正好相反的气候。19 世纪 90 年代，澳大利
亚的小麦出口量只有几十万吨，到了 1919 年，出口量大约是
二百万吨，其中四分之三出口到了英国。[54] 与此同时，在拉丁
美洲，成百上千万的欧洲南部移民分散在阿根廷的潘帕斯草
原，最后一拨美洲印第安人被赶出他们的土地。虽然他们的
农业种植内容并不广泛，产量也很低，但是他们农场的谷物
出口支撑了国民经济，赚取了阿根廷的大部分外汇。[55] 该国

1877 年，马德拉斯大饥荒中的灾民。

卷入了大英非正式帝国，因为它的铁路和港口建设都是英国的银行、投资者和公司出资，阿根廷小麦贸易开始与南威尔士的煤炭出口联系起来。[56] 威尔士煤炭在全世界用于海军和蒸汽船公司，因为它燃烧得慢，不会达到非常高的温度，是最合适航海引擎的燃料。驶向阿根廷的谷物船应该多多少少都是空的，上面载着一箱箱威尔士煤，这减少了运小麦返程的运费。[57] 早在 19 世纪 70 年代，人们希望加拿大能为英国提供食物，那时加拿大的总理约翰·亚历山大·麦克唐纳通过了《宅地法》，英国投资者投入了数百万英镑资助建设加拿

大太平洋洲际铁路。但是直到 1896 年运费降低，它才在经济
上适合移民种植小麦并销往英国。超过一百万农民如今把米
提人和大平原印第安人赶进保护区，因为他们的种植面积有
九百二十万公顷。到了 1910 年，加拿大已经成为世界上主要
的小麦出口国。[58]

到了 19 世纪末，英国消化了世界上百分之三十到百分之
四十的小麦出口量。农民对于国家经济的相对重要性下降了很
多，其对国民收入的贡献从 19 世纪初的三分之一下降到 19 世
纪末的百分之七。[59]

《谷物法》的取消和美国进口小麦的涌入使得面包价格下
降。1880 年，一个四磅的面包价格降至六便士，是 1840 年面
包价格的一半。[60] 工人阶级家庭省下来的这笔钱让他们能够多
买一点培根来配早餐的面包和黄油，还有一些香肠或者一块肝
脏搭配午餐的土豆。[61] 英国养奶牛的农民利用国家新修的铁路
网为各个城镇提供了新鲜的牛奶，工人阶级如今能够时不时地
喝上一杯。[62] 因为进口了低价小麦，三分之二的英国小麦耕种
面积消失了，在剑桥郡，农民改种市场需要的作物；玉米地被
用来种植果树和一排排无核软果。[63] 自由市场进一步扩大，加
上 1874 年取消蔗糖关税，因此，在 19 世纪 80 年代，廉价的
德国红糖以前所未有的势头涌入英国，这使得将品相不佳的草
莓、树莓、李子和梅子制成大家都买得起的果酱在经济成本上
成为可能。[64] 两便士、半便士、一英镑的"草莓味"似乎开始

风靡起来，然而，一个中产阶级家庭的孩子在保育院期待着吃面包和果酱配茶，"当有机会参加派对或者野餐时，（工人阶级的小孩）注意力全集中在昂贵的面包和黄油上"。[65] 本世纪末，糖占了工人每日摄取能量的百分之十五。[66]

《谷物法》取消，加上外国小麦的供应，使得英国能够满足迅速增长的工业人口的需要；这甚至可能让他们不再想着社会变革，虽然这也可能会被认为是工人们只是被大量的糖给"腐蚀"了，变得顺从了。到了1880年，他们的生活水平提高了。那些挣最高工资的人能够花一点钱买靴子、衣服、被褥以及炊具。[67] 在英国大部分大城市里，居民的预期寿命只落后于国民平均水平几年而已——虽然在曼彻斯特，它仍然保持在三十七岁，比平均水平低十年。[68] 但是过分拥挤和不卫生的条件，不定期失业和贫困仍然困扰着四分之一的工人。虽然最穷的人不会再饿死了，但是他们的饮食很难用健康来形容。直到帝国开始往不列颠运送一箱又一箱的肉和小麦，自由贸易才极大地改善了工人阶级的饮食状况。

*In which Prakash Tandon enjoys a
Sunday roast with his landlady's family
in a Manchester council house (1931)*

How foreign food imports improved the working-class
diet and made Britain dependent on its Empire

第十七章

食物追求的顶峰

外国进口食物如何改善工人阶级的饮食，
使英国依赖其帝国

在曼彻斯特的一个廉租屋里，普拉卡什·坦登和他的
房东一家吃周日烤肉大餐（1931 年）

普拉卡什·坦登的房东太太心满意足地看着她的丈夫切一只烤羊腿，那是上等的新西兰羊腿。这是普拉卡什的房东一家乔迁新居之后的第一顿周日烤肉大餐。他搬进他们家的时候，他们还住在曼彻斯特中心的一条街上，那里有一排破旧的房子，还带后院和前门台阶。[1] 房东太太一甩头，她那钟形头发就会摇摆起来，她下决心要搬离这条街，因为这代表她落入了更低等的工人阶级，而她十分厌恶这一点。"原来那地方也许不漂亮，"她总会说，但是"至少我们的后院还有一块小草

坪，还有几棵树。"[2] "印度绅士"交给他们的食宿费足以让这家人提升一个阶级了。对于这个新的廉租房，他们感到"非常兴奋"，因为"有独立的门和铁丝网"，房子上写着"有停车场的商住一体的酒店"——一切都象征着阶级。这座房子有一个小后花园，她老公可以在里面种蔬菜，总比"像一个工人一样"接受配给要好得多。此前他们的厕所在院子里，但是他们现在有"带浴盆和独立卫生间的浴室……两个卧室，小的给孩子们，前面那个……还有饭厅和厨房……楼上有一个小厅和橱柜"。[3] 孩子们去更好的学校上学，他们在那里要穿制服。普拉卡什饶有兴致地看着房东太太为新家买的半月形地毯、安乐椅和用好木料做的一套餐台椅。但是在他的家乡旁遮普，女人会把多余的钱花在金饰和衣服上，普拉卡什的房东太太却把她的钱花在了家里，她高兴地在家洗洗刷刷，这让他非常惊讶。[4]

226

　　普拉卡什从小吃查帕提饼、雪白的黄油、凝乳和辛辣的芥末根长大，起初他非常吃不惯英国食物。1929 年在来到英国的旅途中，他和同行的印度乘客对大量的"火腿和培根，烤猪肉和烤牛肉，牛排和肋骨"非常反感，英国人却吃得津津有味。看见一盘香肠，他们就能知道吃的是这可怜的动物的哪个部位，从头到脚，包括肚子和"最隐私的部位"。（庆幸的是，他们没有吃到甜面包或炸羊羔。）[5] 在曼彻斯特，普拉卡什学习租赁会计学，印度学生们找不到一家印度餐馆，如果能吃到一份咖喱，他们就对房东太太感激不尽了。不久之后，普拉卡什走出了印度人的圈子，虽然他的印度同学说他是叛徒，但是他"克服了所有的拘谨，慢慢学着喜欢上啤酒、炸鱼和薯条、马铃薯炖羊肉以及燕麦姜饼，下流笑话，戏柔的 h 音和大开口的 a 音，尽可能地融入到兰开夏郡的当地生活中"。[6]

　　普拉卡什积极地融入房东一家的生活，他和他们一样高兴，因为烤羊腿肉象征着他们的生活比以前更好了。到了 20 世纪 30 年代，周日烤肉大餐逐渐成了曼彻斯特工人阶级的一个活动，这正好表明，在 1840 年大饥荒之后，工人的生活水平提高了多少。提高生活标准的关键在于进口了低价的外国食品。普拉卡什和房东一家在那个星期天吃的羊羔应该是在世界另一边的新西兰大牧场养大的，在港口屠宰场进行屠宰，然后经过船上的冷冻室运到英国。从屠夫那里开始，这只羊腿继续它的旅行，普拉卡什的房东太太现在享受得起中产阶级让人送货到家的服务了，于是这块肉经过屠夫儿子的自行车篮子到了周日的餐桌上。正如普拉卡什这家靠着印度绅士们交的租金买下了这个新家，英国工人阶级在内战时期靠大英帝国为他们提供食物。

　　外国小麦自 19 世纪 70 年代涌入英国，它确保了工人每天 ²²⁷ 能吃到白面包。但是随着人口稳定增长与工资上涨，工人阶级想要吃更多的肉，这给供给带来了压力。《谷物法》取消以后，最新进口的高热量油籽蛋糕促进了畜牧业和乳品业的发展。农民们主要为中产阶级消费者提供安格斯牛肉、威尔士羊肉和全脂牛奶。但是畜牧业很快就遭遇了瓶颈。农民没有新的草场扩

大养殖，而是继续供应，日益增长的需求促使肉价上涨。[7]英国的农场扩大到美国大牧场上，才降低了面包的价格；现在如果英国能够在新世界的草场上扩大牧场，那么肉价也会因此下降。

肉类贸易仍然靠着传统的肉类保存方式。每当美国肉商有多余的猪肉，他们会用盐进行腌制，随意将肉放在一层层干盐里，登船跨越大西洋。等到抵达目的地，肉已经变成了培根。[8]爱德华·史密斯博士在《每日食谱》(1864)里向穷人介绍了美国培根，因为它的价格比英国培根低一半，但是英国消费者不喜欢它过多的脂肪。[9]有感于市场需求，美国人把科克和利物浦的肉类包装商带到辛辛那提和芝加哥，向他们展示如何切块和腌制，以满足英国人的口味，美国培根最后终于火爆起来。[10]另一个肉类来源是南美牛肉公司售卖的阿根廷干牛肉，但是史密斯博士没有把它介绍给穷人。这种肉既干又柴，他抱怨说，即使慢炖了十二小时也没法让它下咽，当然也没有像促销广告里所说的"非常软嫩"。[11]因为英国许多地方的穷人所能负担得起的燃料只够每周做一顿热饭，他觉得，如果建议他们买这种糟糕的产品，那就太荒谬了，这种肉每磅四便士，不比新鲜肉类便宜。有人觉得这可以给济贫院的穷人吃，但他说这简直就是"虐待"。[12]不过史密斯博士不断重申，如果能把新鲜的阿根廷牛肉运到英国，那么这"对大众来讲着实是一件好事"。[13]

外科医生安德鲁·温特认为罐装技术可以克服距离问题，并且让"每一个人都可以在他的'自由贸易'面包中间夹上一

片好的（殖民地）牛肉"。[14] 英国人民却不同意。移民们把罐 228
装技术带到了澳大利亚，让养羊场把成千上万只羊做成羊肉罐
头。澳大利亚羊肉罐头在 1851 年世界博览会上赢得了一块奖
牌，但是和英国海军部在戈德纳变质的摩尔多瓦罐头问题上谈
崩之后，英国人对这个罐头已没有什么印象。[15] 在 19 世纪 60
年代和 70 年代，丹尼尔·托勒曼（Daniel Tallerman），澳大利
亚工厂的伦敦代理商，举办了一次展览，展示如何做肉罐头，
他还在农村附近建造了餐厅，工人们可以花三便士在那里买
派和炖菜、布丁和水果布丁当午饭，这都是用澳大利亚肉罐
头做的。[16] 虽然工人明显更喜欢低价午餐——每天一千多人在
伦敦的"托勒曼食堂"吃饭——但是澳大利亚羊肉罐头并没有
十分畅销。[17] 只有济贫院、监狱以及医院才买肉罐头，在里面
居住的人没法儿左右这个决定——不过在卡尔迪福医院，有一
次，午饭里很多菜都是用这些"让人恶心的"东西做的，导致
病人们向护士扔调羹、面包和其他食物表示抗议，并在花园里
像疯子一样坑闹；肇事者最后被关了二十一天的监狱。[18]

　　直到发明了咸牛肉罐头，罐头肉才引起英国消费市场的注
意。1876 年，塞缪尔·韦斯特（Samuel Vestey），一位来自利
物浦的供货商，把他儿子威廉送往美国去寻找新的商机。在芝
加哥屠宰场，塞缪尔发现，肉切好后剩下的边角料就会被扔
掉。他从他父亲那里借来钱，开了一家罐头工厂，并运用了最
新发明的美国技术：把肉紧紧地装到罐头里，快速做熟，公
更美味。[19] 他的锥形三角罐头可以让肉滑出来，这成了腌牛
肉的独特标志。[20] 罐头工人用机器在流水线上生产罐头，并

掌握了在氯化钙里煮罐头的技术。这把加工时长从五小时减少到了半小时。[21] 但是肉罐头从来没有在城市工人阶级的橱柜里占据主导地位，罐头只占了英国肉类消费的不到百分之六。很明显，罐头无法解决英国的肉食危机。[22]

美国每年往英国运送成千上万头牲畜，但是安装特殊甲板的费用提高了海运费，牲畜们遭受旅途压力，体重下降，而且大部分都死掉了。一位来自克罗伊登的移民农民第一次成功地找到了把肉而不是牛运过大西洋的方法。[23] 蒂莫西·C. 伊士曼（Timothy C.Eastman）在俄亥俄州有一个牧场，在纽约有一家屠宰场，1875 年他在那里准备了三万六千磅的牛肉运往英国，牛肉放在一个试验冰箱里，这冰箱就是著名的"贝茨"冰箱。蒸汽动力的风扇吹着一盒冰块，把冷气吹向挂在钩子上的牛肉，这样冷气就可以围着它们转了。伊士曼的牛肉是抢手货。因为吃的是大草原上的兰根草，它十分多汁，味道鲜美，上面布满脂肪线条，让人胃口大开。[24] 纽约的"牛王"很快就和其他美国企业的商人接洽生意，因为发现他们可以把羊肉随便挂在牛肉旁边的空间进行运输。

为了应对美国竞争的威胁，英国和苏格兰的养牛人在美国建起了自己的大牧场。到了 1882 年，英国人开的牧场公司投资了超过三千万美元改造大平场，那里一度有许多水牛，被誉为"水牛城"*。[25] 英国消费者不是特别喜欢流行的得克萨斯长角牛的瘦肉。这些牛被养在木栏里，然后被运到爱荷华和伊利诺

---

* 指纽约州第二大城市布法罗。

伊的专门供应农场里，在那里它们吃的是玉米，以生产很受英国人欢迎的肥牛肉。[26] 它们从芝加哥牲畜栏通过火车被运往东部沿海的屠宰场。

古斯塔夫·斯威夫特是波士顿肉类批发生意的合伙人，他认为把牛肉运过去更合理。但是，因为美国铁路公司已经在牲畜围栏和马车上投资过了，它们不愿意再投资铁路的冷冻车厢。1880 年，斯威夫特转向加拿大铁路大干线，因为北方的线路对于活畜而言温度太低。他在芝加哥和波士顿的火车头装上了冷冻设备，和一队冷冻轨道车。芝加哥现在成了大屠宰场兼肉类包装工厂的中心，每天要处理成千上万头牲畜。[27] 铁路轨道越拥挤，这种运输模式就越划算，到了 19 世纪 80 年代，海运费已经下降了百分之九十。[28]

1881 年，美国海运了一亿零六百万磅熟牛肉到英国。[29] 英国人的餐桌上每四块肉就有一块来自海外；在 19 世纪 60 年代，这个比例还是十二比一。[30] 美国肉类的工业化加工已经解决了英国肉类供应的问题。但是美味的烤带骨中肉是英国国家身份不可或缺的一部分，因为人们认为它是英国人生命力的源泉。这个国家越来越依赖美国向其供应牛肉，因此其自豪感遭遇了一点打击。1907 年圣诞节那天在《笨拙》杂志上刊载了一则漫画，名字是《奇怪的欢呼声》，里面有一位沮丧的约翰牛[*]，他盯着自己的盘子，疑惑不解，因为烤牛肉已经"在芝加

---

[*] 英国的拟人化形象，是一个头戴高帽、足蹬长靴、手持雨伞的矮胖绅士，为人愚笨而且粗暴冷酷、桀骜不逊、欺凌弱小。

哥被杀并冷冻了"。[31]

处在英国对跖点*上的新西兰和澳大利亚想效仿美国打入英国肉类市场。但是冷冻肉只能经受住跨越大西洋的短途旅行,超过一万三千英里且途经热带地区的远航需要一种比"贝茨"冰箱更有效的保存方法。起初冰冻肉类的尝试不太成功。1873 年,由澳大利亚牧民捐赠的二千五百英镑打了水漂,因为在去英国的路上,船上的冷冻肉因发臭了而不得不全部扔出船舱。[32]澳大利亚人还饶有兴致地看法国人试图从阿根廷运输冷冻肉。1878 年,昆士兰人托马斯·麦基尔雷思把他的弟弟送到法国去调查,据报道,一艘装有冷冻肉的船从布宜诺斯艾利斯成功抵达勒阿弗尔市†。他弟弟调查得知法国人用的是氯水压力冰箱,因此,麦基尔雷思向贝尔和科勒曼的哥拉斯维根公司定做了空气压力适合他自己船只的加大冰箱。"SS 斯塔列文"号于 1879 年 12 月从澳大利亚出发,两个月后抵达伦敦,船上装载的所有四十吨牛肉和羊肉质量都很好。史密斯菲尔德市场的屠夫说,很难说这些澳大利亚牛肉和新鲜的英国牛肉有什么不同。[33]

新西兰报纸上满是有关英国人欢迎澳大利亚羊肉的报道,自 1882 年起,新西兰开始运输冷冻的羊肉。[34]起初,英国消

---

* 地理学与几何学上的名词。球面上任一点与球心的连线会交球面于另一点,亦即位于球体直径两端的点,这两点互称为对跖点。也就是说,某位置的对跖点是该位置在地球上距离最远的地方。

† 法国北部诺曼底地区第二大城市,法国海岸线上横渡大西洋航线的远洋船舶到欧洲的第一个挂靠港,也是离开欧洲前的最后经停港。

费者不愿意吃九个月之前屠宰的肉。冷冻肉解冻时流出的水让人以为肉在解冻过程中流失了营养价值。[35] 有人担心，冷冻肉像罐头肉一样，可能是食物中毒的来源。但是价格很快就打消了各种偏见。澳大利亚牛肉以每磅低半便士的价格打败美国牛肉，新西兰羊肉比英国羊肉至少便宜两便士。英国人尝过新西兰考利代杂交羊的肉之后，更喜欢来自澳大利亚的强壮的西班牙美利奴羊的瘦长羊肉，这种羊长在温度高且干燥的气候环境里。[36] "坎特伯里优质肉"很快就被人认定是高质量的好肉。[37] 英国农民害怕他们会被赶出这个营生。美国人已经把牧场范围扩大到自家门口了；如今他们要和邻近的澳大利亚牧场这个新秀展开竞争了。[38]

新西兰以及其他冷冻肉的烹饪指南，19 世纪 80 年代由新西兰信贷商业代理公司出品。

　　像英国人一样把冷冻肉挂起来。天气凉爽时，后腿肉可以放一周，前腿肉就要尽快吃了。解冻的时候羊肉会不断流水，因此要像这样把它挂起来检查一下。后腿肉、臀部肉和大腿肉侧挂，指关节朝下，腰脊和里脊也侧挂，放平。解冻时，不要把肉放进水里（有人认为要这样），而是挂在橱柜的干燥通风处，天气潮湿时偶尔用干抹布擦一擦。不要用面粉，否则会变酸。
开始烹饪的时候，大腿肉片或腰脊应该先过一过火，
或放在炉子上温度最高的地方，烫几分钟，然后将肉
切块开始烤，这样密封，可以锁住关节里的汁。[39]

阿根廷后来才进入英国肉类市场。1882年，它修建了第一　　232
座冷冻厂（肉类冷冻工厂），但是阿根廷牛肉和羊肉的质量太
低，竞争不过美国腌牛肉和新西兰的考利代羊。在1899年到
1902年布尔战争期间，阿根廷肉类加工厂的生意才好起来。为
了满足军队的需求，英国人的公司花了好几百万修建新的冷冻
厂。这让阿根廷牧牛场主意识到肉类生意的潜力，他们开始增
加牛群数量，从英国进口纯种公牛与本土牛杂交；他们还开始
在专门的育牛厂把它们养肥。到了1910年，阿根廷已能生产高
质量的牛肉了。这时，冷冻技术已经提升，运输船上都配有可
以防冷冻牛肉发霉的灭菌器和除湿器。[40]这使得船只可以从南
美运送冷肉和冻肉到欧洲了。这些发展也吸引了美国人往阿根
廷投资。美国国内的市场开始消化几乎所有本国生产的肉类，
大的肉类包装公司需要另外找货源，好向英国出口。英国、阿
根廷和美国肉类公司就该行业的主导权的争夺导致了一场残酷
的价格战。英国消费者是最大的获益者，因为牛肉价格已经跌
到了冰点。[41]阿根廷出口的牛肉数量先翻了一倍，然后是三倍，
一直到牛肉排在小麦后面，成为这个国家第二种最有价值的出

口物。20 世纪的头三十年，阿根廷从南美一个小的落后地区摇身一变，成了世界上排名第九的富庶国家。[42]

　　爱德华·史密斯博士先前说过，技术革新使得全世界的"新鲜"肉可以运到英国，这实际上"对大众而言着实是件好事"。[43] 到了 19 世纪 90 年代，英国消化了全球贸易百分之六十的肉类。一支配有贝尔—科勒曼哥拉斯维根申请了专利的冷冻机的蒸汽船队在英国码头卸载了大量来自对跖点的羊肉，来自阿根廷的冷牛肉，以及来自美国的冷火腿和培根。[44] 当中产阶级和上层还在购买更贵的国产肉类时，进口肉类让工人阶级每周可以吃一次烤肉大餐。[45]1913 年，牛津郡一个劳力，带着他的妻子和四个孩子靠着每周八先令的可怜工资过活——这个工资在 19 世纪 40 年代只能让他们一家吃面包、茶和糖浆——但是他们可以买五磅冷冻牛腩，只需二先令，另外二十八磅面包只需三先令二点五便士，还有桂格燕麦、浓缩牛奶和人造黄油。[46]

　　19 世纪的最后十五年，除了腌牛肉和冷冻肉，工人阶级的日常饮食还开始包含三种进口荷兰产品：人造黄油、浓缩牛奶和可可。在 19 世纪 80 年代和 90 年代，气温变化让可可的消费量大增，人们开了"可可屋"或"咖啡宫"，工人们可以在那里看报纸或玩桌游，喝上一种不含酒精的茶、咖啡或者可可。社会改革家查尔斯·布斯描述这些企业是如何鼓励这种习俗的，它们允许工人"喝可可的时候吃从家里带来的晚餐或早餐，或者带上面包和黄油……他们可以加一根香肠或者其他什么，让一顿饭变得完整"。[47]19 世纪最好的时期，可可粉里加了许多扁豆、西米或葛根粉来消解它的腻味，早上咖啡馆做的可可更像巧克力汤或者稀粥，而不像一种饮料。[48]但是当它们逐渐发展成为越来越多的商业公司，可可屋开始提供一种质量更好的用巧克力粉制成的饮料。在 19 世纪 60 年代，通过采用范·豪滕的可可压榨机，可可生产商大大改进了产品。通过把可可油从众多压榨的豆子中提炼出来，可以生产出一种重量轻、好消化的冲剂。[49]"巧克力纯饮"变成了一种高级饮料，比咖啡更有优势，直到进入 20 世纪，咖啡还是一种掺了许多东西的产品。[50]

现在大量的广告宣称可可营养丰富，有益于消化。虽然吉百利在 1866 年开始生产巧克力饮料，朗特里公司十年后紧随其后，但英国人在 19 世纪晚期所喝的大部分可可都产自荷兰范·豪滕公司。[51]人们可能已经忘记那个把这种饮料深植于工人阶级日常饮食保留项目中的最成功的品牌了。在 1898 年的开支预算报告中，财政部部长认为"人们喜欢喝可可……要归功于一些宣传到位的文章，感谢那个厂家，我在此就不点名了"。[52]他指的是蒂布尔斯博士（Dr Tibbles）的维 - 可可公司。1895 年到 1910 年间，这种混合了可可、啤酒花、麦芽和可乐果的饮料太受人欢迎了，以至于财政部部长认为，政府去年进口可可的关税增长了百分之二十五，这都归功于这家公司。维 - 可可是吉百利巧克力饮料价格的一半，而吉百利的目标是中产阶级的家庭主妇，她们为家人寻找一种营养丰富的饮料，

234

维 - 可可是为工人们生产的茶的替代品。广告宣称，西非人之所以能承受繁重的劳动，就是因为他们每天吃可可，而维 - 可可同样会增强英国工人的体力。在一封典型的感谢信中，一位来自特罗布里奇的 T·寇克斯先生，称自己每天在面粉厂像陀螺一样工作十四小时，他说这是"一等可可"，而且毫无疑问，因为可可果富含咖啡因成分，他"每天喝一点五品脱的维 - 可可，代替二品脱的茶，一点都不感觉累"。[53]

1869 年人们发明了人造黄油，它是法国海军的黄油替代品；19 世纪 60 年代晚期发明了罐装浓缩牛奶，供应给美国内战期间的军队。二者都在荷兰大量生产，使用的是剩下的脱脂牛奶，而脱脂牛奶是黄油制造业的副产品。人造黄油比黄油和草莓酱便宜得多，成了工人阶级的普遍选择，而 1914 年英国进口的罐装浓缩牛奶的数量超过了牛肉罐头和鱼罐头的总量。在冷冻技术出现之前，罐装牛奶是方便的鲜奶替代品。但是人造黄油和浓缩牛奶都缺少维生素 A、维生素 D 和脂肪，许多工人阶级给婴儿喂浓缩牛奶，这对他们的健康非常有害。[54] 直到新西兰的奶牛工发现，他们可以利用冷冻船，获得黄油和奶酪的世界市场，工人阶级的营养才由此得以改善。1883 年，一名新西兰奶牛检查员兴奋地写道："我们只需制造上等的黄油和奶酪，世界上便没有任何力量可以阻挡财富流向我们这里。"[55] 农民们开始组织合作，引进丹麦黄油专家帮助他们打开英国市场。专家建议他们养一群泽西牛，生产丰富的富含乳脂的牛奶。他们不在牧场制作黄油，而是把牛奶送到工厂，加工成统一的高质量产品。

1914 年英国已经有超过一千家"河床肉类公司"了，他们把阿
根廷冷牛肉卖给工人阶级。

　　进口食物涌向英国催生出了一种新型零售业。进口肉类销 235
售的主要问题是英国港口和屠户店里缺少冷库。屠户们既不愿
帮助国外的竞争者，也不愿意安装新技术设备。最开始，这些
肉直接从轮船上的冷冻机中售卖，因此进口商人就接触不到内
陆市场。[56] 美国肉类包装公司不会这么容易被打败，他们建立
了自己的连锁店。这使得他们能够谨慎地错开装载肉类的船只
抵达英国港口的时机，因为经过四十天的航行后，冷冻肉类在

货架上的保质期只剩下十天左右。[57]新西兰人紧随美国人之后，建立了詹姆斯·尼尔森联合公司。阿根廷"河床肉类公司"又紧随他们，到1914年为止，该公司已经建立了最大的连锁店，有超过一千家分店。[58]1929年，新西兰联合乳业公司仿效肉类包装公司，开起了帝国乳业连锁店，它是新西兰"锚点"黄油公司的唯一专营店。[59]

当连锁肉店开进了大工业城镇的工人阶级街区时，那里还产生了一种专门的杂货店。立顿、国家与殖民地商店、五月柱乳业公司和合作社储备了种类有限的工人阶级主食，其中大部分是进口产品。它们与街角小商店不同，它们不允许赊账，所有商品都必须当时付现。还有，它们不卖一便士的茶叶、一点糖，而是卖提前称重并密封包装的食品。[60]殖民地肉类公司的连锁店已经开始分配专门产品了；新型杂货店改变了这个过程，建立自己的工厂，然后购买殖民地种植园的产品，向商店供应自己想卖的货物。国家与殖民地商店开了一家公司，在冈比亚收购花生，然后在肯特的伊利斯的精炼厂把它们加工成植物油。[61]托马斯·利普顿以前在爱尔兰开鸡蛋包装厂，在伦敦开果酱工厂，到了1890年，他在锡兰购买了一块地种茶。[62]他自豪地说，他的茶叶是直接"从茶园到茶壶"，泰米尔茶叶采摘者的照片印在包装上，非常醒目。[63]

综合了厂家、买家、包装、分配和零售等多种角色，这些公司可以利用规模经济优势，为他们的消费者定出合理的价格。[64]与此同时，连锁店参与了市场，让高级商品变成了大众消费品。[65]如今它把饼干变成了普通人常见的商品。1873年，

236

合作批发社在曼彻斯特克朗姆斯佩尔（Crumpsall）开了一家饼干厂，而立顿、国家与殖民地商店以及五月柱乳业公司致力于为迅速增长的小型独立厂家服务。威廉·克劳福德（William Crawford）在 1936 年至 1937 年间对伦敦的广告代理商进行了一次调查，发现工人平时夜宵会喝茶，吃面包和黄油，现在也开始吃饼干了。[66]

　　当工人阶级手里可支配的收入增加了，更多的公司提前包装好货物，在连锁店让人挑选。1885 年，泰特和莱尔公司（Tate&Lyle）开始把糖浆倒进罐子里。预包装的西米、蛋黄酱、牛油以及腌黄瓜，曾经是中产阶级们的储藏食品，现在出现在货架上，卖给工人阶级消费者。唯一一种工人阶级买不到的进口货是水果。冬天的时候，塔斯马尼亚和开普敦利用南半球的反季节经冷冻船向英国运输苹果和梨，但是这些最后大部分都出现在中产阶级的水果碗里。[67]就连夏威夷菠萝罐头对于工人阶级而言也是一笔昂贵的开支，直到一个有进取心的中国裔马来人在新加坡开了一家菠萝罐头厂。[68]因此，在 20 世纪 20 年代，成千上万个菠萝罐头从英属马来半岛进口到英国，使普通人都买得起。英国人对中国食物的偏见导致这些罐头上面贴的不是马来半岛工厂的名字，而是由许多英国公司以他们自己的品牌进行销售。[69]此外，苹果罐头、梨子罐头、樱桃罐头、葡萄罐头、罗甘梅罐头、桃子罐头、杏桃罐头以及水果沙拉罐头都开始从加拿大、澳大利亚和美国蜂拥而至。周日下午六点开始的傍晚茶是另一个把普拉卡什·坦登的房东与财富联系起来的习惯。傍晚茶包括加拿大三文鱼罐头，佐以面包和黄油，澳大利亚梨子罐头和康乃馨牛奶罐头"取代了便宜的时令鲜果"。[70]

多亏了进口食品，工人阶级的饮食得到了极大的提升。但是，在 20 世纪 30 年代，英国政府开始担心从帝国外部进口了太多这些食物。[71]英国消费的大部分可可长在葡属西非，超过一半的进口冷冻牛肉都来自阿根廷。在内战时期的贸易保护主义气氛里，政府担心国家太过依赖不可预测的外国公司，它们在官方无法影响的范围内。帝国市场委员会在 1926 年成立，它开展了一场声势浩大的新闻和海报宣传活动，白人移民居住地是英国的兄弟，而殖民地是英国的孩子。民众被要求"把钱花在帝国范围内"，"喝帝国种植的茶叶"，"买雅法橙子"并"抽帝国烟草"。[72]贸易条款偏向帝国供应商而非外国竞争者，这使得竞争激烈化了。结果到了 1939 年，帝国供应了超过一半的英国农业进口货物。[73]英国超过百分之五十的肉类，约百分之七十的糖和奶酪，以及百分之九十的油脂和谷物都依靠于海外资源。[74]从 16 世纪西郡农村的渔民寻找鳕鱼开始，英国人对食物的追求至此达到顶峰。到了 20 世纪 30 年代，英国已经把自己转变为世界制造中心，其帝国养育了它的工人阶级。[75]

In which the recipe for irio changes (Kenya, 1900–2016)

How the Empire impacted on subsistence farming in East Africa and introduced colonial malnutrition

第十八章

不良殖民遗产

帝国如何影响东非的自给农业并引入殖民地
营养不良症

什锦菜菜谱里发生了什么变化（肯尼亚，1900—2016）

什锦菜

原料

二千克土豆裹上面粉——爱德华国王的心头好

三百克新鲜绿豆或冰冻绿豆

三个新鲜的玉米（如果没有，可以用一罐奶油玉米，
但是新鲜玉米的味道会更好）

五十克黄油

一把新鲜的菠菜叶

盐和刚磨好的黑胡椒，提味

洗净土豆，削皮，切成厚片。放在炖锅底部。
用锋利的小刀把玉米粒从玉米芯上切下来，确保不
要切到不能吃的玉米芯，加到土豆里。倒水，没过蔬
菜，加一点盐，上火煮。把火调小一点，煮十二分
钟，或者等土豆煮熟。加豆子，再煮二分钟，然后收
汁，关火。当蔬菜失去水分时，在锅底放黄油和菠
菜，让余温融化黄油。加煮过的蔬菜，和土豆一起捣
碎。加盐和黑胡椒提味。肯尼亚人极其信赖皇牌调味
品，这让什锦菜变得非常辣且美味——在非洲或加勒
比的杂货店你可以找到这个牌子。[1]

注意：你可以冰冻任何剩菜，把它们做成鱼肉
饼，隔天煎熟。

这道菜被称为基库尤粥或依丽什锦菜，是著名的肯尼亚国
菜，其当代食谱上表明它可以用土豆、豆子和玉米做成。[2]但
是1988年6月，内罗毕《国家日报》家书版块有一封信回忆
了作者小的时候吃的什锦菜，那是用大蕉和"尼亚西"（njahi，
扁豆）做的，吃完之后让他产生了一种舒适的饱腹感。实际
上，在整个20世纪，什锦菜的食谱已经发生了变化。到了20

240

世纪 60 年代，"尼亚西"已经被菜豆（比如腰豆和利马豆）取代了。这些是 17 世纪葡萄牙人从南美引进到非洲的。基库尤随后种植菜豆，卖给经过那里做生意的大篷车，但是直到 20 世纪，在殖民地农业官员的影响下，他们自己才开始吃这些豆子。[3] 到了 20 世纪 70 年代早期，它们已经成了一种主要原料，以至于 1971 年 6 月 12 日，《国家日报》报道了当地的科斯克餐馆可能要在菜单上取消什锦菜，因为豆子供应不足。除非菜糊里有至少一半是捣碎的菜豆，否则不是什锦菜，这似乎是一个共识。[4] 这家报纸哀叹，肯尼亚人正在亲历一种传统食物的消失。但是实际上，20 世纪 20 年代重新出现的什锦菜是对原来那道菜的重新演绎。什锦菜不断变化的食谱反映了，在殖民主义对本地农业施压的情况下，基库尤人饮食所产生的变化。

241

《营养研究》一书出版于 1931 年，该书总结了殖民时期关于人类营养状况的第一次调查结果。在 1927 年到 1929 年之间，医学生约翰·福斯特检查了保护区内的二万七千名肯尼亚人。他的同事约翰·亨德森博士评测了内罗毕的医院病人和监狱囚犯的饮食中的化学成分。弗朗西斯·凯利加入他，做了一系列实验，包括往病人和囚犯糟糕的饭食里添加碘、鳕鱼肝油、牛奶、骨粉以及滑石粉。[5] 人们由此才发现维生素和矿物质在人类饮食中的重要性，科学家和医生开始在全世界许多饮食研究里运用这个知识。这个研究具有开拓性意义，因为这是殖民地政府第一次不是从食物数量确保被试存活，而是从食品营养保证被试健康的角度所做的评测。据肯尼亚人说，政府在评测他们的饮食质量时运用了国际联盟的最低标准，研究者们通常只把这个最低标准用于"文明"世界的城市工人阶级的饮食，而这样的做法前所未有地显示了对肯尼亚人的尊重。[6]肯尼亚医务理事 J.L.吉克斯和约翰·博伊德·奥尔一起撰写了研究结果报告。奥尔刚发表了一份英国人的调查结果，大约十分之一的英国市民患有隐性营养不良症，他们似乎食物充足，但他们的饮食没有为他们提供足够的铁、钙或维生素。[7]肯尼亚人的研究表明，基库尤人同样患上了不同程度的隐性营养不良症。

科学家们得出结论，基库尤人之所以营养不良，是因为他们是素食主义者。相反，他们认为马赛人营养非常充足，因为他们吃了大量肉类和牛奶。英国营养学家认为肉类、牛奶和鸡蛋是所有饮食疾病的灵丹妙药。经过证明，如果英国的穷人容易吃到这些食物，可能会极大地降低产妇和婴儿的死亡率，并真正消除营养缺乏症。但是，这些科学家对肯尼亚人的数据的解读建立在一个误解之上：他们用个体的特别饮食代表每一个部落，却没能意识到非洲各个部落之间的区别。只有马赛战士的饮食才富含动物蛋白质，马赛的非战士实际上大部分是素食主义者：他们吃玉米、小米、大香蕉和豆子，佐以一点浆果和蜂蜜。这与基库尤女性的饮食大致相同。仔细阅读福斯特的数据，我们会看到，虽然基库尤女性不喝牛奶（因为她们认为牛奶会影响生殖能力），但令人惊讶的是，她们吃得非常健康。

她们在什锦菜里加了绿色植物，还有一种特别准备的在沼泽灰里生长的植物，取代了本章开头食谱里的菠菜，因此她们摄入了足量的钙和锰。[8] 外国豆子开始进入基库尤保护区，但是富含蛋白质的"尼亚西"是女性饮食里神圣的一部分，既与健康有关，还与生殖力有关。在所有重要的女性仪式，比如割礼、谈婚论嫁、婚礼以及生孩子后，她们都会吃用"尼亚西"和大蕉做的什锦菜。[9]

营养不良的是基库尤男性。20 世纪早期，移民到此的白人严重干扰了基库尤人的生活。没人让高傲的马赛人为白人工作，但是基库尤人却被看作一个巨大的劳动力市场。当他们的妻子和孩子待在后方的保护区时，男人去铁路轨道上工作——内罗毕在 1899 年作为一个铁路营地而成立——或去农场做工。他们每天的配给是二磅乌咖喱，这是一种廉价玉米粉食品。20 世纪 20 年代，在非洲南部和东部大部分地方，小米仍然是主要的谷物，相较之下，男人们发现玉米粥既吃不饱，也吃不好。[10]一位来自北罗德西亚的本巴老人告诉人类学家奥黛丽·理查兹，他搬到工业区南部工作的时候，起初他吃饭是"面粉一袋接着一袋"。最后他说："唉，不过如此！欧洲人没什么可吃的了。他们的食物不禁饿。"[11] 玉米粥不仅没能让人产生一种饱腹感，还严重缺乏蛋白质和维生素 B。这次研究批评的"基库尤饮食"实际上是工业配给的翻版，这在帝国的土著工人那里随处可见——非洲黑奴、合同工、本地农民、加拿大原住民。研究者们似乎没有意识到，基库尤男性之所以更容易患疟疾、呼吸疾病、肠疾以及热带性溃疡，不只因为"传统"饮食不充足，还因为小气的英国殖民者给他们工人的供给非常匮乏。[12]

　　《营养研究》说基库尤人的健康可以通过引进优质畜牧业得到提高。它漫不经心地建议，每家每户都应该养牛。[13]作者的初衷是好的，但是他们的建议表明他们忽视了非洲的情况。保护区的基库尤人已经被迫交出他们的牛。这就是为什么20世纪20年代的研究者们没有发现他们吃酸奶、血布丁和烤肉的原因，而1910年的欧洲研究者提过这些是基库尤人日常饮食里必不可少的部分。因此，基库尤人应该喝牛奶这种建议自然不切实际。建议男性在玉米粥里加点绿色蔬菜和草木灰也许更能让人理解。[14]研究的目的是为了改善东非人的营养状况，但是最后它带来的弊病可能大于益处，因为它证实了人们脑中根深蒂固的思想，但它误使殖民地人民相信，帮助土著的最佳办法是"改善"当地的农作方式。[15]

　　1935年，J.L.吉克斯从肯尼亚医务所退休，代替他的是A.R.帕特森。在职期间，帕特森以指南的形式为非洲人写了一个非常糟糕的献词，献给尊贵的帝国，标题为《文明之书》。"非洲人民吃得很糟糕，因为大部分非洲人不是出色的农民，他们不是出色的农民因为他们不知道如何保持土壤肥沃。"他这样推理。他的下文让人想起17世纪农业改良者的话，他们认为爱尔兰人除非耕地，否则永远不会变得文明："如果以合适的方式用非洲的牛——为儿童提供牛奶，为他们（自己）提供肉，为（他们的田）施肥，并拉车、耕地——那么，人们迟早会繁荣起来。"[16]

　　内战期间，东非的殖民当局试图让自给自足的小农变成商

业农民。他们认为，经济繁荣自然会促进营养。但是当局施行
的政策主要是为了让英国而非非洲人受益。第一次世界大战的
经济压力紧随大萧条之后，这一压力增强了英国人重塑非洲殖
民地的决心，这样他们才能实现自帝国形成之初便赋予给殖民
地的角色，即有用的农业商品生产者和英国制造品的进口方。[17]　244
肯尼亚农业部门用各种各样的豆子进行实验，分发了利马豆、
玫瑰可可、加拿大奇迹豆和波士顿豆的种子，为殖民地初生
的罐头业寻找合适的原料。[18] 但是最一致的运动是玉米种植
规模的扩大和加强。说服东非人放弃种植传统主食，如高粱米
和小米，其目的是为了让他们种植玉米。多余的作物可以进
入市场，并用来做工人的配给乌咖喱，以及供应该地区迅猛
增长的城市人口。玉米因定价低廉而被鼓励生产，报纸广告、
宣传册、海报以及电影都表现它是最快成熟、最高产的现代

和今天一样的非洲乡村。

农业的"奇迹作物"。[19] 通过为新作物支付更高的价格，政府确保了玉米的产量，非洲人也可以通过种植玉米来筹集支付人头税的现金。

　　大部分英国农业官员不赞同把许多作物放在一起混种的传统做法，他们对非洲农业方法不太认同。杂乱的土地冒犯了英国人的情感，正如蔓生在玉米旁边的豆子和南瓜地乱作一团，冒犯了美洲的早期殖民者。罐头公司不希望袋子里装的是混合豆子，也不想通过农业官员来强制进行"单一种植"，他们会查看土地，确保用有序的方式种植植物。考古学家路易斯·李奇"听见他们不断争论，一个基库尤人是否应该把一块地分成几部分，他恰好可以这样做，然后在一部分地里种玉米，在另一部分种豆子，另一部分种甜土豆，等等，每一种作物都会得到很高的产量，质量也会更好。但是他会这样做吗？"[20] 答案

A. R. 帕特森对非洲农村的看法，在它被引入犁后得到了"改善"。

是他不会。间作豆子是一种保护措施，因为它们固定了土壤里的氨气。英国人提倡的单一玉米种植成了著名的"玉米矿业"，因为它让土地变得贫瘠。[21]

1935 年，肯尼亚中心省份的农业官员 W.L. 瓦特（W.L.Watt）在看到"尼亚西""已经在基库尤地区失去了优势地位"时，感到很满意。[22] 它被菜豆代替了，两种豆子都兼属自给作物和经济作物，因为任何多余的豆子都会被卖到罐头厂。他的喜悦放错地方了。"尼亚西"从基库尤人的饮食中消失，意味着他们就此失去了最富含蛋白质的食物来源之一。而玉米，东非人经过多方说服才接受它是一种优质食品。[23] 毕竟，现实没有证明政府那夸张的言论。玉米在生长周期里时，需要在准确的时间下足量的雨，这样才能释放它的潜力。如果一切顺利，产量会很惊人，1927 年到 1947 年间，坦噶尼喀[*]政府的数据表明，有些年的玉米产量非常高。但是如果把二十年的数据平均下来，总体上，玉米的产量不如小米和高粱。它的确有优势，成熟时间大约是传统作物的一半，而且它既可以作蔬菜，又可以作谷物，但是它并不是传说中的那种奇迹作物。[24]

然而，持续不断的强行种植玉米运动终于产生效果，玉米成了人们饮食中的主要谷物，甚至包括生活在保护区的女性和孩子。[25] 今天，东非人视玉米为标准非洲食物，并发现小米粥或高粱粥味苦，难以下咽。[26] 正如本章开头那份食谱所示，于肯尼亚人而言，玉米现在是什锦菜里的核心原料。曾经有言论

246

---

[*] 非洲东部国家坦桑尼亚的两个组成部分之一，另一部分是桑给巴尔。

称玉米更美味，更有营养且更高产，当时这些言论被视为官方宣传，但如今已经被当作常识。但是那些发现玉米粥让人失望，吃不饱肚子，而且无法自给自足的人，在直觉上是正确的。正如我们在第五章所看到的，把玉米移栽到非洲，但是没有借鉴中美洲人如何种玉米的知识——他们把玉米核放在石灰水里煮——这样导致非洲人依赖一种既缺乏蛋白质，又缺乏维生素 B 的食物。这种作物依赖一种特定的在一个区域的降雨模式，但是降雨无法准确预测，这让它成为"食品安全的……伪标志"。[27] 东非人如果继续用传统的种植方法种植小米、高粱、尼亚西和大蕉，其实可以过得更好。

　　肯尼亚营养调查的一个积极结果是，它揭露了殖民地的营养不良症问题，并导致 1936 年在殖民地帝国成立了营养委员会。这个委员会被委托调查殖民地的营养健康，而调查结果让人非常愤怒。牙买加、阿根廷、西非、远东、毛里求斯以及锡兰都反馈，营养不良症是帝国范围内的普遍问题。据说毛里求斯人更矮小，且不健康，而人们认为锡兰人缺少食物是因为人口太多。牙买加和安提瓜的长官认为，贫困是食物不足的原因。"家长买不起食物"，安提瓜的高级医务官司说道。在黄金海岸，医疗部门的负责人认识到，醉心于采矿和可可不利于自给自足的农业生产古森林保护。除了贫穷、低工资、低产量和缺少粮食作物外，"政府官员和那些管控其他营养的人"的漠视被认为是营养不良症的罪魁祸首之一。[28]

　　第二次世界大战把人们的注意力从殖民地的营养不良问题上移开了，但是 1945 年以后，当局又恢复了通过使殖民地农业经济商业化来改善当地居民营养状况的旧计划。许多误入歧途的计划试图将当时在英国农场引发革命的耕作技术引入非洲，但它们在非洲完全是不合时宜的。讽刺的是，奴隶贸易导致了西非红树林大米种植的消失，冈比亚土地工作党却试图把大米种植"引进"到该地区的沼泽地。1947 年派了两辆拖拉机，但是当它们沉入稻田的淤泥中时，实验便终止了。[29]1948 年，殖民地发展公司成立，组织生产农业商品诸如糖、大米、可可、鸡蛋、肉类以及蔬菜油，在供应正在遭遇战后经济紧缩的英国的同时，又可以销往美国赚取急需的外汇。[30]该公司的确成功地建立了一个棕榈油种植园和两个甘蔗种植园，但是它的大部分计划都以失败告终。屠宰场、水果包装厂和罐头厂，捕鱼项目和香蕉、柑橘、椰子、棕榈、大米、蔗糖和可可种植园都夭折了。大部分鸡蛋从冈比亚的家禽农场运往英国，但是据说不适合人类食用。[31]

　　坦噶尼喀花生计划也许是代价最高的一次失败。1946 年到 1951 年间，这个项目花费了等同于整个帝国价值三年的发展基金。它是食品部门的发明，为的是寻求一种便宜的植物油供应给英国大量人口。机器被运往坦噶尼喀去清理土地，然后建立一个大的花生种植园。但是拖拉机要么坏了，要么配置不够处理顽固的树根，也无法处理炙热而坚硬的大地，当工人们试图从他们已经成功种植的小块地里收获作物时，这几乎没有彰显机械农业的优势。它在清理土地上的花费比土地本身的价值还要高，即使这块地种上了花生，花生油从种植园搜集起来，其对满足英国人的需求所做的贡献不值一提。这笔钱本该用于 248 修理尼日利亚北部的铁轨，那里的花生供过于求，但是没有基础设施可以把它们运到港口。[32]

殖民地计划为减少饥饿或促进殖民地的营养几乎没做出任何贡献。对殖民地营养不良症的调查没有揭露殖民地政府对本土饮食所造成的消极影响，反而开始提出现在仍然流行的观点，即饥饿和贫穷是殖民地地方病。[33] 各种各样的战后发展计划都失败了，就连为英国生产食物的计划也不例外。[34] 让人更悲伤的是，一连串发展计划的失败都没能让人怀疑那个观点，即如果非洲被改造成英国东南部那样就会发展得更好。这个错误思路一直让后殖民地的发展蒙羞，这种状态一直持续到 1980 年。东非只剩下营养不够充足的主食，这减少了本土饮食的趣味和多样性，也让人口在面对食物短缺时更加无力招架。当 20 世纪 70 年代世界对干菜豆的需求下降，肯尼亚干豆种植也开始减少，而女性还去为欧洲市场种植青豆。[35] 因此 1971 年《国家日报》抱怨说，什锦菜里的豆子在减少，并且最终干脆从这道菜里消失，被欧洲白土豆取代了。当代肯尼亚人在小餐馆里看着一盘成山的土豆、豆子、玉米什锦菜，他们会想起布基纳法索前任总统托马斯·桑卡拉曾这样喊道："你知道到哪里去找帝国主义吗？……看看你的盘子吧！"[36]

*In which infantryman R. L. Crimp eats
bully beef and sweet potatoes in a
forward camp in the North African desert
(September 1941)*

How the Empire supported Britain during the

Second World War

第十九章

拯救英国行动

大英帝国如何在
第二次世界大战期间支持了英国

在北非沙漠的先锋营，步兵R.L.柯林普吃牛肉罐头和
甜土豆（1941年9月）

1941年9月，R.L.柯林普发现自己所在的北非沙漠先锋
营"非常地朴素和原始"，离前线有好几百英里。这里完全是
露天生活，"白天在炙热的太阳底下，晚上在星星底下，把毯
子铺在坚硬的沙漠地表，就地为床了"。[1] 柯林普被派到一个机
动步兵部队，先锋营的中心区域一共停着三十辆卡车。他所在
小组的卡车——叫梅布尔（Mabel），是司机老婆的名字——
周围都是装置和供给：一挺布朗机关枪；一支博伊斯反坦克步
枪；几盒弹药；一个大的意大利急救箱，里面存有配给；满箱

子的罐装紧急物资，另一个箱子里还有他们的盘子、快餐盒、
马克杯和刀具；大约有半打二加仑的水罐以及另外半打"不许
触碰"的紧急罐；一个工具箱；备用轮子和几个铲子。他们在
旅途中时，炖锅和用来生火的小汽油罐都被绑在卡车的一边。
在营地，这些是划定了的做饭区，在旁边的区域，每个人在坚
硬的地面铺着睡垫和个人的褡裢包、编织装备、长大衣、防毒
面具以及整齐地摆放在上面的钢盔。[2]

　　每天晚上六点，每组出一人跟着班长到排长那里领取配
给。他们带着麻袋、罐子和空水罐跑到司务长中士那里，中士　250
已经在地面摆上了一堆"基本的"物资：每六人一组，有四个
牛肉罐头，一罐牛奶，一罐奶酪，每人一个橙子。这群人像
往常一样给他打招呼，"什么啊，没有鲜肉？"实际上，鲜肉
是"千载难逢"的，但是他们已经习惯了吐槽牛肉罐头。它的
名字是水手们给早期模仿尼古拉·阿佩尔的牛肉汤生产出的肉
罐头所取的。但是这个部队在北非吃的牛肉罐头，实际上是19
世纪70年代威廉·韦斯特（William Vestey）在芝加哥发明的
把肉压实了的牛肉罐头。这些罐头从阿根廷的弗赖本托斯罐头
厂一路运往北非，为战时的英国提供了大部分腌牛肉。"谁要
克鲁福的特价商品？"中士喊道。[3]这是部队比作狗粮的压缩
饼干。毫无疑问，这二十八磅饼干盒是在卡尔公司的卡利斯尔
饼干厂包装的，这个厂为军队生产了大量压缩饼干。

　　腌牛肉、压缩饼干是战争初期沙漠士兵们的主要食物，如
果运气够好，还有土豆。"这里有两罐土豆，投币决定！"中
士继续说道。[4]罐子里装的是大家都喜欢而且常吃的白土豆。

输了的骂运气不好，分到的是埃及新鲜的甜味黄土豆。甜土豆
在部队太不受欢迎了，以至于战争后期，英国军队制订了一
个计划，鼓励在中东种植白土豆。海上商人罗伊·贝利（Roy
Bayly）组织了一艘船把土豆籽运往开罗，这趟航程非常麻烦，
要不断地通风以确保土豆籽不腐烂。战后那些年，每当他在
英国超市看到有售埃及白土豆，他就会认为它们全部是"'我
的'1943 年那批土豆的'后裔'"。[5] 接下来分的是人造黄油和
果酱，它们被装在七磅重的盒子里。当士兵们发现这是草莓酱
而不是更好吃的醋栗酱时，四周立马怨声载道。中士留了几个
鱼罐头，也有人骂声迭起。最后但重要的是仔细分发糖和茶
叶。中士从袋子里给每个组舀了一杯茶叶，他们真的数了每一
片茶叶。糖被倒进德国防毒面具箱。英国士兵把这些箱子当有
用的容器，因为它们有带链条的盖子。最后分了二加仑的水。
这些人背着沉甸甸的袋子，回到了营地。[6]

在这里，柯林普强忍住对军士的怒火。这位军士觉得有必　251
要表现一下领导权，于是每天从配给里挑选东西做饭，让这些
人负责削土豆皮，让那些人负责开罐头。他这样做让做饭变得
令人厌烦，实际上，放手让他们自己做，他们会非常享受这些
细碎的家务活。[7] 随着夜幕降临，柯林普那一组给自己做了简
单的一顿饭，罐头牛肉和甜土豆，接着是大米布丁和一点果酱
以及橙子。橙子的确是沙漠里唯一能吃到的新鲜水果。塞浦路
斯从和平时期为地中海潜水艇预备的物资里分出一部分投入市
场，但供过于求，这些就供应给部队了。

柯林普很开心在夜里吃饭，因为白天总有"魔鬼驱使"，

西边沙漠里的露天厨房，与 R.L. 柯林普所在的摩托化步兵部队的非常像。

成群的苍蝇歇在食物上，带着"有害病菌"祸害他们。只有当
太阳落山之后，苍蝇才一下子都消失了，"好像有什么秘密信
号"。[8]吃完饭后，这些人开始认真泡茶。锅里装满水，放在用
过的饼干罐上面，离底下泡过汽油的沙子距离几英寸。水开之
后，抓几把茶叶扔进锅里，然后放在一边继续煮。与此同时，
把杯子摆在地上，离火近一点，往里面放罐装牛奶和糖。热气
腾腾的甜茶对于沙漠里的士兵们而言是一种极大的安慰，正如
它对英国国内的工人阶级一样。"只要不缺少炭，每当感觉疲
惫，喝一喝茶，每个人都很开心，"柯林普写道，"缺少了上述
二者中的一个，士气就大为衰退。"[9]

参战之前，约翰·唐京（John Tonkin）在新西兰轮船公司仓库任职，因此，他学会了"基本的烹饪知识"。他一开始去了挪威的防空部队，在那里重新培训当了厨子，后来又去了埃及和克里特岛，他在那里一定是英国军队里最有创新力的厨子之一了。

如何利用多余的西葫芦

"士兵们一般不吃西葫芦，不管有没有白汁。"让肉店剁二百磅新鲜牛肉，洋葱和香草（"热天非常容易腐烂"）。把部队里分发的所有多余的西葫芦取来。把拌好的肉末填到西葫芦里，在阿尔德舍特炉子烤。"这是部队的伟大胜利。"

在克里特岛上烹饪牛肉罐头的最佳方法

"把肉切片，裹面糊和蛋糊炸。"

克里特式威尔士干酪

253

首先，让打杂的取出大量部队不吃的用锡箔纸包装的小干酪。"洋葱从中切，浅一点。"做"厚厚的面糊和许多克里特蛋"。如果有脱脂牛奶那就太好

了，把它和奶酪块放进锅里并加调料。在火上煮的时
候，搅拌。淋上沃切斯特酱汁，关火。同时，让帮手
往烤盘里摆满面包片。在炉子上把面包烤成一点点黄
色，再涂黄油。往上面放很多奶酪混合物，回炉煮至
金黄。端给饥肠辘辘的部队士兵们享用。[10]

　　北非的英国士兵得到的配给和帝国水手、探险家、牛仔、
合同工以及移民先驱们的是一样的。如我们所见，几个世纪以
来，英国人在加工和包装耐藏食品方面已经是专家了，他们还
能把它们运到遥远的地方，给遍布在全世界每一个角落的殖
民地中的移民享用。当 1939 年战争爆发，英伦三岛处在复杂
贸易网的中心。每天大约有十五艘到二十艘船只停泊在英国
港口，带来小麦、冻肉和冷肉、糖、茶叶、罐装牛奶供应给英
国工人阶级。与此同时，殖民地之间的贸易让无数商品从这个
殖民地运到那个殖民地。继英国、澳大利亚之后，印度成了茶
叶的最大消费国，缅甸大米不仅喂养了孟加拉和锡兰的殖民地
民众，还远销东方国家和非洲南部、冈比亚、毛里求斯、坦桑
尼亚以及斐济。[11] 作为德国海军潜艇部门的负责人，海军元帅
卡尔·邓尼茨建议："如果希特勒决定优先建造潜艇，那么对
进口货物和海洋贸易的依赖就成为英国的'阿喀琉斯之踵'。"
虽然潜艇构成了威胁，成千上万的帝国海员在船只遭受鱼雷   254
攻击的时候不幸牺牲，然而德军的包围从来没有真正对英国

构成威胁。[12]

实际上，帝国是英国的力量源泉。英国不是一个独自位于欧洲角落的小岛，而是强大的网络中心，它提供了人员、武器和弹药，原材料，以及最重要的食物。作为一个英国人，柯林普是北非攻打埃尔温·隆美尔的第八路军中的"少数民族"。他的同伴里有来自帝国各个地方的人：澳大利亚、新西兰、南非、南罗得西亚、印度、巴苏陀兰 *、贝专纳 †、锡兰、塞浦路斯、冈比亚、黄金海岸、肯尼亚、毛里求斯、尼日利亚、巴勒斯坦、罗德里格斯 ‡、塞拉利昂、塞舌尔、斯威士兰、坦噶尼喀、乌干达。[13] 在其他战场也是同一番景象。澳大利亚战舰在地中海战斗；南非提供了扫雷艇、炸弹和战斗机；印度空军与日本军作战；英国空军在澳大利亚、加拿大、南非和南罗德西亚接受训练。[14] 尼日利亚提供的锡罐和锡兰供应的橡胶在马来半岛败给日本后都起到了关键作用，而塞浦路斯为降落伞提供了丝线。[15]

1939 年，英国几乎所有用来做面包的小麦都是从加拿大进口的。它也进口了大量饲料，因为英国农场仍然生产了这个国家几乎一半的肉类供应品和所有牛奶。但是，谷物转化成肉，这个过程损失了热量，这意味着，在战争期间，船上不可

---

* 即今莱索托。

† 英国在南部非洲建立的一个保护国。1885 年时，为了避免被南边邻国南非境内荷兰裔的布尔人并吞而建立了贝专纳保护国。1966 年 9 月 30 日脱离英国独立后正式改名为博茨瓦纳。

‡ 位于印度洋的毛里求斯属岛。1968 年，毛里求斯独立，罗德里格斯成为当时的毛里求斯主权国的一部分。

能有多余的空间装笨重的饲料。因为相对肉类而言，小麦的热量价值也比较低，那么种植小麦并进口肉类就比较合理了。[16] 战时的耕地战把牧场变成了种植谷物的耕地，这会让罗伯特·塞西尔的心头一暖，他在 1601 年认为耕地是英国社会稳定的基础。[17] 因此，在 1943 年，全国吃的面包里的一半小麦都是英国农民种的。[18]

加拿大西部大牧场外的农民通过种植粗饲料谷物而非小麦来适应实际情况。这些饲料被运到东海岸喂猪，然后猪肉被运到英国做成培根。新西兰回应了英国对奶酪的需求，因此在船上装了体积相同，但能量和蛋白质比冷冻羊肉多两倍的奶酪。但是当 1942 年，英国发现他们的食用油不够用了，因为日本入侵了东南亚，于是新西兰人立刻为英国供给黄油，并让奶酪厂改做黄油。与此同时，阿根廷供应腌牛肉，英国人把它储存在军械厂以备肉类短缺之需，而美国供应去骨牛肉和牛肉片——尽可能地装满整艘船——午餐肉和香肠，奶酪和蛋粉。[19]

不止殖民地移民，连美国也参与了英国的拯救行动。"为胜利而战"成了西非的一个口号，该地区所有儿童都开开心心地砸碎棕榈果取出果核，一边唱着"打赢战争敲碎希特勒的脑袋"。[20] 他们生产了超过四十万吨的轻如羽毛的棕榈油，加工成人造黄油供应给英国的家庭主妇，她们每周的配给是二至三盎司。[21] 热带殖民地主要供应那些战争之初没人要的货物。英国人组织船队低价购买西非可可和毛里求斯糖，这似乎是仁慈之举。但是随着战争继续推进，全世界范围内对食物的需要也在不断增长，而英国在美国建立了一个可可豆市场，他们在那里为美国部队提供应急口粮。英国从这些货物而不是殖民地的农民那里获得了利益。[22] 如果英国公民因为有进口浓缩、高能量食物的政策而营养充足，那是因为这个国家能够利用移民殖民地的农场，让英国的农业生产用地遍布全世界。

为了抵达北非，柯林普的船从英国驶向了德班——在那里，这位步兵闻了一个星期的臭味，这是他床底下保存的蔬菜腐烂的味道——然后继续驶向非洲东海岸，经过苏伊士运河。[23] 德国潜艇已经关闭了地中海通向同盟国的航运，所有奔赴北非战场的军队和补给都被迫绕开普敦做长途旅行。这导致红海各大港口混乱一片，因为它们无力容纳超过五百万吨的进口货物，这些还只是军事战争需要的。美国商人火上浇油，把事态弄得更糟，战争还没开始，他们就在中东储备物资了，这些都是战时的短缺物资，除了坦克和军事供给物资之外，从美国进口的大量装着袜子和内衣的箱子在甲板上堆积如山。[24]

一个聪明的澳大利亚年轻人解决了中东的混乱，他就是罗伯特·杰克逊，中东物资中心的负责人。这个中心成功地协调了农获收购、食物存储、工业生产、区域进口需求，因此虽然战争中断了航线，但它仍然很稳定。[25] 与此同时，军事战争进行得不太顺利，1942 年夏天，盟军经过沙漠开向开罗。他们吃的是牛肉罐头和饼干，整个军队都患上了黄疸、痢疾、维生素

256

稀缺症以及作战疲劳症。柯林普身上有所有这些病痛的症状。他感觉荒无人烟的沙漠渗透到他的意识里，让他的"脑袋如沙漠一样贫瘠"，整个人笼罩着一股淡漠，感觉"怎么做都很恶心"。[26]一大船委托的水果罐头从南非运来，争取为这些人补充维生素、纤维素和战斗的意志。

　　1942年秋天，第二次阿拉曼战役阻止了德国人的进攻。在沙漠的另一边，盟军在摩洛哥登陆，给德国人带来巨大的压力。温斯顿·丘及耳决定优先考虑军队的要求，把德国人赶出非洲大陆，但是同时对英国船只的需求也在不断增加。美国给英国的供应物资比先前承诺的要少，粮食部大臣艰难地游说，希望美国多派一些舰船去阿根廷和澳大利亚补充英国已经消耗殆尽的肉类。为欧洲大陆袭击战做准备意味着还要在英国分配更多的船只给美国军队。[27]因此，丘及耳决定保护供应进口食物到英国的船只，把去印度洋的船只数削减了百分之六十。[28]这给帝国的民众带来了严重的后果。

　　毛里求斯最先受到影响。这个生产蔗糖的岛屿已经尽力用本土的木薯、玉米和花生代替进口的缅甸大米和印度扁豆。但是，干旱、飓风以及载有花生加工机器的舰船失事让人们的努力付之一炬。当印度洋的舰船减少，他们赖以生存的进口小麦也减少了。他们勉强撑过了战争并患上了营养不良症，但是大部分人被澳大利亚一艘载有从马达加斯加运来的小麦和玉米粉从死亡线上拉回来了。[29]

　　在东非，征兵让许多保护区的人参军入伍。其他人被招募去港口和铁路以及坦噶尼喀剑麻种植园当劳力，或去罗德西亚 257

和肯尼亚的移民农场里种田。1942 年 9 月到 11 月，一些地区遭遇干旱，老人、妇女和儿童被留在保护区奋力开辟新田地，多种一些作物，这样可以及时赶上来年 2 月开始的雨季。除此之外，殖民地管理局迫使农民尽可能多卖一些玉米给政府；他们需要给在保护区外工作的男人提供每天二磅玉米粉的配给。这让没存粮的穷苦人家，因为没有被算在供给范围内而无法抵御饥荒。[30]1943 年，一些地区本应持续到 6 月才结束的雨季，在 3 月就戛然而止了，食物短缺导致黑市十分猖狂。从那些雨季正常的地区买来的玉米继续售卖，其价格却是平时的四倍。富人动用存款买到玉米粉，但是穷人就被市场抛弃了。他们尝试从邻居家的地里偷摘尚未成熟的玉米。许多地区的人开始饿死，1943 年 2 月中旬，两艘计划抵达印度的舰船转向去东非运粮食，来缓解现状。[31]

　　印度总督林利思戈侯爵反对舰船偏航，因为 1943 年的孟加拉急需外界支援。1943 年 1 月，英国政府宣布，他们将减少去印度洋的舰船，他们知道印度正在闹饥荒。林利思戈第二年要了六十万吨粮食。但是丘及耳和他的科学顾问车伟尔勋爵，对此非常淡漠。丘及耳认为东方殖民地政府不够节俭，说"没有原因，大英帝国所有地方不应该像母国一样感到经济拮据"。[32]减少舰船数量没有导致孟加拉饥荒，但是这意味着，忍饥挨饿没有任何盼头了，而且如果真的遭遇饥荒，也没有希望缓解这一情况。大米歉收，战时的阻止大米从富余的地方流向缺少的地方的政策，还有政府不作为，他们把大米价格定得太低，凡此种种——导致了往那里供应的物资都流向了

黑市——导致食物价格呈螺旋式上升。穷人和靠工资过活的
人——无地的劳力和手艺人，文书和教师——他们被排挤出市
场，只能每天定量购买食物。[33]

　　1943年难近母[*]节期间，北部中学的校长比色瓦·查克拉　258
巴蒂走访了他的家乡，恒河三角洲的蒙希甘杰。令他惊讶的
是，"所有人似乎正在默默地走向死亡"。[34]当村民们无力走到
公共厨房时，他们干脆躺在冰冷的地面死去。[35]到了夏天，令
人绝望的饥荒来到加尔各答。加尔各答报纸《政治家》的编
辑伊恩·斯蒂芬斯非常震惊，"饥荒来的……"如此安静，"没
有叫喊，没有暴力，没有商店抢劫"。快要饿死的人四处闲走，
"不知所措，也不寻求帮助……蹲在小路边上，越来越虚弱，
然后躺下来，不一会儿就死了"。[36]

　　斯蒂芬斯在这边展开了为期八周的战斗，报社发表了社
论，批评政府对孟加拉大灾荒不闻不问，还发表了有关死者和
正在加尔各答街头死去之人的信件、证词以及照片，1943年
10月，伦敦的英国政府才得知孟加拉遭遇了饥荒。[37]直到韦
维尔勋爵在1943年9月取代无能的林利思戈成为总督时，才
采取了决定性的行动来纠正这一骇人听闻的情况。现在军队护
送大米送往农村地区；为了避免粮食落入日本人手里，船只在
被送去修缮后才会被征用；政府加强了价格控制，并引入了供
给。[38]人们不断死去，但是加尔各答街头挨饿的人和穷人被聚

---

* 印度教女神，性力派的重要崇拜对象。传统上被认为是湿婆之妻雪山神女的
　两个凶相化身之一。

集在特别营地看不见的地方死去。[39]战死于北非战役里的盟军
步兵超过三万一千名，但却有三百万孟加拉人死于饥饿和营养
不良症。[40]

印度最急需的是船只，有船才能把谷物运送到该国其他地
方，把饥荒的苗头扼杀在摇篮里。据报道，在迈索尔和特拉凡
哥尔，有灾民入室抢劫，局势很紧张。韦维尔再次向伦敦申请
船只，改道把食物运往印度，但是政府成立了一个委员会，研
究印度的需求问题，最后做出决定，有限的船只应该继续优先
为英国公民供应食物。因为这个原因，一个加拿大人提出供应
十万吨小麦的请求被拒绝了。印度立法议会被禁止向联合国救
济与复兴管理局申请援助，因为英国人害怕受到当局的审判。
在说服可以承受减少供应的东南亚指挥部后，韦维尔才获得船
只，运送二十万吨谷物。印度的不作为当然加剧了局势，但
是丘及耳和他的战时内阁故意牺牲印度人口，让他们遭受饥
饿。[41]1945 年 3 月，当韦维尔听说有空军向荷兰投放补给，他
感叹道，他们"面对欧洲饥荒的时候，对于补给灾民，表现了
不同的态度"。[42]

让舰船从欧洲改道的决定让英国得以重建食物储备。丘及
耳的追随者彻麦尔勋爵对于印度"节衣缩食"感到非常开心，
1943 年 3 月，英国的食物储备比预期降低了百分之五十，他
又变得歇斯底里。[43]实际上，减少印度洋的舰船已经给英伦三
岛多增加了二百万吨补给。[44]而且，到了 1942 年，粮食部大
臣建立了一个稳定且令人满意的食物分配制度，极大地提升了
英国公民的士气，大家都认为这很公平。战时工厂的增加也解

259

决了失业问题。战时的高工资意味着,连工人阶级也能为家人买得起足够的食物,而且引入的配给制度让每一个人都能获得国家的补给。[45]

英国公民的战时配给与19世纪工人阶级的工业饮食结构类似,后者极度依赖面包和土豆,然而这两样食物都不是配给的。但是让营养学家们满意的是,自1942年以后,国家的面包是全麦的了。船只短缺促使政府尽可能地使用了国产小麦,而且面粉提取率从百分之七十上升到了百分之八十,这就意味着,它保留了营养丰富的麦芽,并被制成了让人不太喜欢的长条面包。[46]此外,英国农民生产了非常多的土豆,导致公众无法消费完,大量土豆最后被用来喂猪。两次世界大战间歇期间,英国仍有一些穷人难得吃上一顿肉。现在配给保证每一个积极工作的工人每周可获得价值一先令的肉,还有四盎司培根,奶酪和黄油各二盎司,人造黄油四盎司,三品脱牛奶,一个鸡蛋或同等价值的蛋粉,八盎司糖以及二盎司茶叶。尽管茶叶供应有限,但这在工业配给里也是非常奢侈的。糖曾经被视为让工人阶级沉迷并挥霍的产品,如今已经成为英国饮食重要的一部分,而且是重要的能量来源,虽然它缺乏营养,但还是包括在配给之内。[47]此外,营养学家们成立了食物政策分委会,加上粮食部大臣吴尔顿勋爵的合作,确保了学校免费午餐项目,牛奶优先供给孕妇和哺乳期妇女,还有为五周岁以下的儿童供给牛奶、橙汁和鳕鱼肝。软骨症和维生素缺乏症在英国全部消失,母婴死亡率也降低了。工人阶级因贫困紧紧捂着的口袋终于也打开了。[48]

260

在战争期间，帝国内部总是出现明显的优先等级。英国公民排在第一位；下面是英国领地范围内的白人移民；最后也是最不重要的，是英国殖民地的民众。死于饥荒的孟加拉人有上百万，东非人被迫卖掉储存的玉米，因食物短缺而被洗劫一空，贝专纳的穷人沦落到吃树根和浆果，冈比亚人吃掉来年要种的花生种，他们经历的还不是战争时期的食物短缺。[49]他们是硬币的另一面，保证英国人在战争时期营养充足、身体健康以及有充沛的能量。[50]帝国的贸易规则一直是为英国制定的——战争期间既有紧缩的殖民主义剥削，又暴露了英国空洞的话术。

*In which Mr Oldknow dreams of making
an Empire plum pudding (24 December
1850) and Bridget Jones attends Una
Alconbury's New Year's Day Turkey
Curry Buffet Lunch (1 January 1996)*

How Christmas fare took the Empire into British homes

第二十章

重新编织世界

圣诞节大餐如何将大英帝国融入英国家庭

奥德诺先生梦想做一道帝国梅子布丁（1850 年 12 月 24 日），
而布丽奇特·琼斯参加了尤娜·奥尔肯伯里的
新年火鸡咖喱自助餐（1996 年 1 月 1 日）

1850 年圣诞节前夕，奥德诺先生坐在厨房的炉台前抽雪茄。
他整个下午都在"和孩子们玩耍"，他们现在"终于带着红扑扑
的脸蛋和凌乱的头发上床睡觉去了"。他跟着妻子进了厨房，她
在那里给他读家庭账单上的"圣诞布丁"食谱，告诉他这"内
容丰富、半融化的一团东西上面点缀着梅子和黑醋栗"，会被
装在"大陶锅"里，等着在隔天"天亮时"被倒进布丁布里。
等妻子上床睡觉的时候，他试着在炉台边坐着沉思了一会儿。
这位醉心于想象的人，当他盯着"大布丁"看的时候，想到了

"构成布丁的这些食材的贸易史"。"一阵胡思乱想"过后，他感到有些疲惫，于是打了一会儿盹，在梦里，雪茄烟引出了一系列鬼魂的形象，每一个人都背着做梅子布丁的原材料。[1]

在奥德诺先生的厨房里现身的第一个形象是来自安达卢西亚充满阳光的山坡的葡萄干精，他抱怨说英国人"每年……都带着……亚麻和……羊毛……玻璃和……陶器"到地中海交换葡萄干，但是这些葡萄干本来最好是用来酿酒的。奥德诺先生耐心地向这位满肚子不高兴的人解释，"我们的织布机和熔炉做出来的产品"非常适用，会促进他们当地人的工业化。"因为我们用味道来安抚，这会成为一种习惯。当我们的玻璃和瓷器进入了你们农民的小屋里，你们的橄榄会得以很好地贮藏，你们的葡萄也更能保持干燥。当人的劳动与其他人的劳动进行交换时，他的劳动才有价值。"[2] 奥德诺先生的下一位到访者却是一位提倡自由贸易的人。希腊醋栗精认为葡萄更适合在他们那儿种植，因为那里气候适宜，然后用黑醋栗交换小麦、糖和咖啡。"圣诞节就要来了。"他说，根据供需法则，只要英国人还想要用黑醋栗做梅子布丁，那么希腊绝对是他们的选择。[3]

醋栗精很快就被穿着罩衣的面包精请下台了，他头戴一顶草帽，脚蹬系带靴，说话慢条斯理，小声嘀咕"保护"的事情。"谁教你唱的那首歌？"奥德诺先生兴奋地问道。"你想用便宜的面包……抵制暖和干净的衣服吗？抵制一间舒适的有窗的屋子吗？抵制炉火，抵制你的茶、你的糖、你的黄油、你的奶酪、你的培根，以及你的圣诞节布丁？"《谷物法》在四年前才被废止，奥德诺先生显然知道英国工人阶级用廉价的外

262

国进口食品的好处。牛油精不过是一个跑龙套的，骑着一头疲惫的公牛到了伦敦肉市场，很快就被印度群岛中班达岛的一片森林和肉豆蔻精请下台了。肉豆蔻精很奇怪，头是荷兰人，身子却是一只林鸽，他对东印度公司尝试垄断欧洲调料贸易的缺点发表了一通演讲。看过英属锡兰殖民地给所有旅游者卖肉桂的繁荣景象后，他说自己了解了，"做生意的目的……不是让（小部分）个体富起来……而是在全世界的所有人类中间传播自然和人工的一切产品"。[4]

　　蔗糖精的出现让人更加开心不起来了，他以一个已获自由的西印度群岛黑奴形象出现，虽然他已经挣脱了枷锁，但是在国内市场已然没有安全感了。"需要便宜玉米的国家不会对亲爱的蔗糖满意"，他抱怨说，并且每年从任何价格最便宜的地方买七亿磅蔗糖。从复杂的奴隶和蔗糖政治那里溜开，奥德诺先生被披着斗篷的科克收蛋人吸引了，他那灰色的眼睛笑意盈盈，睫毛又黑又长，从饥荒中恢复过来简直是奇迹。 263

　　下一位登场的是博学的盐精，他谈及英国当局强行向印度人征收盐税，向奥德诺先生怒斥这剥夺了印度的财政公平。牛奶精请他下场了，这是个挤奶女工和水精的合体。最后机动织布工"走上前，手里拿着一块布丁布。'水开了，'他说道，'原料都混好了。让我来把它们裹在一起吧！'"[5]一大块布丁从碗里跳出来，胀大成"一个大球"，一个法国人从圣诞树里出来，在布丁上倒了一瓶白兰地，宣布，"精灵们，是时候躁起来了！"当布丁突然变成火焰的时候，精灵们围着它跳舞，奥德诺先生唱了一首歌，颂扬英国把"人类同盟"联结起来的壮举。[6]

这一幕是查尔斯·狄更斯于1850年12月在周刊《家常话》上发表的一篇名为《圣诞节布丁》的节选。自19世纪30年代后期起，每年12月都会有人发表专门创作的圣诞节书本、短篇小说和周刊文章。其中，维多利亚时代的人们把圣诞节重新设定为一种巧妙颂扬英国精神的节日。人们描绘一家人聚在一起吃烤牛肉，尤其不可或缺的是梅子布丁。奥德诺先生称这是"我们英国人一年一度的奢侈享受"。[7] 里面有许多干果和香料，梅子布丁是素布丁的翻版，自从17世纪英国人用布包裹面团水煮开始，素布丁一直以来都是英国人的最爱。虽然在18世纪和19世纪，一整年里人们只在节日时吃，但维多利亚时代的文学里总是出现圣诞节时的梅子布丁，这说明久而久之人们开始把它当作圣诞布丁了。

　　正如奥德诺先生的梦境，在家里做梅子布丁要用牛奶、小麦和牛油，虽然如此，但是因为《谷物法》已经废止，美国一个农民可能恰好最先用肯特面团代替了面包精。但是，让布丁味道独特的糖、香料和干果都是外国的。《圣诞节》（1836）的作者把梅子布丁拟人化为"从香料岛获得自由的黑人"。他继续解释说："其内容虽然来自东方，却接受过英式教育，一副英国人做派。"[8] 在这本书的插图里，布丁以一个魁梧的黑人形象出现，他那圆滚滚的身体穿着过时的中世纪时期的英国服装。

264

　　梅子布丁被视为一道"真正的国菜"，反而是因为其外国

几幅《笨拙》漫画中的一幅，用一个梅子布丁象征全球。在这个球上，大不列颠慷慨地和美国人乔纳森分享梅子布丁，以表谢意，之前美国进行了探险活动并归还了英国人在北极探险扔下的"果敢"号。

原料。[9]这些原料让这道菜成了"彰显我们商业实力的标志"。[10]《笨拙》漫画里，约翰牛准备用刀叉表现一个梅子布丁样的地球，强有力地描绘了英国如何处在商业帝国的中心。[11]要成为一个维多利亚时代的英国人，需要有能力吃掉整个世界。

在17世纪和18世纪，大量烟草、蔗糖、茶叶、杏料以及印花布从欧洲流出，这意味着，社会各个阶层养成了新的品位，英国已经变成了一个消费者的国家。普通劳动者如南妮·莱瑟姆（Nany Latham）及其女儿卷入商业经济，从事纺织来赚钱买方格布裙子、瓷盘以及糖果。社会各个阶层的人们——不只是精英——如今可以通过家里的装饰、头上的漂亮缎带、招待客人的茶叶的质量被人评价。人们用这些标准评判其他人的地位，但是在这个重要的心理变化里，人们评价自己的时候也使用这些标准，这使得感情里面产生了一种新的，易于识别的现代的自我。因此帝国在创造现代资本主义消费者中也起到了重要作用。[12]

在第二帝国的自由贸易时代，英国人认为为世界其他国家带来类似的工业革命是自己的义务。从卡罗来纳稻谷种植者和他的红木餐桌到用白镴高脚杯喝朗姆酒的新英格兰农民，美国殖民地居民已经在18世纪转变成积极的消费者了。[13]但是英国文明观念的中心任务是要让难以管到的太平洋岛民和游牧民族都可以受可敬的基督教文明的影响，如果他们接受英式教育，比如用瓷杯喝加了糖的茶。

到了19世纪中叶，没有什么比一杯加糖的茶更英式的了。然而这种饮料是用孟加拉的鸦片换来的中国植物。虽然英国工业中心的制陶厂现在开始生产瓷质的茶壶和茶杯了，但早些年喝茶的时候还用从中国进口的瓷器。加在茶里的糖最初由西印度群岛的黑奴种植，如今由印度的合同工种植，运向全世界以满足英国殖民地的需求。一杯茶很难说有什么地方很英式，但它就是成了这个国家身份的象征。

奥德诺先生提醒愤愤不平的面包精，自从《谷物法》废止以来，他的工资已经涨了两倍，如今可以让自己过得很舒服。

奥德诺先生的劳工主食清单上，排在第一位的就是糖和茶。到
19 世纪 50 年代，这些外国货已经融入英国工业工人阶级的饮
食。加糖的茶，浇在布丁上或涂在面包上的糖浆，刚好与受限
的工厂生活相适应：那时工资太低，无法买足够的燃料让菜肴
在炉火上长时间炖煮；饥饿的小孩在大街上很容易就能吃到一
片涂了糖浆的面包。虽然它缺乏营养价值，但是糖已经从一种
短暂的奢侈品融入到一般食品里。糖再也不是让食物更加好吃
的味道，而是成了必需的能量来源。[14] 糖的重新转化是大英帝
国永远的遗产之一，并且让糖在现代饮食中占据了中心地位。

　　在 19 世纪，糖和茶为工人补充能量去纺织、织棉布以及
炼钢，让英国的制造业产品去交换更多的殖民地食品。[15] 奥德
诺先生认为，"伯明翰和曼彻斯特的手艺人、伦敦和利物浦的
水手，他们的聚餐会很快乐；明天，有工人做的国民特色菜
（梅子布丁），还有马拉加的葡萄干以及狮城的黑醋栗、阿尔
加维的橙子、锡兰的肉桂和摩鹿加群岛的肉豆蔻，所以这些
都富于商业价值；因此他说它们的存在实际上是本土种植者
们的劳动。"[16]

　　在早期的爱尔兰和美洲殖民地，英国人坚定都铎王朝的观
点，一个稳定社会的基础是有序的乡村，佃农在那里耕作，住
在一个个像原子一样围绕着一座教堂和一个庄园的乡村里。他
们认为自己有权占据爱尔兰和美洲的土地，因为他们认为那

些原住民无法完全发挥土地所有的潜力。他们正在从原住民这种奢侈的疏忽中抢救土地，这个观念一直是大英帝国意识形态的主流。"河谷里的这块地多好啊！"1871年，冒险家亨利·史丹利俯瞰坦噶尼喀湖附近一个开阔的原野时不禁如此感叹。"想象那棵罗望子树最高的黑色树叶是教堂的尖顶，想象一下那里是漂亮的农舍而非荆棘丛和桉树，那该多么美啊！想象一下这个河谷，沿河从左到右，满是成群的牛和玉米地，那该多么可爱啊！如果这个河谷是那样而不是现在这幅蛮荒的景象该多好啊。"[17]

当英国乡村的穷人移民到美洲和大英帝国其他地方时，他们带着英国人对土地不可动摇的信念，土地是"一个有待测量、分配、交易和促进的东西"，他们还向全世界传播了财产是可交换的、是私人的这种概念。[18] 到1850年，都铎王朝的封建小农已经在乡村消失了，而英国正在海外不断获取大量的农业用地。[19] 在19世纪的最后十五年，铁路和蒸汽船以及罐装和冰冻的技术革新降低了运费，这意味着白人占多数的殖民地移民能够为工业工人阶级提供充足的低价面包和肉类，好让他们不产生政治抗议或革命的想法。

从移民殖民地进口的小麦和肉类让英国工业工人免于饿死。然而，隐藏的营养不良的问题仍然存在。大英帝国为工人阶级提供了足够的卡路里，在他们短暂的生命里辛勤工作，但是与那些营养充足的中产阶级相比，他们身材矮小，这揭示了他们在饮食上的贫困。[20] 直到19世纪30年代，大部分英国人身上隐藏的营养不良症——缺少钙、铁和一系列维生素——才被认识到。

大英帝国的另一半土地上住着热带地区非白人统治的农民，他们在那里种植可可、蔗糖和茶叶。[21]事实上，英国在美国那里学到了教训：允许白人移民在殖民地实现一定程度的自治，最终会让他们凭借自身的权利建立起一个工业国家；所以在非白人为主体的贸易伙伴（殖民地）那里，英国会设法阻碍当地制造业和工业的发展。他们希望这些热带地区为英国提供原材料，反过来再消费英国的制造品。这种政策长期影响了这些国家的发展。独立之后，他们仍然困在原始生产者的身份里，经济建立在一到两种产品的基础上，完全受世界市场的价格波动的影响，十分危险。

如果帝国的产品有助于维持英国内部的社会差异，那么在帝国的其他地域，当地的经济制度和传统饮食因白人的到来而被完全摧毁了。热心的官员们越俎代庖，强行让本土农民用"正确的"种植技术，给他们留下的是易受干旱影响、营养价值较低的替代作物；那些为英国输送货物的人（苦力或者农民）和国内的工人阶级一样，吃的都是同样的没有营养的工业配给，这导致了相同的令人沮丧的结果，他们患上了营养不良症，容易患上其他疾病。遥远的村民卷入了帝国商业世界，当食物短缺导致了严重的通货膨胀，以至于穷人无法问津市场时，一种新的饥荒产生了。因为没钱购买食物，他们便活活饿死了。

浪漫的广告展示了穿着艳丽的女人在风景如画的印度山区挑选茶叶，把都市消费者们的注意力从种植园里劳动者那条件

恶劣的生活上转移开来。大英帝国陷入了一种困境。帝国建立
在经济剥削的基础之上，不列颠治世＊原想把和平和英国的部
分法律带到殖民地，把人们从东方君主专制的独裁统治中解放
出来，把他们从仍在非洲大陆十分兴盛的奴隶贸易中解放出
来。威廉·吉百利在 1901 年才知道，他们公司从葡属圣多美
和普林四比购买的高质量可可大部分都是奴隶生产的，吉百利
旗下的夸克乳酪公司也处在这种帝国的困境当中。[22] 与此同时，
他们很自豪地确信，他们的消费者在购买由奴隶种植的可可制
作的茶粉和糖果时，对此毫不知情。威廉用一种非常帝国主义
的方式解决了这个困境：在依照道德原则行事之前先保护自己
的商业利益。他立刻开始寻找其他的可可原产地，但是他花了
九年时间才在黄金海岸找到了另一个供应地。只有等到他们不
再需要可可的时候，吉百利才会抵制来自葡属非洲的可可。[23]

　　在 19 世纪末，英国人高举用进口谷物做的低价白面包，
认为这是"国家伟大和自由的象征"，显示了自由主义和帝国
自由贸易的好处。[24] 相较之下，他们指责德国笨重的黑面包，
认为它展现了专制和贸易保护的弊病。德国社会评论家却视黑

＊　指欧洲在十九世纪至二十世纪初（1815—1914）整整一个世纪，在大英帝
　　国全球性霸权控制底下维持的和平时期。由于其领土覆盖了地球上全部
　　二十四个时区，故有"日不落帝国"这一称号。这段在英国霸权控制底下
　　维持国际秩序的时期，被称为"不列颠治世"。

面包为他们的传统价值和集体力量的象征。他们警告那些对白面包表现出明显喜爱的德国民众，如果德国效仿英国，依赖外国农民提供食物，会削弱这个国家的整体性。[25] 德国人的这种焦虑堪比 19 世纪初中国人的那种情绪，当时的中国人正因购买鸦片导致白银大量外流而沮丧。进口小麦用的是值钱的外国货币，正如中国人在举国吸食鸦片而国力衰弱上投射的社会焦虑感一样，人们告诉德国人，白面包会让他们变得软弱无力。[26]

在 20 世纪 20 年代，世界战争之后的大萧条使许多国家退回到民族主义的保护政策之中，英国不再像那个快乐的醋栗精，知道商业会确保它的食物供应，所以欢迎自由贸易。1926 年在诺丁汉大学，农业学家丹尼尔·霍尔发表了一场演讲，认为英国在本岛范围内毫无希望获得充足的食物，它可以转向帝国并从"我们的朋友、我们的亲戚和我们的老乡"那里获得更多食物，这样才能变成"一个自给自足的国家"。[27] 霍尔对帝国的定义比奥德诺先生的商业帝国狭隘一些，只包括那些在英国王室管辖范围内的国家。他建议扩大在非洲中部和南部牧场规模，以取代阿根廷作为国家的冷冻牛肉的来源，并认为要加大对殖民地农业的投资。[28] 食物的选择带有了政治色彩。正如德国家庭主妇联合为妇女们争取购买私人种植的苹果而非进口的橙子一样，英国妇女爱国联合会试图说服消费者去购买澳大利亚而非加利福尼亚的醋栗和无籽葡萄干。（加利福尼亚已经从小麦种植转到了商品蔬菜种植。）作为 1924 年该联合会为出版帝国圣诞布丁食谱斗争的一部分，圣诞布丁中的干果来自澳大利亚，其他原料则来自英国其他的殖民地。[29]

1926年12月20日，"帝国日"运动的组织者米斯勋爵（Lord Meath），要求各个殖民地的代表在维农屋前做这种帝国圣诞布丁。这场仪式被拍成了电影，而且在全国范围内的电影院上映。因为每一种原料都是由包着头巾的印度仆人装进来的，这正式表明，它们都是会场的嘉宾，随后它们便被装入了一个巨大的混合碗里。这场仪式结束时，来自加拿大、澳大利亚、南非、英属圭亚那、牙买加和印度的代表聚集在一起对布丁进行了搅拌。[30]"周日搅拌日"是新版维多利亚式圣诞节传统的一部分，基督降临节前的最后一个周日，做好布丁等它发酵，家里的每一个人在一起搅拌的时候都要许一个愿望。"帝国日"的布丁仪式为帝国营造了一种强烈的、类似英国大家庭的视觉形象。

圣诞节那天，王室同意吃帝国市场美食会上的帝国圣诞布丁，这进一步促进了这件盛事的发展。第二年，王室在这场比赛中更进了一步，当国王的厨师为帝国市场美食会提供圣诞布丁的时候，乔治四世及其家庭会在桑德林汉姆庄园食用；报纸上，每一道原材料的旁边都有殖民地的名字。帝国圣诞布丁重现了维多利亚时代的英国与帝国的融合。这个国家的每一个人，上到国王，下到他在"整个大英帝国的每家每户中"地位最低的臣民，都会在同一时间坐下来吃同一道用来自帝国各个地方的原料做成的布丁。这个仪式影响很大，它把国家和帝国合并成了一个共同体。[31]

经国王同意，国王的厨师瑟达德先生（Mr Cédard）向帝国市场美食会提供了帝国圣诞布丁食谱

五磅醋栗　＊澳大利亚

五磅无籽葡萄干＊澳大利亚

五磅去籽葡萄干＊南非

二分之一磅苹果丁＊加拿大

五磅面包屑＊英国

五磅牛油＊新西兰

二磅糖蜜果皮碎＊南非

二点五磅面粉＊英国

二点五磅金砂糖＊西印度群岛

二十个鸡蛋＊受尔兰自由邦

二盎司肉桂粉＊锡兰

一点五盎司丁香粉＊赞比亚

一点五盎司肉豆蔻粉＊海峡殖民地＊

一茶匙布丁香料＊印度

一及耳白兰地＊塞浦路斯

二及耳朗姆酒＊牙买加

271

＊　大英帝国于1826年至1946年对于马六甲海峡周边及邻近地区各殖民地的
管理建制，包括新加坡、槟城、马六甲、天定及纳闽。1946年英国逐步解
散海峡殖民地。

二夸脱熟成啤酒 ＊英国

　　1933 年，纳粹开始统治德国，他们有些羡慕大英帝国。他们想把外币储备花在扩充军备而不是进口食物上，于是他们试图退出世界市场，以使国家自给自足。在纳粹嘴里，白面包就是声名狼藉的"盎格鲁—美利坚"的堕落货——在那个风声鹤唳的时代，人们听到的或读到的是"犹太人"——吃全麦面包是爱国行为，吃全天然食物造就了健康的雅利安人。[32] 希特勒认为，要想获得财富，最重要的是独裁，德国需要自己的帝国。在《我的奋斗》（从未出版），即那本所谓在 1928 年写就的"第二本书"里，他认为乌克兰和苏联那些肥沃的黑土地是德国人可以找到丰富"人生理想"或者生存空间的地方。英国人似乎避而不谈对那些已经适应了自己土地的土著所进行的残忍压迫。但是在希特勒的分析里没有道德禁忌，他从英国和美国的例子里获得了灵感。他满怀崇敬地写道，美国已经灭绝了土著，还说"在这里，在东方，一场类似的过程会再次上演，像美国征服那样"。[33] 伊丽莎白一世计划把爱尔兰人重新划到沙农河往西的一个区里，这件事产生了一个令人费解的影响：负责东方移民事务的党卫军部门的官员们提出了一个计划，把斯拉夫人驱逐出境，赶到北极圈地带，他们在那里可以和欧洲犹太人一起工作到死。[34]

　　大英帝国在战争期间不可避免地促进了希特勒权力的增

长。在战后那几年，战时农业进步引发的革命重建了英国的农业生产部门。今天英国的农民为全国人口供应了百分之八十四的肉食和将近一半的谷物。随着逐渐失去各个殖民地，英国转向欧洲，把它当作自己的主要贸易伙伴，欧盟现在也是英国进口食物的主要来源，其供应的食物占英国进口食物总量的百分之二十八。[35]

1601 年，伊丽莎白一世的国务秘书罗伯特·塞西尔，确信"不能维持耕地的人会毁了这个国家"；1850 年，奥德诺先生却自豪地颂扬英国对进口食物的依赖。[36] 每个人都认为与他们对立的观点是错误的。当年那种对农业的肯定早已不复存在了。我们现在担心的是绿色革命带来的生态影响，以及我们是否真的愿意吃真的洒了农药的蔬菜，或者打了激素的肉类。如果不愿意的话，如何才能为全人类提供负担得起的有机食物呢？我们对饮食所产生的二氧化碳的焦虑让我们掂量，是吃在阳光下成熟并用船从远方运过来的土豆更好一点，还是那些在本地温室里长大的土豆更好一点。如今我们发现自己在颂扬本地食品生产的同时，也在购买一系列贴有美国标志的食品，这痛打了19 世纪 30 年代民族主义者们的脸。对于如何种植或获得食物这个问题，我们不再确信自己知道答案。

把外国食物和烹饪技巧融入传统烹饪是一个广泛的现象。通常，对于某种进口食物，一个民族只须吃足够多的量，便会宣称这种食物是本民族本有的。西印度群岛生产的糖浆给予了纽芬兰的伐木工和渔民以他们从事的繁重工作所需的能量，实际上他们在每一种食物里面都加了糖蜜，从黑面包到鸡肉和土豆派。[37] 过去，在纽芬兰，"桌上总是有"一大罐糖浆，有一首民间小调唱得好，只有在油炸面团和粥，甚至鱼和肉汤上（混合了腌鳕鱼和硬饼干）倒上了糖浆，你才是"地道的纽芬兰佬，还记得它的味道很古早"。[38] 反过来，纽芬兰腌鳕鱼作为黑奴的食物，是牙买加的西印度群岛上非洲黑人的固定饮食。腌鳕鱼和阿基果——一种西非植物——经常被誉为国民菜式。[39] 美国南部地区如今声称，西非的特色食物比如秋葵汤和"约翰的糙食"是他们的本土菜。如果奴隶制把非洲食物与烹饪深深地融入了美国的饮食之中，那么在非洲，美国玉米则取代了小米、高粱和大米成了大部分人的主食。实际上，许多非洲人把它称作"祖先的玉米"，而且不知道它其实是由葡萄牙和英国的殖民地官员新近引入非洲大陆的。[40] 要追溯前英属殖民地的"国民"食物的历史，就要绘制一幅大英帝国在全世界编织的贸易关系网。

各种食物在全球各地流通，却在它们新的宗主国转变成"国民"食物，这种现象提醒我们这个概念是一个幻觉。在越南的法国官员非常害怕他们在英属印度的对手创造出新的法国菜。但是，他们依赖英国和美国的进口食物，因此殖民地吃的"法国面包"经常是一个中国面包师用澳大利亚面粉做的。[41] 分享饮食习惯和味道营造了一种我们属于一个更大的集体的感觉。苏格兰人在"彭斯之夜"吃羊杂碎肚、萝卜和马铃薯；在感恩节那天，美国家家户户聚在一起吃火鸡以及各种配菜，包括蔓越莓、玉米和南瓜派，举国上下似乎在同时欢庆。[42] 感恩节明显把美国人和那神话般的建国伟业联系起来了，然而直到19 世纪，那些清教徒先辈移民才加入这个来源于英国庆祝丰收的传统节日中。并非所有的美国人都对感恩节持积极态度。一些南方人认为这是北方佬在 1863 年废除奴隶制的纪念日，为了内战时期的国家团结，亚伯拉罕·林肯宣布，从今以后这天就是国庆节。[43] 虽然大英帝国已经分裂很久了，但它留下的遗产却仍存在于英国及其先前的殖民地对自己国家身份的定义方式中。

　　1985 年 12 月，《泰晤士报》有一篇文章用了维多利亚时代的方法，那时的人们把世界形容为一个梅子布丁，在其表面

　　移居国外的英国人无论在哪儿都会想尽办法在圣诞节那天吃上梅子布丁。19 世纪 70 年代，克罗斯和布莱克威尔公司出口了超过一千罐梅子布丁到印度、中国和澳大利亚。到了 20 世纪 40 年代，新西兰罐头厂生产自己的产品，并利用"古英语"中雪和驾驶雪橇的圣诞老人形象来销售他们，虽然 12 月实际上是新西兰的仲夏时节。

寻找圣诞布丁在英国驻蒙古乌兰巴托大使馆被送往外交官的路　274
线。这块布丁据说振奋了"阴郁废墟之中的英国人不屈不挠的
士气"。[44] 这句话让人想起维多利亚时代周刊上发表的那些文
章，它们讲述了勇敢无畏的殖民者们如何在最大程度上在蛮荒
的帝国保持了圣诞传统，用新几内亚冒泡的泥水煮布丁，或者
在澳大利亚内陆用饼干、糖和白兰地调制出布丁来。[45] 我们仍
然吃很多加了糖和香料的食物——肉饼、圣诞蛋糕和布丁、圣
诞甜酒，但是现在我们的圣诞大餐上的主角是火鸡而非梅子布
丁。于 16 世纪从北美引进到英国，这些体形巨大的鸟直到 20
世纪 50 年代才让普通的工人买得起，工厂养殖让大众都吃得
起火鸡。[46]

　　在虚构的日记里，布里奇特·琼斯记录到，在八月的公共
假日，她的母亲给她打电话，问她圣诞节想吃什么。在令人
费解地讨论了一阵带轮拉杆箱的优点之后，琼斯夫人终于反
应过来母亲打这通电话的真实原因。"'亲爱的，'她突然嘘然　275
一声，'你今年会去杰弗里和尤娜家吃新年咖喱火鸡自助餐是
吗？'"那个"有钱的因残暴的妻子而离异的""一流的律师"
马克·达西（Mark Darcy）会去，她的母亲决定撮合布里奇特
和这位合适的男人。[47] 当天，布里奇特像着了魔似的，在日记
里记录了她的暴饮暴食，提及她吃了"一份尤娜·奥尔肯伯里
家的咖喱火鸡、豆子和香蕉"以及"一份尤娜·奥尔肯伯里家
的用波旁饼干做的假树莓、罐装树莓，八加仑鲜奶油，上面装
饰着糖霜樱桃和当归"。[48] 她也见到了马克，这个她命中注定
的真命天子，穿着一件毫无品位的钻石形毛衣。[49] 有什么能比

一个以简·奥斯汀的小说为基础、男主人公和女主人公在圣诞节那天在一道受到印度菜启发的咖喱火鸡旁边陷入爱河的故事更有英国味儿呢？

露丝没吃完的咖喱火鸡

原料

一汤匙植物油或黄油

一个大洋葱，切碎

二根西芹，切碎

二瓣蒜，压碎

一英寸新鲜生姜，磨碎

一汤匙咖喱粉

一汤匙普通面粉

六百毫升高汤

选择性的：切好的蔬菜，可以选土豆、胡萝卜、

芜菁甘蓝和豆子

一汤匙杧果酸辣酱

二汤匙现磨椰子油（不得已时可以用干椰子片）

盐和胡椒

一小苹果，切碎

三十克无籽葡萄干

剩下的火鸡，切片

半个柠檬做成的柠檬汁

　　用植物油或黄油煎洋葱和西芹，直到它们变软，四周金黄。加蒜和生姜，煎至没有原来的味道。加咖喱粉和面粉，煎几秒钟。加高汤，不断搅拌，开始慢炖。用得着的话加蔬菜、芒果酸辣酱、现磨椰子油、盐和胡椒。小火慢炖二十分钟，加苹果和无籽葡萄干、柠檬汁，再慢炖十分钟，加热火鸡。佐以米饭、印度薄饼、酸辣酱和腌黄瓜。[50]

致 谢

　　我很感谢剑桥大学图书馆管理员给我的帮助，因为该馆的政策允许已经毕业的研究生自由使用馆藏资源。我想感谢雷丁大学特藏文献室的档案员，感谢帝国大学的瑞秋·罗伊和剑桥的联邦大学图书馆，剑桥非洲研究文献室的詹妮·斯金纳，以及朴次茅斯"玛丽·罗斯"博物馆的克里斯托弗·道比思。还要感谢剑桥南非研究中心的凯文·格林班克，感谢他的友谊和一直以来的好心帮助。我很感谢华威大学历史系让我成为助理研究员，感谢皇家义学基金会给我提供资助，让我在长达数年写作这本书的时间里得以糊口。

　　我很感激写就本书所引用的那些著作的学者们，特别感谢马丁·琼斯，他的《宴飨的故事》一书给了我灵感，使我围绕饮食去架构这本书。许多人给了我参考意见、信息和建议：谢谢你们，钱德拉、丽贝卡·埃尔勒、维克·加特雷尔、大卫·奈丽、考利·奥康纳、艾玛·斯帕里、莱斯利·施泰尼茨和大卫·崔尔博伯格。我想感谢马可欣·伯格，他不仅为我提供了有用的参考，还把她温馨的家租给我用；感谢彼得和伊姆加德·赛德尔的定期"护理包";感谢鲁斯和菲利普·古德奥尔的鼓励,杜松子酒和汤力水以及壁火旁的舒适夜晚;感谢苏菲·及耳马丁让我得以振奋精神的陪伴,她经常坐在我的对面,逢写作休息日我们还在刮着大风的海滩上散步;感谢特里·芦浦纳莱涅告诉我挖矿人和钻石工人的生活故事,并回答了我的一切有关圭亚那的问题并给我带来了照片;感谢约翰·海和萨拉·布尔伍德在我忙于写作的时候让我的女儿苏菲度过了愉快的假期。

在修改手稿的最后阶段,我非常怀念迈克·奥布莱恩对我的错误语法的纠正。我感谢特利西亚·奥布莱恩让我做他毛毯的临时监护人,因为它不仅让我的写作小屋蓬荜生辉,还有助于让我想起迈克和他严格的标准。我也很感激特利西亚和苏·贝尔弗拉格读了部分章节,给出了有用的意见;感谢希拉姆·摩根对一个完全陌生的人的求助进行了友善回复,还感谢他后来阅读并评论了爱尔兰那章;感谢彼得·加尔瑟认真阅读了整部手稿,并鼓励了我,感谢拉拉·海默尔特仔细地阅读和有用的建议。感谢我的姐姐萨拉找到了弗兰克·斯万内尔,感谢她阅读并帮助我修正了手稿里的许多地方以及她所有的大姐般的支持。吉姆和安·赛科尔德都非常热心帮忙,我感谢他们认真阅读了整部手稿,提出了建设性的批评,借我《笨拙》杂志以及他们对这本书的无限热情。尤其要感谢约尔格·亨斯根,他理解我要做的东西,通过他细心而娴熟的编辑,我那乱糟糟的手稿才得以变成更具可读性的成书。

事实上,我有幸有两个优秀的出版团队,因此我也要感谢鲍利海出版社的斯图尔特·威廉、安娜-索菲亚·沃茨、马特·布劳顿和瑟利·马克斯韦尔-休斯；还有基本读物出版社的艾丽娅·马苏德、尼克拉·卡普特以及贝奇·德杰苏。我非常荣幸有克莱尔·亚历山大做我的经纪人，感谢她一直以来的鼓励和支持，在我需要被推一把的时候催我抓紧。

我无法用言语表达对我的神经外科医生利金·特里菲迪的感谢，我可能无法用文字展现他的医术。感谢托马斯·赛德尔给我造了一个漂亮的写作小屋，我在那儿待很久用以阅读，并重读手稿，他也不太介意，一直很乐意和我一起处理新发现的难题，并给出有用的建议，提出难题并挑战我的论证，以及给我带了无数杯茶。至于苏菲，我保证从现在起要腾出更多时间做有趣的事情。

本科的时候我有幸得到了杰出的艺术史家帕特·米特的教导，他激起了我对大英帝国的兴趣。没有帕特的鼓励，我不会申请去剑桥，后来也不会得到克里斯·百利做我督导的优待，他是帝国史家的带头人之一，也是全球史的先驱学者。这本书要献给的正是这两位鼓舞人心的老师和朋友。

注 释

序言

1　Richards, *Land, Labour and Diet in Northern Rhodesia*, p.73.

2　Davis, 'English foreign trade, 1660–1700', p.300.

3　Price, 'The imperial economy, 1700–1776', p.79.

4　Bowen, 'British conceptions of global empire, 1756–83', pp.4–5.

5　Duffy, 'World-wide war and British expansion, 1793–1815', p.184.

6　Bayly, *The Birth of the Modern World 1780–1914*, p.136.

7　Cosgrove et al., 'Colonialism, international trade and the nation state', p. 226.

第一章　一条改变帝国的鱼

1　Gardiner, *Before the Mast*, p.605; Hartman, *The true preserver and restorer of health*, p.59.

2　Gardiner, *Before the Mast*, p.604; Macdonald, *Feeding Nelson's Navy*, p.112.

3　Marsden, *Sealed by Time*, pp.97–8.

4　Gardiner, *Before the Mast*, p.449.

5　Laughton, *State Papers*, pp.108–9.

6　Marsden, *Sealed by Time*, p.18.

7　Ibid., pp.19–20.

8　Ibid., pp.20, 10, 107.

9　Ibid., pp.112–14.

10　Gardiner, *Before the Mast*, p.568.

11　Ibid., pp.572–7.

12　Hutchinson et al., 'The globalization of naval provisioning'.

13　Black, *The British Seaborne Empire*, pp.28, 56.

14　Fagan, *Fish on Friday*, pp.90–8.280

15 Ibid., p.164.

16 Ibid., pp.183–4.

17 Ibid., p.230.

18 Ibid., p.195.

19 *A Brief Discourse on Wine*, p.39; Unwin, *Wine and the Vine*, pp.2–39.

20 Vickers, *Farmers and Fishermen*, p.86.

21 Fagan, *Fish on Friday*, p.xv.

22 Boyle, *Toward the Setting Sun*, pp.64–7, 178–9; Kurlansky, *Cod*, p.27; Andrews, *Trade, Plunder and Settlement*, p.47.

23 Kurlansky, *Cod*, p.27; Pope, *The Many Landfalls of John Cabot*, pp.13–16.

24 Pope, *The Many Landfalls of John Cabot*, p.22.

25 Kurlansky, *Cod*, pp.48–9.

26 Pope, *The Many Landfalls of John Cabot*, p.41.

27 Ibid., pp.41–2.

28 Fagan, *Fish on Friday*, p.229.

29 Ibid.

30 Kurlansky, *Cod*, p.51.

31 Hartman, *The true preserver and restorer of health*, p.59.

32 Fagan, *Fish on Friday*, p.230; Marsden, *Sealed by Time*, pp.1, 15.

33 Knighton and Loades, *The Anthony Roll of Henry VIII's Navy*.

34 Fagan, *Fish on Friday*, p.233.

35 Fury, *Tides in the Affairs of Men*, p.143.

36 Laughton, *State Papers*, pp.109–10.

37 Falls, *Elizabeth's Irish Wars*, p.262.

38 McGurk, *The Elizabethan Conquest of Ireland*, p.205.

39 Innis, *The Cod Fisheries*, pp.31–2.

40 法国人继续垄断纽芬兰近海的捕鱼业。他们偏爱用盐水腌制鳕鱼，这样就不用上岸把鱼晒干了。Pope, *Fish into Wine*, p.17.

41 Ibid.

42 Ibid., p.144.

43 Poynter, *The Journal of James Yonge*, p.56.

44 Mason, *A briefe discourse of the Nevv found-land*.

45 Poynter, *The Journal of James Yonge*, p.57.

46 鳕鱼肝用来生产"润滑油"，用于给所谓的列车这种重型机械进行润滑。

47 Poynter, *The Journal of James Yonge*, pp.56–7.

48 Ibid., pp.57–8.281

49 Andrews, *Trade, Plunder and Settlement*, pp.6–9.

50　Williamson, *The Observations of Sir Richard Hawkins*, p.104.

51　Zahedieh, *The Capital and the Colonies*, p.192.

52　Fagan, *Fish on Friday*, pp.239, 244.

53　Ibid., p.240.

54　Black, *The British Seaborne Empire*, pp.28, 59.

55　17 世纪 80 年代，水手爱德华·巴洛在日记里写到他看见许多从纽芬兰来的船只，船上装着 " 破夹克 "（pore Jack）或风干咸鳕鱼。 Lubbock, *Barlow's Journal of His Life at Sea*, I, p.268.

56　Poynter, *The Journal of James Yonge*, p.70.

57　Pope, *Fish into Wine*, p.116.

58　Innis, *The Cod Fisheries*, p.52.

59　Zahedieh, *The Capital and the Colonies*, p.184.

60　Collins, *Salt and Fishery*, p.95; Andrews, *Trade, Plunder and Settlement*, pp.3–4.

61　Davis, *The Rise of the English Shipping Industry*, p.389.

62　Andrews, *Trade, Plunder and Settlement*, p.9.

第二章　从种植到游牧

1　Dunton, *Teague Land or A Merry Ramble to the Wild Irish*, pp.17–20.

2　Ibid., p.16.

3　Ibid., p.18.

4　Glasse, *The Art of Cookery Made Plain and Easy*, pp.20–2.

5　Dunton, *Teague Land or A Merry Ramble to the Wild Irish*, p.17.

6　Glasse, *The Art of Cookery Made Plain and Easy*, p.298.

7　Pastore, 'The collapse of the Beothuk world', p.55.

8　Gillespie, 'Plantations in early modern Ireland', p.43.

9　Moryson, *An Itinerary*, p.244.

10　Foster, *Modern Ireland 1600–1972*, p.26.

11　Montaño, *The Roots of English Colonialism in Ireland*, pp.67–8, 79.

12　Gerald of Wales, *The History and Topography of Ireland*, pp.101–2.

13　Moryson, *An Itinerary*, p.261.

14　Shaw, 'Eaters of flesh, drinkers of milk', pp.22, 29; Garnsey, *Food and Society in Classical Antiquity*, pp.65–7.

15　Montaño, *The Roots of English Colonialism in Ireland*, pp.26–7, 44–7.

16　Derricke, *The Image of Irelande with a discoureie of vvoodkarne*; Foster, *Modern Ireland 1600–1972*, p.18.

17　Moryson, *An Itinerary*, pp.161–2; MacRae, *God Speed the Plough*, pp.13–19.

18   Dunton, *Teague Land or A Merry Ramble to the Wild Irish*, pp.21–2.

19   Moryson, *An Itinerary*, p.263.

20   Montaño, *The Roots of English Colonialism in Ireland*, p.9.

21   Pope, *The Many Landfalls of John Cabot*, p.165.

22   Montaño, *The Roots of English Colonialism in Ireland*, p.18.

23   Metcalfe, *Ideologies of the Raj*, pp.2–3.

24   MacRae, *God Speed the Plough*, p.8.

25   Clarkson and Crawford, *Feast and Famine*, p.13.

26   Montaño, *The Roots of English Colonialism in Ireland*, p.18.

27   这群人中著名的有托马斯·史密斯爵士，他在爱德华五世统治时期担任内阁大臣，还在伊丽莎白统治时期的 16 世纪 70 年代尝试在乌尔斯特建立英国种植园，但以失败告终；伯利伯爵威廉·塞西尔，他是伊丽莎白一世的内阁大臣和首席顾问，起草了 16 世纪 80 年代的芒斯特种植园建设计划；以及亨利·西德尼爵士，曾在伊丽莎白统治期间三次出任爱尔兰副总督，计划并实施了残酷的联合军事项目，将爱尔兰纳入英国王室治下。Montaño, *The Roots of English Colonialism in Ireland*, p.59; Bradshaw, 'The Elizabethans and the Irish', p.41.

28   Gaskill, *Between Two Worlds*, p.xvi.

29   Cited by Clarkson and Crawford, *Feast and Famine*, p.136.

30   这大约是芒斯特种植园的 1/15。

31   Montaño, *The Roots of English Colonialism in Ireland*, pp.387–8.

32   Foster, *Modern Ireland 1600–1972*, p.67; Canny, *Kingdom and Colony*, pp.50–1.

33   *A Direction for the plantation in Ulster* (1610), cited by Canny, 'Migration and opportunity', p.31; Canny, 'The origins of empire', pp.6–8.

34   Horning, 'On the banks of the Bann', p.97.

35   Ibid.

36   Gillespie, *Seventeenth-Century Ireland*, p.79.

37   Cullen, *Economy, Trade and Irish Merchants at Home and Abroad, 1600–1988*, p.29.

38   Lenihan, *Consolidating Conquest*, pp.231–3.

39   Cullen, *Economy, Trade and Irish Merchants at Home and Abroad, 1600–1988*, p.29.

40   Flavin, 'Consumption and material culture in sixteenth-century Ireland', pp.1147–8.

41   Ibid., p.1170.

42   Canny, 'Migration and opportunity', pp.9–11.

43   TCD, 1641 Depositions projects, online transcript January 1970, http://1641.tcd. ie/ deposition.php?depID<?php echo 821025r011? (accessed 6 April 2016).

44   Ohlmeyer, 'Anatomy of Plantation', p.56.283

45   Mac Cuarta, 'The plantation of Leitrim, 1620–41', p.317.

46   Nash, 'Irish Atlantic trade in the seventeenth and eighteenth centuries', p.343; Gilles-

pie, *Seventeenth-Century Ireland*, p.79.

47 如果令人闻风丧胆的格伦威尔是典型的英国种植园主，那么这就可以解释为什么种植园在爱尔兰人那里不流行了。他的宴会把戏就是在和西班牙船长们饮酒作乐的时候，用牙咬碎红酒杯，直到自己嘴里流出血来。

48 Grant, *North Devon Pottery*, p.105.

49 Canny, 'Migration and opportunity', p.13.

50 Flavin, 'Consumption and material culture in sixteenth-century Ireland', p.1166.

51 Lenman, *England's Colonial Wars 1550–1688*, pp.1–2.

52 TCD, 1641Depositions projects, online transcript January 1970, http://1641.tcd.ie/deposition.php?depID<?php echo 821025r011? (accessed 6 April 2016).

53 Parker, *Global Crisis*, p.24.

54 Ibid., p.25.

55 Barnard, *Improving Ireland?*, p.19.

56 Fox, 'Sir William Petty', p.6 (accessed 5 April 2016); Foster, *Modern Ireland 1600–1972*, p.14.

57 Barnard, 'Planters and policies in Cromwellian Ireland', p.32.

58 Schaffer, 'The earth's fertility as a social fact in early modern England', p.126; Mac-Rae, *God Speed the Plough*, pp.159–62; Zahedieh, *The Capital and the Colonies*, pp.185–6.

59 Woodward, 'The Anglo-Irish livestock trade of the seventeenth century', p.490.

60 Ibid., pp.490–1, 497.

61 Pope, *Fish into Wine*, p.3.

62 See Pastore, 'The collapse of the Beothuk world', pp.52, 67.

63 17 世纪 70 年代，爱尔兰出口货物的大约 3/4 运往了英国。其余的运往了欧洲大陆上的法国以及英属美洲殖民地。

64 Gillespie, *Seventeenth-Century Ireland*, p.249.

65 Woodward, 'A comparative study of the Irish and Scottish livestock trades in the seventeenth century', pp.150–4.

66 Mannion, 'Victualling a fishery', p.29.

67 Truxes, *Irish-American Trade, 1660–1783*, pp.158–9; Schaw, *Journal of a Lady of Quality*, p.80.

68 Mandelblatt, 'A transatlantic commodity', p.20.

69 Truxes, *Irish-American Trade*, p.152.

70 Lenihan, *Consolidating Conquest*, pp.221–9.

71 Canny, *Kingdom and Colony*, p.132.

第三章 家庭农场的转变

1 www.geni.com/people/Joseph-Holloway/6000000000688916384 (accessed 22 November 2013).

2 Rutman, *Husbandmen of Plymouth*, pp.45–6.

3 Russell, *Long, Deep Furrow*, p.93.

4 Rutman, *Husbandmen of Plymouth*, pp.66–9.

5 McWilliams, *A Revolution in Eating*, p.73.

6 Rutman, *Husbandmen of Plymouth*, pp.45–6.

7 Davidson, *The Oxford Companion to Food*, p.785.

8 Stavely and Fitzgerald, *America's Founding Food*, pp.40–1.

9 www.geni.com/people/Joseph-Holloway/6000000000688916384(accessed 22 November, 2013).

10 See Gaskill, *Between Two Worlds*, pp.3–8.

11 Horn, 'Tobacco colonies', pp.173–4; Cronon, *Changes in the Land*, p.20.

12 Lacombe, ' "A continuall and dayly table for Gentlemen of Fashion" ', pp.669–97.

13 Horn, 'Tobacco colonies', p.179; Anderson, 'New England in the seventeenth century', p.196.

14 Taylor, *American Colonies*, p.169.

15 Ibid., p.164.

16 Clap, *Relating some of God's Remarkable Providence in Bringing Him into New England*, p.6.

17 Cressy, *Coming Over*, pp.96–8.

18 Kulikoff, *The Agrarian Origins of American Capitalism*, pp.190–2.

19 Taylor, *American Colonies*, pp.166–7; Cressy, *Coming Over*, pp.86–99.

20 MacRae, *God Speed the Plough*, p.165.

21 James Harrington, *The Oceana*: constitution.org/jh/oceana (accessed 20 January 2017); Schaffer, 'The earth's fertility as a social fact in early modern England', p.128.

22 www.geni.com/projects/Early-Families-of-Taunton-Massachusetts/3745 (accessed 22 November 2013).

23 Anderson, 'New England in the seventeenth century', pp.195–7.

24 Cited by Stavely and Fitzgerald, *America's Founding Food*, p.12; see also Cronon, *Changes in the Land*, pp.56–7; Kulikoff, *The Agrarian Origins of American Capitalism*, p.130.

25 Canny, 'The origins of empire', p.6; Zahedieh, *The Capital and the Colonies*, p.185.

26 Pluymers, 'Taming the wilderness in sixteenth- and seventeenth-century Ireland and Virginia', p.611.285

27 Cronon, *Changes in the Land*, pp.43–4; McMahon, 'A comfortable subsistence', p.32.

28 Clap, *Relating some of God's Remarkable Providence in Bringing Him into New England*, p.7.

29 Ibid., p.14; Stavely and Fitzgerald, *America's Founding Food*, pp.88–9.

30 Cronon, *Changes in the Land*, pp.55–6.

31 Vickers, *Farmers and Fishermen*, pp.44–5.

32 Rutman, *Husbandmen of Plymouth*, pp.45–6.

33 Stavely and Fitzgerald, *America's Founding Food*, pp.12–19.

34 Clap, *Relating some of God's Remarkable Providence in Bringing Him into New England*, p.7.

35 Stavely and Fitzgerald, *America's Founding Food*, pp.31–2.

36 Ibid., p.182.

37 Horsman, *Feast or Famine*, p.16.

38 Emerson, *The New England Cookery*, pp.47, 59.

39 Rutman, *Husbandmen of Plymouth*, p.70.

40 Ogborn, *Global Lives*, p.63.

41 Anderson, *Creatures of Empire*, pp.6–8.

42 Valenze, *Milk*, p.143.

43 Rutman, *Husbandmen of Plymouth*, pp.66–9.

44 Mittelberger, *Journey to Pennsylvania*, p.49.

45 Shammas, *The Pre-industrial Consumer in England and America*, p.5.

46 Candee, 'Merchant and millwright', p.132; Russell, *Long, Deep Furrow*, p.91.

47 Kulikoff, *The Agrarian Origins of American Capitalism*, p.33.

48 McWilliams, *A Revolution in Eating*, pp.63–5.

49 Zahedieh, *The Capital and the Colonies*, p.275.

50 Hudgins, 'The "necessary calls of humanity and decency" ', p.180.

51 Shammas, *The Pre-industrial Consumer in England and America*, pp.169, 181.

52 Carson, 'Consumption', pp.357–8.

53 Truxes, *Irish-American Trade*, p.148.

54 Ibid.

55 Vickers, *Farmers and Fishermen*, p.96.

56 Truxes, *Irish-American Trade*, p.148.

57 Taylor, *American Colonies*, p.177.

58 Parker, *The Sugar Barons*, p.123.

59 Stavely and Fitzgerald, *America's Founding Food*, p.124.

60 Kulikoff, *The Agrarian Origins of American Capitalism*, p.130.

61 McWilliams, *A Revolution in Eating*, p.16.

62   Drayton, 'The collaboration of labour', p.176.

第四章　砂糖革命

1   Ligon, *A True and Exact History of the Island of Barbados*, p.88.

2   Ibid.

3   Ibid.

4   Sloane, *A Voyage to the Islands Madera, Barbados, Nieves, St Christophers and Jamaica*, Vol. I, p.xxix.

5   Ligon, *A True and Exact History of the Island of Barbados*, p.89.

6   Ibid., p.40.

7   Ibid., p.67.

8   Ibid., pp.67, 156.

9   Gragg, *Englishmen Transplanted*, pp.19–20.

10   Zahedieh, *The Capital and the Colonies*, p.205.

11   Gragg, *Englishmen Transplanted*, pp.19–20; Parker, *The Sugar Barons*, pp.14–17

12   Ligon, *A True and Exact History of the Island of Barbados*, pp.67, 106.

13   Ward, 'A trip to Jamaica', p.89.

14   Mackie, *Life and Food in the Caribbean*, pp.34–5.

15   Paton, *Down the Islands*, pp.163–4.

16   Ligon, *A True and Exact History of the Island of Barbados*, pp.13–14.

17   Gragg, ' "To procure negroes" ', p.72.

18   Parker, *The Sugar Barons*, p.17.

19   Curtin, *The Rise and Fall of the Plantation Complex*, pp.3–5, 18–26.

20   Dalby, *An Historical Account of the Rise and Growth of the West-India Collonies*, pp.13–14.

21   Ligon, *A True and Exact History of the Island of Barbados*, p.147.

22   Ibid., p.148.

23   Ibid., p.160.

24   Craton, 'Reluctant creoles', p.331.

25   Ligon, *A True and Exact History of the Island of Barbados*, p.159.

26   Ibid., p.161.

27   Ibid., pp.161–3.

28   Mintz, *Sweetness and Power*, pp.47–55.

29   Bruce, *Three Journals of Stuart Times*, p.115.

30   Taylor, *American Colonies*, p.120.

31   Kulikoff, *The Agrarian Origins of American Capitalism*, pp.190–2.

32　Parker, *Global Crisis*, p.24; Beckles, 'The "hub of Empire" ', p.223.

33　Beckles, 'The "hub of Empire" ', p.230.287

34　Ibid., p.230.

35　Ibid., p.231; Ligon, *A True and Exact History of the Island of Barbados*, p.23.

36　Beckles, ' "Black men in white skins" ', p.10.

37　麦卡斯克和梅纳尔认为，种植园主用卖烟草和棉花得来的钱买奴隶，早在蔗糖被引进这座岛之前，他们就已经买奴隶了。但是格瑞克否认了这一点，他曾经看见载有奴隶的船只驶向巴巴多斯，有时载着蔗糖抵达。

38　Eltis and Richardson, *Atlas of the Transatlantic Slave Trade*, p.3; Beckles, 'The "hub of Empire" ', p.232.

39　Gragg, ' "To procure negroes" ', p.65.

40　Amussen, *Caribbean Exchanges*, p.31.

41　Beckles, 'The "hub of Empire" ', p.227; Thompson, 'Henry Drax's instructions on the management of a seventeenth-century Barbadian sugar plantation', p.575.

42　Ligon, *A True and Exact History of the Island of Barbados*, p.94.

43　Ibid., p.86.

44　Ibid., pp.78, 189.

45　Parker, *The Sugar Barons*, p.268.

46　Ligon, *A True and Exact History of the Island of Barbados*, pp.160–3.

47　Ibid., pp.66–8; Parker, *The Sugar Barons*, p.13.

48　Thompson, 'Henry Drax's instructions on the management of a seventeenth-century Barbadian sugar plantation', pp.571–3.

49　Gragg, 'A Puritan in the West Indies', p.775; Dunn, *Sugar and Slaves*, p.98.

50　Parker, *The Sugar Barons*, p.65.

51　Zahedieh, *The Capital and the Colonies*, p.219.

52　Walvin, *Fruits of Empire*, p.120.

53　Thompson, 'Henry Drax's instructions on the management of a seventeenth-century Barbadian sugar plantation', pp.571–3.

54　Walvin, *Fruits of Empire*, p.178; Dalby, *An Historical Account of the Rise and Growth of the West-India Collonies*, pp.10–11.

55　Ibid., p.11.

56　Nash, 'Irish Atlantic trade in the seventeenth and eighteenth centuries', p.330; Zahedieh, *The Capital and the Colonies*, p.263.

57　Ligon, *A True and Exact History of the Island of Barbados*, p.184.

58　Dalby, *An Historical Account of the Rise and Growth of the West-India Collonies*, pp.10–11; Walvin, *Fruits of Empire*, p.178.

59　O'Brien and Engerman, 'Exports and the growth of the British economy from the

Glorious Revolution to the Peace of Amiens', p.182; Zacek, 'Rituals of rulership', p.117; Gragg, *Englishmen Transplanted*, p.107.

60 O'Brien and Engerman, 'Exports and the growth of the British economy from the Glorious Revolution to the Peace of Amiens', p.182; Price, 'The imperial economy, 1700–1776', p.86.

61 O'Brien, 'Inseparable connections', p.54; Mintz, 'Time, sugar and sweetness', p.363; Black, *The British Seaborne Empire*, p.60; Zahedieh, *The Capital and the Colonies*, p.10.

62 Davis, 'English foreign trade, 1660–1700', p.127; O'Brien and Engerman, 'Exports and the growth of the British economy from the Glorious Revolution to the Peace of Amiens', p.182; Price, 'The imperial economy, 1700–1776', p.86.

63 Mintz, *Sweetness and Power*, p.135.

64 Hall, 'Culinary spaces, colonial spaces', p.175.

65 Mintz, *Sweetness and Power*, pp.81, 221.

66 Ogborn, *Global Lives*, p.119; Brenner, *Merchants and Revolution*, pp.111–14, 669.

67 Brenner, *Merchants and Revolution*, pp.693, 706–8; Parker, *The Sugar Barons*, p.89.

68 Beckles, 'The "hub of Empire" ', p.236.

69 Zahedieh, *The Capital and the Colonies*, pp.215–16.

70 Cited in ibid., p.2.

71 Ibid., pp.3, 5.

第五章　真实的西非奴隶

1   Ogborn, *Global Lives*, pp.126–8.

2   Wright, *The World and a Very Small Place in Africa*, p.105.

3   Cultru, *Premier Voyage du Sieur de la Courbe Fait à la Coste d'Afrique en 1685*, pp.195–6.

4   Ogborn, *Global Lives*, pp.126–7.

5   Cultru, *Premier Voyage du Sieur de la Courbe Fait à la Coste d'Afrique en 1685*, pp.197–8.

6   McCann, *Stirring the Pot*, p.115.

7   这道精致的菜式是众所周知的"阿善提鸡肉"，它成为了"西非殖民地饮食中最经典的菜式之一"。See Sellick, *The Imperial African Cookery Book*, pp.176–7.

8   Ibid.289

9   Wright, *The World and a Very Small Place in Africa*, p.80.

10 Cultru, *Premier Voyage du Sieur de la Courbe Fait à la Coste d'Afrique en 1685*, pp.196–7.

11 Ibid., p.199.

12 Wright, *The World and a Very Small Place in Africa*, pp.28–9; Thornton, *Africa and the Africans in the Making of the Atlantic World, 1400–1800*, pp.28–9.

13 Parker, *Global Interactions in the Early Modern Age, 1400–1800*, p.229.

14 Corse, 'Introduction', p.7; Brooks, 'A Nhara of the Guinea-Bissau region', pp.305–8.

15 Cultru, *Premier Voyage du Sieur de la Courbe Fait à la Coste d'Afrique en 1685*, pp.195–6; Brooks, *Eurafricans in Western Africa*, p.151.

16 Brooks, *Eurafricans in Western Africa*, pp.128–9.

17 Brooks, 'The signares of Saint-Louis and Gorée', pp.22–6; Brooks, 'A Nhara of the Guinea-Bissau region', p.296.

18 Wright, *The World and a Very Small Place in Africa*, pp.74–6, 80.

19 Cited by Searing, *West African Slavery and Atlantic Commerce*, pp.98–9.

20 Ogborn, *Global Lives*, pp.127–8.

21 Thornton, *Africa and the Africans in the Making of the Atlantic World, 1400–1800*, pp.90, 93; Kea, *Settlements, Trade and Polities in the Seventeenth-Century Gold Coast*, p.49.

22 Searing, *West African Slavery and Atlantic Commerce*, p.50.

23 Thomas, *The Slave Trade*, p.792.

24 Searing, *West African Slavery and Atlantic Commerce*, p.46.

25 Richards, *The Unending Frontier*, p.81; Brooks, *Landlords and Strangers*, p.319; Brooks, *Eurafricans in Western Africa*, p.103.

26 Searing, *West African Slavery and Atlantic Commerce*, p.81.

27 Ibid.

28 Thornton, 'Sexual demography', pp.39–40.

29 See Meillassoux, 'Female slavery', pp.49–66, and Klein, 'Women in slavery in the Western Sudan', pp.67–92.

30 Searing, *West African Slavery and Atlantic Commerce*, p.54.

31 Ibid., p.28.

32 Ibid., p.56.

33 Wright, *The World and a Very Small Place in Africa*, p.80.

34 Searing, *West African Slavery and Atlantic Commerce*, pp.51, 87.

35 Ibid., p.79.

36 See Alpern, 'The European introduction of crops into West Africa in precolonial times'.

37 Ibid., p.68.

38 Carney and Rosomoff, *In the Shadow of Slavery*, pp.55–7.

39 Searing, *West African Slavery and Atlantic Commerce*, p.80; McCann, *Maize and*

Grace, p.91.

40   McCann, *Maize and Grace*, pp.31–4.

41   Alpern, 'Exotic plants of western Africa', p.68.

42   O'Connor, 'Beyond "exotic groceries" ', p.231.

43   Harms, 'Sustaining the system', p.100.

44   La Fleur, *Fusion Foodways of Africa's Gold Coast in the Atlantic Era*, p.155.

45   Searing, *West African Slavery and Atlantic Commerce*, p.79.

46   O'Connor, 'Beyond "exotic groceries" ', p.232.

47   Harms, 'Sustaining the system', pp.95–110.

48   La Fleur, *Fusion Foodways of Africa's Gold Coast in the Atlantic Era*, pp.123–4.

49   Carney and Rosomoff, *In the Shadow of Slavery*, p.57.

50   Kea, *Settlements, Trade and Polities in the Seventeenth-Century Gold Coast*, p.12.

51   La Fleur, *Fusion Foodways of Africa's Gold Coast in the Atlantic Era*, pp.148–52.

第六章　东印度的新发现

1   Latham and Matthews, *The Diary of Samuel Pepys*, VIII, p.211.

2   Ibid.

3   Scully, *La Varenne's Cookery*, p.98.

4   From Mr La Varenne, Kitchen Clerk of the Marquis of Uxelles, *The French Cook: Instructing on the Manner of Preparing and Seasoning All Sorts of Lean and Meat- Day Foods, Legumes, Pastries etc.* (Pierre David, Paris, 1652); reproduced in Scully, *La Varenne's Cookery*, pp 136–7, 158.

5   Pinkard, *A Revolution in Taste*, pp.86–94.

6   Latham and Matthews, *The Diary of Samuel Pepys*, I, p.78.

7   Scully, *La Varenne's Cookery*, p.11.

8   Pinkard, *A Revolution in Taste*, p.110.

9   Scully, *La Varenne's Cookery*, p.95.

10   Ibid., pp.91, 158.

11   Pinkard, *A Revolution in Taste*, p.46; Latham and Matthews, *The Diary of Samuel Pepys*, IV, p.400.

12   Latham and Matthews, *The Diary of Samuel Pepys*, IV, p.95.

13   For example, ibid., IV, p.341; VI, p.2.

14   Lehmann, *The British Housewife*, p.46.

15   Latham and Matthews, *The Diary of Samuel Pepys*, IX, pp.423–4.291

16   Ibid., VI, p.300.

17   Ibid., VI, p.240; Chaudhuri, *The Trading World of Asia and the English East India*

Company 1660–1760, p.321.

18　Chaudhuri, *The Trading World of Asia and the English East India Company 1660– 1760*, p. 321.

19　Keay, *The Spice Route*, p.170.

20　Ibid., p.225.

21　McFadden, *Pepper*, p.17.

22　Pinkard, *A Revolution in Taste*, p.73.

23　Atkins, 'Vinegar and sugar', p.44.

24　Latham and Matthews, *The Diary of Samuel Pepys*, IX, p.261.

25　Peterson, *Acquired Taste*, pp.171–2.

26　Laudan, 'The birth of the modern diet', p.66.

27　Pinkard, *A Revolution in Taste*, pp.70–1.

28　Scully, *La Varenne's Cookery*, p.82; Peterson, *Acquired Taste*, p.40.

29　Pinkard, *A Revolution in Taste*, p.11.

30　Peterson, *Acquired Taste*, p.189.

31　Ibid., pp.186–9.

32　Ibid., pp.199, 201; Lawson, *The East India Company*, p.25; Pinkard, *A Revolution in Taste*, p.712.

33　Chaudhuri, *The Trading World of Asia and the English East India Company 1660– 1760*, p.9.

34　Parker, *Global Interactions in the Early Modern Age, 1400–1800*, p.72.

35　Zahedieh, *The Capital and the Colonies*, pp.27–8.

36　Erikson, *Between Monopoly and Free Trade*, p.134.

37　Prakash, 'The English East India Company and India', pp.7–8.

38　Erikson, *Between Monopoly and Free Trade*, pp.12–25.

39　Riello, *Cotton*, pp.113–14.

40　Ibid.

41　Ibid., p.126.

42　Chaudhuri, *The Trading World of Asia and the English East India Company 1660– 1760*, pp.97, 313; Erikson, *Between Monopoly and Free Trade*, pp.51–2.

43　Wills, 'European consumption and Asian production in the seventeenth and eighteenth centuries', p.136.

44　Riello, *Cotton*, p.130.

45　Latham and Matthews, *The Diary of Samuel Pepys*, I, n 178; III, p.226, IV, p.3, V, pp.61, 77, 103, 139, 329.

46　Ibid., I, p. 253; Burnett, *Plenty and Want*, p.61.

47　Latham and Matthews, *The Diary of Samuel Pepys*, VIII, p.302.

48 Smith, 'Complications of the commonplace', pp.263–4.

49 Stobart, *Sugar and Spice*, p.237; Vickery, 'Women and the world of goods', p.289.

50 Smith, *Consumption and the Making of Respectability, 1600–1800*, pp.270–1.

51 Mintz, *Sweetness and Power*, p.67; Zahedieh, *The Capital and the Colonies*, pp.221, 223.

52 Black, *The British Seaborne Empire*, p.5.

53 Ogborn, *Global Lives*, p.119; Brenner, *Merchants and Revolution*, pp.111–14, 669.

54 Bayly, *The Birth of the Modern World 1780–1914*, p.136.

55 Davis, 'English foreign trade, 1660–1700', p.139; Zacek, *Settler Society in the Leeward Islands, 1670–1776*, p.118.

56 Richardson, 'The slave trade, sugar and British economic growth, 1748–1776', pp.126–30.

57 Chaudhuri, *The Trading World of Asia and the English East India Company 1660–1760*, p.9.

第七章　居民消费变革

1   在英国，糖浆就是大家所熟知的糖蜜。有黑糖蜜，还有金色糖浆，后者纯度更高，更受欢迎，味道也更甜。

2   Weatherill, *The Account Book of Richard Latham 1724–1767*, pp.69–70.

3   Misson, *Memoirs and Observations in His Travels over England*, p.315; Muldrew, *Food, Energy and the Creation of Industriousness*, p.42.

4   Weatherill, *The Account Book of Richard Latham 1724–1767*, p.70.

5   Thirsk, *Food in Early Modern England*, p.9.

6   Weatherill, *The Account Book of Richard Latham 1724–1767*, pp.xviii.

7   Zylberberg, 'Fuel prices, regional diets and cooking habits in the English industrial revolution (1750–1830)', p.118.

8   Glasse, *The Art of Cookery Made Plain and Easy*, pp.111, 22.

9   Weatherill, *The Account Book of Richard Latham 1724–1767*, p.xix.

10 Muldrew, *Food, Energy and the Creation of Industriousness*, pp.241–6.

11 Weatherill, *The Account Book of Richard Latham 1724–1767*, pp.40–2.

12 Ashton, *An Economic History of England*, pp.215–16.

13 Muldrew, *Food, Energy and the Creation of Industriousness*, pp.193–207; Pope, *Fish into Wine*, p.353; Shammas, *The Pre-industrial Consumer in England and America*, pp.169, 181; McKendrick et al., *The Birth of a Consumer Society*, p.23.293

14　Weatherill, *The Account Book of Richard Latham 1724–1767*, pp.xxvii, 3–6.

15　Ibid., p.xxv.

16　Riello, *Cotton*, pp.123–6.

17　Weatherill, *The Account Book of Richard Latham 1724–1767*, pp.66–9.

18　Bickham, 'Eating the empire', pp.76–7.

19　Mintz, *Sweetness and Power*, p.67.

20　Muldrew, *Food, Energy and the Creation of Industriousness*, pp.51–7.

21　Cox, ' "Beggary of the nation" '; Cox and Dannehl, *Perceptions of Retailing in Early Modern England*; Stobart, 'Gentlemen and shopkeepers'; Stobart, *Sugar and Spice*; Mui and Mui, *Shops and Shopkeeping in Eighteenth-Century England*.

22　Mui and Mui, *Shops and Shopkeeping in Eighteenth-Century England*, p.47.

23　Ibid., pp.211–16.

24　Ibid., p.148; Shammas, *The Pre-industrial Consumer in England and America*, p.260; Zahedieh, *The Capital and the Colonies*, p.235.

25　Mui and Mui, *Shops and Shopkeeping in Eighteenth-Century England*, pp.47, 211–16.

26　Ibid., pp.204–5.

27　Stobart, *Sugar and Spice*, p.144.

28　Mui and Mui, *Shops and Shopkeeping in Eighteenth-Century England*, pp.218–19.

29　Mintz, *Sweetness and Power*, p.117.

30　Shammas, *The Pre-industrial Consumer in England and America*, p.83; Lawson, 'Tea, vice and the English state', p.xiv.

31　Erikson, *Between Monopoly and Free Trade*, p.140; Burnett, *Liquid Pleasures*, p.53.

32　Cited by Mintz, *Sweetness and Power*, p.172.

33　Ibid.

34　Bickham, 'Eating the empire', pp.82–5.

35　Ibid., pp.86–9.

36　Lenman, *England's Colonial Wars 1550–1688*, pp.160–3.

37　Black, *The British Seaborne Empire*, p.11; Metcalfe, *Ideologies of the Raj*, p.4.

38　Bickham, 'Eating the empire', p.72.

39　Datta, 'The commercial economy of eastern India under early British rule', pp.341–2; Erikson, *Between Monopoly and Free Trade*, pp.41–2.

40　Bowen, 'British conceptions of global empire, 1756–83', p.10.

41　Bickham, 'Eating the empire', pp.89–92.

42　Mui and Mui, *Shops and Shopkeeping in Eighteenth-Century England*, pp.204–5.

43　Muldrew, *Food, Energy and the Creation of Industriousness*, pp.80–2.

44　Burnett, *Liquid Pleasures*, p.53.

45 Shammas, *The Pre-industrial Consumer in England and America*, p.147.

46 Brinley, 'Feeding England during the industrial revolution', p.333.

47 Zylberberg, 'Fuel prices, regional diets and cooking habits in the English industrial revolution (1750–1830)', p.109.

48 Muldrew, *Food, Energy and the Creation of Industriousness*, p.80.

49 Ibid., pp.81–2.

50 Zylberberg, 'Fuel prices, regional diets and cooking habits in the English industrial revolution (1750–1830)', p.106.

51 在南部，煤没有取代木材，因为运输费已经涨到老高，工人们的薪水已经付不起了。

52 Walvin, *Fruits of Empire*, p.120; Muldrew, *Food, Energy and the Creation of Industriousness*, pp.101–2.

53 Eden, *The State of the Poor*, pp.264–5, 280.

54 Cited by Burnett, *Liquid Pleasures*, p.57.

55 Muldrew, *Food, Energy and the Creation of Industriousness*, p.255.

56 Shammas, *The Pre-industrial Consumer in England and America*, pp.147, 299.

57 Cited by Burnett, *Plenty and Want*, p.150.

第八章 西非农业的迁移

1   Henson, *The Life of Josiah Henson*, p.85.

2   Ball, *Fifty Years in Chains*; Crader, 'The zooarchaeology of the storehouse and the dry well at Monticello'; Crader, 'Slave diet at Monticello'; Reitz et al., 'Archaeological evidence for subsistence on coastal plantations'; Samford, 'The archaeology of African-American slavery and material culture'; Singleton, 'Introduction'.

3   Carney and Rosomoff, *In the Shadow of Slavery*, p.178.

4   Joyner, *Down by the Riverside*, p.280.

5   Ibid., pp.128, 174–6.

6   Ferguson, *Uncommon Ground*, p.xxi.

7   Ibid., pp.63–4, 72, 80–1; Joyner, *Down by the Riverside*, p.197; Butler, 'Greens', p.170.

8   Ferguson, *Uncommon Ground*, pp.xxxv–vi.

9   Ibid., p.24.

10 Ibid., p.97.

11 Ibid., p.10.

12 Ibid., p.84.

13 Ibid., pp.103–5.

14 Cited by ibid., p.90.295

15 Rutledge, *The Carolina Housewife*, p.43.

16 Asare et al., *A Ghana Cook-Book for Schools*, p.30.

17 www.milliganfamily.org/middleburg.htm (accessed 18 October 2013).

18 Weir, *Colonial South Carolina*, p.64.

19 Rutledge, *The Carolina Housewife*, p.xviii.

20 南卡罗莱纳州现在仍然存有最古老的木结构房子。http://south-carolina-planta-tions.com/berkeley/middleburg.html (accessed 18 October 2013).

21 Catesby, *The Natural History of Carolina, Florida, and the Bahama Islands*, p.xvi.

22 Lawson, *A New Voyage to Carolina*, pp.66, 121; Catesby, *The Natural History of Carolina, Florida, and the Bahama Islands*, p.xxvi.

23 Lawson, *A New Voyage to Carolina*, p.20.

24 Ibid., p.66; Catesby, *The Natural History of Carolina, Florida, and the Bahama Islands*, p.xxvi.

25 McWilliams, *A Revolution in Eating*, p.152.

26 Ibid., pp.146, 149.

27 Ibid., p.133.

28 Catesby, *The Natural History of Carolina, Florida, and the Bahama Islands*, p.xxiv.

29 Russell Cross, 'Middleburg Plantation and the Benjamin Simons Family', www.rootsweb.ancestry.com/~scbchs/middle.html (accessed 18 October 2013).

30 Carney, *Black Rice*, p.51.

31 McWilliams, *A Revolution in Eating*, p.134; Littlefield, *Rice and Slaves*, pp.20–1.

32 Otto, *The Southern Frontiers, 1607–1860*, p.29.

33 Carney, *Black Rice*, pp.38–9.

34 Ibid., pp.145–6.

35 Clifton, 'The rice industry in colonial America', p.268.

36 Ibid., p.269; 'History of rice in Charleston and Georgetown', www.ricehope.com/history/Ricehistory.htm (accessed 18 October 2013).

37 Lawson, *A New Voyage to Carolina*, p.16.

38 Pinckney, *The Letterbook of Eliza Lucas Pinckney 1739–1762*, p.97.

39 Rutledge, *The Carolina Housewife*; Hooker, *A Colonial Plantation Cookbook*, p.25.

40 Hooker, *A Colonial Plantation Cookbook*, p.32.

41 Butler, 'Greens', p.171.

42 Carney, *Black Rice*, p.22.

43 Clifton, 'The rice industry in colonial America', p.208.

44 Otto, *The Southern Frontiers, 1607–1860*, p.34.

45 Ray Timmons, 'Brief history of Middleburg Plantation'; www.rootsweb.ancestry.com/~scbchs/middle.html (accessed 18 October 2013).

46   Carney, 'Rice, slaves and landscapes of cultural memory', p.56   (accessed 18 October 2013).

47   Tuten, *Lowcountry Time and Tide*, pp.14, 16 (accessed 18 October 2013).

48   Joyner, *Down by the Riverside*, p.132.

49   Clifton, 'The rice industry in colonial America', p.269.

50   Carney, 'Rice, slaves and landscapes of cultural memory' (accessed 18 October 2013).

51   Cited by Carney, *Black Rice*, pp.18–19.

52   Russell Cross, 'Middleburg Plantation and the Benjamin Simons Family', www.rootsweb.ancestry.com/~scbchs/middle.html (accessed 18 October 2013).

53   Carney, *Black Rice*, p.18.

54   Ray Timmons, 'Brief history of Middleburg Plantation'; Russell Cross, 'Middleburg Plantation and the Benjamin Simons Family', www.rootsweb.ancestry. com/~scbchs/middle.html (accessed 18 October 2013).

55   Ferguson, *Uncommon Ground*, p.xxiv.

56   Clifton, 'The rice industry in colonial America', p.275.

57   Ibid., p.279.

58   Carney, *Black Rice*, p.29.

59   Tuten, *Lowcountry Time and Tide*, p.13.

60   Olmsted, *A Journey in the Seaboard Slave States in the Years 1853–1854*, II, p.66–7.

61   Joyner, *Down by the Riverside*, p.43.

62   Park Ethnography Program, 'Gender, work and culture: South Carolina gold', www.nps.gov/ethnography/aah/aaheritage/lowCountryD.htm (accessed 18 October 2013).

63   http://south-carolina-plantations.com/berkeley/middleburg.html (accessed 18 October 2013); Ray Timmons, 'Brief history of Middleburg Plantation'; Russell Cross, 'Middleburg Plantation and the Benjamin Simons Family', www.rootsweb.ancestry. com/~scbchs/middle.html (accessed 18 October 2013).

64   Nicolson, *Gentry*, pp.252–4; Clifton, 'The rice industry in colonial America', p.279; Price, 'The imperial economy, 1700–1776', p.87.

65   'History of rice in Charleston and Georgetown', www.ricehope.com/history/Ricehistory.htm (accessed 18 October 2013).

66   Davis, 'English foreign trade, 1660–1700', p.155; Price, 'The imperial economy, 1700–1776', p.82.

67   Nash, 'Domestic material culture and consumer demand in the British Atlantic world', p.237.

68   Ibid., p.248.

69   Ibid., p.234.297

第九章 食品工业的爆发

1 Barnard, *South Africa a Century Ago*, pp.46–7.

2 Fairbridge, *Lady Anne Barnard at the Cape of Good Hope 1797–1802*, p.12.

3 Barnard, *South Africa a Century Ago*, p.47.

4 Fairbridge, *Lady Anne Barnard at the Cape of Good Hope 1797–1802*, p.12.

5 Rodger, *The Wooden World*, p.71.

6 Stobart, *Sugar and Spice*, pp.62, 217–18, 233; Jones, 'London mustard bottles', p.80.

7 Macdonald, *Feeding Nelson's Navy*, pp.128–9.

8 Gosnell, *Before the Mast in the Clippers*, pp.40–1.

9 Black, *The British Seaborne Empire*, p.125.

10 Barnard, *South Africa a Century Ago*, p.47.

11 Black, *The British Seaborne Empire*, pp.89, 143; Macdonald, *The British Navy's Vict-ualling Board, 1793–1815*, p.1.

12 Davey, 'Within hostile shores', p.254.

13 Knight and Wilcox, *Sustaining the Fleet, 1793–1815*, p.56.

14 Davey, 'Within hostile shores', p.254.

15 Falconer, *A New Universal Dictionary of the Marine*, p.40.

16 Wilk, *Home Cooking in the Global Village*, p.35.

17 Knight and Wilcox, *Sustaining the Fleet, 1793–1815*, pp.61–2; Swinburne, 'Dancing with the mermaids', p.317.

18 Baugh, *British Naval Administration in the Age of Walpole*, pp.41, 422; Thompson and Cowan, 'Durable food production and consumption in the world economy', p.39.

19 Busteed, 'Identity and economy on an Anglo-Irish estate', pp.177, 191; Donnelly, 'Cork market', p.132.

20 Mannion, 'Victualling a fishery', pp.36–7.

21 Truxes, *Irish-American Trade*, p.165.

22 Rodger, *The Wooden World*, p.101.

23 Glasse, *The Art of Cookery Made Plain and Easy*, p.240.

24 Coad, *The Royal Dockyards 1690–1850*, p.272; Swinburne, 'Dancing with the mer-maids,' p.316; Jones, 'Commercial foods, 1740–1820', p.30.

25 Cited by Newton, *Trademarked*, p.117.

26 Atkins, 'Vinegar and sugar', p.43.

27 Price, 'The imperial economy, 1700–1776', pp.87–8

28 Shammas, *The Pre-industrial Consumer in England and America*, pp.65, 68; Black, *The British Seaborne Empire*, p.60.

29   Jones, 'Commercial foods, 1740–1820', p.36.

30   6   January 1774   in the *New Hampshire Gazette*, cited by Penderey, 'The archaeol-
        ogy of urban foodways in Portsmouth, New Hampshire', p.12.

31   Davis, 'English foreign trade, 1700–1774', p.151.

32   Ibid.

33   Roberts, *Scenes and Characteristics of Hindoostan*, II, pp.101–2.

34   Erikson, *Between Monopoly and Free Trade*, p.103.

35   Cited by Cotton, *East Indiamen*, pp.32–6.

36   Ibid.

37   Worthington, *Coopers and Customs Cutters*, p.7.

38   Jones, 'Commercial foods, 1740–1820', pp.27, 38.

39   Cornell, *Amber Gold and Black*, pp.101–2.

40   Pryor, 'Indian pale ale', p.40.

41   Cornell, *Amber Gold and Black*, p.106.

42   Mayhew, *The Shops and Companies of London and the Trades and Manufactories of
        Great Britain*, I, p.24.

43   Cornell, *Amber Gold and Black*, p.106.

44   Pryor, 'Indian pale ale', pp.45–53.

45   Cited by ibid., pp.52–3.

46   Mayhew, *The Shops and Companies of London and the Trades and Manufactories of
        Great Britain*, I, p.24.

47   Hancock, *Oceans of Wine*, pp.87–92, 155.

48   Ibid., p.xxii.

49   Spelling corrected. Thompson, 'Henry Drax's instructions on the management of a
        seventeenth-century Barbadian sugar plantation', p.601.

50   Mackie, *Life and Food in the Caribbean*, pp.73–4.

51   Wood, 'The letters of Simon Taylor of Jamaica to Chaloner Arcedekne, 1765– 1775',
        p.10.

52   Lehmann, *The British Housewife*, p.259.

53   Mandelkern, 'The politics of the turtle feast' (accessed 16   January 2017).

54   Schaw, *Journal of a Lady of Quality*, p.95.

55   Mandelkern, 'The politics of the turtle feast' (accessed 16   January 2017).

56   Although from 1707   I generally refer to the British, contemporary discussions
        about identity spoke of 'Englishness' not 'Britishness'.

57   Bickham, 'Eating the empire', section III.

58   Cole, *The Lady's Complete Guide*, pp.183–9.

59   Ibid., pp.187–8.

60 Edmunds, *Curries*, p.30.

61 Skeat, *The Art of Cookery and Pastery*, p. 41.299

62 Mason, *The Lady's Assistant for Regulating and Supplying the Table*, p.245.

63 'Reminiscences of a returning Indian', p.18.

64 Cited by Zlotnick, 'Domesticating imperialism', p.52.

65 Collingham, *Curry*, p.133.

66 Hancock, *Oceans of Wine*, p.271.

67 Wilk, *Home Cooking in the Global Village*, p.213.

68 Jones, 'Commercial foods, 1740–1820', p.38.

69 Eedle, *Albion Restored*, p.124; Maidment, *Reading Popular Prints 1790–1829*, pp.27–52.

第十章　乡村酒馆

1 From the papers of William Russel (accessed 25 August 2016).

2 Information on 'An alphabetical list of the Sons of Liberty who din'd at the Liberty Tree' (accessed 24 August 2016).

3 Thompson, 'The "friendly glass" ', p.561.

4 Stevens, *The Silver Punch Bowl Made by Paul Revere*.

5 Sons of Liberty Bowl, 1768.

6 Ammerman, 'The tea crisis and its consequences, through 1775', p.196.

7 Gollanek, *Empire Follows Art*, p.348.

8 Sons of Liberty Bowl, 1768.

9 Stevens, *The Silver Punch Bowl Made by Paul Revere*, pp.16–18.

10 http://cdm.bostonathenaeum.org/cdm/landingpage/collection/p16057coll32 (accessed 26 August 2016).

11 Ibid.; Wikitree.com/wiki/Homer-114 (accessed 25 August 2016).

12 Thompson, 'Henry Drax's instructions on the management of a seventeenth-century Barbadian sugar plantation', p.595.

13 Ibid., p.587.

14 Ibid., p.595.

15 Talburt, *Rum, Rivalry and Resistance Fighting for the Caribbean Spirit*, p.40.

16 Sloane, *A Voyage to the Islands Madera, Barbados, Nieves, St Christophers and Jamaica*, Vol. I, p.xxix.

17 Cullen, *Economy, Trade and Irish Merchants at Home and Abroad, 1600–1988*, pp.107–9.

18 Goodwin, *An Archaeology of Manners*, pp.68–71.

19 McCusker, *Rum and the American Revolution*, p.536.

20 过去人们认为 1764 年的《蔗糖法案》非常具有煽动性，因为美洲其他地区的朗姆酒贸易平衡了美国贸易的顺差。然而实际上，朗姆酒没有凑到足够的钱平衡殖民地的账目。朗姆酒税税收只涵盖了美国进口英国制造品总额的 11%。Mc-Cusker, *Rum and the American Revolution*, pp.537–8.

21 Ibid., p.68.

22 Ibid., pp.478, 141.

23 Talburt, *Rum, Rivalry and Resistance Fighting for the Caribbean Spirit*, p.39.

24 Conroy, *In Public Houses*, p.97.

25 Ibid., p.154.

26 McWilliams, *A Revolution in Eating*, pp.245–6, 264–5, 285–6, 569.

27 Cited by Rothschild and Rockman, 'City tavern, country tavern', p.113.

28 Thompson, 'The "friendly glass" ', p.562; Conroy, *In Public Houses*, p.76.

29 Conroy, *In Public Houses*, p.39.

30 Ibid., p.196.

31 Ibid., p.241.

32 Ibid., pp.34–5.

33 Rice, *Early American Taverns*, p.79.

34 Thompson, 'The "friendly glass" ', p.556.

35 Rice, *Early American Taverns*, p.98.

36 McWilliams, *A Revolution in Eating*, pp.245, 263.

37 Gollanek, *Empire Follows Art*, p.350.

38 Conroy, *In Public Houses*, p.244.

39 Ibid., p.176.

40 Sons of Liberty Bowl, 1768. 41 McWilliams, *A Revolution in Eating*, pp.287–8; Parker, *The Sugar Barons*, pp.241– 2, 320.

42 Parker, *The Sugar Barons*, p.307.

43 Ibid., pp.320–2.

44 Simmons, 'Trade legislation and its enforcement', p. 170

45 Sons of Liberty Bowl, 1768.

46 http://oldnorth.com/2015/02/26/this-old-pew-4-and-25-captain-daniel-malcolm-mer-chant-and-enemy-to-oppression/ (accessed 27 August 2016).

47 Ibid.

48 Parker, *The Sugar Barons*, p.322.

49 Cited by ibid., p.241.

50 Conroy, *In Public Houses*, pp.276–7.

51 O'Brien and Engerman, 'Exports and the growth of the British economy from the

Glorious Revolution to the Peace of Amiens', p.182.

52 O'Brien, 'Inseparable connections', p.54.

53 Black, *The British Seaborne Empire*, p.42; Belich, *Replenishing the Earth*, p.50.301

第十一章　变相的自由贸易

1 Khare, *Hindu Hearth and Home*, p.97.

2 Montgomery, *The History, Antiquities, Topography, and Statistics of Eastern India*, I, p.207; O'Brien, *The Penguin Food Guide to India*, pp.110–11.

3 O'Brien, *The Penguin Food Guide to India*, p.287.

4 Khare, *Hindu Hearth and Home*, p.97.

5 James, *Raj*, p.42.

6 Metcalfe, *Ideologies of the Raj*, pp.4–21.

7 Keay, *The Honourable Company*, p.430; Bayly, *Imperial Meridian*, p.220.

8 Montgomery, *The History, Antiquities, Topography, and Statistics of Eastern India*, I, pp.278–9; Mazumdar, 'The impact of New World food crops on the diet and economy of China and India, 1600–1900', p.72; Watt, *The Commercial Products of India*, p.351.

9 Montgomery, *The History, Antiquities, Topography, and Statistics of Eastern India*, II, p.207.

10 Ibid., I, pp.278–9.

11 Richards, 'The Indian empire and peasant production of opium in the nineteenth century', pp.75, 78.

12 Price, 'The imperial economy, 1700–1776', p.83.

13 Bayly, *The Birth of the Modern World 1780–1914*, pp.94–5.

14 Shineberg, *They Came for Sandalwood*, p.3.

15 In 1761–70, British silver paid for 53　per cent of the bill for tea, British goods 23.4 per cent and Indian goods 24.3 per cent: Chung, 'The British–China–India trade triangle, 1771–1840', p.413.

16 Richards, 'The Indian empire and peasant production of opium in the nineteenth century', p.60.

17 Dikötter et al., 'China, British imperialism and the myth of the "opium plague" ', pp.23–4.

18 Richards, 'The Indian empire and peasant production of opium in the nineteenth century', p.67.

19 Ibid.

20 Chowdhury, *Growth of Commercial Agriculture in Bengal*, p.56.

21 Richards, 'The Indian empire and peasant production of opium in the nineteenth cen-

tury', pp.71, 80.

22 Chowdhury, *Growth of Commercial Agriculture in Bengal*, p.49.

23 Ibid., p.51.

24 Richards, ' "Cannot we induce the people of England to eat opium?" ', p.76.

25 Richards, 'The Indian empire and peasant production of opium in the nineteenth century', p.76.

26 Hunt, *The India–China Opium Trade in the Nineteenth Century*, pp.67, 92.

27 Polacheck, *The Inner Opium War*, p.110.

28 Siddiqi, 'Pathways of the poppy', p.25.

29 Chung, The British–China–India trade triangle, 1771–1840', pp.416–17.

30 Siddiqi, 'Pathways of the poppy', pp.24–5.

31 Chowdhury, *Growth of Commercial Agriculture in Bengal*, p.5.

32 Ibid., pp.4–5; Chung, 'The British–China–India trade triangle, 1771–1840', p.413.

33 Richards, 'The Indian empire and peasant production of opium in the nineteenth century', p.66; Richards, 'The opium industry in British India', p.153.

34 Richards, 'The opium industry in British India', p.155.

35 Richards, 'The Indian empire and peasant production of opium in the nineteenth century', p.71.

36 Watt, *The Commercial Products of India*, p.860.

37 罂粟种植区里合法销售的鸦片量比该地区其他那些非法贸易的地方低得多。Richards, ' "Cannot we induce the people of England to eat opium?" ', p.76.

38 Richards, 'The Indian empire and peasant production of opium in the nineteenth century', p.82.

39 Cited in ibid., pp.72, 77.

40 Chung, 'The British–China–India trade triangle, 1771–1840', pp.419–20.

41 Dikötter et al., 'China, British imperialism and the myth of the "opium plague" ', p.19.

42 Ibid.

43 Calculated at a rate of consumption of 17 g a day: Richards, 'The opium industry in British India', p.164.

44 Newman, 'Opium smoking in late imperial China', p.783.

45 Dikötter et al., 'China, British imperialism and the myth of the "opium plague" ', p.21.

46 Smith, *The Compleat Housewife*, p.262.

47 Fairbank and Twitchett, *The Cambridge History of China*, p.179.

48 Gray, *Rebellions and Revolutions*, p.28; Richards 'The opium industry in British India', p.168.

49 Von Glahn, *Fountain of Fortune*, p.256; Fairbank and Twitchett, *The Cambridge History of China*, p.178; Kuhn, *Soulstealers*, p.39; Gray, *Rebellions and Revolutions*,

p.28.303

50　Deng, 'Miracle or mirage? Foreign silver, China's economy and globalisation from the sixteenth to the nineteenth centuries', p.353.

51　Polacheck, *The Inner Opium War*, p.105.

52　Ibid., p.2.

53　Fairbank and Twitchett, *The Cambridge History of China*, p.164.

54　Polacheck, *The Inner Opium* War, p.110.

55　Ibid., p.102.

56　Dikötter et al., *Narcotic Culture*, p.16.

57　Polacheck, *The Inner Opium War*, p.123.

58　Ibid., pp.134–5.

59　Bayly, *The Birth of the Modern World*, pp.136–8.

60　Chung, 'The British–China–India trade triangle, 1771–1840', p.416.

61　Brendon, *The Decline and Fall of the British Empire 1781–1997*, p.104.

62　Gray, *Rebellions and Revolutions*, pp.36, 50.

63　Dikötter et al., *Narcotic Culture*, p.109.

64　Ammerman, 'The tea crisis and its consequences, through 1775', p.204.

65　Dikötter et al., 'China, British imperialism and the myth of the "opium plague" ', p.28.

66　Ibid., pp.26–7.

67　Newman, 'Opium smoking in late imperial China', p.779.

68　Ibid., p.765.

第十二章　奔向新世界

1　Arch, *From Ploughtail to Parliament*, pp.126–7.

2　Cited by Arnold, *The Farthest Promised Land*, p.127.

3　Ibid.

4　Ibid., p.112.

5　Ibid., p.109.

6　Arch, *From Ploughtail to Parliament*, p.100.

7　Ibid., p.101.

8　Burnett, *Plenty and Want*, p.25.

9　Ibid., p.133.

10　Ibid., pp.26–7.

11　Arch, *From Ploughtail to Parliament*, p.73.

12　Arnold, *The Farthest Promised Land*, p.35.

13　Ibid., p.5.

14   Ibid., p.116.

15   Ibid., pp.117–18.

16   Ibid., p.126.

17   Ibid., p.127.

18   Nally, ' "That coming storm" ', p.715.

19   Hoerder, 'From dreams to possibilities', p.11.

20   Richter, ' "Could you not turn your back on this hunger country" ', pp.19–20.

21   Belich, *Replenishing the Earth*, p.158.

22   Cameron et al., *English Immigrant Voices*, p.85.

23   Arnold, *The Farthest Promised Land*, p.243.

24   Ibid., pp.127–8.

25   Friedmann, 'Beyond "voting with their feet" ', p.558; Richards, *Britannia's Children*,
      p.119; Burnett, *Plenty and Want*, p.3.

26   Tosh, 'Jeremiah Goldswain's farewell', p.34.

27   Ibid., p.28.

28   Errington, 'British migration and British America, 1783–1867', pp.140–6.

29   Tosh, 'Jeremiah Goldswain's farewell', p.35.

30   Long, *The Chronicle of Jeremiah Goldswain*, pp.1–4. 他离开的那段叙述令人心碎。
      他的父母目送这些即将移民的人离开。他母亲要他转过那个路口时，"举起我
      的手帕，因为这可能是她最后一次见我了，直到我看不见他们了，才继续上
      路，心情沉重"(pp.5–6)。

31   Belich, 'The rise of the Anglo-world', p.49.

32   跨越大西洋的船只上可用的旅客铺位数量增长了三倍。

33   Stephenson, *Recollections of a Long Life 1029 1915*, p.23.

34   Richards, *Britannia's Children*, p.118.

35   Nally, ' "That coming storm" ', pp.723–31.

36   Richards, *Britannia's Children*, p.118.

37   Ibid., p.152.

38   Erikson, *Leaving England*, p.57.

39   Rössler, 'The dream of independence', p.138.

40   Ibid., p.130.

41   Ibid., p.139.

42   Dublin, *Immigrant Voices*, p.69.

43   Rössler, 'The dream of independence', p.151.

44   Arnold, *The Farthest Promised Land*, p.325.

45   Ibid., p.11.

46   Kennaway, *Crusts*, p.21.305

47　Burnett, *Plenty and Want*, p.30.

48　Horsman, *Feast or Famine*, p.13.

49　Diner, *Hungering for America*, p.16.

50　Dale, *The Cross Timbers*, p.35.

51　Arch, *From Ploughtail to Parliament*, p.207.

52　Dale, *The Cross Timbers*, p.41.

53　Barker, *Station Life in New Zealand*, pp.107–8.

54　Arnold, *The Farthest Promised Land*, p.172.

55　Ibid., pp.156–7.

56　Barker, *Station Life in New Zealand*, p.41.

57　Dublin, *Immigrant Voices*, p.80.

58　Belich, *Making Peoples*, p.281.

59　Bickersteth, *The Land of Open Doors*, pp.25–6.

60　Arnold, *The Farthest Promised Land*, p.314.

61　Ibid., p.127.

62　Ibid., p.313.

63　Ibid., pp.318–19.

64　See Goldswain (ed.), 'Introduction'.

65　Weaver, *The Great Land Rush and the Making of the Modern World, 1650–1900*, p.88.

第十三章　英国制造

1　Sherwood, *Surveying Southern British Columbia*, p.41.

2　Ibid., p.43.

3　Ibid.

4　Ibid.

5　See for example, Kelsey, 'Food for the Lewis and Clark expedition', p.201.

6　Wilk, *Home Cooking in the Global Village*, pp.63–4; Wilk, 'The extractive economy', p.288.

7　Horsman, *Feast or Famine*, p.42.

8　Sellick, *The Imperial African Cookery Book*, p.28.

9　Sherwood, *Surveying Southern British Columbia*, pp.21–4, 68.

10　Wilk, *Home Cooking in the Global Village*, pp.26–7.

11　Tye, ' "A poor man's meal" ' pp.38–40; Stephenson, *Recollections of a Long Life 1829–1915*, p.43.

12　See Murgatroyd, *The Dig Tree*.

13　Macdonald, *Feeding Nelson's Navy*, pp.9–10.

14   Rodger, *The Wooden World*, pp.100–1.

15   Wynter, *Our Social Bees*, p.199.

16   Farrer, *A Settlement Amply Supplied*, pp.36–9; Geoghegan, 'The story of how the tin nearly wasn't' (accessed 11 September 2016).

17   Drummond and Lewis, *Historic Tinned Food*, p.14.

18   Ibid., pp.13–17.

19   Farrer, *A Settlement Amply Supplied*, pp.42–3.

20   Robertson, ' "Mariners' mealtimes" ', p.156.

21   Ibid., pp.152–3; Goody, 'Industrial food', p.341.

22   Drummond and Lewis, *Historic Tinned Food*, p.15.

23   Robertson, ' "Mariners' mealtimes" ', p.155.

24   Wynter, *Our Social Bees*, p.194.

25   Geoghegan, 'The story of how the tin nearly wasn't' (accessed 11   September 2016).

26   Farrer, *A Settlement Amply Supplied*, pp.45–6.

27   Ibid., pp.83–6.

28   Drummond and Lewis, *Historic Tinned Food*, p.13.

29   Muller, 'Industrial food preservation in the nineteenth and twentieth centuries', p.128; Hughes, *Victorians Undone*, pp.364–5.

30   Burnett, *Plenty and Want*, p.116.

31   Goody, 'Industrial food', p.343.

32   Parks, *Wanderings of a Pilgrim in Search of the Picturesque during Four-and-Twenty Years in the East*, p.230.

33   Roberts, *Scenes and Characteristics of Hindoostan*, I, p.75.

34   Horsman, *Feast or Famine*, p.2.

35   Shepherd, *Pickled, Potted and Canned*, p.245.

36   Mayhew, *The Shops and Companies of London and the Trades and Manufactories of Great Britain*, V, p.177; Atkins, 'Vinegar and sugar', pp.44–6; Cowen, *Relish*, p.154.

37   Mayhew, *The Shops and Companies of London and the Trades and Manufactories of Great Britain*, V, p.183.

38   Ibid., p.185.

39   Hull and Mair, *The European in India*, p.93.

40   Mayhew, *The Shops and Companies of London and the Trades and Manufactories of Great Britain*, I, p.13.

41   Ibid.

42   In 1874, the Reading biscuit maker Huntley & Palmers manufactured 3,200 tons of biscuits, while J. D. Carr's of Carlisle produced 950 tons of 128 different varieties: 307 Corley, *Quaker Enterprise in Biscuits*, p.77; Forster, *Rich Desserts and Captain's*

Thin, p.136.

43　Mayhew, *The Shops and Companies of London and the Trades and Manufactories of Great Britain*, V, pp.15–16.

44　Corley, 'Nutrition, technology and the growth of the British biscuit industry 1820–1900', p.22.

45　Corley, *Quaker Enterprise in Biscuits*, pp.74–5; *Annual Statement of the Trade and Navigation of the United Kingdom with Foreign Countries and British Possessions in the Year 1870*, p.115.

46　Forster, *Rich Desserts and Captain's Thin*, p.139.

47　Corley, *Quaker Enterprise in Biscuits*, p.94.

48　Muller, *Baking and Bakeries*, p.24.

49　Corley, *Quaker Enterprise in Biscuits*, p.94.

50　Wenzel, *House Decoration in Nubia*, pp.3, 150–1.

51　Collingham, *Imperial Bodies*, pp. 60–1.

52　Ibid., pp.50–3.

53　Johnson, *The Stranger in India, or Three Years in Calcutta*, I, p.164.

54　Lawrence, *Genteel Women*, p.193.

55　'Culinary jottings for Madras by Wyvern', p.xiv.

56　Dutton, *Life in India*, p.100.

57　Lawrence, *Genteel Women*, pp.213–16.

58　Wyvern, *Culinary Jottings*, p.28.

59　Boyle, *Diary of a Colonial Officer's Wife*, p.17.

60　Ibid., pp.3, 67.

61　Hall, 'And the Nights were more terrible than the days', Ch. X, p.5.

62　Ibid., Ch. X, pp.4, 10.

63　Ibid.

64　Ibid., Ch. X, p.43.

65　Ibid., Ch. X, pp.36–7.

66　Ibid., Ch. X, p.37.

67　Wilk, *Home Cooking in the Global Village*, pp.48–9; Wilk, 'Anchovy sauce', p.93.

68　Goody, 'Industrial food', p.342.

69　Wyvern, *Culinary Jottings*, p.28.

70　Raphael, 'Steam power and hand technology', p.24.

71　Black, *The British Seaborne Empire*, p.62.

72　Mayhew, *The Shops and Companies of London and the Trades and Manufactories of Great Britain*, V, p.181.

73　Corley, *Quaker Enterprise in Biscuits*, pp.36–7, 45; Atkins, 'Vinegar and sugar', p.47.

74 Correspondence between H&P and Col. A. J. Palmer regarding his fact-finding mission to South America, the West Indies and New York in 1938.

75 0.095 per cent of total UK industrial production, or £919,000 out of an estimated £968 million. Corley, *Quaker Enterprise in Biscuits*, p.125; Payne, 'The emergence of the large-scale company in Great Britain, 1879–1914', p.540.

76 Atkins, 'Vinegar and sugar', p.47; Mayhew, *The Shops and Companies of London and the Trades and Manufactories of Great Britain*, V, p.177.

第十四章 饮食殖民

1   Montgomery, *Journal of Voyages and Travels by the Rev. Daniel Tyerman and eorge Bennet, Esq.*, pp.530–1.

2   Ibid.

3   Ibid., pp.516–17.

4   Ibid., p.531.

5   Ibid., p.533.

6   Smith, *Consumption and the Making of Respectability, 1600–1800*, pp.189–90.

7   "体面呢，非常强调家庭形象，家庭的本质是致力于在道德行为方面教育家庭成员，并使得他们保持美德 …… 一个体面的家庭及其成员是干净整洁的。体面的人穿着得体，在公共场合谦逊 …… 时尚 ……" Ibid., pp.210–11.

8   Montgomery, *Journal of Voyages and Travels by the Rev. Daniel Tyerman and George Bennet, Esq.*, pp.533–4.

9   Ibid.

10 Ibid., p.535.

11 Daws, *A Dream of Islands*, p.32.

12 Ibid., p.39.

13 Smith, *Consumption and the Making of Respectability, 1600–1800*, pp.241–2.

14 Sivasundaram, *Nature and the Godly Empire*, pp.163–6.

15 Curr, *Recollections of Squatting in Victoria*, p.170.

16 McDonald, 'Encounters at "Bushman Station" '; Reynolds, 'The other side of the frontier', p.61.

17 Nettelbeck and Foster, 'Food and governance on the frontiers of colonial Australia and Canada's North West Territories', p.22.

18 Hallam, 'Aboriginal women as providers', pp.38, 43–51.309

19 Foster, 'Rations, coexistence, and the colonisation of Aboriginal labour in the South Australian pastoral industry, 1860–1911', p.12.

20 Ibid., p.11.

21 Nettelbeck and Foster, 'Food and governance on the frontiers of colonial Australia and Canada's North West Territories', pp.26–8.

22 Foster, 'Rations, coexistence, and the colonisation of Aboriginal labour in the South Australian pastoral industry, 1860–1911', p.19.

23 Reynolds, 'The other side of the frontier', p.54.

24 Smith, 'Station camps', p.80.

25 Siochrú and Brown, 'The Down Survey of Ireland project', p.6.

26 Bayly, *The Birth of the Modern World, 1780–1914*, p.443.

27 Weaver, *The Great Land Rush and the Making of the Modern World, 1650–1900*, pp.229–30.

28 Nettelbeck and Foster, 'Food and governance on the frontiers of colonial Australia and Canada's North West Territories', pp.25, 33–4.

29 Foster, 'Rations, coexistence, and the colonisation of Aboriginal labour in the South Australian pastoral industry, 1860–1911', p.16.

30 Coutts, 'Merger or takeover', p.513.

31 Hallam, 'Aboriginal women as providers', pp.38, 43–51.

32 Cronon, *Changes in the Land*; Shawcross, 'Fern-root and the total scheme of eighteenth century Maori food production in agricultural areas'.

33 Wilk, *Home Cooking in the Global Village*, pp.63–4.

34 Hall, 'And the Nights were more terrible than the days', Ch. X, p.32.

35 Ibid.

36 Collingham, *Imperial Bodies*, pp.57, 186.

37 Wilk, *Home Cooking in the Global Village*, pp.80–2, 94.

38 Ibid., p.91.

39 Tandon, *Beyond Punjab 1937–1960*, p.67.

40 Collingham, *Around India's First Table*, pp.93, 127.

41 Sellick, *The Imperial African Cookery Book*, p.11.

42 Cusack, 'African cuisines', p.210.

43 Richards, *Land, Labour and Diet in Northern Rhodesia*, p.61.

44 Ibid., p.3.

第十五章 重建殖民地贸易

1 Terry Roopnaraine in conversation with the author, August 2016

2 Pagrach Chandra, 'Damra bound', pp.177–8.

3 Terry Roopnaraine in conversation with the author, August 2016; Bahadur, *Coolie Woman*, pp.5–6.

4   Bayly, *The Birth of the Modern World, 1780–1914*, pp.300–1.

5   Cain, 'Economics and empire', pp.38–40.

6   Shineberg, *They Came for Sandalwood*, p.3.

7   Rodney, *History of the Guyanese Working People*, p.61–2.

8   Lai, *Indentured Labor, Caribbean Sugar*, pp.5–9.

9   Allen, 'Slaves, convicts, abolitionism and the global origins of the post-emancipation indentured labor system', p.334.

10 Ibid., p.332.

11 St John, *The Making of the Raj*, pp.72–3.

12 Ramdin, *Arising from Bondage*, p.12; Sharma, ' "Lazy" natives, coolie labour and the Assam tea industry', p.1311.

13 Carter, *Voices from Indenture*, pp.65–6; Lai, *Indentured Labor, Caribbean Sugar*, pp.20–3.

14 Havinden and Meredith, *Colonialism and Development*, p.41; Tomlinson, 'Economics and empire', p.61; Osterhammel, *The Transformation of the World*, p.159.

15 Lai, *Indentured Labor, Caribbean Sugar*, p.12.

16 Carter, *Voices from Indenture*, p.21.

17 Havinden and Meredith, *Colonialism and Development*, p.42.

18 Carter, *Voices from Indenture*, p.94.

19 Ibid.; Eltis and Richardson, *Atlas of the Transatlantic Slave Trade*, pp.167–8.

20 Carter, *Voices from Indenture*, p.103.

21 Graves, 'Colonialism and indentured labour migration in the Western Pacific, 1840–1915', p.225.

22 Pagrach-Chandra, 'Damra bound', p.173

23 Osterhammel, *The Transformation of the World*, p.159.

24 Pagrach-Chandra, 'Damra bound', p.174; Pillai, 'Food culture of Indo Caribbean', p.2.

25 Pillai, 'Food culture of Indo Caribbean', p.5.

26 Pagrach-Chandra, 'Damra bound', p.176.

27 Dods, *The Cook and Housewife's Manual*, p.192.

28 Pagrach-Chandra, 'Damra bound', pp.176–7; Pillai, 'Food culture of Indo Caribbean', pp.4–5.

29 Adapted from The Inner Gourmet with thanks to Terry Roopnaraine for his grandmother's recipe.

30 Rodney, *History of the Guyanese Working People*, p. 99.

31 Wills, 'European consumption and Asian production in the seventeenth and eighteenth centuries', p.145.311

32 Antrobus, *A History of the Assam Tea Company, 1839–1953*, p.22; Liu, 'The birth of

a noble tea country', pp.77, 80.

33 Antrobus, *A History of the Assam Tea Company, 1839–1953*, p. 30.

34 Liu, 'The birth of a noble tea country', p.82.

35 Collingham, *Curry*, p.194.

36 Antrobus, *A History of the Assam Tea Company, 1839–1953*, p.99.

37 Gardella, *Harvesting Mountains*, p.46.

38 Sharma, ' "Lazy" natives, coolie labour and the Assam tea industry', p.1308.

39 Ibid., pp.1303–8; Macfarlane and Macfarlane, *Green Gold*, pp.215–16.

40 Collingham, *Imperial Bodies*, pp.143–4.

41 Allen, 'Slaves, convicts, abolitionism and the global origins of the post-emancipation indentured labor system', p.328.

42 Rappaport, 'Packaging China', pp.125–35.

43 Gardella, *Harvesting Mountains*, p.110; Collingham, *Curry*, p.194.

44 Mintz, *Sweetness and Power*, p.71.

45 The four counties were Taishan, Kaiping, Xinhui, Enping: Li, *The Chinese in Canada*, p.20; Hsu, *Dreaming of Gold, Dreaming of Home*, p.28.

46 Hsu, *Dreaming of Gold, Dreaming of Home*, p.30.

47 Ibid., p.29.

48 Friday, *Organizing Asian American Labour*, p.25.

49 Hsu, *Dreaming of Gold, Dreaming of Home*, p.35.

50 Ross, 'Factors influencing the dining habits of Japanese and Chinese migrants at a British Columbia salmon cannery', p.71.

51 Graves, 'Colonialism and indentured labour migration in the Western Pacific, 1840–1915', pp.243–54; Graves, *Cane and Labour*, pp.74–101.

52 Brooks, 'Peanuts and colonialism', pp.43–6.

53 Ibid., p.41.

54 Clarence-Smith, *Cocoa and Chocolate, 1765–1914*, pp.158–9; Iliffe, *Africans*, p.203.

55 Cited in Mintz, *Sweetness and Power*, p.42.

第十六章　谷物法变革

1 Gaskell, *Mary Barton*, pp.1–17.

2 Broomfield, *Food and Cooking in Victorian England*, pp.78–9.

3 Osterhammel, *The Transformation of the World*, pp.245–9, 259

4 Engels, *The Condition of the Working Class in England*, pp.18–20.

5 Burnett, *Plenty and Want*, pp.56–7.

6 Bell, *At the Works*, p.47.

7   The worst recessions were in 1816, 1826–7, 1841–3, 1848–9   and 1861.

8   Burnett, *Plenty and Want*, p.41; Oddy, 'Urban famine in nineteenth-century Britain', p.74.

9   Foster, 'Introduction', p.x.

10   Engels, *The Condition of the Working Class in England*, p.17.

11   Dickens, 'Hard Times', p.5.

12   Zylberberg, 'Fuel prices, regional diets and cooking habits in the English industrial revolution (1750–1830)', p.106.

13   Burnett, *Plenty and Want*, pp.56–7.

14   Engels, *The Condition of the Working Class in England*, p.84.

15   Thompson, *The Empire Strikes Back?*, p.267.

16   Bell, *At the Works*, p.62.

17   Oddy, 'A nutritional analysis of historical evidence', p.225.

18   Oddy, 'Urban famine in nineteenth-century Britain', p.80.

19   Sharpe, 'Explaining the short stature of the poor', pp.1477–9.

20   Ibid., pp.1475–6.

21   Szreter and Mooney, 'Urbanization, mortality, and the standard of living debate', pp.88, 96.

22   Gaskell, *Mary Barton*, pp.10–11.

23   Engels, *The Condition of the Working Class in England*, p.31.

24   McLean and Bustani, 'Irish potatoes and British politics', p.819.

25   Ibid., p.820.

26   Nally, ' "That coming storm" ', p.728.

27   McLean and Bustani, 'Irish potatoes and British politics', pp.822–5.

28   Vugt, 'Running from ruin?', p.418.

29   Belich, *Replenishing the Earth*, p.343.

30   Ibid., p.344.

31   Ibid., p.340; Cronon, *Nature's Metropolis*, pp.102–3, 110.

32   Ibid., p.113–14; Sharp and Weisdorf, 'Globalization revisited', p.90.

33   Paul, 'The wheat trade between California and the United Kingdom', pp.391–3.

34   Ibid., p.397.

35   West, 'Grain kings, rubber dreams and stock exchanges', p.110.

36   Paul, 'The wheat trade between California and the United Kingdom,' p.411.

37   Ibid., p.399.

38   Fremdling, 'European foreign trade policies, freight rates and the world markets of grain and coal during the nineteenth century', p.91.

39   Perren, *Agriculture in Depression, 1870–1914*, pp.2–3.

40 Burnett, *Plenty and Want*, p.116; Hobsbawm, *The Age of Capital 1848–1875*, p.175.313

41 Perren, *Agriculture in Depression, 1870–1914*, pp.6, 17.

42 Spring, 'Land and politics in Edwardian England', pp.18–20.

43 Ibid., pp.21–6; Cain and Hopkins, *British Imperialism 1688–2000*, pp.109–10. See also Blackwell, ' "An undoubted jewel" '.

44 Rothstein, 'Rivalry for the British wheat market, 1860–1914', p.402.

45 Ibid., p.407.

46 Ibid., p.415.

47 Andrabi and Kuehlwein, 'Railways and price convergence in British India', pp.354–74.

48 Osterhammel, *The Transformation of the World*, pp.199, 207.

49 Srivastava, *The History of Indian Famines and Development of Famine Policy 1858–1918*, pp.331–2.

50 Sweeney, 'Indian railways and famine 1875–1914', p.146. Famine struck in 1860–1, 1865–7, 1868–70, 1873–4, 1876–9, 1899–1900, 1907–8, 1913–14   and 1918–19.

51 Cosgrove et al., 'Colonialism, international trade and the nation-state', p.234.

52 Hall-Matthews, *Peasants, Famine and the State in Colonial Western India*, p.8.

53 St John, *The Making of the Raj*, p.64.

54 Belich, *Replenishing the Earth*, pp.364–5.

55 Solberg, *The Prairies and the Pampas*, p.28.

56 Ibid., p.1.

57 Asteris, 'The rise and decline of South Wales coal exports, 1870–1930', p.40.

58 Jones, *Empire of Dust*, p.88.

59 Weaver, *The Great Land Rush and the Making of the Modern World, 1650–1900*, p.267; Solberg, *The Prairies and the Pampas*, pp.39, 56, 79.

60 Smith, *The People's Health, 1830–1910*, pp.209–10.

61 Thompson, *The Empire Strikes Back?*, p.46.

62 Perren, *Agriculture in Depression, 1870–1914*, p.13.

63 Ibid., p.14; Hobsbawm, *The Age of Empire 1875–1914*, p.36; Thirsk, *Alternative Agriculture*, p.177.

64 Hoffmann, *British Industry 1700–1950*, pp.204–5; Torode, 'Trends in fruit consumption', p.123. The Caribbean sugar planters survived by amalgamating their plantations and diverting their sugar to America and Canada: Heuman, 'The British West Indies', p.490–1.

65 Paterson, *Across the Bridges, or, Life by the South London River-side*, p.36.

66 Burnett, *Plenty and Want*, p.115.

67 Smith, *The People's Health, 1830–1910*, pp.214–15.

68 Szreter and Mooney, 'Urbanization, mortality, and the standard of living debate', p.88.

第十七章　食物追求的顶峰

1 Tandon, *Punjabi Century 1857–1947*, p.214.

2 Ibid.

3 Ibid., pp.214–15.

4 Ibid.

5 The pancreas and the testicles: ibid., p.205.

6 Ibid., p.211.

7 Perren, *Taste, Trade and Technology*, pp.8–9.

8 Ibid., p.40.

9 Smith, *Practical Dietary for Families, Schools, and the Labouring Classes*, pp.79–80.

10 Belich, *Replenishing the Earth*, p.449.

11 Smith, *Practical Dietary for Families, Schools, and the Labouring Classes*, p.269.

12 Ibid., pp.268–9.

13 Ibid., pp.79–80.

14 Wynter, *Our Social Bees*, p.204.

15 Plummer, *New British Industries in the Twentieth Century*, p.229; Farrer, *A Settlement Amply Supplied*, pp.69, 76.

16 Farrer, *A Settlement Amply Supplied*, pp.134–5.

17 Ibid., p 139.

18 Ibid., pp.145–6.

19 Knightley, *The Rise and Fall of the House of Vestey*, p.10.

20 Wade, *Chicago's Pride*, p.103.

21 Goody, 'Industrial food', p.347; Farrer, *A Settlement Amply Supplied*, p.152; Thompson, *The Empire Strikes Back?*, p.43.

22 Perren, *Taste, Trade and Technology*, pp.45, 60; Farrer, *A Settlement Amply Supplied*, p.149; Burnett, *Plenty and Want*, pp.116–17.

23 Freidberg, *Fresh*, p.56; Whitten and Whitten, *The Birth of Big Business in the United States, 1860–1914*, p.168.

24 Shannon, *The Farmer's Last Frontier*, p.194.

25 Dale, *Frontier Ways*, pp.14–16; Cronon, *Nature's Metropolis*, pp.219–21.

26 Perren, *Taste, Trade and Technology*, pp.68–9; Freidberg, *Fresh*, pp.68–9.

27 Whitten and Whitten, *The Birth of Big Business in the United States, 1860–1914*, pp.170–1; Cronon, *Nature's Metropolis*, pp.212–13.

28 Belich, *Replenishing the Earth*, pp.344–5; Perren, *Taste, Trade and Technology*, pp.1, 68, 73.

29 Perren, 'The North American beef and cattle trade with Great Britain, 1870– 1914', p.432; Dale, *Frontier Ways*, p.14.315

30 Woods, 'Breed, culture, and economy', p.295.

31 Moore, 'National identity and Victorian Christmas foods', p.149.

32 Farrer, *A Settlement Amply Supplied*, p.189.

33 Ibid., pp.192–3.

34 Ibid., p.196.

35 Ibid., p.192.

36 Woods, 'Breed, culture and economy,' p.297.

37 Ibid., p.288.

38 Farrer, *A Settlement Amply Supplied*, pp.192–4; Perren, *Taste, Trade and Technology*, p.49.

39 Critchell and Raymond, *A History of the Frozen Meat Trade*, pp.285–6.

40 Ibid., pp.33, 76.

41 Ibid., pp.65, 78.

42 Ibid., p.78; Solberg, *The Prairies and the Pampas*, p.5.

43 Smith, *Practical Dietary for Families, Schools, and the Labouring Classes*, pp.79–80.

44 Perren, *Taste, Trade and Technology*, p.49.

45 Freidberg, *Fresh*, p.75; Dingle, 'Drink and working-class living standards in Britain, 1870–1914', p.129.

46 Burnett, *Plenty and Want*, p.155.

47 Cited by Keating, *Into Unknown England, 1866–1913*, pp.130–1.

48 Othick, 'The cocoa and chocolate industry in the 19th century', pp.81–2.

49 Clarence-Smith, *Cocoa and Chocolate, 1765–1914*, p.24.

50 Ibid., p.27; Othick, 'The cocoa and chocolate industry in the 19th century', p.86.

51 Othick, 'The cocoa and chocolate industry in the 19th century', p.84; Clarence-Smith, *Cocoa and Chocolate*, pp.71–4.

52 Cited by Steinitz, 'The tales they told'.

53 Ibid.

54 Goody, 'Industrial food,' p.343; den Hartog, 'The discovery of vitamins and its impact on the food industry', pp.131–4.

55 Steel, 'New Zealand is butterland', p.182.

56 Whitten and Whitten, *The Birth of Big Business in the United States, 1860–1914*, p.169.

57 Perren, *Taste, Trade and Technology*, pp.72, 76.

58 Winstanley, *The Shopkeeper's World 1830–1914*, p.38.

59 Steel, 'New Zealand is butterland', p.185.

60 Blackman, 'The corner shop: the development of the grocery and general provisions trade', p.154.

61 Mathias, *Retailing Revolution*, p.175.

62 Ibid., pp.107–9.

63 Mathias, 'The British tea trade in the nineteenth century', p.96.

64 Ibid., p.97.

65 Dingle, 'Drink and working-class living standards in Britain, 1870–1914', p.128; Kennedy, *The Merchant Princes*, p.211.

66 Corley, 'Nutrition, technology and the growth of the British biscuit industry 1820–1900', p.24; Corley, *Quaker Enterprise in Biscuits*, pp.137, 256.

67 Aucamp, 'The establishment and development of the Cape fresh fruit industry 1886–1910', pp.86–7.

68 Torode, 'Trends in fruit consumption', p.118.

69 Hawkins, 'The pineapple canning industry during the world depression of the 1930s', pp.49, 55.

70 Tandon, *Punjabi Century 1857–1947*, p.215; Imperial Economic Committee, 'Canned and dried fruit notes'.

71 Offer, 'The working classes, British naval plans and the coming of the Great War', p.206.

72 *Empire Marketing Board Posters*.

73 Perren, *Agriculture in Depression, 1870–1914*, p.61.

74 Ibid.

75 Hobsbawm, *The Age of Empire 1875–1914*, p.39.

第十八章　不良殖民遗产

1 Sellick, *The Imperial African Cookery Book*, pp.253–4.

2 Robertson, 'Black, white, and red all over', p.269.

3 Ibid., pp.267–8.

4 Ibid., p.269.

5 Brantley, 'Kikuyu-Maasai nutrition and colonial science', pp.55–7.

6 Ibid., p.49.

7 Burnett, *Plenty and Want*, p.281; Orr, *As I Recall*, p.115; Mayhew, 'The 1930s nutrition controversy', pp.457–8.

8 Brantley, 'Kikuyu-Maasai nutrition and colonial science', pp.57–66.

9 Robertson, 'Black, white, and red all over', pp.264–6.

10 Ibid., p.270.

11 Richards, *Land, Labour and Diet in Northern Rhodesia*, p.52.

12 Brantley, 'Kikuyu-Maasai nutrition and colonial science', p.74.

13 Ibid.

14 Ibid.

15 Ibid., p.51.317

16 Ibid., pp.83–4.

17 Fourshey, ' "The remedy for hunger is bending the back" ', p.236.

18 Robertson, 'Black, white, and red all over', pp.274–9.

19 Fourshey, ' "The remedy for hunger is bending the back" ', p.238.

20 Cited by Robertson, 'Black, white, and red all over', p.286.

21 Ibid., pp.286–8.

22 Ibid., p.281.

23 Fourshey, ' "The remedy for hunger is bending the back" ', p.257.

24 Ibid., pp.250–1.

25 Robertson, 'Black, white, and red all over', pp.270–4.

26 Fourshey, ' "The remedy for hunger is bending the back" ', p.225.

27 Ibid.

28 Worboys, 'The discovery of colonial malnutrition between the wars', pp.217–19.

29 Brantley, *Feeding Families*, p.150.

30 Havinden and Meredith, *Colonialism and Development*, p.284

31 Ibid., p.292.

32 Ibid., p.283.

33 Destombes, 'From long-term patterns of seasonal hunger to changing experiences of everyday poverty', p.202.

34 Havinden and Meredith, *Colonialism and Development*, p.289.

35 Robertson, 'Black, white, and red all over,' pp.291–2; see also Freidberg, 'Freshness from afar'; Freidberg, 'Postcolonial paradoxes'.

36 '*Vous ne savez pas où est l'imperialisme? ... Regardez dans votre assiette!*' Cited by Cusack, 'African cuisines', p.207.

第|九章　挽救英国行动

1 Crimp, *The Diary of a Desert Rat*, p.23.

2 Ibid., p.24.

3 Ibid., pp.20–1.

4 Ibid., p.21.

5 Bayly, 'Spunyarns', p.33.

6 Crimp, *The Diary of a Desert Rat*, pp.20–1.

7 Ibid., p.22.

8 Ibid., p.30.

9 Ibid., pp.38–9.

10 Tonkin, 'No Tunnels – No Wooden Horses', pp.37, 48–9.

11 Collingham, *The Taste of War*, p.67–8.

12 Overy, *Why the Allies Won*, p.31.

13 Jackson, *The British Empire and the Second World War*, p.2.

14 Ibid., p.4.

15 Ibid., p.44.

16 Adams, *Farm Problems in Meeting Food Needs*, p.12; Smith, *Conflict over Convoys*, pp.45–6.

17 MacRae, *God Speed the Plough*, p.8.

18 Martin, 'The structural transformation of British agriculture', p.34.

19 Collingham, *The Taste of War*, pp.96–100.

20 Swinton, *I Remember*, p.97.

21 Collingham, *The Taste of War*, p.140.

22 Ibid., p.141.

23 Crimp, *The Diary of a Desert Rat*, p.11.

24 Wilmington, *The Middle East Supply Centre*, p.50.

25 Ibid., pp.43–50.

26 Crimp, *The Diary of a Desert Rat*, p.30.

27 Collingham, *The Taste of War*, p.125.

28 Tunzelmann, *Indian Summer*, p.138.

29 *The Production of Food Crops in Mauritius during the War*.

30 Maxon,' "Fantastic prices" in the midst of an "acute food shortage" ', pp.36–9.

31 Smith, *Conflict Over Convoys*, p.159.

32 Ibid.

33 Sen, *Poverty and Famines*, pp.71–2.

34 Greenough, *Prosperity and Misery in Modern Bengal*, p.168.

35 Ibid.

36 Stephens, *Monsoon Morning*, pp.169–70.

37 Ibid., pp.185–7.

38 Greenough, *Prosperity and Misery in Modern Bengal*, pp.136–7.

39 Stevenson, *Bengal Tiger and British Lion*, pp.153–4.

40 Greenough, *Prosperity and Misery in Modern Bengal*, p.140; Ellis, *The World War II Databook*, p.255.

41 Collingham, *The Taste of War*, p.151.

42 Sarkar, *Modern India 1885–1947*, p.406.

43 Smith, *Conflict Over Convoys*, p.152.

44 Ibid., p.156.

45 Mackay, *Half the Battle*, p.201.

46 Collingham, *The Taste of War*, pp.387–9.319

47 Oddy, *From Plain Fare to Fusion Food*, p.134.

48 Ibid., pp.165, 209.

49 Jackson, *Botswana 1939–1945*, p.156; Wright, *The World and a Very Small Place in Africa*, p.195.

50 Collingham, *The Taste of War*, p.126.

第二十章　重新编织世界

1 'A Christmas pudding', pp.300–301.

2 Ibid., p.301.

3 Ibid., p.302.

4 Ibid., p.302–3.

5 Ibid., p.303.

6 Ibid., p.303–4.

7 'A Christmas pudding', p.301.

8 Hervey, *The Book of Christmas*, pp.106–7.

9 Ibid., p.277.

10 'A Christmas pudding', p.301.

11 Moore, *Victorian Christmas in Print*, pp.66–7.

12 Mintz, 'The changing roles of food', pp.267, 271–2.

13 Breen, 'Empire of goods', pp. 491–6.

14 Oddy, *From Plain Fare to Fusion Food*, p.134.

15 Mintz, 'Time, sugar and sweetness', p.366.

16 'A Christmas pudding', p.301.

17 Cited by Weaver, *The Great Land Rush and the Making of the Modern World, 1650–1900*, p.4.

18 Ibid., p.5.

19 O'Brien and Engerman, 'Exports and the growth of the British economy from the Glorious

Revolution to the Peace of Amiens', p.179; Hobsbawm, *The Age of Extremes*, p.289.

20 Cosgrove et al., 'Colonialism, international trade and the nation-state', p.234.

21 Bayly, *The Birth of the Modern World, 1780–1914*, p.418.

22 Higgs, *Cocoa, Slavery and Colonial Africa*, p.3.

23 Higgs, 'Happiness and work', pp.58, 68.

24 Trentmann, 'Coping with shortage', p.17.

25 Ibid., pp.20–1.

26 Spiekermann, 'Vollkorn für die Führer', p.95.

27 Hall, 'The food supply of the Empire', p.5.

28 Ibid., pp.20, 30.

29 Day, 'One family and Empire Christmas pudding'.

30 Ibid.; O'Connor, 'The King's Christmas pudding', p.146.

31 O'Connor, 'The King's Christmas pudding', p.127.

32 Spiekermann, 'Brown bread for victory', pp.144–9.

33 Tooze, *The Wages of Destruction*, p.469.

34 Carey, 'John Derricke's *Image of Irelande*', p.306; Madajzyk, 'Vom "Generalplan Ost" zum "Generalsiedlungsplan" ', p.16; Roth, ' "Generalplan Ost" – "Gesamtplan Ost" ', pp.40–1.

35 *Food Statistics Pocket Book 2014*, p.26.

36 MacRae, *God Speed the Plough*, p.9.

37 Tye, ' "A poor man's meal" ', p.344.

38 Ibid., p.335.

39 Goucher, *Congotay! Congotay!*, p.129; McWilliams, *A Revolution in Eating*, pp.45–7.

40 McCann, *Maize and Grace*, p.viii.

41 Peters, 'National preferences and colonial cuisine', pp.152–3.

42 Ichijo and Ranta, *Food, National Identity and Nationalism*, pp.9–10.

43 Kirkpatrick, 'A uniquely American holiday' (accessed 23 March 2017).

44 Moore, *Victorian Christmas in Print*, p.142.

45 O'Connor, 'The King's Christmas pudding', p.133.

46 'The turkey at Christmas' (accessed 17 March 2017).

47 Fielding, *Bridget Jones's Diary*, pp.8–9, 13.

48 Ibid., p.7.

49 Ibid., p.13.

50 感谢鲁斯·古达尔为我提供她独家秘制的圣诞节后火鸡咖喱食谱。

参考文献

A Brief Discourse on Wine; Embracing an historical and descriptive account of the vine its culture and produce in all countries, ancient and modern. Drawn from the best authorities (J. L. Denman, London, 1861).

'A Christmas pudding', *Household Words* 39/2 (21 Dec. 1850), 300–304.

Adams, R. L., *Farm Problems in Meeting Food Needs* (University of California Press, Berkeley, 1942).

Allen, Richard B., 'Slaves, convicts, abolitionism and the global origins of the post-emancipation indentured labor system', *Slavery and Abolition* 35/2 (2014), 328–48.

Alpern, Stanley B., 'The European introduction of crops into West Africa in precolonial times', *History in Africa* 19 (1992), 13–43.

Alpern, Stanley B., 'Exotic plants of western Africa: where they came from and when', *History in Africa* 35 (2008), 63–102.

Ammerman, David L., 'The tea crisis and its consequences, through 1773', in Jack P. Greene and J. R. Pole (eds), *A Companion to the American Revolution* (Blackwell, Oxford, 2000), 195–205.

Amussen, Susan Dwyer, *Caribbean Exchanges: Slavery and the Transformation of English Society, 1640–1700* (University of North Carolina Press, Chapel Hill, 2007).

Anderson, Virginia De John, 'New England in the seventeenth century', in Nicholas Canny (ed.), *The Origins of Empire: British Overseas Enterprise to the Close of the Seventeenth Century, Vol. I The Oxford History of the British Empire* (Oxford University Press, Oxford, 1998), 193–217.324

Anderson, Virginia De John, *Creatures of Empire: How Domestic Animals Transformed Early America* (Oxford University Press, New York, 2004).

Andrabi, Tahir, and Michael Kuehlwein, 'Railways and price convergence in British India', *Journal of Economic History* 70/2 (2010), 351–77.

Andrews, Kenneth R., *Trade, Plunder and Settlement: Maritime Enterprise and the Genesis of the British Empire, 1480–1630* (Cambridge University Press, Cambridge, 1984).

Annual Statement of the Trade and Navigation of the United Kingdom with Foreign Countries and British Possessions in the Year 1870 (Her Majesty's Stationery Office, London, 1871).

Antrobus, H. A., *A History of the Assam Tea Company, 1839–1953* (T. & A. Constable, Edinburgh, 1957).

Arch, Joseph, *From Ploughtail to Parliament: An Autobiography* (The Cresset Library, London, 1986).

Arnold, Rollo, *The Farthest Promised Land: English Villagers, New Zealand Immigrants of the 1870s* (Victoria University Press with Price Milburn, Wellington, 1981).

Asare, J., A. Addo, E. Chapman and E. Amarteifio, *A Ghana Cook-Book for Schools* (London, Macmillan & Co., 1963).

Ashton, T. S., *An Economic History of England: The Eighteenth Century* (Methuen & Co., London, 1955).

Asteris, Michael, 'The rise and decline of South Wales coal exports, 1870–1930', *Welsh History Review* 13/1 (1986), 24–43.

Atkins, Peter, J., 'Vinegar and sugar: the early history of factory-made jams, pickles and sauces in Britain', in Derek J. Oddy and Alain Drouard (eds), *The Food Industries of Europe in the Nineteenth and Twentieth Centuries* (Ashgate, Farnham, Surrey, 2013), 41–54.

Aucamp, Chris, 'The establishment and development of the Cape fresh fruit industry 1886–1910', *South African Journal of Economic History* 2/1 (1987), 68–91.

Bahadur, Gaiutra, *Coolie Woman: The Odyssey of Indenture* (C. Hurst & Co., London, 2013).

Ball, Charles, *Fifty Years in Chains* (Dover Publications, New York, 1970).

Barker, Lady, *Station Life in New Zealand* (first published 1870; Virago, London, 1984).

Barnard, Lady Anne, *South Africa a Century Ago: Letters Written from the Cape of Good Hope (1797–1801)*, ed. W. H. Wilkins (Smith, Elder & Co., London, 1901).

Barnard, T. C., 'Planters and policies in Cromwellian Ireland', *Past and Present* 61 (1973), 31–69.

Barnard, T. C., *Improving Ireland? Projectors, Prophets and Profiteers, 1641–1786* (Four Courts Press, Dublin, 2008).

Baugh, Daniel A., *British Naval Administration in the Age of Walpole* (Princeton University Press, Princeton, NJ, 2015).325

Bayly, C. A., *Imperial Meridian: The British Empire and the World, 1780–1830* (Longman, London, 1989).

Bayly, C. A., *The Birth of the Modern World, 1780–1914: Global Connections and Comparisons* (Blackwell, Oxford, 2004).

Bayly, Roy E., 'Spunyarns: Some Impressions of My Years at Sea' (by the Bayly family for the

Bayly family, July 1993).

Beckles, Hilary, 'The "hub of Empire": the Caribbean and Britain in the 17th century', in Nicholas Canny (ed.), *The Origins of Empire: British Overseas Enterprise to the Close of the Seventeenth Century, Vol. 1 The Oxford History of the British Empire* (Oxford University Press, Oxford, 1998), 218–40.

Beckles, Hilary, ' "Black men in white skins": the formation of a white proletariat in West Indian slave society', *Journal of Imperial and Commonwealth History* 15/1 (1986), 5–21.

Belich, J., *Making Peoples: A History of the New Zealanders from Polynesian Settlement to the End of the Nineteenth Century* (Allen Lane, London, 1996).

Belich, James, 'The rise of the Anglo-world: settlement in North America and Australasia, 1784–1918', in Phillip Buckner and R. Douglas Francis (eds), *Rediscovering the British World* (University of Calgary Press, Calgary, 2005).

Belich, James, *Replenishing the Earth: The Settler Revolution and the Rise of the Anglo-World, 1783–1939* (Oxford University Press, Oxford, 2009).

Bell, Florence, *At the Works: A Study of a Manufacturing Town* (Edward Arnold, London, 1907).

Bickersteth, J. Burgon, *The Land of Open Doors: Being Letters from Western Canada* (Wells, Gardner, Darton & Co., London, 1914).

Bickham, Troy, 'Eating the empire: intersections of food, cookery and imperialism in eighteenth-century Britain', *Past and Present* 198 (2008), 71–109.

Black, Jeremy, *The British Seaborne Empire* (Yale University Press, London, 2004).

Blackman, Janet, 'The corner shop: the development of the grocery and general provisions trade', in Derek Oddy and Derek Miller (eds), *The Making of the Modern British Diet* (Croom Helm, London, 1976), 148–60.

Blackwell, P., ' "An undoubted jewel": a case study of five Sussex country houses, 1880–1914', *Southern History* 3 (1981), 183–200.

Bowen, H. V., 'British conceptions of global empire, 1756–83', *Journal of Imperial and Commonwealth History* 26/3 (1998), 1–27.

Boyle, David, *Toward the Setting Sun: Columbus, Cabot, Vespucci, and the Race for America* (Walker & Company, New York, 2008).

Boyle, Laura, *Diary of a Colonial Officer's Wife* (Alden Press, Oxford, 1968).

Bradshaw, Brendan, 'The Elizabethans and the Irish' (review of Nicholas P. Canny, *The Elizabethan Conquest of Ireland: A Pattern Established 1565–1756*), *Studies: An Irish Quarterly Review* 66/261 (1977), 38–50.

Brantley, Cynthia, 'Kikuyu–Maasai nutrition and colonial science: the Orr and Gilks study in late 1920s Kenya revisited', *International Journal of African Historical Studies* 30/1 (1997), 48–96.

Brantley, Cynthia, *Feeding Families: African Realities and British Ideas of Nutrition and Devel-*

opment in Early Colonial Africa (Heinemann, Portsmouth, NH, 2002).

Breen, T. H., 'An empire of goods: the Anglicization of colonial America, 1690–1776', *Journal of British Studies* 25 (1986), 467–99.

Brendon, Piers, *The Decline and Fall of the British Empire 1781–1997* (Jonathan Cape, London, 2007).

Brenner, Robert, *Merchants and Revolution: Commercial Change, Political Conflict, and London's Overseas Traders, 1550–1653* (Cambridge University Press, Cambridge, 1993).

Brinley, Thomas, 'Feeding England during the industrial revolution: a view from the Celtic fringe', *Agricultural History* 56/1 (1982), 328–42.

Brooks, George E., 'Peanuts and colonialism: consequences of the commercialization of peanuts in West Africa, 1830–70', *Journal of African History* 16/1 (1975), 29–54.

Brooks, George E., 'The signares of Saint-Louis and Gorée: women entrepreneurs in eighteenth century Senegal', *in* N. J. Hafkin and E. G. Bay (eds), *Women in Africa: Studies in Social and Economic Change* (Stanford University Press, Stanford, CA, 1976), 20–44.

Brooks, George E., 'A Nhara of the Guinea-Bissau region: Mãe Aurélia Correia', in Claire C. Robertson and Martin A. Klein (eds), *Women and Slavery in Africa* (University of Wisconsin Press, Madison, 1983), 295–319.

Brooks, George E., *Landlords and Strangers: Ecology, Society, and Trade in Western Africa, 1000–1630* (Westview Press, Oxford, 1993).

Brooks, George E., *Eurafricans in Western Africa: Commerce, Social Status, Gender, and Religious Observance from the Sixteenth to the Eighteenth Century* (James Currey, Oxford, 2003).

Broomfield, Andrea, *Food and Cooking in Victorian England* (Praeger, London, 2007).

Bruce, S. Ingram (ed.), *Three Journals of Stuart Times* (Constable & Co., London, 1936).

Burnett, John, *Plenty and Want: A Social History of Food in England from 1815 to the Present Day* (Routledge, London, 1989).

Burnett, John, *Liquid Pleasures: A Social History of Drinks in Modern Britain* (Routledge, London, 1999).

Busteed, Mervyn, 'Identity and economy on an Anglo-Irish estate: Castle Caldwell, Co. Fermanagh, *c*.1750–1793', *Journal of Historical Geography* 26/2 (2000), 174–202.

Butler, Brooke, 'Greens', in John T. Edge (ed.), *Foodways: The New Encyclopaedia of Southern Culture*, Vol. 7 (University of North Carolina Press, Chapel Hill, 2007).327

Cain, P. J., 'Economics and empire: the metropolitan context', in Andrew Porter (ed.), *The Nineteenth Century, Vol. III The Oxford History of the British Empire* (Oxford University Press, Oxford, 1999), 31–52.

Cain, P. J., and A. G. Hopkins, *British Imperialism 1688–2000* (2nd edn, Longman, London,

2002).

Cameron, Wendy, Sheila Haines and Mary McDougall Maude (eds), *English Immigrant Voices: Labourers' Letters from Upper Canada in the 1830s* (McGill-Queen's University Press, Montreal, 2000).

Canny, Nicholas, 'Migration and opportunity: Britain, Ireland and the New World', *Irish Economic and Social History* 12 (1985), 7–32.

Canny, Nicholas, *Kingdom and Colony: Ireland in the Atlantic World 1560–1800* (Johns Hopkins University Press, London, 1988).

Canny, Nicholas, 'The origins of empire', in Nicholas Canny (ed.), *The Origins of Empire: British Overseas Enterprise to the Close of the Seventeenth Century, Vol. I The Oxford History of the British Empire* (Oxford University Press, Oxford, 1998), 1–33.

Canny, Nicholas (ed.), *The Origins of Empire: British Overseas Enterprise to the Close of the Seventeenth Century, Vol. I The Oxford History of the British Empire* (Oxford University Press, Oxford, 1998).

Carey, Vincent P., 'John Derricke's *Image of Irelande*, Sir Henry Sidney, and the massacre at Mullaghmast, 1578', *Irish Historical Studies* XXXI/123 (1999), 305–27.

Carney, Judith A., *Black Rice: The African Origins of Rice Cultivation in the Americas* (Harvard University Press, London, 2001).

Carney, Judith A., and Richard Nicholas Rosomoff, *In the Shadow of Slavery: Africa's Botanical Legacy in the Atlantic World* (University of California Press, London, 2009).

Carson, Cary, 'Consumption', in Daniel Vickers (ed.), *A Companion to Colonial America* (Blackwell, Oxford, 2003), 334–65.

Carter, Marina, *Voices from Indenture: Experiences of Indian Migrants in the British Empire* (Leicester University Press, Leicester, 1996).

Catesby, Mark, *The Natural History of Carolina, Florida, and the Bahama Islands* (2 vols, London, 1754).

Chaudhuri, K. N., *The Trading World of Asia and the English East India Company 1660–1760* (Cambridge University Press, Cambridge, 1978).

Chowdhury, Benjoy, *Growth of Commercial Agriculture in Bengal (1757–1900)*, vol. I (Indian Studies Past & Present, Calcutta, 1964).

Chung, Tan, 'The British–China–India trade triangle, 1771–1840', *Indian Economic and Social History Review* 11/4 (1974) 411–31.

Clap, Roger, *Relating Some of God's Remarkable Providence in Bringing Him into New England* (T. Prince, Boston, 1731).

Clarence-Smith, William Gervase, *Cocoa and Chocolate, 1765–1914* (Routledge, London, 2000).

Clarkson, L. A., and E. Margaret Crawford, *Feast and Famine: Food and Nutrition in Ireland*

1500–1920 (Oxford University Press, Oxford, 2001).

Clifton, James R., 'The rice industry in colonial America', *Agricultural History* 55 (1981), 266–83.

Coad, Jonathan G., *The Royal Dockyards 1690–1850: Architecture and Engineering Works of the Sailing Navy* (Scolar Press, Aldershot, 1989).

Cole, Mary, *The Lady's Complete Guide; or Cookery in all its Branches* (3rd edn, London, 1791).

Collingham, E. M., *Imperial Bodies: The Physical Experience of the Raj c.1800–1947* (Polity Press, Cambridge, 2001).

Collingham, Lizzie, *Curry: A Tale of Cooks and Conquerors* (Vintage, London, 2006).

Collingham, Lizzie, *The Taste of War: World War II and the Battle for Food* (Allen Lane, London, 2011).

Collingham, Lizzie, *Around India's First Table: A History of Dining and Entertaining at the Rashtrapati Bhavan* (Additional Director General Publications Division, Ministry of Information & Broadcasting, Government of India, New Delhi, 2016).

Collins, John, *Salt and Fishery: A discourse* (A. Godbid and J. Playford, London, 1682).

Conroy, David W., *In Public Houses: Drink and the Revolution of Authority in Colonial Massachusetts* (University of North Carolina Press, London, 1995).

Corley, T. A. B., *Quaker Enterprise in Biscuits: Huntley and Palmers of Reading 1822–1972* (Hutchinson, London, 1972).

Corley, T. A. B., 'Nutrition, technology and the growth of the British biscuit industry 1820–1900', in Derek Oddy and Derek Miller (eds), *The Making of the Modern British Diet* (Croom Helm, London, 1976).

Cornell, Martyn, *Amber Gold and Black: The History of Britain's Great Beers* (History Press, Stroud, 2010).

Corse, Christopher R. de, 'Introduction', in Christopher R. de Corse (ed.), *West Africa during the Atlantic Slave Trade: Archaeological Perspectives* (Leicester University Press, London, 2001), 1–13.

Cosgrove, William, David Egilman, Peter Heywood, Jeanne X. Kasperson, Ellen Messer and Albert Wessen, 'Colonialism, international trade and the nation-state', in Lucil F. Newman (ed.), *Hunger in History: Food Shortage, Poverty and Deprivation* (Basil Blackwell, Oxford, 1990), 215–40.

Cotton, Sir Evan, *East Indiamen: The East India Company's Maritime Service* (Batchworth Press, London, 1949).

Coutts, P. F. J., 'Merger or takeover: a survey of the effects of contact between Europeans and Maori in the Fovaux Strait region', *Journal of the Polynesian Society* 78/4 (1969), 495–516.329

Cowen, Ruth, *Relish: The Extraordinary Life of Alexis Soyer, Victorian Celebrity Chef* (Weidenfeld & Nicolson, London, 2006).

Cox, Nancy, ' "Beggary of the nation": moral, economic and political attitudes to the retail sector in the early modern period', in John Benson and Laura Ugolini (eds), *A Nation of Shopkeepers: Five Centuries of British Retailing* (I. B. Tauris, London, 2003), 26–51.

Cox, Nancy, and Karin Dannehl, *Perceptions of Retailing in Early Modern England* (Ashgate, Aldershot, 2007).

Crader, Diana C., 'The zooarchaeology of the storehouse and the dry well at Monticello', *American Antiquity* 49/3 (1984), 542–88.

Crader, Diana C., 'Slave diet at Monticello', *American Antiquity* 55/4 (1990), 690–717.

Craton, Michael, 'Reluctant creoles: the planters' world in the British West Indies', in Bernard Bailyn and Philip D. Morgan (eds), *Strangers within the Realm: Cultural Margins of the First British Empire* (University of North Carolina Press, Chapel Hill, 1991), 314–62.

Cressy, David, *Coming Over: Migration and Communication between England and New England in the Seventeenth Century* (Cambridge University Press, Cambridge, 1987).

Crimp, R. L., *The Diary of a Desert Rat* (Leo Cooper, London, 1971).

Critchell, James Troubridge, and Joseph Raymond, *A History of the Frozen Meat Trade: An Account of the Development and Present Day Methods of Preparation, Transport, and Marketing of Frozen and Chilled Meats* (Constable and Company, London, 1912).

Cronon, William, *Changes in the Land: Indians, Colonists, and the Ecology of New England* (Hill and Wang, New York, 1983).

Cronon, William, *Nature's Metropolis: Chicago and the Great West* (W. W. Norton & Company, London, 1991).

Cullen, L. M., *Economy, Trade and Irish Merchants at Home and Abroad, 1600–1988* (Four Courts Press, Dublin, 2012).

Cultru, P., *Premier Voyage du Sieur de la Courbe Fait à la Coste d'Afrique en 1685* (Édouard Champion, Paris, 1913).

Curr, Edward M., *Recollections of Squatting in Victoria Then Called the Port Phillip District (from 1841 to 1851)* (George Robertson, Melbourne, 1853).

Curtin, Philip D., *The Rise and Fall of the Plantation Complex* (Cambridge University Press, Cambridge, 1990).

Cusack, Igor, 'African cuisines: recipes for nation-building?', *Journal of African Cultural Studies* 13/2 (2000), 207–25.

Dalby, Thomas, *An Historical Account of the Rise and Growth of the West-India Collonies* (first published 1690; Arno Press, New York, 1972).

Dale, Edward Everett, *The Cross Timbers: Memories of a North Texas Boyhood* (University of

Texas Press, London, 1966).

Dale, Edward Everett, *Frontier Ways: Sketches of Life in the Old West* (University of Texas Press, Austin, TX 1959).

Datta, Rajat, 'The commercial economy of eastern India under early British rule', in H. V. Bowen and E. Mancke (eds), *Britain's Oceanic Empire: Atlantic and Indian Ocean Worlds, c.1500–1850* (Cambridge University Press, Cambridge, 2012).

Davey, James, 'Within hostile shores: victualling the Royal Navy in European waters during the French Revolutionary and Napoleonic wars', *International Journal of Maritime History* 21/2 (December 2009), 241–60.

Davidson, Alan, *The Oxford Companion to Food*, ed. Tom Jaine (Oxford University Press, Oxford, 2014).

Davis, Ralph, *The Rise of the English Shipping Industry in the Seventeenth and Eighteenth Centuries* (David & Charles, Newton Abbot, 1962).

Davis, Ralph, 'English foreign trade, 1660–1700', *Economic History Review* 7/2 (1954), 150–66, in Susan Socolow (ed.), *The Atlantic Staple Trade, Vol. I: Commerce and Politics (An Expanding World: The European Impact on World History, 1450–1800)* (Variorum, Ashgate, Aldershot, 1996), 127–43.

Davis, Ralph, 'English foreign trade, 1700-1774', *Economic History Review* 15/2 (1962), 285–303, in Susan Socolow (ed.), *The Atlantic Staple Trade, Vol. I: Commerce and Politics (An Expanding World: The European Impact on World History, 1450–1800)* (Variorum, Ashgate, Aldershot, 1996), 145–63.

Daws, Gavan, *A Dream of Islands: Voyages of Self-Discovery in the South Seas* (W. W. Norton & Company, London, 1980).

den Hartog, Adel P., 'The discovery of vitamins and its impact on the food industry: the issue of tinned sweetened condensed skim milk, 1890–1940', in Peter J. Atkins, Peter Lummel and Derek J. Oddy (eds), *Food and the City in Europe since 1800* (Ashgate, Aldershot, 2007), 131–42.

Derricke, John, *The Image of Irelande with a discoureie of vvoodkarne* (J. Kingston for Ihon Daie, London, 1581).

Destombes, Jérome, 'From long-term patterns of seasonal hunger to changing experiences of everyday poverty: Northeastern Ghana, c.1930–2000', *Journal of African History* 47/2 (2006), 181–205.

Dickens, Charles, 'Hard Times', in *Household Words* 26 (1854).

Dikötter, Frank, Lars Laamann and Xun Zhou, 'China, British imperialism and the myth of the "opium plague" ', in James H. Mills and Patricia Barton (eds), *Drugs and Empires: Essays in Modern Imperialism and Intoxication, c.1500–1930* (Palgrave Macmillan, Basingstoke, 2007), 19–38.

Dikötter, Frank, Lars Laamann and Xun Zhou, *Narcotic Culture: A History of Drugs in China* (Hurst & Company, London, 2004).331

Diner, Hasia R., *Hungering for America: Italian, Irish and Jewish Foodways in the Age of Migration* (Harvard University Press, Cambridge, MA, 2001).

Dingle, A. E., 'Drink and working-class living standards in Britain, 1870–1914', in Derek Oddy and Derek Miller (eds), *The Making of the Modern British Diet* (Croom Helm, London, 1976), 117–34.

Dods, Margaret, *The Cook and Housewife's Manual* (Edinburgh, 1827).

Donnelly, James S., 'Cork market: its role in the nineteenth century Irish butter trade', *Studia Hibernica* 11 (1971), 130–63.

Drayton, Richard, 'The collaboration of labour: slaves, empires, and globalizations in the Atlantic world, *c.* 1600–1850', in A. G. Hopkins (ed.), *Globalization in World History* (Pimlico, London, 2002), 98–114.

Dublin, Thomas (ed.), *Immigrant Voices: New Lives in America, 1773–1986* (University of Illinois Press, Chicago, 1993).

Duffy, Michael, 'World-wide war and British expansion, 1793–1815', in P. J. Marshall (ed.), *The Oxford History of the British Empire, Vol. II: The Eighteenth Century* (Oxford University Press, Oxford, 1998), 184–207.

Dunn, Richard S., *Sugar and Slaves: The Rise of the Planter Class in the English West Indies, 1624–1713* (Jonathan Cape, London, 1972).

Dunton, John, *Teague Land or A Merry Ramble to the Wild Irish: Letters from Ireland, 1698*, ed. Edward MacLysaght (Irish Academic Press, Dublin, 1982).

C. Dutton, *Life in India* (1882).

Eden, Frederick Morton, *The State of the Poor, or, A History of the Labouring Classes in England, with parochial reports*, abridged and ed. A. G. L. Rogers (George Routledge & Sons, London, 1928).

Edmunds, Joseph, *Curries: and How to Prepare Them* (The Food & Cookery Publishing Agency, London, n.d.).

Eedle, Arthur and Rosalind, *Albion Restored: A Detective Journey to Discover the Birth of Christianity in England* (Lulu, Lincs., 2013).

Ellis, John, *The World War II Databook: The Essential Facts and Figures for All the Combatants* (Aurum Press, London, 1993).

Eltis, David, and David Richardson, *Atlas of the Transatlantic Slave Trade* (Yale University Press, London, 2010).

Emerson, Lucy, *The New England Cookery, or the Art of Dressing All Kinds of Flesh, Fish and Vegetables and the Best Modes of Making Pastes, Puffs, Pies, Tarts, Pudding, Custards and*

Preserves, and all kind of Cakes ... Particularly adapted to this part of our Country (Josiah Parks, Montpelier, 1808).

Empire Marketing Board Posters (Manchester Art Gallery, Manchester, 2011).

Engels, Friedrich, *The Condition of the Working Class in England* (first published 1846; Oxford University Press, Oxford, 1993).

Erikson, Charlotte, *Leaving England: Essays on British Emigration in the Nineteenth Century* (Cornell University Press, Ithaca, 1994).

Erikson, Emily, *Between Monopoly and Free Trade: The English East India Company, 1600–1757* (Princeton University Press, Princeton, 2014).

Errington, Elizabeth Jane, 'British migration and British America, 1783–1867', in Philip Buckner (ed.), *Canada and the British Empire* (Oxford University Press, Oxford, 2010), 140–59.

Fagan, Brian, *Fish on Friday: Feasting, Fasting and the Discovery of the New World* (Basic Books, New York, 2006).

Fairbank, J. K., and D. Twitchett (eds), *The Cambridge History of China, Vol. 10.1: The Late Ch'ing* (Cambridge University Press, Cambridge, 1978).

Fairbridge, Dorothea, *Lady Anne Barnard at the Cape of Good Hope, 1797–1802* (Clarendon Press, Oxford, 1924).

Falconer, William, *A New Universal Dictionary of the Marine, now modernised and much enlarged by William Burney* (T. Cadell, London, 1815).

Falls, Cyril, *Elizabeth's Irish Wars* (Barnes and Noble, New York, 1970).

Farrer K. T. H., *A Settlement Amply Supplied: Food Technology in Nineteenth Century Australia* (Melbourne University Press, Melbourne, 1980).

Ferguson, Leland, *Uncommon Ground: Archaeology and Early African America, 1650–1800* (Smithsonian Institution Press, London, 1992).

Fielding, Helen, *Bridget Jones's Diary* (Picador, London, 1996).

Flavin, Susan, 'Consumption and material culture in sixteenth-century Ireland', *Economic History Review* 64/4 (2011), 1144–74.

Food Statistics Pocket Book 2014 (Department for Environment, Food and Rural Affairs, 2014).

Forster, Margaret, *Rich Desserts and Captain's Thin: A Family and their Times* (Chatto & Windus, London, 1997).

Foster, Robert, 'Rations, coexistence, and the colonisation of Aboriginal labour in the South Australian pastoral industry, 1860–1911', *Aboriginal History* 24 (2000), 1–26.

Foster, R. F., *Modern Ireland 1600–1972* (Allen Lane, London, 1988).

Foster, Shirley, 'Introduction', in Elizabeth Gaskell, *Mary Barton* (Oxford World Classics, Oxford University Press, Oxford, 2006).

Fourshey, Catherine Cymone, ' "The remedy for hunger is bending the back": maize and British agricultural policy in southwestern Tanzania, 1920–1960', *International Journal of African Historical Studies* 41/2 (2008), 223–61.333

Freidberg, Susanne, 'Postcolonial paradoxes: the cultural economy of African export horticulture', in Alexander Nützenadel and Frank Trentmann (eds), *Food and Globalization: Consumption, Markets and Politics in the Modern World* (Berg, Oxford, 2008), 215–33.

Freidberg, Susanne, *Fresh: A Perishable History* (Belknap Press, London, 2009).

Freidberg, Susanne, 'Freshness from afar: the colonial roots of contemporary fresh foods', *Food & History* 8/1 (2010), 257–78.

Fremdling, R., 'European foreign trade policies, freight rates and the world markets of grain and coal during the nineteenth century', *Jahrbuch für Wirtschaftsgeschichte* 2 (2003), 83–98.

Friday, Chris, *Organizing Asian American Labour: The Pacific Coast Canned-Salmon Industry, 1870–1942* (Temple University Press, Philadelphia, 1994).

Friedmann, Max Paul, 'Beyond "voting with their feet": toward a conceptual history of "America" in European migrant sending communities, 1860s to 1914', *Journal of Social History* 40/3 (2007), 557–75.

Fury, Cheryl A., *Tides in the Affairs of Men: The Social History of Elizabethan Seamen, 1580–1603* (Greenwood Press, London, 2002).

Gardella, Robert, *Harvesting Mountains: Fujian and the China Tea Trade, 1757–1937* (University of California Press, London, 1994).

Gardiner, Julie (ed.), *Before the Mast: Life and Death Aboard the Mary Rose* (*The Archaeology of the Mary Rose, Vol. 4*) (Mary Rose Trust, Portsmouth, 2005).

Garnsey, Peter, *Food and Society in Classical Antiquity* (Cambridge University Press, Cambridge, 1999).

Gaskell, Elizabeth, *Mary Barton*, 2 vols (Chapman & Hall, London, 1850).

Gaskill, Malcolm, *Between Two Worlds: How the English Became American* (Oxford University Press, Oxford, 2014).

Gerald of Wales, *The History and Topography of Ireland* (Penguin Books, London, 1982).

Gillespie, Raymond, 'Plantations in early modern Ireland', *History Ireland* 1/4 (1993), 43–7.

Gillespie, Raymond, *Seventeenth-Century Ireland: Making Ireland Modern* (Gill & Macmillan, London, 2006).

Glasse, Hannah, *The Art of Cookery Made Plain and Easy; which far exceeds anything of the kind ever yet published* (3rd edn, printed for the author, London, 1748).

Goldswain, Ralph, 'Introduction', in Ralph Goldswain (ed.), *The Chronicle of Jeremiah Goldswain 1820 Settler* (30 South Publishers, Pinetown, South Africa, 2014).

Gollanek, Eric Frederick, *Empire Follows Art: Exchange and the Sensory Worlds of Empire in Britain and its Colonies, 1740–1775* (ProQuest, 2008).

Goodwin, Lorinda B. R., *An Archaeology of Manners: The Polite World of the Merchant Elite of Colonial Massachusetts* (Kluwer Academic/Plenum Publishers, New York, 1999).

Goody, Jack, 'Industrial food: towards the development of a world cuisine', in Carole Counihan and Penny van Esterik (eds), *Food and Culture: A Reader* (Routledge, London, 1997), 338–56.

Gosnell, Harpur Allen (ed.), *Before the Mast in the Clippers: The Diaries of Charles A. Abbey, 1856 to 1860* (first published Derrydale Press, New York, 1937; Dover Publications, New York, 1989).

Goucher, Candice, *Congotay! Congotay! A Global History of Caribbean Food* (Routledge, Abingdon, 2014).

Gragg, Larry, 'A Puritan in the West Indies: the career of Samuel Winthrop', *William and Mary Quarterly* 4 (1993), 768–86.

Gragg, Larry, ' "To procure negroes": the English slave trade to Barbados, 1627–60', *Slavery and Abolition* 16/1 (1995), 65–84.

Gragg, Larry, *Englishmen Transplanted: The English Colonization of Barbados, 1627–1660* (Oxford University Press, Oxford, 2003).

Grant, Alison, *North Devon Pottery: The Seventeenth Century* (University of Exeter, Exeter, 1983).

Graves, Adrian, 'Colonialism and indentured labour migration in the Western Pacific, 1840–1915', in P. C. Emmer (ed.), *Colonialism and Migration: Indentured Labour Before and After Slavery* (Matinus Nijhoff Publishers, Dordrecht, 1986), 237–59.

Graves, Adrian, *Cane and Labour: The Political Economy of the Queensland Sugar Industry, 1862–1906* (Edinburgh University Press, Edinburgh, 1993).

Gray, Jack, *Rebellions and Revolutions: China from the 1800s to 2000* (Oxford University Press, Oxford, 2002).

Greenough, Paul R., *Prosperity and Misery in Modern Bengal: The Famine of 1943–1944* (Oxford University Press, Oxford, 1982).

Hall, Daniel, 'The food supply of the Empire', Cust Foundation Lecture, University of Nottingham, 1926.

Hall, Kim F., 'Culinary spaces, colonial spaces: the gendering of sugar in the seventeenth century', in Valerie Traub, Lindsay M. Kaplan and Dympna Callaghan (eds), *Feminist Readings of Early Modern Culture: Emerging Subjects* (Cambridge University Press, Cambridge, 1996), 168–90.

Hallam, Sylvia, 'Aboriginal women as providers: the 1830s on the Swan', *Aboriginal History* 15/1–2 (1991), 38–53.

Hall-Matthews, David, *Peasants, Famine and the State in Colonial Western India* (Palgrave

Macmillan, London, 2005).

Hancock, David, *Oceans of Wine: Madeira and the Emergence of American Trade and Taste* (Yale University Press, New Haven, 2009).

Harms, Robert, 'Sustaining the system: trading towns along the middle Zaire', in Claire C. Robertson and Martin A. Klein (eds), *Women and Slavery in Africa* (University of Wisconsin Press, Madison, 1983), 95–110.

Hartman, G., *The true preserver and restorer of health being a choice collection of select and experienced remedies for all distempers incident to men, women, and children: selected from and experienced by the most famous physicians and chyrugeons in Europe: together with Excellent directions for cookery ... with the description of an ingenious and useful engine for dressing of meat and for distilling th[e] choicest cordial water with-out wood coals, candle or oyl: published for the publick good* (1682).

Havinden, Michael, and David Meredith, *Colonialism and Development: Britain and its Tropical Colonies, 1850–1960* (Routledge, London, 1993).

Hawkins, Richard A., 'The pineapple canning industry during the world depression of the 1930s', *Business History* 1 (1989), 48–66.

Henson, Josiah, *The Life of Josiah Henson, formerly a slave, now an inhabitant of Canada, as narrated by himself* (electronic edition, University of North Carolina, Chapel Hill, 2001).

Hervey, Thomas K., *The Book of Christmas* (William Spooner, London, 1836).

Heuman, Gad, 'The British West Indies', in Andrew Porter (ed.), *The Nineteenth Century, Vol. III The Oxford History of the British Empire* (Oxford University Press, Oxford, 1999), 470–94.

Higgs, Catherine, *Cocoa, Slavery and Colonial Africa* (Ohio University Press, Athens, 2012).

Higgs, Catherine, 'Happiness and work: Portuguese peasants, British labourers, African contract workers and the case of São Tomé and Príncipe, 1901–1909', *International Labour and Working-Class History* 86 (2014), 55–71.

Hobsbawm, Eric, *The Age of Capital 1848–1875* (first published 1962; Weidenfeld & Nicolson, London, 1995).

Hobsbawm, Eric, *The Age of Empire 1875–1914* (first published 1987; Weidenfeld & Nicolson, London, 1995).

Hobsbawm, Eric, *The Age of Extremes: The Short Twentieth Century 1914–1991* (Michael Joseph, London, 1994).

Hoerder, Dirk, 'From dreams to possibilities: the secularization of hope and the quest for independence', in Dirk Hoerder and Horst Rössler (eds), *Distant Magnets: Expectations and Realities in the Immigrant Experience, 1840–1930* (Homes and Meier, London, 1993), 1–32.

Hoffmann, Walther, *British Industry, 1700–1950*, trans. W. O. Henderson and W. H. Chaloner (Basil Blackwell, Oxford, 1955).

Hooker, Richard J. (ed.), *A Colonial Plantation Cookbook: The Receipt Book of Harriet Pinck-*

ney Horry, 1770 (University of South Carolina Press, Columbia, 1984).

Horn, James, 'Tobacco colonies: the shaping of English society in the seventeenth-century Chesapeake', in Nicholas Canny (ed.), *The Origins of Empire: British Overseas Enterprise to the Close of the Seventeenth Century, Vol. I The Oxford History of the British Empire* (Oxford University Press, Oxford, 1998), 170–92.

Horning, Audrey J., 'On the banks of the Bann: the riverine economy of an Ulster plantation village', *Historical Archaeology* 41/3 (2007), 94–114.

Horsman, Reginald, *Feast or Famine: Food and Drink in American Westward Expansion* (University of Missouri Press, London, 2010).

Hsu, Madeline Yuan-yin, *Dreaming of Gold, Dreaming of Home: Transnationalism and Migration between the United States and South China, 1882–1943* (Stanford University Press, Stanford, 2000).

Hudgins, Carter L., 'The "necessary calls of humanity and decency": the archaeology of Robert "King" Carter and the material life of Virginia, 1680–1740', in Eric Klingelhofer (ed.), *A Glorious Empire: Archaeology and the Tudor–Stuart Atlantic World. Essays in Honour of Ivor Noël Hume* (Oxbow Books, Oxford, 2013), 173–89.

Hughes, Kathryn, *Victorians Undone: Tales of Flesh in the Age of Decorum* (4th Estate, London, 2017).

Hull, C. P., and Edmund Mair, *The European in India; or Anglo-Indian's Vade Mecum* (1871).

Hutchinson, William F., Mark Culling, David C. Orton, Bernd Hänfling, Lori Lawson Handley, Sheila Hamilton-Dyer, Tamsin C. O'Connell, Michael P. Richards and James H. Barrett, 'The globalization of naval provisioning: ancient DNA and stable isotope analyses of stored cod from the wreck of the *Mary Rose*, ad 1545', *Royal Society Open Science* (9 September 2015).

Ichijo, Atsuko, and Ronald Ranta, *Food, National Identity and Nationalism: From Everyday to Global Politics* (Palgrave Macmillan, London, 2016).

Iliffe, John, *Africans: The History of a Continent* (Cambridge University Press, Cambridge, 1996).

Imperial Economic Committee, 'Canned and dried fruit notes', Vol. VII, No. 1 (May 1937).

Innis, Harold A., *The Cod Fisheries: The History of an International Economy* (University of Toronto Press, Toronto, 1954).

Jackson, Ashley, *Botswana 1939–1945: An African Country at War* (Clarendon Press, Oxford, 1999).

Jackson, Ashley, *The British Empire and the Second World War* (Hambledon Continuum, London, 2006).

James, Lawrence, *Raj: The Making and Unmaking of British India* (Abacus, London, 1997).

Janin, Hunt, *The India–China Opium Trade in the Nineteenth Century* (McFarland & Co., London, 1999).

Johnson, G. W., *The Stranger in India, or Three Years in Calcutta*, 2 vols (1843).

Jones, David C., *Empire of Dust: Settling and Abandoning the Prairie Dry Belt* (University of Alberta Press, Edmonton, 1987).

Jones, Martin, *Feast: Why Humans Share Food* (Oxford University Press, Oxford, 2007).

Jones, Olive, 'London mustard bottles', *Historical Archaeology* 17/1 (1983), 69–84.

Jones, Olive, 'Commercial foods, 1740–1820', *Historical Archaeology* 27/2 (1993), 25–41.

Joyner, Charles, *Down by the Riverside: A South Carolina Slave Community* (University of Illinois Press, Urbana and Chicago, 1984).

Kea, Ray A., *Settlements, Trade and Polities in the Seventeenth-Century Gold Coast* (Johns Hopkins University Press, London, 1982).

Keating, P. (ed.), *Into Unknown England, 1866–1913: Selections from the Social Explorers* (Manchester University Press, Manchester, 1976).

Keay, John, *The Spice Route: A History* (John Murray, London, 2005).

Keay, John, *The Honourable Company: A History of the English East India Company* (HarperCollins, London, 1993).

Kelsey, Mary Wallace, 'Food for the Lewis and Clark Expedition: exploring North West America, 1804–06', in Harlan Walker (ed.), *Food on the Move*, Proceedings of the Oxford Symposium on Food and Cookery (Prospect Books, Devon, 1997), 200–207.

Kennaway, Laurence J., *Crusts: A Settler's Fare due South* (London, 1874).

Kennedy, Carol, *The Merchant Princes: Family, Fortune and Philanthropy: Cadbury, Sainsbury and John Lewis* (Hutchinson, London, 2000).

Khare, R. S., *Hindu Hearth and Home* (Vikas, New Delhi, 1976).

Klein, Martin A., 'Women in slavery in the Western Sudan', in Claire C. Robertson and Martin A. Klein (eds), *Women and Slavery in Africa* (University of Wisconsin Press, Madison, 1983), 67–92.

Knight, R. J. B., and Martin Howard Wilcox, *Sustaining the Fleet, 1793–1815: War, the British Navy and the Contractor State* (Boydell & Brewer, Woodbridge, 2010).

Knightley, Philip, *The Rise and Fall of the House of Vestey: The True Story of How Britain's Richest Family Beat the Taxman – and Came to Grief* (Warner Books, London, 1993).

Knighton, S., and D. M. Loades, *The Anthony Roll of Henry VIII's Navy: Pepys Library 2991 and British Library MS 2204) with related documents* (Ashgate for the Royal Naval Records Society in Association with the British Library and Magdalene College, Cambridge, 2000).

Kuhn, P., *Soulstealers: The Chinese Sorcery Scare of 1768* (Harvard University Press, Cambridge, MA, 1990).

Kulikoff, Allan, *The Agrarian Origins of American Capitalism* (University Press of Virginia, London, 1992).

Kurlansky, Mark, *Cod: A Biography of the Fish that Changed the World* (Jonathan Cape, London, 1998).

Lacombe, Michael, ' "A continuall and dayly table for Gentlemen of Fashion": humanism, food and authority at Jamestown 1607–09', *American Historical Review* 115/3 (June 2010), 669–87.

La Fleur, J. D., *Fusion Foodways of Africa's Gold Coast in the Atlantic Era* (Brill, Leiden, 2012).

Lai, Walton Look, *Indentured Labor, Caribbean Sugar: Chinese and Indian Migrants to the British West Indies, 1838–1918* (Johns Hopkins University Press, Baltimore, 1993).

Latham, Robert, and William Matthews (eds), *The Diary of Samuel Pepys*, 10 vols (G. Bell & Sons, London, 1974).

Laudan, Rachel, 'The birth of the modern diet', *Scientific American* (August 2000), 62–7.

Laughton, John Knox, *State Papers Relating to the Defeat of the Spanish Armada Anno 1558* Vol. I (reprinted 1894; Temple Smith for the Navy Records Society, London, 1987).

Lawrence, Dianne, *Genteel Women: Empire and Domestic Material Culture, 1840–1910* (Manchester University Press, Manchester, 2012).

Lawson, John, *A New Voyage to Carolina* (University of North Carolina Press, Chapel Hill, 1967).

Lawson, P., 'Tea, vice and the English state', in Philip Lawson, *A Taste for Empire and Glory: Studies in British Overseas Expansion, 1660–1800* (Variorum, Ashgate, Aldershot, 1997).

Lawson, Philip, *The East India Company: A History* (Longman, Harlow, 1993).

Lehmann, Gilly, *The British Housewife: Cookery Books, Cooking and Society in Eighteenth-Century Britain* (Prospect Books, Devon, 2003).

Lenihan, Pádraig, *Consolidating Conquest: Ireland, 1603–1727* (Pearson, Longman, Harlow, 2008).

Lenman, Bruce P., *England's Colonial Wars, 1550–1688: Conflicts, Empire and National Identity* (Longman, Harlow, 2001).

Li, Peter S., *The Chinese in Canada* (Oxford University Press, Toronto, 1998).

Ligon, Richard, *A True and Exact History of the Island of Barbados*, ed. Karen Ordahl Kupperman (first published 1673; Hackett Publishing Company, Indianapolis, 2011).

Littlefield, Daniel C., *Rice and Slaves: Ethnicity and the Slave Trade in Colonial South Carolina* (Louisiana State University Press, London, 1981).

Liu, Andrew B., 'The birth of a noble tea country: on the geography of colonial capital and the origins of Indian tea', *Journal of Historical Sociology* 23/1 (2010), 73–100.

Lloyd Evans, Dyfed, *The Big Book of Christmas Recipes* (self-published, October 2011).

Long, Una (ed.), *The Chronicle of Jeremiah Goldswain: Albany Settler of 1820* (Van Riebeeck Society, Cape Town, 1946).

Lubbock, Basil (ed.), *Barlow's Journal of His Life at Sea in King's Ships, East and West Indiamen and Other Merchantmen from 1659 to 1703,* 2 vols (Hurst & Blackett, London, 1934).

McCann, James, *Maize and Grace: Africa's Encounter with a New World Crop, 1500–2000* (Harvard University Press, Cambridge, MA, 2005).

McCann, James C., *Stirring the Pot: A History of African Cuisine* (Ohio University Press, Athens, 2009).

Mac Cuarta, Brian, 'The plantation of Leitrim, 1620−41', *Irish Historical Studies* 32/127 (2001), 297−320.

McCusker, John, *Rum and the American Revolution: The Rum Trade and the Balance of Payments of the Thirteen Continental Colonies*, 2 vols (Garland Publishing, London, 1989).

McCusker, John J., and Russell R. Menard, 'The sugar industry in the seventeenth century: A new perspective on the Barbadian "Sugar Revolution" ', in Stuart B. Schwartz (ed.), *Tropical Babylons: Sugar and the Making of the Atlantic World, 1450–1680* (University of North Carolina Press, Chapel Hill, 2004), 289–330.

Macdonald, Janet, *Feeding Nelson's Navy: The True Story of Food at Sea in the Georgian Era* (Chatham Publishing, London, 2006).

Macdonald, Janet, *The British Navy's Victualling Board, 1793–1815: Management, Competence and Incompetence* (Boydell Press, Woodbridge, 2010).

McDonald, Jared, 'Encounters at "Bushman Station": reflections on the fate of the San of the Transgariep Frontier, 1828–1833', *South African Historical Journal* 61/2 (2009), 372–88.

McFadden, Christine, *Pepper: The Spice that Changed the World* (Absolute Press, Bath, 2007).

Macfarlane, Alan, and Iris Macfarlane, *Green Gold: The Empire of Tea. A Remarkable History of the Plant that Took Over the World* (Ebury Press, London, 2003).

McGurk, John, *The Elizabethan Conquest of Ireland: The 1590s Crisis* (Manchester University Press, Manchester, 1997).

Mackay, Robert, *Half the Battle: Civilian Morale in Britain During the Second World War* (Manchester University Press, Manchester, 2002).

McKendrick, Neil, John Brewer and J. H. Plumb, *The Birth of a Consumer Society: The Commercialization of Eighteenth-Century England* (Europa Publications, London, 1982).

Mackie, Cristine, *Life and Food in the Caribbean* (Weidenfeld & Nicolson, London, 1991).

McLean, Iain, and Camilla Bustani, 'Irish potatoes and British politics: interests, ideology, heresthetic and the repeal of the Corn Laws', *Political Studies* 47/5 (1999), 817–36.

McMahon, Sarah F., 'A comfortable subsistence: the changing composition of diet in rural New England, 1620–1840', *William and Mary Quarterly* 42/1 (1985), 26–65.

MacRae, Andrew, *God Speed the Plough: The Representation of Agrarian England, 1500– 1660* (Cambridge University Press, Cambridge, 1996).

McWilliams, James E., *A Revolution in Eating: How the Quest for Food Shaped America* (Columbia University Press, New York, 2005).

Madajzyk, Czeslaw, 'Vom "Generalplan Ost" zum "Generalsiedlungsplan" ', in Mechtild Rössler and Sabine Schleiermacher, with Cordula Tollmien (eds), *Der 'Generalplan Ost': Hauptlinien der nationalsozialistischen Planungs- und Vernichtungspolitik* (Akademie Verlag, Berlin, 1993), 12–17.

Maidment, Brian, *Reading Popular Prints, 1790–1829* (Manchester University Press, Manchester, 2001).

Mandelblatt, Bertie, 'A transatlantic commodity: Irish salt beef in the French Atlantic world' *History Workshop Journal* 63 (Spring 2007), 18–47.

Mannion, John, 'Victualling a fishery: Newfoundland diet and the origins of the Irish provisions trade, 1675–1700', *International Journal of Maritime History* 12/1 (June 2000), 1–60.

Marsden, Peter, *Sealed by Time: The Loss and Recovery of the* Mary Rose: *The Archaeology of the* Mary Rose *Vol. I* (Mary Rose Trust, Portsmouth, 2003).

Martin, John, 'The structural transformation of British agriculture: the resurgence of progressive high-input arable farming', in Brian Short, Charles Watkins and John Martin (eds), *The Front Line of Freedom: British Farming in the Second World War* (British Agricultural Society, Exeter, 2006), 16–35.

Martin, Robert Montgomery, *The History, Antiquities, Topography, and Statistics of Eastern India: comprising the districts of Behar, Shahabad, Bhagulpoor, Goruckpoor, Dinajepoor, Puraniya, Rungpoor, & Assam, in Relation to their Geology, Mineralogy, Botany, Agriculture, Commerce, Manufactures, Fine Arts, Population, Religion, Education, Statistics, etc. surveyed under the orders of the Supreme Government, and collated from the original documents at the E. I. House, with the permission of the Honourable Court of Directors*, 3 vols (W. H. Allen, London, 1838).

Mason, Charlotte, *The Lady's Assistant for Regulating and Supplying the Table, being a complete system of cookery* (C. Whittingham for J. Walter, London, 1801).

Mason, John, *A briefe discourse of the Nevv found-land with the situation, temperature, and commodities thereof, inciting our Nation to go forward in that hopefull plantation begunne* (Andro Hart, Edinburgh, 1620; consulted at EEBO – Early English Books Online).

Mathias, P., 'The British tea trade in the nineteenth century', in Derek Oddy and Derek Miller (eds), *The Making of the Modern British Diet* (Croom Helm, London, 1976), 91–100.

Mathias, Peter, *Retailing Revolution: A History of Multiple Retailing in the Food Trades Based*

Upon the Allied Suppliers Group of Companies (Longmans, London, 1967).

Maxon, Robert M.,' "Fantastic prices" in the midst of an "acute food shortage": market, environment, and the colonial state in the 1943 Vihiga (western Kenya) famine', *African Economic History* 28 (2000), 27–52.

Mayhew, Henry (ed.), *The Shops and Companies of London and the Trades and Manufactories of Great Britain*, Parts I–V (March 1865).

Mayhew, Madeline, 'The 1930s nutrition controversy', *Journal of Contemporary History* 23/3 (1988), 445–64.

Mazumdar, Sucheta, 'The impact of New World food crops on the diet and economy of China and India, 1600–1900', in Raymond Grew (ed.), *Food in Global History* (Westview, Boulder, Colorado, 1999), 58–78.

Meillassoux, Claude, 'Female slavery', in Claire C. Robertson and Martin A. Klein (eds), *Women and Slavery in Africa* (University of Wisconsin Press, Madison, 1983), 49–66.

Metcalfe, Thomas, *Ideologies of the Raj* (Cambridge University Press, Cambridge, 1995).

Mintz, Sydney, *Sweetness and Power: The Place of Sugar in Modern History* (Penguin, New York, 1985).

Mintz, Sidney, 'The changing roles of food in the study of consumption', in John Brewer and Roy Porter (eds), *Consumption and the World of Goods* (Routledge, London, 1993), 261–73.

Mintz, Sidney, 'Time, sugar and sweetness', in Carole Counihan and Penny van Esterik (eds), *Food and Culture: A Reader* (Routledge, London, 1997), 357–69.

Misson, M., *Memoirs and Observations in His Travels over England*, trans. Mr Ozell (printed for D. Brown and others, London, 1719).

Mittelberger, Gottlieb, *Journey to Pennsylvania* (Belknap Press, Cambridge, MA, 1960).

Montaño, John Patrick, *The Roots of English Colonialism in Ireland* (Cambridge, 2011).

Montgomery, James, *Journal of Voyages and Travels by the Rev. Daniel Tyerman and George Bennet, Esq. Deputed from the London Missionary Society, to visit their various stations in the South Sea Islands, China, India, &c., between the years 1821 and 1829*, 2 vols (Frederick Westley and A. H. Davis, London, 1831).

Moore, Tara, 'National identity and Victorian Christmas foods', in Tamara S. Wagner and Narin Hassan (eds), *Consuming Culture in the Long Nineteenth Century, 1700–1900* (Lexington Books, Plymouth, 2007), 141–54.

Moore, Tara, *Victorian Christmas in Print* (Palgrave Macmillan, Basingstoke, 2009).

Moryson, Fynes, *An Itinerary*, trans. Charles Hughes (CELT – Corpus of Electronic Texts: a project of the History Department, University College, Cork, 2010).

Mui, Hoh-Cheung, and Lorna H. Mui, *Shops and Shopkeeping in Eighteenth-Century England* (Routledge, London, 1989).

Muldrew, Craig, *Food, Energy and the Creation of Industriousness: Work and Material Culture in Agrarian England, 1550–1780* (Cambridge University Press, Cambridge, 2011).

Muller, H. G., *Baking and Bakeries* (Shire Publications, Princes Risborough, 1986).

Muller, H. G., 'Industrial food preservation in the nineteenth and twentieth centuries', in C. Anne Wilson (ed.), *Waste Not, Want Not: Food Preservation from Early Times to the Present Day* (Edinburgh University Press, Edinburgh, 1991), 104–58.

Murgatroyd, Sarah, *The Dig Tree: The Extraordinary Story of the Ill-Fated Burke and Wills Expedition* (Bloomsbury, London, 2002).

Nally, David, ' "That coming storm": the Irish poor law, colonial biopolitics and the Great Famine', *Annals of the Association of American Geographers* (2008), 714–41.

Nash, R. C., 'Irish Atlantic trade in the seventeenth and eighteenth centuries', *William and Mary Quarterly* 42/3 (1985), 329–56.

Nash, R. C., 'Domestic material culture and consumer demand in the British Atlantic world: colonial South Carolina, 1670–1770', in David S. Shields (ed.), *Material Culture in Anglo-America: Regional Identity and Urbanity in the Tidewater, Lowcountry, and Caribbean* (University of South Carolina Press, Columbia, 2009), 221–66.

Nettelbeck, Amanda, and Robert Foster, 'Food and governance on the frontiers of colonial Australia and Canada's North West Territories', *Aboriginal History* 36 (2012), 21–41.

Newman, R. K., 'Opium smoking in late imperial China: a reconsideration', *Modern Asian Studies* 29/4 (1995), 765–94.

Newton, David, *Trademarked: A History of Well-known Brands from Aertex to Wright's Coal Tar* (Sutton Publishing, Stroud, 2008).

Nicolson, Adam, *Gentry: Six Hundred Years of a Peculiarly English Class* (Harper Press, London, 2011).

O'Brien, Charmaine, *The Penguin Food Guide to India* (Penguin, New Delhi, 2013).

O'Brien, P. K., and S. L. Engerman, 'Exports and the growth of the British economy from the Glorious Revolution to the Peace of Amiens', in Barbara Solow (ed.), *Slavery and the Rise of the Atlantic System* (Cambridge University Press, Cambridge, 1991).

O'Brien, Patrick, 'Inseparable connections: trade, economy, fiscal state, and the expansion of empire, 1688–1815', in P. J. Marshall (ed.), *The Oxford History of the British Empire, Vol. II: The Eighteenth Century* (Oxford University Press, Oxford, 1998), 53–77.

O'Connor, Kaori, 'The King's Christmas pudding: globalization, recipes, and the commodities of empire', *Journal of Global History* 4/1 (2009), 127–55.

O'Connor, Kaori, 'Beyond "exotic groceries": tapioca/cassava/manioc, a hidden commodity of empires and globalisation', in Jonathan Curry-Machado (ed.), *Global Histories, Imperial*

Commodities, Local Interactions (Palgrave Macmillan, Basingstoke, 2013), 224–47.

Oddy, D. J., 'A nutritional analysis of historical evidence: the working-class diet, 1880–1914', in Derek Oddy and Derek Miller (eds), *The Making of the Modern British Diet* (Croom Helm, London, 1976), 214–31.

Oddy, D. J., 'Urban famine in nineteenth-century Britain: the effect of the Lancashire cotton famine on working-class diet and health', *Economic History Review* 36/1 (1983), 68–86.

Oddy, Derek J., *From Plain Fare to Fusion Food: British Diet from the 1890s to the 1990s* (Boydell Press, Woodbridge, 2003).

Oddy, Derek J., and Alain Drouard (eds), *The Food Industries of Europe in the Nineteenth and Twentieth Centuries* (Ashgate, Farnham, Surrey, 2013).

Offer, Avner, 'The working classes, British naval plans and the coming of the Great War', *Past and Present* 107 (1985), 204–26.

Ogborn, Miles, *Global Lives: Britain and the World, 1550–1800* (Cambridge University Press, Cambridge, 2008).

Ohlmeyer, Jane H., 'A laboratory for empire? Early modern Ireland and English imperialism', in Kevin Kenny (ed.), *Ireland and the British Empire: The Oxford History of the British Empire* (Oxford University Press, Oxford, 2004), 26–60.

Ohlmeyer, Jane H., 'Anatomy of plantation: the 1641 Depositions', *History Ireland* 17/6 (2009), 54–6.

Olmsted, Frederick Law, *A Journey in the Seaboard Slave States in the Years 1853–1854 with remarks on their economy*, 2 vols (Knickerbocker Press, London, 1904).

Orr, John Boyd, *As I Recall* (MacGibbon & Kee, London, 1966).

Osterhammel, Jürgen, *The Transformation of the World: A Global History of the Nineteenth Century* (Princeton University Press, Princeton, 2014).

Othick, J., 'The cocoa and chocolate industry in the 19th century', in Derek Oddy and Derek Miller (eds), *The Making of the Modern British Diet* (Croom Helm, London, 1976), 77–90.

Otto, John Solomon, *Cannon's Point Plantation, 1794–1860: Living Conditions and Status Patterns in the Old South* (Academic Press, London, 1984).

Otto, John Solomon, *The Southern Frontiers, 1607–1860: The Agricultural Evolution of the Colonial and Antebellum South* (Greenwood Press, London, 1989).

Overy, Richard, *Why the Allies Won* (Pimlico, London, 1995).

Pagrach-Chandra, Gaitri, 'Damra bound: Indian echoes in Guyanese foodways', in Harlan Walker (ed.), *Food and Memory: Proceedings of the Oxford Symposium on Food and Cookery* (Prospect Books, Devon, 2001).

Parker, Charles H., *Global Interactions in the Early Modern Age, 1400–1800* (Cambridge University Press, Cambridge, 2010).

Parker, Geoffrey, *Global Crisis: War, Climate Change and Catastrophe in the Seventeenth Century* (Yale University Press, New Haven, 2013).

Parker, Matthew, *The Sugar Barons: Family, Corruption, Empire and War* (Windmill Books, London, 2012).

Parks, Fanny, *Wanderings of a Pilgrim in Search of the Picturesque during Four-and-Twenty Years in the East; with Revelations of Life in the Zenana*, 2 vols (Pelham Richardson, London, 1850).

Pasley, Thomas, *Private Sea Journals, 1778–1782*, ed. Rodney M. S. Pasley (J. M. Dent and Sons, London, 1931).

Pastore, Ralph, 'The collapse of the Beothuk world', *Acadiensis* 1/19 (1989), 52–71.

Paterson, Alexander, *Across the Bridges, or, Life by the South London River-side* (Edward Arnold, London, 1912).

Paton, William Agnew, *Down the Islands: A Voyage to the Caribees* (Charles Scribner's Sons, New York, 1890).

Paul, Rodman W., 'The wheat trade between California and the United Kingdom', *Mississippi Valley Historical Review* 45/3 (1958), 391–412.

Payne, P. L., 'The emergence of the large-scale company in Great Britain, 1879–1914', *Economic History Review* 3/20 (1967), 519–42.

Penderey, Steven R., 'The archaeology of urban foodways in Portsmouth, New Hampshire', in Peter Benes (ed.), *Foodways in the Northeast: The Dublin Seminar for New England Folklife, Annual Proceedings 1982* (Boston University, Boston, 1984), 9–27.

Perren, R., 'The North American beef and battle trade with Great Britain, 1870–1914', *Economic History Review* 24/3 (1971), 430–44.

Perren, Richard, *Agriculture in Depression, 1870–1914* (Cambridge University Press, Cambridge, 1995).

Perren, Richard, *Taste, Trade and Technology: The Development of the International Meat Industry since 1840* (Ashgate, Aldershot, 2006).

Peters, Erica J., 'National preferences and colonial cuisine: seeking the familiar in French Vietnam', *Proceedings of the Western Society for French History* 27 (2001), 150–9.

Peterson, T. Sarah, *Acquired Taste: The French Origins of Modern Cooking* (Cornell University Press, Ithaca, 1994).

Pinckney, Elise (ed.), *The Letterbook of Eliza Lucas Pinckney, 1739–1762* (University of North Carolina Press, Chapel Hill, 1972).

Pinkard, Susan, *A Revolution in Taste: The Rise of French Cuisine, 1650–1800* (Cambridge University Press, Cambridge, 2009).

Plummer, Alfred, *New British Industries in the Twentieth Century: A Survey of Development and Structure* (Sir Isaac Pitman & Sons, London, 1937).

Pluymers, Keith, 'Taming the wilderness in sixteenth- and seventeenth-century Ireland and Virginia', *Environmental History* 16/4 (2011), 610–32.

Polacheck, James, *The Inner Opium War* (Harvard University Press, Cambridge, MA, 1992).

Pope, Peter E., *The Many Landfalls of John Cabot* (University of Toronto Press, Toronto, 1997).

Pope, Peter E., *Fish into Wine: The Newfoundland Plantation in the Seventeenth Century* (University of North Carolina Press, Chapel Hill, 2004).

Poynter, F. N. L., *The Journal of James Yonge [1647–1721], Plymouth Surgeon* (Longmans, London, 1963).

Prakash, Om, 'The English East India Company and India', in H. V. Bowen, Margarette Lincoln and Nigel Rigby (eds), *The Worlds of the East India Company* (Boydell Press, Woodbridge, 2002), 1–18.

Price, Jacob M., 'The imperial economy, 1700–1776', in P. J. Marshall (ed.), *The Oxford History of the British Empire, Vol. II: The Eighteenth Century* (Oxford University Press, Oxford, 1998), 77–104.

Pryor, Alan, 'Indian pale ale: an icon of empire', in Jonathan Curry-Machado (ed.), *Global Histories, Imperial Commodities, Local Interactions* (Palgrave Macmillan, Basingstoke, 2013), 38–57.

Ramdin, Ron, *Arising from Bondage: A History of the Indo-Caribbean People* (I. B. Tauris, London, 2000).

Raphael, Samuel, 'Steam power and hand technology', *History Workshop* 3 (1977).

Rappaport, Erika, 'Packaging China: foreign articles and dangerous tastes in the mid-Victorian tea party', in Frank Trentmann (ed.), *The Making of the Consumer: Knowledge, Power and Identity in the Modern World* (Berg, Oxford, 2006), 125–46.

Reitz, Elizabeth J., Tyson Gibbs and Ted A. Rathbun, 'Archaeological evidence for subsistence on coastal plantations', in Theresa A. Singleton (ed.), *The Archaeology of Slavery and Plantation Life* (Academic Press, London, 1985), 163–91.

'Reminiscences of a returning Indian', *The Asiatic Journal* (September–December 1835), 17–29.

Reynolds, Henry, 'The other side of the frontier: early aboriginal reactions to pastoral settlement in Queensland and Northern New South Wales', *Historical Studies* 17/66 (1976), 50–63.

Rice, Kym S., *Early American Taverns: For the Entertainment of Friends and Strangers* (Fraunces Tavern Museum, Regnery Gateway, Chicago, 1983).

Richards, Audrey I., *Land, Labour and Diet in Northern Rhodesia: An Economic Study of the Bemba Tribe* (International Institute of African Languages and Cultures, Oxford University Press, London, 1939).

Richards, Eric, *Britannia's Children: Emigration from England, Scotland, Wales and Ireland since 1600* (Hambledon and London, London, 2004).

Richards, J. F., 'The Indian empire and peasant production of opium in the nineteenth century', *Modern Asian Studies* 15/1 (1981), 59–82.

Richards, J. F., 'The opium industry in British India', *Indian Economic and Social History Review* 39/2–3 (2002), 149–80.

Richards, John F, '"Cannot we induce the people of England to eat opium?" The moral economy of opium in colonial India', in James H. Mills and Patricia Barton (eds), *Drugs and Empires: Essays in Modern Imperialism and Intoxication, c.1500–1930* (Palgrave Macmillan, Basingstoke, 2007), 73–80.

Richards, John F., *The Unending Frontier: An Environmental History of the Early Modern World* (University of California Press, Berkeley, 2003).

Richardson, David, 'The slave trade, sugar and British economic growth, 1748–1776', in Barbara Solow and Stanley L. Engerman (eds), *British Capitalism and Caribbean Slavery: The Legacy of Eric Williams* (Cambridge University Press, Cambridge, 1987), 103–34.

Richter, Linda, ' "Could you not turn your back on this hunger country": food in the migration process of German emigrants, 1816–1856', *Aspeers* 5 (2012), 19–40.

Riello, Giorgio, *Cotton: The Fabric that Made the Modern World* (Cambridge University Press, Cambridge, 2013).

Roberts, Emma, *Scenes and Characteristics of Hindoostan, with Sketches of Anglo-Indian Society*, 2 vols (London, 1837).

Robertson, Claire C., 'Black, white, and red all over: beans, women, and agricultural imperialism in twentieth-century Kenya', *Agricultural History* 71/3 (1997), 259–99.

Robertson, Una A., ' "Mariners' mealtimes": the introduction of tinned food into the diet of the Royal Navy', in Astrid Riddervold and Andreas Ropeid (eds), *Food Conservation* (Prospect Books, London, 1988), 147–57.

Rodger, N. A. M., *The Wooden World: An Anatomy of the Georgian Navy* (Fontana Press, London, 1986).

Ross, Douglas, E., 'Factors influencing the dining habits of Japanese and Chinese migrants at a British Columbia salmon cannery', *Historical Archaeology* 45/2 (2011), 68–96.

Rössler, Horst, 'The dream of independence: the "America" of England's North Staffordshire potters', in Dirk Hoerder and Horst Rössler (eds), *Distant Magnets: Expectations and Realities in the Immigrant Experience, 1840–1930* (Homes and Meier, London, 1993), 128–59.

Roth, Karl Heinz, ' "Generalplan Ost" – "Gesamtplan Ost". Forschungsstand, Quellenprobleme, neue Ergebnisse', in Mechtild Rössler and Sabine Schleiermacher, with Cordula Tollmien (eds), *Der "Generalplan Ost". Hauptlinien der nationalsozialistischen Planungs- und Vernichtungspolitik* (Akademie Verlag, Berlin, 1993), 25–95.

Rothschild, Nan, and Diana Rockman, 'City tavern, country tavern: analysis of four colonial sites', *Historical Archaeology* 18 (1984), 112–21.

Rothstein, Morton, 'Rivalry for the British wheat market, 1860–1914', *Mississippi Valley Historical Review* 47/3 (1960), 401–18.

Russell, Howard S., *Long, Deep Furrow: Three Centuries of Farming in New England* (University Press of New England, Hanover, NH, 1976).

Rutledge, Sarah, *The Carolina Housewife* (facsimile of the 1847 edition: University of South Carolina Press, Columbia, 1979).

Rutman, Darrett B., *Husbandmen of Plymouth: Farms and Villages in the Old Colony 1620–1692* (Beacon Press, Boston, 1967).

St John, Ian, *The Making of the Raj: India under the East India Company* (Praeger, Oxford, 2012).

Samford, Patricia, 'The archaeology of African-American slavery and material culture', *William and Mary Quarterly* 53/1 (1996), 87–114.

Sarkar, Sumit, *Modern India, 1885–1947* (Macmillan, London, 1989).

Schaffer, Simon, 'The earth's fertility as a social fact in early modern England', in Mikulas Teich, Roy Porter and Bo Gustafson (eds), *Nature and Society in Historical Context* (Cambridge University Press, Cambridge, 1997), 124–47.

Schaw, Janet, *Journal of a Lady of Quality: Being the Narrative of a Journey from Scotland to the West Indies, North Carolina, and Portugal, in the Years 1774 to 1776*, ed. Evangeline Walker Andrews in collaboration with Charles McLean Andrews (University of Nebraska Press, London, 2005).

Scully, Terence, *La Varenne's Cookery* (Prospect Books, Totnes, 2006).

Searing, James F., *West African Slavery and Atlantic Commerce: The Senegal River Valley 1700–1860* (Cambridge University Press, Cambridge, 1993).

Sellick, Will, *The Imperial African Cookery Book: Recipes from English-Speaking Africa* (Jeppestown Press, London, 2010).

Sen, Amartya, *Poverty and Famines: An Essay on Entitlement and Deprivation* (Clarendon Press, Oxford, 1981).

Shammas, Carole, *The Pre-industrial Consumer in England and America* (Clarendon Press, Oxford, 1990).

Shannon, Fred A., *The Farmer's Last Frontier: Agriculture, 1860–1897. The Economic History of the United States, Vol. V* (M. E. Sharpe, London, 1945).

Sharma, Jayeeta, ' "Lazy" natives, coolie labour and the Assam tea industry', *Modern Asian Studies* 43/6 (November 2009), 1287–324

Sharpe, Pamela, 'Explaining the short stature of the poor: chronic childhood disease and growth in nineteenth-century England', *Economic History Review* 65/4 (2012), 1475–94.

Sharp, Paul, and Jacob Weisdorf, 'Globalization revisited: market integration and the wheat trade between North America and Britain from the eighteenth century', *Explorations in Economic History* 50/1 (2013), 88–98.

Shaw, Brent, 'Eaters of flesh, drinkers of milk: the ancient Mediterranean ideology of the pastoral nomad', *Ancient Society* 13–14 (1982/83), 6–31.

Shawcross, Kathleen, 'Fern-root and the total scheme of eighteenth century Maori food production in agricultural areas', *Journal of the Polynesian Society* 76/3 (1967), 330–52.

Shepherd, Sue, *Pickled, Potted and Canned: The Story of Food Preserving* (Headline, London, 2000).

Sherwood, Jay, *Surveying Southern British Columbia: A Photojournal of Frank Swannell, 1901–1907* (Caitlin Press, Halfmoon Bay, BC, 2014).

Shineberg, Dorothy, *They Came for Sandalwood: A Study of the Sandalwood Trade in the South-West Pacific, 1830–1865* (Melbourne University Press, London, 1967).

Siddiqi, Asiya, 'Pathways of the poppy: India's opium trade in the nineteenth century', in Madhavi Thampi (ed.), *India and China in the Colonial World* (Social Science Press, New Delhi, 2005), 21–32.

Simmons, R. C., 'Trade legislation and its enforcement, 1748–1776', in Jack P. Greene and J. R. Pole (eds), *A Companion to the American Revolution* (Blackwell, Oxford, 2000), 165– 72.

Singleton, Theresa A., 'Introduction', in Theresa A. Singleton (ed.), *The Archaeology of Slavery and Plantation Life* (Academic Press, London, 1985), 1–14.

Siochrú, Michael, and David Brown, 'The Down Survey of Ireland project', *History Ireland* 21/2 (2013), 6–7.

Sivasundaram, Sujit, *Nature and the Godly Empire: Science and Evangelical Mission in the Pacific, 1795–1850* (Cambridge University Press, Cambridge, 2005).

Skeat, J., *The Art of Cookery and Pastery made easy and familiar* (Norwich, 1769).

Sloane, Hans, *A Voyage to the Islands Madera, Barbados, Nieves, St Christophers and Jamaica*, 2 vols. (BM for the author, London, 1707).

Smith, Edward, *Practical Dietary for Families, Schools, and the Labouring Classes* (Walton and Maberley, London, 1865).

Smith, Eliza, *The Compleat Housewife* (London, 1742).

Smith, F. B., *The People's Health, 1830–1910* (Croom Helm, London, 1979).

Smith, Kevin, *Conflict over Convoys: Anglo-American Logistics Diplomacy in the Second World War* (Cambridge University Press, Cambridge, 1996).

Smith, Pamela, 'Station camps: legislation, labour relations and rations on pastoral leases in the Kimberley region, Western Australia', *Aboriginal History* 24 (2000), 75–97.

Smith, Woodruff D., 'Complications of the Commonplace', *Journal of Interdisciplinary History* 23/2 (1992), 259–78.

Smith, Woodruff D., *Consumption and the Making of Respectability, 1600–1800* (Routledge,

London, 2002).

Solberg, Carl E., *The Prairies and the Pampas: Agrarian Policy in Canada and Argentina, 1880–1930* (Stanford University Press, Stanford, 1987).

Spiekermann, Uwe, 'Vollkorn für die Führer. Zur Geschichte der Vollkornbrotpolitik im "Dritten Reich" ', *Zeitschrift für Sozialgeschichte des 20 & 21 Jahrhunderts* 16/1 (2001), 91–128.

Spiekermann, Uwe, 'Brown bread for victory: German and British wholemeal politics in the inter-war period', in Frank Trentmann and Flemming Just (eds), *Food and Conflict in Europe in the Age of the Two World Wars* (Palgrave Macmillan, Basingstoke, 2006), 143–71.

Spring, David, 'Land and politics in Edwardian England', *Agricultural History* 58/1 (January 1984), 17–42.

Srivastava, Hari Shanker, *The History of Indian Famines and Development of Famine Policy, 1858–1918* (Sri Ram Mehra Co., Agra, 1968).

Stavely, Keith, and Kathleen Fitzgerald, *America's Founding Food: The Story of New England Cooking* (University of North Carolina Press, London, 2004).

Steel, Frances, 'New Zealand is butterland: interpreting the historical significance of a daily spread', *New Zealand Journal of History* 39/2 (2005), 179–94.

Steinitz, Lesley, 'The tales they told: the creation of a healthy ideal through branded health food advertising, 1895–1918', paper delivered at 'Devouring: Food, Drink and the Written Word, 1800–1945', Warwick University, 8 March 2014.

Stephens, Ian, *Monsoon Morning* (Ernest Benn, London, 1966).

Stevenson, Richard, *Bengal Tiger and British Lion: An Account of the Bengal Famine of 1943* (XLibris Corporation, 2005).

Stobart, Jon, 'Gentlemen and shopkeepers: supplying the country house in 18th century England', *Economic History Review* 64/3 (2011), 885–904.

Stobart, Jon, *Sugar and Spice: Grocers and Groceries in Provincial England, 1650–1830* (Oxford University Press, Oxford, 2013).

Sweeney, Stuart, 'Indian railways and famine, 1875–1914: magic wheels and empty stomachs', *Essays in Economic and Business History* 26 (2008), 147–57.

Swinburne, Layinka, 'Dancing with the mermaids: ship's biscuit and portable soup', in Harlan Walker (ed.), *Food on the Move: Proceedings of the Oxford Symposium on Food and Cookery 1996* (Prospect Books, Devon, 1997), 309–21.

Swinton, Viscount, *I Remember* (Hutchinson & Co., London, n.d.).

Szreter, Simon, and Graham Mooney, 'Urbanization, mortality, and the standard of living debate: new estimates of the expectation of life at birth in nineteenth-century British cities', *Economic History Review* 51/1 (1998), 84–112.

Talburt, Tony, *Rum, Rivalry and Resistance Fighting for the Caribbean Spirit* (Hansib, London,

2010).

Tandon, Prakash, *Punjabi Century, 1857–1947* (Chatto & Windus, London, 1961).

Tandon, Prakash, *Beyond Punjab, 1937–1960* (Chatto & Windus, London, 1961).

Taylor, Alan, *American Colonies: The Settlement of North America to 1800. The Penguin History of the United States* (Allen Lane, London, 2001).

The Australasian Cookery Book: Specially Compiled for the Requirements of Australian and New Zealand Homes (Ward, Lock & Co., Melbourne, 1913).

The Production of Food Crops in Mauritius during the War (J. Eliel Felix, Acting Government Printer, Port Louis, Mauritius 1947),

Thirsk, Joan, *Alternative Agriculture: A History – From the Black Death to the Present Day* (Oxford University Press, Oxford, 1997).

Thirsk, Joan, *Food in Early Modern England: Phases, Fads, Fashions, 1500–1760* (Hambledon Continuum, London, 2007).

Thomas, Hugh, *The Slave Trade: The History of the Atlantic Slave Trade, 1440–1870* (Picador, London, 1997).

Thompson, Andrew, *The Empire Strikes Back? The Impact of Imperialism on Britain from the Mid-Nineteenth Century* (Pearson Longman, Harlow, 2005).

Thompson, Peter, 'Henry Drax's instructions on the management of a seventeenth-century Barbadian sugar plantation', *William and Mary Quarterly* 66/3 (July 2009), 565–604.

Thompson, Peter J., 'The "friendly glass": drink and gentility in Colonial Philadelphia', *Pennsylvania Magazine of History and Biography* 113 (1989), 549–73.

Thompson, Susan J., and J. Tadlock Cowan, 'Durable food production and consumption in the world economy', in Philip McMichael (ed.), *Food and Agrarian Orders in the World-Economy* (Greenwood Press, London, 1995), 35–52.

Thornton, John, 'Sexual demography: the impact of the slave trade on family structure', in Claire C. Robertson and Martin A. Klein (eds), *Women and Slavery in Africa* (University of Wisconsin Press, Madison, 1983), 39–48.

Thornton, John, *Africa and the Africans in the Making of the Atlantic World, 1400–1800* (Cambridge University Press, Cambridge, 1999).

Tomlinson, B. R., 'Economics and Empire: the periphery and the imperial economy', in Andrew Porter (ed.), *The Nineteenth Century, Vol. III The Oxford History of the British Empire* (Oxford University Press, Oxford, 1999), 53–74.

Tooze, Adam, *The Wages of Destruction: The Making and Breaking of the Nazi Economy* (Allen Lane, London, 2006).

Torode, Angeliki, 'Trends in fruit consumption', in T. C. Barker, J. C. McKenzie and J. Yudkin (eds), *Our Changing Fare: Two Hundred Years of British Food Habits* (MacGibbon & Kee, London, 1966).

Tosh, John, 'Jeremiah Goldswain's farewell: family and fortune in early nineteenth-century English emigration', *History Workshop Journal* 77/1 (2014), 26–44.

Trentmann, Frank, 'Coping with shortage: the problem of food security and global visions of coordination, *c*.1902– 1950', in Frank Trentmann and Flemming Just (eds), *Food and Conflict in Europe in the Age of the Two World Wars* (Palgrave Macmillan, Basingstoke, 2006), 13–48.

Truxes, Thomas R., *Irish-American Trade, 1660–1783* (Cambridge University Press, Cambridge, 1988).

Tunzelmann, Alex von, *Indian Summer: The Secret History of the End of Empire* (Simon & Schuster, London, 2007).

Tuten, James H., *Lowcountry Time and Tide: The Fall of the South Carolina Rice Kingdom* (Mobius, Columbia, SC, 2010; accessed on the web, 18 October 2013, at www.sc.edu/uscpress/books/2010/3926x.pdf).

Tye, Diane, ' "A poor man's meal": molasses in Atlantic Canada', *Food, Culture and Society* 11/3 (September 2008), 335–53.

Unwin, Tim, *Wine and the Vine: An Historical Geography of Viticulture and the Wine Trade* (Routledge, London, 1991).

Valenze, Deborah M., *Milk: A Local and Global History* (Yale University Press, London, 2011).

Vickers, Daniel, *Farmers and Fishermen: Two Centuries of Work in Essex County, Massachusetts, 1630–1850* (University of North Carolina Press, Chapel Hill, 1994).

Vickery, Amanda, 'Women and the world of goods: a Lancashire consumer and her possessions, 1751–81', in John Brewer and Roy Porter (eds), *Consumption and the World of Goods* (Routledge, London, 1993).

von Glahn, Richard, *Fountain of Fortune: Money and Monetary Policy in China, 1000–1700* (University of California Press, London, 1996).

Vugt, William E. van, 'Running from ruin? The emigration of British farmers to the USA in the wake of the repeal of the Corn Laws', *Economic History Review* 43 (1988), 411–28.

Wade, Louise Carroll, *Chicago's Pride: The Stockyards, Packingtown and Environs in the Nineteenth Century* (University of Illinois Press, Urbana, 2003).

Walvin, James, *Fruits of Empire: Exotic Produce and British Taste, 1660–1800* (Macmillan, London, 1997).

Ward, Edward, 'A Trip to Jamaica' (1698), in Thomas W. Krise (ed.), *Caribbeana: An Anthology of English Literature of the West Indies, 1657–1777* (University of Chicago Press, Chicago, 1999), 78–92.

Watt, George, *The Commercial Products of India Being an Abridgement of 'The Dictionary of the Economic Products of India'* (John Murray, London, 1908).

Weatherill, Lorna (ed.), *The Account Book of Richard Latham, 1724–1767* (Oxford University Press, Oxford, 1990).

Weaver, John C., *The Great Land Rush and the Making of the Modern World, 1650–1900* (McGill-Queen's University Press, Montreal and Kingston, 2003).

Weir, Robert M., *Colonial South Carolina: A History* (KTO Press, New York, 1983).

Wenzel, Marion, *House Decoration in Nubia* (Duckworth, London, 1972).

West, Elliott, 'Grain kings, rubber dreams and stock exchanges: how transportation and communication changed frontier cities', in Jay Gitlin, Barbara Berglund and Adam Arenson (eds), *Frontier Cities: Encounters at the Crossroads of Empire* (University of Pennsylvania Press, Philadelphia, 2013), 107–20.

Whitten, David O., and Bessie E. Whitten, *The Birth of Big Business in the United States, 1860–1914*: *Commercial, Extractive, and Industrial Enterprise* (Praeger, London, 2006).

Wilk, Richard, *Home Cooking in the Global Village: Caribbean Food from Buccaneers to Ecotourists* (Berg, Oxford, 2006).

Wilk, Richard R., 'Anchovy sauce and pickled tripe: exporting civilized food in the colonial Atlantic world', in Warren Belasco and Roger Horowitz (eds), *Food Chains: From Farmyard to Shopping Cart* (University of Pennsylvania Press, Philadelphia, 2009), 87–107.

Wilk, Richard, 'The extractive economy: an early phase of the globalization of diet', *Review. A Journal of the Fernand Braudel Center* 27/4 (2004), 285–305.

Williamson, James A. (ed.), *The Observations of Sir Richard Hawkins* (Argonaut Press, London, 1933).

Wills, John E., 'European consumption and Asian production in the seventeenth and eighteenth centuries', in John Brewer and Roy Porter (eds), *Consumption and the World of Goods* (Routledge, London, 1993), 131–47.

Wilmington, Martin, *The Middle East Supply Centre* (University of London Press, London, 1972).

Winstanley, M. J., *The Shopkeeper's World, 1830–1914* (Manchester University Press, Manchester, 1983).

Wood, Betty, with the assistance of T. R. Clayton and W. A. Speck, 'The letters of Simon Taylor of Jamaica to Chaloner Arcedekne, 1765–1775', in *Travel, Trade and Power in the Atlantic, 1765–1884*, Camden Miscellany Vol. XXXV, Camden Fifth Series, Vol. 19 (Cambridge University Press, Cambridge, 2002).

Woods, Rebecca, 'Breed, culture, and economy: the New Zealand frozen meat trade, 1880–1914', *Agricultural History Review*, 60/2 (2012), 288–308.

Woodward, Donald, 'A comparative study of the Irish and Scottish livestock trades in the seventeenth century', in L. M. Cullen and T. C. Smout (eds), *Comparative Aspects of Scottish and Irish Economic and Social History, 1600–1900* (John Donald Publishers, Edinburgh, n.d.), 147–64.

Woodward, Donald, 'The Anglo-Irish livestock trade of the seventeenth century', *Irish Historical Studies* 17/72 (1973), 489–523.

Worboys, M., 'The discovery of colonial malnutrition between the wars', in David Arnold (ed.), *Imperial Medicine and Indigenous Societies: Studies in Imperialism* (Manchester University Press, Manchester, 1988).

Worthington, Janet Robyn, *Coopers and Customs Cutters: Worthingtons of Dover and Related Families 1560–1906* (Phillimore & Co., Chichester, 1997).

Wright, Donald R., *The World and a Very Small Place in Africa: A History of Globalization in Niumi, The Gambia* (3rd edition, M. E. Sharpe, Armonk, NY, 2010).

Wynter, Andrew, *Our Social Bees: Pictures of Town and Country Life and Other Papers* (Robert Hardwicke, London, 1861).

Wyvern, 'Culinary Jottings for Madras', *The Calcutta Review* 68 (1879).

Wyvern, *Culinary Jottings: A Treatise in Thirty Chapters on Reformed Cookery for Anglo-Indian Exiles, based upon Modern English and Continental Principles* (Higginbotham & Co., Madras, 1885).

Zacek, Natalie, 'Rituals of rulership: the material culture of West Indian politics', in David S. Shields (ed.), *Material Culture in Anglo-America: Regional Identity and Urbanity in the Tidewater, Lowcountry, and Caribbean* (University of South Carolina Press, Columbia, 2009), 115–26.

Zacek, Natalie, *Settler Society in the Leeward Islands, 1670–1776* (Cambridge University Press, Cambridge, 2010).

Zahedieh, Nuala, *The Capital and the Colonies: London and the Atlantic Economy, 1660– 1700* (Cambridge University Press, Cambridge, 2010).

Zlotnick, Susan, 'Domesticating imperialism: curry and cookbooks in Victorian England', *Frontiers: A Journal of Women Studies* 16/2–3 (1996), 51–68.

Zylberberg, David, 'Fuel prices, regional diets and cooking habits in the English industrial revolution (1750–1830)', Past & Present 229 (November 2015), 91–122.

图片来源

内文插图

"纽芬兰捕鱼与腌鳕鱼景观一览"，赫尔曼·莫尔（Herman Moll），根据新发现绘制的新版详尽的世界地图（加拿大，1709-1720）。布里奇曼图片。

详见"爱尔兰王国"，约翰·斯皮德（John Speed），《大不列颠帝国戏剧》（The Theatre of the Empire of Great Britain）（托马斯·巴西特和理查德·奇斯韦尔出版社，伦敦，1676）。剑桥大学图书馆。

马萨诸塞促进农业协会的印章，1802。图片源自格兰杰/布里奇曼图片。

"蔗糖精炼厂"，见（Jean Baptise Du Tertre），《法兰西古代风俗史》（Histoire Generale des Antilles Habitees par le Francais）（1667）。华盛顿区国会图书馆。

乔治·莫兰（George Morland）之后的约翰·拉斐尔·史密斯（John Raphael Smith），《奴隶贸易》，1791。耶鲁中心的英国艺术馆，保罗·梅隆收藏馆。

理查德·休斯顿（Richard Houston），《清晨》，1758。耶鲁中心英国艺术馆，保罗·梅隆收藏馆。

"格拉德和佩吉或者温柔的牧羊人"，大卫·艾伦（David Allan）命名，1808。耶鲁中心英国艺术馆；耶鲁，珍妮特和詹姆斯拍卖会赠。

爱丽丝·F·休格·史密斯（Alice F. Huger Smith），"滑轮败给了连枷"，"她那小木屋要多干净，有多干净"，"吉比和牛"，"'流动的'稻田"，"女孩们赤脚给稻谷脱粒"，"舂米"和"为家庭使用而生产的大米"，见伊丽莎白·奥尔斯顿·普林格尔（Elizabeth Allston Pringle），《女性大米种植者》（麦克米伦出版社，纽约，1913）。

乔治·萨拉（George Sala），"海浪上的生活"，日期不详。耶鲁中心英国艺术馆；转借自耶鲁大学图书馆和耶鲁大学艺术画廊。

约翰·路易斯·克里梅尔（John Lewis Krimmel），酒吧跳舞图。华盛顿区国会图书馆。

印度裔中国人的鸦片贸易：巴特那鸦片工厂的储藏间。私人收藏/图片来自李斯特收藏品/布里奇曼图片。

詹姆斯·沃德（James Ward），"农舍和农场建筑"，日期不详。耶鲁中心英国艺术馆，保罗·梅隆收藏馆。

"一个男人站在橡胶园小屋外面，拿着几条面包"，诺斯伍德兄弟，北部地区的图片，新西兰，威灵顿，亚历山大·特恩布尔图书馆。

弗朗克·西里尔·斯万内尔（Frank Cyril Swannell），"在克里克溪进行石油索赔调查：油炸鹿肉"库特奈东区，不列颠哥伦比亚省，1904年。皇家不列颠哥伦比亚省博物馆，加拿大不列颠哥伦比亚省档案馆。

查尔斯·德奥利爵士（Sir Charles D'Oyly），日期不详。耶鲁中心英国艺术馆，保罗·梅隆收藏馆。

乔治·巴克斯特（George Baxter），"J·威廉牧师被刺前一天在坦拿被接待"，1841。耶鲁中心英国艺术馆，保罗·梅隆收藏馆。

花蜜茶公司的"茶叶卷"商标，19世纪。私人收藏/源自观看与学习/布里奇曼图片。

"贫民区的旧房子"，19世纪。私人收藏/布里奇曼图片。

"马德拉斯大饥荒"，1877，威乐比·华莱士·胡珀（Willoughby Wallace Hooper）。私人收藏/布里奇曼图片。

河床肉类公司肉铺。私人收藏。

玛格丽特·特劳尔（Margaret Trowell），"非洲农村和现在一样，也可能像这样"，见A·R·帕特森（A.R.Paterson），《文明之书》，第二部分（朗文，格林公司，伦敦，1935）。

RAF在改造了的着陆场上一间露天厨房烹饪，西方沙漠，北非，大约1941年。堪培拉，澳大利亚战争纪念馆。

"不列颠和乔纳森"，《潘趣》，1856年12年27日。

"可以为传统英式梅子布丁贴标签吗"，圣乔治储藏与罐头公司，20世纪40年代。新西兰惠灵顿，亚历山大·特恩布尔图书馆。

彩图

"纽芬兰捕鱼业"，朱尔斯·费拉里奥（Jules Ferrario），《古代和近代的服饰》（G·布拉马蒂，19世纪20年代-19世纪30年代），第2卷，私人收藏第36盘/斯泰普尔顿藏/布里奇曼图片。

"西印度群岛——煮蔗糖"，乔治·格兰瑟姆·贝恩（George Granham Bain）藏，华盛顿区国会图书馆。

阿戈斯蒂诺·布吕奈（Agostino Brunais），"有尼龙摊位的亚麻市场和西印度群岛的蔬菜小贩"，1780。耶鲁中心英国艺术馆，保罗·梅隆收藏馆。

"正在喝茶的一家人"，无名艺术家，大约1745年。耶鲁中心英国艺术馆，保罗·梅隆收藏馆。

"咖啡屋里的人"，出自约瑟夫·海默（Joseph Higmore），大约1725或者1750。耶鲁中心英国艺术馆，保罗·梅隆收藏馆。

威廉·辛普森（William Simpson），"村庄里的井"，1864。耶鲁中心英国艺术馆，保罗·梅隆收藏馆。

威廉·亚历山大（William Alexander），"在帆船里吸鸦片的中国水手"，1795。梅金藏/布里奇曼图片。

弗朗克·霍尔（Frank Holl），"削土豆"，大约1880年。耶鲁中心英国艺术馆，保罗·梅隆收藏馆。

基督教堂里詹姆斯·奈特肉铺内景。新西兰惠灵顿业历山大·特恩布尔图书馆。

在罗托鲁瓦，奥希奈姆图，两位毛利族女性正在准备晚餐。新西兰国立图书馆。

"苦力。德梅拉拉"，西印度群岛照片及剪影，1890年。哈佛大学霍顿图书馆。

"轮船上的苦力，刚抵达德梅拉拉"，西印度群岛照片及剪影，1890年。哈佛大学霍顿图书馆。

詹姆斯·亚基亚公司出品的肉罐头，19世纪90年代，新西兰惠灵顿。新西兰惠灵顿亚历山大·特恩布尔图书馆。

译名对照索引

(以下页码为原书页码，即本书边码)

C

图书在版编目（CIP）数据

饥饿帝国 / (英) 莉齐·克林汉姆著 ; 李燕译. --
北京 : 北京联合出版公司, 2018.11（2022.1重印）
　　ISBN 978-7-5596-2669-1

　　Ⅰ.①饥… Ⅱ.①莉… ②李… Ⅲ.①英国－历史－
近现代 Ⅳ.①K561.4

中国版本图书馆CIP数据核字(2018)第223820号

北京版权局著作权合同登记 图字：01-2018-5003号

THE HUNGRY EMPIRE: HOW BRITAIN'S QUEST FOR FOOD
SHAPED THE MODERN WORLD By LIZZIE COLLINGHAM
Copyright: © LIZZIE COLLINGHAM 2017
This edition arranged with AITKEN ALEXANDER ASSOCIATES LTD
through BIG APPLE AGENCY, INC., LABUAN, MALAYSIA.
中文简体字版 © 2018北京紫图图书有限公司

饥饿帝国

作　　者　[英]莉齐·克林汉姆
译　　者　李　燕
责任编辑　徐　鹏
项目策划　紫图图书ZITO®
监　　制　黄　利　万　夏
特约编辑　高　翔
营销支持　曹莉丽
装帧设计　紫图装帧

北京联合出版公司出版
（北京市西城区德外大街83号楼9层　100088）
艺堂印刷（天津）有限公司印刷　新华书店经销
字数260千字　889毫米×1194毫米　1/32　14.75印张
2018年11月第1版　2022年1月第3次印刷
ISBN 978-7-5596-2669-1
定价：99.00元